VINDOBONA
VERLAG SEIT 1946

Bibliografische Information der Deutschen Nationalbibliothek:
Die Deutsche Nationalbibliothek verzeichnet diese Publikation in der Deutschen Nationalbibliografie.
Detaillierte bibliografische Daten sind im Internet über http://www.d-nb.de abrufbar.

Alle Rechte der Verbreitung, auch durch Film, Funk und Fernsehen, fotomechanische Wiedergabe, Tonträger, elektronische Datenträger und auszugsweisen Nachdruck, sind vorbehalten.

Für den Inhalt und die Korrektur zeichnet der Autor verantwortlich.

© 2012 Vindobona Verlag

www.vindobonaverlag.com

Johanna Robeck

Von der Segregation über Integration zur Inklusion

aus psychologisch-pädagogischer Sicht

Zusammenfassung

Diese Arbeit umfasst die Erläuterung der Entstehung der pädagogischen Konzepte Segregation, Integration und Inklusion. Weitergehend werden inhaltlich der theoretische Zusammenhang sowie die hypothetischen Kontraste der Modelle erläutert. Weitere Schwerpunkte liegen in der Darstellung der historischen Entwicklung der Institution Schule, der Unterrichts-methoden sowie in der epochalen Entfaltung der drei pädagogischen Konzepte.

Der Text geht auf die Marginalisierung gesellschaftlich ausgeschlossener Gruppen von Lernenden ein sowie deren Aufnahme in eine normorientierte Bezugsgruppe, gestützt durch eine integrationsfördernde Begleitung. Hinzukommend blickt der Text zukunftsorientiert auf die Hinwendung zu einer „Schule für alle", in der versucht wird, jedem Kind individuell, ressourcenorientiert, kompetenzen-übergreifend, multidisziplinär und flexibel in einer heterogenen Gruppe zu begegnen. Da das Bildungssystem in die Gesellschaft eingebettet und die Institution Schule daher auch von gesellschaftlichen Normen geprägt ist, sie aber auch Individuen innerhalb der Gesellschaft ausbilden soll, wird das Modell über die Wertschätzung von Vielfalt auch in den gesellschaftlichen Kontext des westlichen Kulturkreises gestellt.

Abstract

This dissertation traces the origins of the pedagogic concepts of segregation, integration and inclusion by comparing and contrasting the theoretical and conceptual similarities and differences between these constructs. Additionally, it highlights how the institution of school and didactic methods of delivery developed in specific socio-historical contexts, shaping these concepts.

This work further explores the marginalisation of excluded groups of learners as well as their integration into a norm-orientated reference groups facilitated via support designed to foster integration.

Looking to the future, the concept of a "school for everybody" is discussed. It is made apparent that this model treats all children as individual learners within heterogeneous groups and attempts to approach children in a resource-orientated, multi-disciplinary and flexible manner that extends beyond ability.

Since the education system is firmly embedded within society, and the institution of school is shaped by societal norms while simultaneously aiming to educate individuals, this project situates the discourse and evaluation surrounding diversity in the context of western culture and traditions.

Inhaltsverzeichnis

Einleitung 1

Begriffsbestimmungen 3

Historische Ausführungen und vertiefende Erläuterungen des jeweiligen Modells mit anschließender Diskussion des Konzepts 20

1. SEGREGATION 20
1.1 Historische Entwicklung der Schule 20
1.1.1 Schulen im Altertum 21
1.1.1.1 Schulen im antiken Ägypten 23
1.1.1.2 Schulen im antiken Griechenland 24
1.1.1.3 Schulen im antiken Rom 25
1.1.2 Schulen im Mittelalter 26
1.1.3 Schulen in der Neuzeit 30
1.1.4 Schulen in der Moderne 37
1.1.5 Schulen in der Postmoderne 40
1.2 Beschreibung des Segregationskonzepts 50
1.3 Abgrenzung des Segregationskonzepts zu den anderen Modellen 65
1.4 Studien und die deutsche Gesetzeslagen hinsichtlich der Segregation 70

1.5	Diskussion des Segregationsmodells 80
2.	INTEGRATION 90
2.1	Unterrichtsmethoden im Verlaufe der Zeit 91
2.1.1	Unterrichtsmethoden in der Griechische Antike 92
2.1.2	Unterrichtsmethoden im Mittelalter 93
2.1.3	Unterrichtsmethoden in der Neuzeit 94
2.1.4	Variable Lernwege in der Moderne und Postmoderne..... 100
2.1.4.1	Adaptiver Unterricht 100
2.1.4.2	Kommunikativer und offener Unterricht 101
2.1.4.3	Differenzierende Verfahren schulischen Unterrichts 102
2.1.4.4	Moderner Frontalunterricht 108
2.1.4.5	Zukunftsweisende alternative Unterrichtsmethoden 110
2.2	Beschreibung der Integrationspädagogik 126
2.3	Abgrenzung des Integrationskonzepts zu den anderen Modellen 133
2.4	Studien und deutsche Gesetzeslagen zur Integrations-pädagogik 139
2.5	Diskussion der integrativen Pädagogik 143
3.	INKLUSION 149
3.1	Historischer Verlauf der Entwicklung von Theorie und Praxis des Inklusionsmodells 149
3.1.1	Exklusion und Segregation 151

3.1.1.1 Eliminierungsphase 151
3.1.1.2 Pionierphase 153
3.1.2 Differenzierungsphase 157
3.1.3 Von der Segregation hin zur Integration 160
3.1.4 Von der Integration hin zur Inklusion 175
3.1.4.1 Internationale Schulleistungsstudie TIMSS 177
3.1.4.2 Internationale Schulleistungsstudie PIRLS/ IGLU/ IGLU-E 185
3.1.4.3 Internationale Schulleistungsstudie PISA 188
3.1.4.4 Ausrufung des Inklusionskonzepts 214
3.1.4.5 Jüngste Entwicklungen hinsichtlich des Inklusionsmodells 221
3.2 Beschreibung des Inklusionskonzepts 228
3.3 Abgrenzung der Inklusionspädagogik zu den anderen Modellen 240
3.4 Studien und Gesetzeslagen zum Inklusionsgedanken 252
3.5 Diskussionsaspekte der Inklusion 267
3.5.1 Der inklusive Prozess in Bildungseinrichtungen 269
3.5.2 Förderdiagnostik 281
3.5.3 Übertragbarkeit auf die Gesellschaft - Inklusions-Exklusions-Debatte 286
3.5.4 Hierarchievorgaben 297
3.5.5 Fließender Übergang versus Revolution 298
3.5.6 Gleiche Chancen für Ungleiche 301

Inhaltsverzeichnis

Persönliche Stellungnahme...**304**

Ausblick...**309**

Literaturverzeichnis..**321**

Anhang A - H..**353**

ANHANG A 353
ANHANG B..358
ANHANG C..360
ANHANG D 362
ANHANG E..364
ANHANG F...368
ANHANG G 371
ANHANG H 374

Abbildungsnachweise..**375**

Widmung...**380**

Verwendete Terminologie

Zur besseren Lesbarkeit wurde es mitunter bei der kürzeren männlichen Formulierung belassen, jedoch soll an dieser Stelle eindeutig betont werden, dass dabei auch die weibliche Form mit einbezogen ist!
Zudem wurde vereinzelt der veraltete, kategorisierende und diskriminierende Begriff „behindert" als Personenbeschreibung verwendet, wenn die *historische Verankerung* bezüglich des unausgereiften Verständnisses gegenüber Menschen mit Beeinträchtigungen, des sonderpädagogischen Fokus auf Menschen mit besonderen Ansprüchen oder bezüglich des gesellschaftlichen Umgangs mit Menschen mit belasteten Lebenswegen betont werden sollte.

Einleitung

*"Looking at education through an inclusive lens implies a shift
from seeing the child as a problem
to seeing the education system as a problem"*

(United Nations Educational, Scientific and
Cultural Organisation [UNESCO], 2005).

Das Gesellschafter-Projekt der Aktion Mensch publizierte im März 2010 auf der Titelseite ihrer Zeitung folgenden Aufruf: „2010 – das Jahr der Inklusion. Ein vor einem Jahr fast unbekannter Begriff beginnt, die Gesellschaft zu verändern" (Schmitz, S. 1).

Die zu dieser Veränderung führenden revolutionären Grundzüge des Inklusionskonzepts im Vergleich zu den vorherigen pädagogischen Konzepten, welche immer auch Ausdruck und Teil der vorherrschenden Gesellschaftsform waren, sollen in dem vorliegenden Buch dargestellt werden. Dies wird anhand der historischen Zusammenhänge extrahiert und mit dem derzeitigen Prozessverlauf vorerst geschlossen.

Im internationalen Kontext bekannt als *Inclusive Education* hatte das Inklusionsmodell in dem letzten Jahrzehnt innerhalb der deutschen Pädagogik die *Pädagogik der Vielfalt* (vgl. Prengel, 1995) als Vorläufer. Jedoch sind bei dem Inklusionsmodell auch Parallelen zu der zuvor entstandenen Reformpädagogik zu finden.

Obwohl die Inklusionspädagogik im deutschen Kontext derzeit noch als visionäre zukünftige Zielvorstellung gehandelt wird, betont sie die Kritik an der Umsetzung der derzeitig vorherrschenden segregierenden Integrationspädagogik, eine Zusammenführung der Sonderpädagogik mit dem traditionellen separierenden, untergliederten Schulsystem, welches eine künstlich homogenisierte Schülerschaft anvisiert.

Um nachvollziehen zu können, warum bzw. wie es zu diesem seit einiger Zeit stagnierenden Status quo gekommen ist und auf welcher Basis die Inklusionspädagogik bei einem Einführungsversuch aufbauen müsste, wird ein historischer Überblick über die Entwicklung der Institution Schule sowie die Entfaltung verschiedener Unterrichtsformen und komplementierend die Entstehung der drei pädagogischen Konzepte Segregation, Integration und Inklusion dargestellt.

Durch den jeweiligen Beginn im Zeitalter der Antike kann herausgearbeitet werden, wie stark die folgenden Kompo-nenten miteinander vernetzt sind: die Form der Pädagogik, verankert in der Institution Schule, gestützt von der jeweiligen Unterrichtsform und getragen von der Gesellschaft. Beim historsich betrachteten Übergang von einem Modell zum nächsten wird der Schwerpunkt auf den gesellschaftlichen Umgang mit marginalsisierten Personengruppen und, stellvertretend für einige von ihnen, auf die Sonderpädagogik gelegt. Dadurch wird der direkte Bezug zu gesellschaftlichen Vorgängen und Forderungen verdeutlicht. Und auch für den Umkehrschluss kann bestätigt werden, dass die Inklusionspädagogik direkte Auswirkungen auf Gesellschaftsprozesse hat. Neben diesem Diskurs werden auch weitere im Verlauf des Textes aufgegriffene und erläuterte Aspekte hinsichtlich des Inklusionsmodells extrahiert und diskutiert.

Abschließend wird eine persönliche Stellungnahme der Autorin aufgezeigt. Der anschließende Ausblick greift die Sicht verschiedenster Autoren auf, um Visionen, Zukunftsperspektiven und zu klärende Fragen darzustellen und wichtige Eckpunkte dieses Buches zusammenzufassen.

Begriffsbestimmungen

Einführend in die Thematik werden die drei großen Schlagwörter dieser Arbeit an dieser Stelle definiert und von weiteren Konzepten, wie zum Beispiel der Exklusion oder der Assimilation abgegrenzt. Der Aspekt der Begriffsbestimmung ist nicht nur für die Klärung verschiedener Sachverhalte innerhalb der vorliegenden Arbeit wichtig, sondern stellt auch einen bedeutenden Sachverhalt innerhalb der Konzepte dar. Denn seit Anbeginn des Modells der Inklusion gibt es Kontroversen in Bezug auf die Eingrenzung der Begrifflichkeiten. Ihren Anfang nahmen die Schwierigkeiten beim Übersetzten des englischen Fachterminus ‚Inclusion' bis hin zu Gleichsetzungen mit dem Konzept der Integration. Wie in den folgenden historischen Darstellungen soll auch an dieser Stelle mit der Explikation von Exklusion und Segregation begonnen werden.

Exklusion kann als Kontrahent zur Inklusion verstanden werden. Jedoch wird im pädagogischen Bereich sinngemäß meistens von Segregation gesprochen. Im Diskurs über Gesellschaftskritik werden dagegen die Konzepte Exklusion - Inklusion gegenübergestellt.

Deshalb werden beide Konzepte Exklusion und Segregation im Folgenden voneinander unterschieden. Denn die vorliegende Arbeit legt den Fokus auf den pädagogischen Bereich, der jedoch als verankert in der Gesellschaft gesehen wird.

Exklusion kann mit ‚Ausschließung' gleich gesetzt werden und wurde für die Sozialberichterstattung der EU im Jahr 2004 von der Europäischer Kommission definiert als „Prozess, durch den bestimmte Personen an den Rand der Gesellschaft gedrängt und durch ihre Armut bzw. wegen unzureichender Grundfertigkeiten oder fehlender Angebote für lebenslanges Lernen oder aber infolge von Diskriminierung an der vollwertigen Teilhabe gehindert werden" (Müller, 2008, S. 28, zitiert nach Europäische Kommission, 2004, S. 12).

Innerhalb der Pädagogik wird Exklusion wie folgt definiert: „Behinderte Kinder waren bzw. sind von jeglichem Schulbesuch ausgeschlossen. Beispiel: die Situation in deutschen Landen im 18. Jahrhundert" (Sander, 2004b, S. 243).

Segregation hingegen ist stärker auf die Absonderung oder Trennung (lateinische Übersetzung von Segregation) im soziologischen Kontext, speziell auf die Verteilung über den Raum bezogen.

Das Merkmal Segregation wird in einem allgemeinen Lexikon (Das große illustrierte Lexikon, 1997) als die freiwillige oder erzwungene gesellschaftliche, oft auch räumliche „Absonderung eines Personenkreises mit gleichen Merkmalen (rassische, religiöse u.a.) von der Gesellschaft [...]" (S. 818) beschrieben. (Es wurde bewusst ein Lexikon gewählt, welches eine sehr kurze und dadurch prägnante Sprache verwendet, um Kontraste als auch Etikettierungen hervorheben zu können.) Somit kann Segregation als „ein Ereignis sozialer Ungleichheit, d. h. ungleicher Chancen und Präferenzen einzelner Bevölkerungsgruppen" (Friedrichs, 1995, S. 79) verstanden werden. Segregation kann als statistisches Merkmal sowie auch als Prozessbeschreibung verwendet werden. Das Merkmal beschreibt eine auf den Raum bezogene ungleichmäßige Verteilung von Bevölkerungsgruppen, entstanden durch ein einzelnes Merkmal oder auch mehrere segregierende Merkmale sozialer, religiöser, ethischer, schichtspezifischer oder anderer Art. Der Segregationsprozess beinhaltet den Vorgang und die verschiedenen Stadien der Entmischung von Bevölkerungsgruppen und das Entstehen von annähernd homogenen Nachbarschaften (vgl. Friedrichs, 1995). In Assoziation zur pädagogischen Wirkung von Segregation ist folgender Satz aus der Brockhaus-Enzyklopädie unter dem Stichwort

Begriffsbestimmung 5

‚Segregation' interessant: „Zumeist sind [durch die räumliche Absonderung von Menschen und Bevölkerungsgruppen] auch eine soziale Trennung und unterschiedliche wechselseitige Bewertung der versch. Gruppen verbunden" (S. 60, Bd. 20).

Doch wie oben erwähnt, wird innerhalb der Pädagogik der Segregationsbegriff verwendet und hat neben dem traditionellen auch noch immer einen aktuellen Bezug. Andreas Hinz beschreibt es mit folgenden Worten: „In Deutschland dominieren nach wie vor Logik und Praxis der Segregation, alle administrativen Strukturen sind auf das Zusammenfassen der Gleichen und das Auseinandersortieren der Ungleichen ausgerichtet. Homogenität ist die Leitvorstellung, unser Schulsystem zeigt diese auf die vordemokratische Ständeschule zurückgehende Logik deutlich" (Hinz, 2005, S. 4).

Der Begriff *Separation* wird von Sander im pädagogischen Kontext und im Sinne der Segregation verwendet: „Separation: Behinderte Kinder besuchen eigene Bildungseinrichtungen (Sonderschulen)" (2004b, S. 243), „die jedoch von den allgemeinen Schulen getrennt sind. Die Betroffenen sind dann nicht mehr vom Schulwesen exkludiert, aber im Schulwesen separiert" (2006), „so in Deutschland seit Ende des 19. Jahrhunderts" (2004b, S. 243). Wobei er in einem Artikel im Jahr 2002 Separation und Segregation gleichsetzte: „Separation oder Segregation: Behinderte Kinder besuchen eigene abgetrennte Bildungseinrichtungen" (2002, S. 4).

Georg Theunissen beschreibt den Unterschied zwischen Segregation und Exklusion wie folgt: „Nicht wenige Fachwissenschaftler und Betroffene benutzen ‚Segregation' und ‚Exklusion' als ‚Gegenbegriffe' zur Inklusion; dem Anschein nach bezieht sich ‚Segregation' eher auf die (schulische) Ausgrenzung von behinderten Personen und ‚Exklusion' auf den (schulischen) Ausschluss von (behinderten) Menschen mit schweren

Verhaltensauffälligkeiten oder psychischen Störungen (Thomas, Walker & Webb, 2002, S. 12; auch Renwick & Kstirke, 2004, zitiert nach Theunissen, 2006, S. 13).

Integration findet seinen wörtlichen Ursprung im lateinischen Verbum ‚integrare', welches in etwa für ‚ergänzen, wiederherstellen' steht, und in dem Adjektiv ‚integer', welches mit ‚vollständig, einheitlich, unberührt, ganz' übersetzt werden kann, weshalb ‚Integration' als ‚Wiederherstellung des Ganzen' formuliert wird. Somit wird sie als die Einfügung beziehungsweise Eingliederung in ein Ganzes, oder auch Anpassung oder Angleichung daran, beschrieben. Dieses lässt eine mehrdeutige Bedeutung zu, weshalb der Kontext entscheidend ist. Im Zusammenhang mit der Sozialpädagogik wird die soziale Integration von gesellschaftlichen Minderheiten oder Randgruppen als Anpassung an die Werte und Normen einer bestehenden Gesellschaft oder Gruppe begriffen. Zum Vorteil des Anpassungsprozesses sollen normabweichende Verhaltensweisen aufgegeben werden. Bedeutend ist diese Form der Integration in der Immigrationspolitik (Immigration im Sinne von Einwanderung) oder Migrationsdebatte (verstanden als dauerhafte Einwanderung) sowie auch in der Sonderpädagogik. Dass *Integration* unmittelbar mit Anpassungsprozesse verbunden zu sein scheint, wird auch in der Begriffsbestimmung in der Brockhaus-Enzyklopädie deutlich, in der es im soziologischen Sinne heißt: Bezeichnung „für Prozesse der bewußtseinsmäßigen oder erzieher. Eingliederung von Personen und Gruppen in oder ihre Anpassung an allgemein verbindl. Wert- und Handlungsmuster" (S. 552, Bd. 10). In der weiter unten liegenden Diskussion wird genau in diesem Aspekt der erwarteten Anpassung an die weitere bestehende Gruppe ein Problemfeld der Integrationspädagogik deutlich werden.

Unter dem Begriff *Migrationshintergrund* werden Vorstellungen darüber gesammelt, dass mindestens ein

Begriffsbestimmung

Elternteil einer in Deutschland lebenden Person außerhalb Deutschlands geboren wurde oder dass die Person selbst nach Deutschland eingewandert ist. Wenning konstatiert, dass dies zwar ein Fortschritt gegenüber der noch weniger aussagekräftigen Kategorie „ausländisch" sei, aber auch hierbei kein direkter Einfluss eines „Migrationshintergrunds" auf den jeweiligen Bildungserfolg der Person existiert. Deshalb ist seiner Meinung nach diese Kategorisierung nur eine statistische Krücke für den Hinweis auf wirkende Faktoren, jedoch keine logisch überzeugende Erklärung (vgl. 2007, S. 160).

Zeitgemäßere Vorstellungen einer sozialen Integration beinhalten zusätzlich den Gedanken des offenen wechsel- und gegenseitigen Austausches und Lernprozesses zwischen Mehrheit und Minderheit, der auch abweichendes Verhalten toleriert[1]. Wobei jedoch weiterhin die vollständige Integration als Einfügung von etwas Neuem in etwas Bestehendes verstanden werden kann.

Alfred Sander fasst diesen Sachverhalt wie folgt zusammen: „Integration: Behinderte Kinder können mit sonderpädagogischer Unterstützung Allgemeine Schulen besuchen" (2004, S. 243) und erweitert 2006 seine Beschreibung von Integration mit folgendem Inhalt: „Kennzeichen dieser [Integrations-] Phase ist, dass behinderte Kinder und Jugendliche durch die Mitarbeit von Sonderpädagogen und Sonderpädagoginnen in normalen Klassen allgemeine Schulen besuchen können und insofern nicht mehr separiert unterrichtet werden. Hier ist erstmals interdisziplinäre Zusammenarbeit strukturell notwendig, nämlich mindestens die Kooperation von Regelschullehrkräften und sonderpädagogischen Lehrkräften". Die Formulierung *Allgemeine / allgemeinbildende Schule* soll,

---

[1] Verfügbar unter: http://www.sign-lang.uni-hamburg.de/projekte/slex/seitendvd/konzepte/l52/l5211.htm [20.10.2010]

ähnlich wie der Begriff *Regelschulen*, Sonderschulen ausschließen, auch wenn Sonderschulen als gleichwertige allgemeinbildende Regelschulen innerhalb des Schulsystems angedacht sind, jedoch wird unter Regelschüler/innen und Integrationsschüler/innen in einer Integrationsklasse unterschieden. Darüber hinaus werden die Kinder an der Sonderschule als Sonderschüler/innen geführt. Hinz nimmt dazu folgende Stellung: „Mit der Integration kommt die Einbeziehung von Kindern mit spezifischen Hintergründen verstärkt in den Blick: Migration und Mehrsprachigkeit sowie Beeinträchtigungen werden damit gefasst" (2005).

In aktuellen pädagogischen und gesellschaftlichen Debatten kann jedoch als Zielvorstellung die *Inklusion* wahrgenommen werden. Diese kann beschrieben werden als Möglichkeit gleichberechtigter Teilhabe unter Beibehaltung individueller Norm- und Verhaltensmuster. Somit ist Heterogenität gewünscht und wird als konstruktiv bewertet. Im pädagogischen Kontext bedeutet dies, dass das (Schul-) Kind sich nicht in das Normengefüge der Schule und ihrer Verwaltung und Organisation eingliedern muss. Sondern die Schule als Institution und stellvertretend dafür das Personal versucht die Individualität des Kindes zu erfassen, sich darauf einzustellen, sich dieser zu nähern und ressourcenorientiert die Vielfältigkeit der Gemeinschaft zu unterstützen. Sander beschreibt dies mit den Worten: „Inklusion: Alle behinderten Kinder besuchen wie alle anderen Kinder mit besonderen pädagogischen Bedürfnissen Allgemeine Schulen, welche die Heterogenität ihrer Schüler und Schülerinnen schätzen und im Unterricht fruchtbar machen" (2004b, S. 243).

Im Kontext von Inklusion wird auch der Begriff *Heterogenität* und synonym dazu Vielfalt, Diversität, Verschiedenheit und als Antonym Gleichheit verwendet. Bei Heterogenität im pädagogischen Kontext kann der Bezug zu dem traditionellen homogen angedachten Schulsystem gezogen werden. Denn Heterogenität geht von einem

Begriffsbestimmung

Verständnis von Bildung und Lernen aus, welches die übliche Orientierung am Mittelmaß aufgibt. Damit ist der Versuch verbunden, eine durchgängige Homogenisierung der Lernenden in Klassen, Jahrgängen oder Kursen zu vermeiden. Heterogenität impliziert eine Individualisierung der Lernformen, in denen sich jede Person mit ihren jeweiligen sozialen Bedingungen zu anderen Menschen in Beziehung setzten kann. Die Annahme einer Heterogenität hat somit Auswirkungen sowohl für Bildungsprozesse im Allgemeinen als auch für den Unterricht im Speziellen. Zudem zieht Heterogenität, wenn sie in Schulentwicklungsprozessen als Leitlinie zum Tragen kommt, bedeutende Konsequenzen für die Schule als Organisation nach sich (vgl. Stroot, 2007, S. 39).

Dass sich Heterogenität auch auf Aspekte gesellschaftlicher Ungleichheit bezieht, stellt der Begriff *Diversität* in den Vordergrund. Gesellschaftliche Verhältnisse wirken überall und auf alle Mitglieder eines Systems und somit bewegen sich alle innerhalb hierarchischer Ungleichverhältnisse. Schulische und berufliche Chancen sind abhängig vom gesellschaftlichen Stand einer Person, dieser wiederum ist nach wie vor gekoppelt an die gesellschaftlichen Strukturkategorien Geschlecht, Schicht / Klasse und Ethnie. Diese Sachverhalte versucht der Begriff Diversität zu implizieren. Ursprünglich stammt das Konzept aus wirtschaftsbezogenen Organisationsentwicklungsansätzen und ist innerhalb des Schulkontexts wenig präsent. Diversität bezeichnet im weiteren Sinne *Vielfalt* und lässt sich in zwei Varianten unterscheiden, zum einen in die Variante einer Vielfalt als Unterschiede und zum anderen die Vielfalt als Unterschiede und Gemeinsamkeiten (vgl. Krell, zitiert nach vgl. Stroot, S. 39). Während die erste Variante die grundsätzliche Unterschiedlichkeit aller Individuen beinhaltet, legt die zweite Variante den Fokus darauf, dass alle Individuen nicht nur einer Merkmalsgruppe angehören, sondern immer mehreren (Geschlecht, Alter, Interessen, Religion, usw.) und darüber sowohl Unterschiede als auch Gemeinsamkeiten aufweisen. Die zweite Variante betont zudem die Situations- bzw. Kontextabhängigkeit von Identität und problematisiert somit Festschreibungen (z. B. Geschlechtsstereotype), die sich über die erste Variante einschleichen können (vgl. Stroot, 2007, S. 40).

Zusammenfassend stellt Diversität als Vielfalt der Unterschiede und Gemeinsamkeiten eine sinnvolle Erweiterung des Begriffes Heterogenität dar und verstärkt den Blick auf grundlegende gesellschaftliche Strukturen. Vor allem im Hinblick auf Schulentwicklungsprozesse kann sich Diversität im beschriebenen Sinne als umfassender und auch weitreichender erweisen, zumal über Diversität auch ein produktiver Umgang mit Heterogenität impliziert werden kann (vgl. Stroot, 2007, S. 40).

Neben der Exklusion kann auch die *Assimilation* als Gegenspielerin zur Inklusion verstanden werden, da diese zur Erreichung gleichberechtigter Teilhabe die absolute Anpassung eines Einzelnen oder auch einer ganzen Gruppe an die Eigenarten der dominanten Gruppe fordert. Die Verschmelzung der Minderheit an die Mehrheit kann auf kultureller, struktureller, sozialer sowie auch auf emotionaler Ebene erfolgen. „Assimilation ist ein Prozess der Entgrenzung (*boundary reduction*), der sich ereignen kann, wenn Mitglieder von zwei oder mehr Gesellschaften oder kleineren kulturellen Gruppen aufeinander treffen. Wenn man sie als abgeschlossenen Prozess betrachtet, ist sie die Vermischung von zuvor unterscheidbaren soziokulturellen Gruppen zu einer Einzigen. Wenn wir Assimilation jedoch als Variable ansehen, was meiner Ansicht nach unser Verständnis vertieft, stellen wir fest, dass Assimilation von den bescheidensten Anfängen von Interaktion und kulturellem Austausch bis hin zur gründlichen Verschmelzung der Gruppen reichen kann" (Yinger, 1981).

Begriffsbestimmung

Der vorliegende Text wird sich schwerpunktmäßig auf die *Pädagogik*, ihren Werdegang und ihre Strömungen konzentrieren, weshalb an dieser Stelle der Ursprung dieses Begriffs erwähnt werden soll. Er entstammt dem Griechischen und beinhaltet die „Theorie und Praxis der Erziehung und Bildung" (Das Fremdwörterlexikon). Ein weiteres, allgemeines Lexikon konzentriert sich stärker auf den Bereich der Erziehung mit folgenden Worten: Pädagogik ist „die praktische und theoretische Lehre von der Erziehung, auch die Erziehung selbst. Als Erziehungswissenschaft ist die Pädagogik eine handlungsorientierte Sozialwissenschaft, die in der Theorie und Praxis eng miteinander verknüpft sind. Sie beschäftigt sich mit den Zielen und Inhalten, den Interaktions- u. Vermittlungsformen und den sozialen und institutionellen Rahmenbedingungen des Erziehungsprozesses" (Das große illustrierte Lexikon, 1997). Die Brockhaus-Enzyklopädie skizziert die gegenwärtige Pädagogik als „postmodern" (S. 420) mit einer „neue[n] Auslegung von ‚Menschlichkeit'"(S. 420). Diese Entwicklung der Pädagogik sei laut der genannten Enzyklopädie „gekennzeichnet durch die These, daß bestimmte kulturelle, individuelle und gedanklich-kategoriale Unterschiede der Selbstinterpretation von Menschen theoretisch nicht in einem höheren Ganzen aufzuheben seien und nicht auf dem Weg über pädagog. Maßnahmen zu tilgen versucht werden sollten, wozu religiöse oder weltanschaul. Systeme nicht selten tendieren. Vielmehr gilt es nach dieser These, solche kategorialen Unterschiede als Probleme pädagogisch anzusprechen und einem jeden Menschen zu bedenken aufzugeben" (S. 420). Die derzeitige Entwicklung wird diesem Anspruch an die postmoderne Pädagogik zunehmend gerecht, da die individuelle Unterschiedlichkeit bezüglich des Selbstkonzeptes nicht mehr unterdrückt oder negiert werden kann, sondern in der inklusiven Pädagogik ihre vordergründige Beachtung findet.

Aufgrund der zuvorigen Konzentration auf den Erziehungsaspekt, wird nun ausgleichend auch der Begriff *Bildung* definiert, „als bewusste Formung der Kräfte des Menschen durch Aneignung kultureller Werte und ihre Verarbeitung zu einer persönlichen Ganzheit; auch der durch diese Formung erreichte Zustand. Logisches Denken, Ausdrucksfähigkeit, Tiefe der Empfindung und Willensstärke sollen im selbsttätigen Umgang mit den Bildungsgütern entwickelt werden. Die Bildungspolitik umfasst alle politischen Maßnahmen zur Gestaltung des Bildungswesens, aller Einrichtungen und Institutionen, die Bildung vermitteln" (vgl. Das große illustrierte Lexikon, 1997). Erweiternde Aspekte hat die Brockhaus-Enzyklopädie zu nennen, unter anderem, dass die Bildung langezeit „pädagogisch weitgehend auf die Qualifikation für gesellschaftliche Brauchbarkeit reduziert wurde" (Bd. 3, S. 314). Erst W. von Humboldt verhalf auf theoretischer Ebene der Bildung zum Aufstieg, in der Form, dass sie die Funktion der Anregung aller Kräfte übernahm, „damit diese sich über die Aneignung der Welt in wechselhafter Ver- und Beschränkung harmonisch-proportionierlich entfalten und zu einer sich selbst bestimmenden Individualität führen, die in ihrer Identität und Einzigartigkeit die Menschheit bereichert" (S. 314). Somit sah Humboldt einen direkten Zusammenhang zwischen der Förderung von Individualität und einer möglichen sozialen konstruktiven Weiterentwicklung der Gesellschaft: „Aber ohne *Bildung* der Individualität war für Humboldt soziale Verbeseerung, die nicht nur den eigenen Vorteil im Auge hat, unmöglich" (S. 314). Diese Wechselseitigkeit besteht vermutlich ebenso in der inklusiven Bildung. Die Umsetzung einer solchen Pädagogik benötigt ein Umdenken in der Gesellschaft. Und ebenso ist zu vermuten, dass die neuen Generationen, welche die inklusive Pädagogik erfahren werden, das Verständnis von Inklusion mit einer neuen Selbstverständlichkeit leben können. Auch wenn die

Begriffsbestimmung

Umsetzung inklusiver Pädagogik einer großen Anstrengung bedarf, denn in der Vergangenheit ist die „(neu)humanist. B.-Auffassung […] ebenso wie ihre idealist. Varianten bald in Verfall geraten. Die polit. Restauration widersetzte sich ihrer Realisiation" (Brockhaus-Enzyklopädie, Bd. 3, S. 314). Wobei besonders in Deutschland das Programm der Befreiung des Menschen aus undurchschauten Abhängigkeiten im Sinne der europäischen Aufklärung nicht recht zum Zug kommen konnte (zitiert nach Brockhaus-Enzyklopädie, Bd. 3, S. 315). Dadurch bestand weiterhin eine „selbstverschuldete Unmündigkeit" (Kant, zitiert nach Brockhaus-Enzyklopädie, Bd. 3, S. 315).

Zusammenfassend wird Manfred Gerspach (2000) zitiert: „Wenn wir von Pädagogik sprechen, dann meinen wir alle theoretischen und praktischen Bemühungen um die Einführung einer nachwachsenden Generation in die Gesellschaft. Pädagogik als Theorie umfasst die wissenschaftlichen Lehrmeinungen über und für die Erziehung und die pädagogisch bedeutsame Wirklichkeit. Pädagogik als Praxis meint die Tätigkeiten und Vorgänge, durch die Erziehung stattfindet. Ziel ist die Ermöglichung, Unterstützung und Förderung der Persönlichkeitsentwicklung des Menschen. Allerdings kommt Erziehung ursprünglich nicht von der Theorie her, die dann in der Praxis Anwendung findet, sondern ist immer schon in der Praxis gegeben. Erst im Sinne einer Erziehungs*wissenschaft* wird sie zur Theorie einer Praxis, auf der sie aufbaut und in die sie zurückwirkt" (S. 9).

Da diese und alle weiteren Ausführungen innerhalb der vorliegenden Arbeit ihren Schwerpunkt auf den pädagogischen Kontext und im Speziellen auf die zu reformierende Sichtweise der *Sonderpädagogik* legen, wird nun auch diese definiert. Ein schweizer Heilpädagogischer Dienst aus Aargau definiert Sonder- oder *Heilpädagogik* mit einer moderneren Umschreibung als „Bereich der Erziehungswissenschaft, der sich mit der Erziehung und Bildung von Kindern und Jugendlichen befasst, die aufgrund von Entwicklungsstörungen oder Behinderungen eine spezielle pädagogische Förderung benötigen"[2] (weitere Begriffsklärungen von Heilpädagogik, Sonderpädagogik, Behindertenpädagogik und Rehabilitationspädagogik bei Kammann, 2001, S. 13 ff.). In diesem Zusammenhang soll darauf aufmerksam gemacht werden, dass die Schule im Allgemeinen laut der Brockhaus-Enzyklopädie den Zweck der Vorbereitung auf die Teilnahme am gesellschaftlichen Leben verfolgt (vgl. S. 548). Dass das Modell der Segregation (in Sonderschule, Förderschule, Allgemeinbildende Schule), der Integration (in Integrationsschulen) und Inklusion (in Inklusionsschulen) dem in anderem Maße nachkommen, wird deutlich, wenn man sich die unterschiedlichen Pädagogikmodelle bei der Realisierung folgender vier Funktionen der Schule vorstellt: „ Die sozialwissenschaftl. Forschung hebt v. a. folgende vier Funktionen von *Schule* hervor: 1) Sozialisationsfunktion: In der S. werden Verhaltens- und Einstellungserwartungen eingeübt und verinnerlicht, die den einzelnen an geltende Werte, Normen, Rollenmuster, Lebensformen usw. anpassen bzw. in die bestehende Kultur einbeziehen und so der Reproduktion und Stabilisierung des aufnehmenden soziokulturellen Systems dienen; 2) Qualifikationsfunktion: Durch die Vermittlung von Fähigkeiten und Kenntnissen bereitet S. darauf vor, eine sich zeitlich anschließende Tätigkeit auszuüben oder eine berufl. Ausbildung oder ein Studium aufzunehmen, überhaupt Anforderungen und Risiken des gesellschaftl. Lebens und seines Veränderungen unterworfenen Arbeits- und Erwerbsprozesses bewältigen zu können. In gewisser Hinsicht gehören hierzu auch schul. Programme und Maßnahmen einer kompensatorischen Erziehung; 3) Selektionsfunktion: In S. und mit ihrer Hilfe findet eine Auslese statt, die verschiedenartige Schullaufbahnen mit den dazugehörigen

---

[2] Verfügbar unter: http://www.hpd-aargau.ch/definition.html [20.10.2010]

Begriffsbestimmung

Abschlüssen begründet und damit über den Zugang zu Ausbildung und Studium sowie über den daraus resultierenden Sozialstatus entscheidet. Wesentl. Mittel der Auslese sind Prüfungen und Zensuren; 4) Legitimationsfunktion, die als Pendant zur Sozialisationsfunktion angesehen werden kann: S. trägt zur Rechtfertigung und Bestärkung der vorliegenden gesellschaftlichen Gesellschaftsordnung bei. Z. B. wird die Ungleichverteilung von Gütern generell anerkannt oder hingenommen, wenn im Verlaufe der Schulzeit die Koppelung von Positionen- und Karrierezuweisungen mit besseren oder schlechteren Leistungen als berechtigt >gelernt< wird" (S. 550). Der letztgenannte Punkt wird innerhalb der genannten Quelle nochmals kritisch beleuchtet unter der Darstellung alternativer Schulkonzepte und deren Schulkritik. Dabei dargestellt wird auch das „durch ein von einer negativen Einstellung zur Chancengleichheit geprägte Verhalten, das zur Ausgrenzung von Kindern und Jugendlichen aus benachteiligen gesellschaftl. Gruppen beitrage und insgesamt der Legitimation bestehender Verhältnisse diene" (S. 550). Somit wird herausgestellt, dass die Schulpolitik und – pädagogik durch interne Veränderungen auch gesellschaftliche Veränderungen hervorrufen kann. Besonders im Fokus steht dabei die Gleichberechtigung von bisher unterschiedlich kategorisierten Kindern.

Im Zusammenhang mit den Konzepten werden Theorien der Pädagogischen und Heilpädagogischen Psychologie erläutert und erwähnt. Die *Pädagogische Psychologie* ist stark mit der Entwicklungspsychologie und Psychodiagnostik verbunden, doch ist ihr Fokus auf die Anwendung bezogen (vgl. Lück, 2002, S. 148). Die Geschichte der Pädagogischen Psychologie ist eng mit der Geschichte der Pädagogik verknüpft (vgl.Schubeius, 1990) zitiert nach Lück, S. 148).

Die *Heilpädagogische Psychologie* wird je nach Referent auch als Rehabilitationspädagogische oder

Sonderpädagogische Psychologie betitelt. Sie knüpft an die Pädagogische Psychologie an und baut auf sie auf. „Sie ist die Wissenschaft vom Lehren und Lernen unter Behinderungsbedingungen unter psychologischem Aspekt. Dabei ist der Begriff der Behinderung eher weit als eng zu fassen" (Fengler, 1999, S. 18). Es werden Behinderungsprozesse in der Schule sowie in allen Bereichen der Gesellschaft einbezogen (vgl. Fengler, S. 18). Die Strukturierung der Phänomene und der fachlich fundierte Umgang mit ihnen wurde bisher je nach Vorliebe des Verfassers entweder „behinderungsübergreifend" (Fengler & Jansen, 1999, S. 13) nach den psychologischen Disziplinen (wie bei Gröschke, 2005 sowie Bundschuh, 1995 oder Witte, 1988) oder nach Behinderungsarten dargestellt (so bei Fengler & Jansen, 1999 oder Suhrweier, 1994). Die Einteilung nach Behinderungsarten entspricht meiner Erkenntnis nach dem Integrationsansatz, da eine Kategoriesierung der Behinderungsarten vorgenommen wird. Zudem wird in diesem Kontext Heilpädagogik als „Psychologie der Behinderten" (Bleidick, 1972, zitiert nach Gröschke, 2005, S. 68) bezeichnet. Der behinderungsübergreifende Zugang kann zum einen dem Segregationsmodell folgen, in dem er von den psychologischen Eigenheiten der Behinderten spricht. Zum anderen kann der behinderungsübergreifende Ansatz aber auch in das Inklusionskonzept aufgenommen werden, wenn die vorliegenden psychologischen Erkenntnisse dazu dienen, allen Beteiligten gerecht werden zu wollen. Die Beteiligten sollten jedoch nicht zuvor kategorisiert werden nach den Mitteln möglicher Hilfestellungen, um sich erst anschließend nach der Kategorisierung zu erlauben adäquat zu reagieren. Das Wissen der Heilpädagogischen Psychologie kann im inklusiven Sinne in individuellen Situationen subjektbezogen herangezogen werden.

Da es im Verlauf der Arbeit um die Segregation und Integration von behinderten Personen geht, soll diese

Bezeichnung ‚behinderte Person' konkretisiert werden: Gemeint sind „Personen, die infolge von angeborenen Leiden; Geburtsfehlern; Krankheiten; Unfällen oder aus sonstigen Gründen dauernd oder langfristig an körperlichen oder geistigen Gebrechen oder seelischen Störungen leiden und deshalb nicht ohne bes. Hilfen voll am Leben der Gemeinschaft teilhaben können" (Das große illustrierte Lexikon, 1997). Formulierungen wie Geburts„fehler" und „Gebrechen, Störungen, Leiden, Hilfen" sollten mit Vorsicht und nicht unkritisch verwendet werden. Ähnlich ist es jedoch auch bei Bleidicks (1992) Verständnis des Begriffs vorzufinden: „Als behindert gelten Personen, die infolge einer Schädigung ihrer körperlichen, geistigen oder seelischen Funktionen soweit beeinträchtigt sind, daß ihre unmittelbaren Lebensverrichtungen oder ihre Teilhabe am Leben der Gesellschaft erschwert werden" (S. 12). Bei diesen Worten wird schon eher die Einsicht über die Schädigung und die Benachteiligung, welche von der Gesellschaft produziert wird, deutlich (weiteres dazu siehe Abschnitt 1.4; sowie bei Walter, 2004, S. 15 ff.). In der Brockhaus-Enzyklopädie geht eindeutiger hervor, dass die Kategorisierung auch spontan durch einen im Lebenslauf plötzlich einsetzenden gesundheitlichen Schaden eintreten kann: „Behinderte [sind] Menschen in allen Altersgruppen, die durch einen angeborenen oder erworbenen gesundheitl. Schaden in der Ausübung der im entsprechenden Lebensalter üblichen Funktionen beeinträchtigt sind und/oder auch in der Wahrnehmung oder Fortsetzung ihrer sozialen Rollen, der Eingliederung in den gesamten Lebenskontext, Einschränkungen unterliegen" (S. 35, Band 3). Die Aussage, dass eine Behinderung Ursache für eine eingeschränkte Teilhabe an der Gemeinschaft sein soll, lädt zu einer Diskussion innerhalb dieser Arbeit ein und führt überleitend zu den überholten Vorstellungen von Behinderung. Es soll gezeigt werden, wie different Behinderung gewertet wurde, abhängig vom historischen Kontext, politischen Strömungen, Idealen von Einzelpersonen, und vielem mehr. Trotz der Komplexität im Wandel der Zeit kann gezeigt werden, dass zu Beginn das Konzept der Exklusion in vielen Bereichen vorherrschend war. Über viele Umwege kann jedoch zukunftsorientiert eine Perspektive auf eine Gemeinschaft skizziert werden, an der alle gleichberechtigt teilhaben können, im Sinne der Inklusion. Denn auch in der Brockhaus-Enzyklopädie heißt es weiter unter dem Stickwort „Der Behinderte in unserer Gesellschaft", dass Behinderung eine Herausforderung an die Solidaritätsgemeinschaft darstellt (vgl. S. 36). Erklärt wird dieses mit folgenden Worten: „Wichtig ist es, unbefangen Begegnungen zw. B. und Nicht-B. zu ermöglichen. Der Ruf nach Abbau der Sonderschulen und –klassen und nach Integration behinderter Kinder in das allgemeine Schulsystem wie nach Ausbildung und Weiterbildung gemeinsam mit Nicht-B. hat v. a. im polit. Raum viel Resonanz gefunden. Die Gefahr einer solchen Regelung liegt darin, daß bei noch fehlendem Verstädnis für die Situation der B. Erfolge aufs Spiel gesetzt werden, die die Sonderdienste und die Sonderpädagogik haben erreichen helfen. Das grundlegende Bedürfnis des Menschen, für sich selber aufzukommen, sich einer Gemeinschaft anschließen zu können und von ihr aufgenommen zu werden, ist auch das Bedürfniss des B. Die Wirklichkeit des B. ist jedoch meist die mehr oder weniger starke Absonderung vom Leben der Nicht-B., von seinem sozialen Umfeld. Das Erlebnis der Abhängigkeit, der menschl. Isolation und Vereinsamung und die Verzweiflung an der Möglichkeit einer Ich-Du-Beziehung kann zu einer tiefen Selbstwert- und Identitätskrise führen bis hin zur Depersonalisiation" (S. 36f.)

Um ein Verständnis dafür zu entwickeln, wie die unterschiedlichen Konzepte entstehen konnten, wird zu Beginn der Einführung eines Konzepts die historische Entwicklung von Schule, den Unterrichtsformen und auch der chronologische Verlauf aller drei Konzepte dargestellt. Denn um den aktuellen Verlauf differenziert hinsichtlich der Hindernisse bei der Weiterentwicklung hin zur Inklusion zu verstehen, ist es von besonderer Bedeutung die Verwobenheit der drei Modelle mit den Wurzeln zu erkennen.

Historische Ausführungen und vertiefende Erläuterungen des jeweiligen Modells mit anschließender Diskussion des Konzepts

„Die wahre Entdeckung besteht nicht darin, neue Landschaften zu finden, sondern darin, neu zu sehen"
(Melero, 2000, S.34)

Jedes Konzept hatte oder hat seine Befürworter und seine Skeptiker, weshalb im Folgenden die Modelle separat besprochen und einzelne Fragestellungen explizit diskutiert werden sollen. Um weiterhin dem logischen Schluss der historischen Entwicklung folgen zu können, wird hinsichtlich der vertiefenden Betrachtung mit dem Segregationskonzept begonnen, um dieses als erstes im Detail zu beschreiben und zu erörtern. Dem folgen das Integrationsmodell und anschließend die Darstellung der Inklusionsgedanken.

1. SEGREGATION

„den Unterricht auf die Mittelköpfe [...] kalkulieren"
Ernst Christian Trapp (1745-1813)

1.1 Historische Entwicklung der Schule

Von zentraler Bedeutung für das Verstehen der Entwicklung von der Segregation über Integration zur Inklusion ist das zeitgebundene pädagogisch orientierte Handeln. Deshalb soll darauf an dieser Stelle ein besonderer Schwerpunkt gelegt werden. Bei der folgenden historischen Abhandlung der Schulpädagogik soll vorerst diese als „eigenakzentuierte pädagogisch-wissenschaftliche Disziplin" (Roth, 1967, S. 297f., zitiert nach Kiper, 2001, S. 9) dargestellt werden. Allgemein betrachtet, steht „im Zentrum schulpädagogischen Denkens [...] die Reflexion über ein an unterrichtliche Bedingungen gebundenes öffentliches Handeln in pädagogischer Absicht, das mit Blick auf seine Bedingungen (Schule, Schulkasse, Lehrplan) hinsichtlich seiner Möglichkeiten und Notwendigkeiten analysiert, diskutiert und erforscht werden soll. [...] Die Schulpädagogik ist [...] die Theorie des pädagogisch orientierten Handelns im Feld schulischer Sozialisation" (Apel & Grunder, 1995). Aus wissenschaftlichem Kontext heraus ist die Schulpädagogik „eine Spezialdisziplin der Erziehungswissenschaft, deren Forschungsinteresse auf das Unterrichten und Erziehen in der Institution Schule zentriert ist. Die Schulpädagogik entwickelt die Theorie des Unterrichts im Rahmen einer Theorie der Schule. Eine Hauptfragestellung ist auf die wechselseitige Beziehung zwischen Aussagen der Schul- und Unterrichtstheorie einerseits und pädagogischen Handeln in der Schulpraxis andererseits gerichtet" (Einsiedler, 2001).

Im Folgenden kann sehr gut der Zusammenhang von Schulform und Unterrichtsmethodik beobachtet werden. Zumal dabei die Entwicklung vom Einzelunterricht im Altertum über den Frontalunterricht in der Neuzeit hin zum binnendifferenzierten Unterricht in der Postmoderne mit aktuellem Ausblick auf individuellen Unterricht in der Gruppe fokussiert wird. Deshalb soll nun die Entwicklung der Schule erläutert und vertiefend das mit der Institution verwobene pädagogische Handeln in der jeweiligen Zeitepoche herausgearbeitet werden.

1.1.1 Schulen im Altertum

Die Weitergabe von Wissen ist seit ungefähr 300.000 Jahren mit der biologischen Evolution des homo sapiens eine Voraussetzung, um die kulturelle Evolution zu initiieren. Das Wissen über die Herstellung und Benutzung der Faustkeile kann als beispielhafter Beginn gesehen werden (vgl. Konrad, 2007, S. 7).

Als weiteres einschneidendes Ereignis ist die Erfindung der Schrift zu sehen. Denn „mit dem Verfügen über Schrift konnte sich die Weitergabe des angesammelten Wissens von der [ortsgebundenen] unmittelbaren Interaktion zwischen den Menschen lösen" (Konrad, 2007, S. 7). Um das Wissen fremder, eventuell weit entfernter oder schon verstorbener Menschen erfahren und nutzen zu können, war es eine unabdingbare Voraussetzung, lesen zu können. Dies war jedoch nicht nebenher und nicht von Ungeschulten vermittelbar. Somit wurden die ersten Anfänge der Schule gesetzt (vgl. Konrad).

Dazu soll an dieser Stelle eine überblicksartige Definition von *Schule* vorgestellt werden: „Einrichtung und Gebäude zur Erteilung eines planmäßigen Unterrichts an Kinder und Jugendliche zur Vermittlung von Wissen, das zur Ausführung wissenschaftlicher, wirtschaftlicher, politischer und kultureller Tätigkeiten befähigen soll. Schule [lateinisch „schola" wurde anfangs mit „freie Zeit", später mit „Studium" übersetzt und] war ursprünglich die Bezeichnung für die schöpferische Lehr- und Lerntätigkeit der griechischen Philosophen und ihrer Schüler" (Das große illustrierte Lexikon, 1997), welche aufgrund ihres Status in der Gesellschaft über freie Zeit zum Studieren verfügten.

Im Mittelalter blühten die Kloster- und Domschulen, dann auch Stadtschulen und Universitäten: hier wurden die Artes liberaltes gelehrt. Im 17. Jahrhundert begann die allgemeine Institutionalisierung des Schulwesens. „Durch die Bemühungen J. H. Pestalozzis [Weiteres dazu unter 3.1.1.2] u. a. verbreitete sich die Volksschule zur Grundausbildung aller Bevölkerungsschichten. Ständiger Fortschritt von Wissenschaft und Technik und wachsender Vielgestaltigkeit der Umwelt und des Lebens ließen in der Folgezeit das Schulsystem immer vielfältiger werden. Heute unterscheidet man in Deutschland nach ihrem Ausbildungsziel zwei

Segregation

Gruppen: die allgemeinbildende und berufsbildende Schule (mit einer Fülle von unterschiedlichen Schultypen)" (Das große illustrierte Lexikon, 1997). Eine detaillierter Definition, angereichert mit verschiedenen Perspektiven auf die Schule und pädagogischen Schultheorien kann in den Ausführungen von Hanna Kiper (2001, S. 36f.) nachgelesen werden.

1.1.1.1 Schulen im antiken Ägypten

„Schon im Alten Reich war es üblich gewesen, dass erfahrene Hofbeamten junge Männer in ihren Haushalt aufnahmen, um sie im Rahmen eines Meister-Schüler-Verhältnisses im Einzelunterricht in den Gebrauch der Schrift und in die gängige Verwaltungspraxis einzuführen" (Konrad, 2007, S. 9). Ebenso wurde bei den Tempelpriestern verfahren. Im Übergang vom Mittleren zum Neuen Reich, zwischen circa 2000 und 1500 v. Chr., benötigte „die nach inneren Krisen zu reorganisierende und dabei anspruchsvoller gewordene Staatsverwaltung jedoch eine wachsende Zahl von Beamten. Hinzu kam der prosperierende Handelsverkehr. Da war es effektiver, jeweils größere Gruppen von jungen Leuten gemeinsam unterrichten zu lassen" (Konrad, 2007, S. 9). Aus diesem Kontext heraus lässt sich zu dieser Zeit die älteste Erwähnung einer existierenden Schule in Ägypten finden (vgl. Konrad, S. 9).

Unterrichtet wurde auf Grund des Klimas „vermutlich überwiegend im Freien. Ihre Schreib- und Rechenübungen unternahmen die Schüler [, ab dem Alter von fünf Jahren,] auf den Scherben zerbrochener Tonkrüge nach Vorlagen, die sie den mit Pinsel auf Papyrus geschriebenen Lehrbüchern entnehmen konnten. [...] Der Lehrer schrieb oder las vor, die Schüler schrieben oder sprachen nach. Auf Anordnung des Lehrers im Chor repetieren, Fragen beantworten und ansonsten schweigen, das war im Kern altägyptischer Unterricht, der von einem Lehrer erteilt wurde, der sich ausgiebig des Mittels der körperlichen Züchtigung bediente. Dem Auswendiglernen, den ständigen Memorierübungen, kam eine alles überragende Bedeutung zu" (Konrad, 2007, S. 10). Nach der Schulbildung folgte eine Fachausbildung, die im Rahmen der individuellen Meister-Schüler-Lehre stattfand.

1.1.1.2 Schulen im antiken Griechenland

Auch über die Spartiaten und die Kämpfer von Marathon in der Zeit um 490 v. Chr. ist bekannt, dass deren Kinder ab dem siebten Geburtstag für mehrere Jahre zu einem Privatlehrer geschickt wurden, wenn die privaten Mittel dies zuließen. Um 400 v. Chr. wurde in Athen ein Gesetz erlassen, welches die Regularien des Unterrichtswesens, wie Lerninhalte, die Bestellung des Lehrers und weiteres festlegte. Auch dieser Unterricht erschöpfte sich weitgehend im Auswendiglernen und äußerem Drill. Doch es war die demokratische Regierungsform, welche die Teilnahme an der Volksversammlung außer vom Bürgerrecht auch von der Lese- und Schreibkompetenz abhängig machte. Somit verfügte in der klassischen Zeit fast jeder männliche, wenig später auch jede weibliche Angehörige der mit dem Bürgerrecht ausgestatteten Bevölkerungsteile in den griechischen Stadtstaaten mindestens über die elementare Schulbildung und konnte lesen, schreiben und rechnen (vgl. Konrad, S. 12f.).

Ab 334 v. Chr. wurde eine zweijährige Ephenausbildung (*ephebos*=junger Mann) für alle Jungen vorgeschrieben, welche nicht privat bezahlt werden musste, damit ihnen danach das Bürgerrecht verliehen werden konnte. Jedoch konnte darüber hinaus das *gymnasion* als eine Form der aristokratischen Bildung selbst finanziert werden. Als nachhaltige Schüler dieser Ausbildung sind die Sophisten zu nennen, die das geistige Leben Griechenlands durch ihre belehrenden Methoden stark beeinflussten. Dem gegenüber standen der Philosoph Sokrates (470-399) und seine Schüler,

Segregation

so zum Beispiel Platon. Er begründete ein dialogisches Verfahren, das betonte, dass dem Lernenden nicht gelehrt werden solle, was dieser nicht aus sich selbst heraus erkennen könne. „Unterricht ist hier eine mehr diskursive Angelegenheit, die der gemeinsam von Schüler und Lehrer unternommenen Wahrheitssuche dient. Der Schüler lernt nicht, indem er die gesuchten Zusammenhänge vorgestellt und erklärt bekommt. Der Schüler lernt vielmehr, indem er durch geschicktes Fragen [, dem sokratischen Dialog,] des Lehrers die Antworten gewissermaßen in sich selbst oder in der Sache entdeckt" (Konrad, S. 14). Somit kann dies als Beginn des Alternativmodells zu staatlichem Unterricht aufgefasst werden. Und damit kann schon hier das Konkurrieren zweier grundverschiedener didaktisch-methodischer Ansätze beobachtet werden (vgl. Konrad, S. 15f.).

1.1.1.3 Schulen im antiken Rom

Abb. 01: Schule im römischen Reich: Dieses Steinrelief (um 200 n. Chr.), das an der Mosel bei Neumagen gefunden wurde, ist Teil eines Grabdenkmals, das vermutlich Eltern im Gedenken an ihr verstorbenes Kind errichten ließen. Trier, Rheinisches Landesmuseum

Obwohl im antiken Rom im Idealfall der Vater als Lehrmeister auftrat, wird vermutet, dass Schulen schon in der archaischen Epoche vorhanden waren. Die Elementarbildung konnten die Jungen beim Besuch der Schule vom Elementarlehrer erhalten (siehe Abb. 01).

Wenn es finanziell möglich war, konnte ein weiterführender Unterricht von Hauslehrern gegeben werden. Nachdem sich ab Mitte des 3. Jahrhunderts Rom einige griechische Kolonien erobert hatte, wurde die italienische Hauptstadt stark beeinflusst von der griechisch/ hellenistischen Kultur und deren Bildungswesen. Jedoch wurden sämtliche Bildungsmöglichkeiten von Anbeginn beiden Geschlechtern eröffnet. Schon hier entstanden die römischen sieben freien Künste, bekannt als *septem artes liberales*. Sie waren ein Vorrecht der frei Geborenen.

„Anders als in Griechenland jedoch genoss der Lehrer im römischen Reich durchaus ein gewisses Ansehen" (Konrad, S. 21f.). Unter Caesar erhielten diese sofort das Bürgerrecht und eine Besoldung aus Staatsmitteln, d. h. ein Staatsschulwesens war errichtet. Dies wurde bekräftigt durch das Verbot jeden Privatunterrichts im Jahre 395 n. Chr. (vgl. Konrad, 2007, S. 22). Jedoch wurde das römische Schulwesen mit den Siegeszügen der Christen und der Verbreitung des christlichen Glaubens verdrängt.

1.1.2 Schulen im Mittelalter

Die Christen nahmen die Bibel als Basis und lehnten die heidnischen Autoren rigoros ab. Ausschließlich in Italien ist das Schulwesen nochmals zu begehrter Bildungsstätte geworden. Und es waren sogar Christen in bemerkenswerter Zahl als Lehrer anzutreffen. Doch da durch die damalige christliche Glaubenspraxis von den Gläubigern keine Literalität benötigt wurde und das Heilige wieder in den Vordergrund und über den Menschen gestellt wurde, ging die Kenntnis des Lesens und Schreibens im Übergang zum frühen Mittelalter nördlich der Alpen und weitgehend auch in Italien zurück. In den so genannten *Katechetenschulen* wurde auf die

Segregation

Taufe vorbereitet, weshalb diese kein Äquivalent zur bildenden Schule darstellen konnte. Die Lehre der *artes liberales* (siehe S. 26) war lange Zeit noch ein Überbleibsel der früheren Bildungskultur, wurde 529 mit der Auflösung der von Platon gegründeten Akademie jedoch auf vereinzelte Lehrer beschränkt, die ihre Dienste anboten und auch bereit waren mit dem gebildeten Christen die Inhalte des neuen Glaubens auch wissenschaftlich zu begründen. Nachdem einige herausragende Theologen, wie Albertus Magnus (1193-1280) und dessen Schüler Thomas von Aquin (1225-1274), sich für ein Studium der *artes* einsetzten, wurden diese als selbstverständlicher Gegenstand der Lehre an den Dom- und Klosterschulen des europäischen Mittelalters aufgenommen: In Form dieser Domschulen bildete sich wieder eine Schullandschaft aus (siehe Abb. 02, S. 28). Und ab dem 12. Jahrhundert dehnt sich diese auf *Pfarrschulen* aus, immer mit dem Ziel Kinder für das priesterliche Amt zu rekrutieren. Es wurde auch Kindern von leibeigenen Bauern ermöglicht diese Schulen zu besuchen. Damit konnte sie als Institution gesehen werden, mit deren Hilfe sozialer Aufstieg möglich wurde (vgl. Konrad, S. 22 ff.).

„Befanden sich in einem Kloster eine größere Zahl von Knaben, […] dann wurden sie zum Zweck des Unterrichts in Gruppen eingeteilt. Bereits im 7. Jahrhundert ist festgelegt worden, dass nur je zehn Knaben gemeinsam unterrichtet werden sollten. Aller Unterricht lag meist in der Hand eines einzigen Lehrers […] Im Schulraum saßen die Schüler längs den Wänden des Saales und zwar jeder auf seinem eigenen Stuhl, während der Lehrer von einem erhöhten Sitz aus vortrug. Die Leistungen der Schüler wurden mit Notizen zensiert" (Konrad, 2007, S. 30). Ebenso gab es einen exakt einzuhaltenden Zeitplan. „Die Schulzucht war hart, Stock und Rute wurden häufig gebraucht. Den Tag über mussten die jungen Leute schweigen; nur an den Sonn- und Feiertagen war während weniger Stunden das Spiel erlaubt. Ständig war ein Lehrer um sie herum, der darüber wachte, dass sie einander nicht zu nahe kamen, ja sie mussten voneinander einen solchen Abstand halten, das sich ihre Kleidung nicht berührte" (Konrad, 2007, S. 30).

Abb. 02: Unterricht durch Mönche: Die Schüler lernen Geographie aus Büchern und aus der Anschauung eines Berghanges, auf den der Lehrer zeigt. Miniatur aus dem Jahre 1372. Paris, Bibiothèque Sainte-Geneviève

Im Jahre 789 wurde in Aachen erstmals auf einer Synode (Versammlung in kirchlichen Angelegenheiten) ein Minimalkanon der Lehre an den kirchlichen Schulen festgelegt. Der erste generalisierte, allgemeingültige Lehrplan war somit festgelegt. Dieses Minimalprogramm wurde an den

Pfarrschulen und Klöstern angeboten, an größeren Schulen wurde weiterhin das artes liberales darüber hinaus gelehrt. Jedoch geriet diese im 12. und 13. Jahrhundert in Bewegung, da die starre Ordnung der sieben Künste durch Aufnahme neuer Wissensgebiete, wie zum Beispiel Physik, Ökonomie und Geschichte aufgegeben wurde. Es kristallisierten sich demnach weitere Lehrfächer heraus. Und diese Fächer begannen sich von der theologischen Verzweckung zu lösen und antike Werte und Wissensinhalte, vermittelt durch Aristoteles Schriften (siehe 2.1.1) und der antiken Medizin, lebten wieder auf (vgl. Konrad, 2007, S. 30ff.).

Auf Grund der vielfältigen neuen Erkenntnisse in Verbindung mit traditionellen Werten kam es zwangsläufig zu Spezialisierungen der Lehranstalten. „Wo eben gerade ein hervorragender Lehrer seine Wirksamkeit entfaltete, dorthin strömten die Schüler. Lernen und studieren, das hieß im hohen und späten Mittelalter: mobil und stets auf Wanderschaft sein" (Konrad, 2007, S. 35). Aus den in einer Fachrichtung führenden Schulen entwickelten sich im 13. Jahrhundert die ersten Universitäten der europäischen Geschichte. *Universitas* bezeichnet dabei die Gemeinschaft der Lehrenden und Lernenden (vgl. Konrad, 2007, S. 34 f.).

Mit dem zunehmenden urbanen Leben in Europa wurde es auch wieder von stärkerer Bedeutung schreiben und lesen zu können und sich zu bilden. In Deutschland war zudem die Vermittlung der elementaren Kulturtechniken nicht Teil der Berufslehre, wehalb sich die Magistrate veranlasst sahen, selbst Schulen zu gründen. Der wesentliche Unterschied zu den kirchlichen Schulen lag im Blick auf das in ihnen vermittelte Wissen begründet, das nach dem Kriterium seiner berufspraktischen Nützlichkeit in Handel und Gewerbe ausgewählt wurde. Dadurch wurde nicht mehr anhand des Psalters das Lesen erlernt, sondern mit Hilfe der Fibel, die nach Erfindung des Buchdrucks 1445 durch Johannes Gutenberg, vermehrt auch Schülern bereitgestellt werden konnte. Somit wurde wieder eine Alternative nun zur geistlichen Schule geschaffen für alle, die einen weltlichen Beruf erlangen wollten. Im Zuge dessen wurde auch in der jeweiligen Nationalsprache und nicht mehr in Latein unterrichtet. Es wurden Kinder ab dem sechsten oder siebten Geburtstag für sechs oder sieben Jahre unterrichtet. Meistens war die Schulzeit jedoch kürzer. Hinsichtlich der starken Konkurrenz der weltlichen Schulen gab es seitens der Kirchenvertretung viele Bemühungen Macht und Mitspracherecht auf alle Schulen auszuweiten, was jedoch auf starken Widerstand bei den bemüht autarken städtischen Magistraten traf (vgl. Konrad, S. 37 ff.).

1.1.3 Schulen in der Neuzeit

In der Zeit zwischen 1450 und 1550 kam die Neuzeit zum Durchbruch, denn Europa öffnete sich räumlich durch die Schifffahrt und geistig durch die Rückbesinnung auf die klassische Antike und Strömungen, wie dem Renaissancehumanismus. In den protestantischen Gebieten Deutschlands wurden im Rahmen von Kirchenordungen auch Schulordnungen durch den Landesherren festgelegt. Im Zuge der Wiedererrichtung der Schulen nach dem Dreißigjährigem Krieg ist „im Herzogtum Gotha 1642 erstmals das niedere Schulwesen außerhalb der Kirchenordnung geregelt worden" (Konrad, 2007, S. 45 f.). Dies kann als das erste Schulgesetz deutscher Geschichte verstanden werden. An der zweiten Hälfte des 16. Jahrhunderts konnten die Landesherren völlig autonom zahlreich Schulen und Universitäten gründen, wodurch die Separierung der Kinder nach Ausrichtung (weltlich oder geistlich), Stand und Vermögen verstärkt wurde. Es gab die sechsjährige Elementarschule, die ebenfalls sechsjährige Lateinschule, das achtjährige Gymnasium und als Krone das zehnjährige *gymnasium illustre,* dass der fließende Übergang zur Universität darstellte. Schon darin sind die

Segregation

Anfänge des bis heute in Deutschland bestehenden separierenden Schulsystems zu sehen. Besonders

> „das höhere Schulwesen war [...] von erheblichen Niveauunterschieden gekennzeichnet – und sollte es noch für lange Zeit bleiben. Es herrschte Heterogenität in jeder Hinsicht: Inhalt und Qualität des Unterrichts, Vorbildung und Bezahlung der Lehrkräfte, Anzahl der Lehrer pro Schule, Schulbesuchsdauer usw. [...] Auch organisatorisch tat sich im höheren Schulwesen einiges. So hat sich um 1600 die Einteilung der Schülerschaft in mehrere aufeinander aufbauende Lerngruppen durchgesetzt, die nach Leistung, aber noch nicht nach Alter homogen waren. Jede dieser Lerngruppen hatte ihren eigenen Lehrer, nicht zwingend einen eigenen Unterrichtsraum, und jeder Lerngruppe waren bestimmte Bücher, die der Reihe nach durchzuarbeiten waren, zugeordnet; fast alle großen Reformatoren haben viel Zeit und Mühe auf das Schreiben von Schulbüchern verwandt. Dennoch waren es im Laufe der Zeit immer weniger die Schulbücher allein, die Ordnung in den Stoff und in die Abfolge seiner Behandlung brachten. Bereits einigen nachreformatorischen Schulordnungen waren regelrechte Stundentafeln beigegeben, die – meist bezogen auf ein ganzes Jahr – festgelegt, zu welcher Tageszeit der Lehrer welche Inhalte zu behandeln hatte, wie sich Lernen, beten, Singen usw. im Tageslauf – unterrichtet wurde ganztätig – abzuwechseln hatte" (Konrad, 2007, S. 49 f.).

Die bedeutenden Gründer und Rektoren der großen Gymnasien der Reformationszeit Valentin Trotzendorf (1490-1556) in Schlesien und Johannes Sturm (1507-1589) in Straßburg gelten als Väter des protestantischen Schulwesens. Im Sinne der Reformation und des Humanismus arbeiteten sie am Aufbau eines Höheren Schulwesens, welches die Absolventen bis zur Universitätsreife führen und auf diese Weise den Nachwuchs an Pfarrern, Lehrern, Juristen und Ärzten sichern sollte (vgl. Schott, 2010).

Dem folgte im 17. Jahrhundert der in verschiedenen europäischen Ländern wirkende Johann Amos Comenius (1592-1670; Abb. 03) und Wolfgang Ratke (1571-1635), welche als Ideengeber und Lehrplanverfasser das neuzeitliche *Curriculum* entwickelten. Die Einteilung in Unterrichtsfächer mit übersichtlichen Stoffverteilungen wurde populär und war ein erheblicher Zugewinn an innerer Struktur und Planhaftigkeit für die protestantische höhere Schule im Rahmen eines sich herausbildenden allgemeinen Schulwesens. Parallel wurde ein lebhafter Diskurs über didaktisch-methodische Probleme, über Fragen der Stoffauswahl und der Unterrichtsgestaltung geführt (vgl. Konrad, S. 2007, 49 f.).

Abb. 03: Johann Amos Comenius (1592-1670)

Wolfgang Ratke, auch als Ratichius bekannt, eröffnete den ersten deutschen Schulbuchverlag und ebnete den Weg des Fremdspracherwerbs. Darüber hinaus entwickelte er die ratichianische Didaktik, weshalb er als Begründer der modernen Pädagogik gesehen werden kann. Der Begriff Didaktik wurde von ihm eingeführt (vgl. Dünnhaupt, 1991). Bei Ratichius blieb es hauptsächlich bei den Plänen, die er vorlegte. Doch Comenius versuchte den Weg der Realisierung einzuschlagen. Durch die Lehren des Ratichius geprägt, veröffentlichte Comenius, auch in der latinisierten Form benannt als Jan Amos Komensky, im Jahr 1657 die Didactica Magna.

Segregation

Abb. 04: Titelbild des Orbis sensualiumpictus

„…Die Kunst, alle alles zu lehren" (Comenius, zitiert nach Menck, 1993, S. 179) erläutert er hinsichtlich des Wissens und der Methode sowie des aufzubauenden Schulsystems, welches er mit vier verschiedenen Schulformen konzipierte. Peter Menck fasst es wie folgt zusammen: „Schulen für alle, in denen alles Wißbare und Wissenswerte auf natürliche Weise, grundlegend gelehrt wird" (1993, S. 183). Der Autor betont, dass die damalige Situation noch eine grundverschiedene zu der heutigen war und das, was Comenius damals konzipierte, wir bis heute noch nicht realisiert haben. In lateinischer Sprache verfasste Comenius die „Große Didaktik", deren aufschlussreicher Untertitel und deren Ergänzung im Anhang zu finden sind (Anhang A), neben einem von ihm selbstverfassten Rückblick auf sein Leben (Anhang B) sowie einem Portrait seiner Person und zwei Abbildungen aus seinem Orbis sensualium pictus (Abb. 04 & 05), dem Sprach-Bilder-Lehr-Buch ganzer Generationen, entstanden 1650/54 während Comenius Aufenthalt in Ungarn und welches von Aschersleben (1999, S. 12) zum bekanntesten Schulbuch der Erziehungsgeschichte erklärt wurde. Bis heute ist Comenius bekannt als Wegbereiter für den Frontalunterricht, um allen alles lehren zu können. Zu diesem Zeitpunkt erwies sich Frontalunterricht als großer Gewinn, um in Comenius Sinne allen alles lehren zu können

Invitatio.	Einleitung.

M. Veni, Puer! disce Sapere.	L. Komm her/ Knab! lerne Weißheit.
P. Quid hoc est, Supere?	S. Was ist das/ Weißheit?
M. Omnia, quæ *necessaria*, rectè *intelligere*, recte *agere*, recte *eloqui*.	L. Alles/ was nöhtig ist/ recht verstehen/ recht thun/ recht ausreden.
P. Quis me hoc docebit?	S. Wer wird mich das lehren?
M. Ego, cum DEO.	L. Ich/ mit GOtt.
P. Quomodo?	S. Welcher gestalt?
	M. Du-

Segregation

und wodurch eine gewisse Ordnung und Disziplin als Rahmenbedingung hergestellt werden konnte (Abb. 06), um die zuvorigen Verhältnisse (siehe Abb. 07) eines sporadischen Klassenzimmers zu überwinden. Dies ist als ein wichtiger Schritt zu werten, um der gewichtigen Bedeutung von Bildung und dem Transfer von Wissen einen nachhaltigen Weg bereiten zu können. Weitere aktuelle Aspekte des Frontalunterrichts sind unter Punkt 3.1.4.3.2. zu finden.

Die niederen Schulen sowie die Lateinschulen funktionierten jedoch weiterhin ohne Schulbücher, dafür mit biblischen Sprüchen und dem Gebrauch der Rute. „Vielfach bekam der wenig angesehene und in der städtischen Sozialordnung ziemlich weit unten angesiedelte Schulmeister zur Amtseinführung feierlich eine Rute als Insignie seines neuen Amtes überreicht" (Konrad, 2007, S. 53). Insgesamt waren gerade die Dorfschulen durch primitive Anfänge gekennzeichnet, da der Unterricht häufig in der Wohnung des Schulmeisters stattfand, „einer elenden Behausung, die neben der Familie auch das Vieh des Lehrers beherbergte" (Konrad, S. 55). Ohnehin wurden die Kinder meist nur sonntags zur

Abb. 06: Frontalunterricht

linke Seite: Abb. 05: Einladung an den Schüler, aus dem Orbis sensualium pictus

Schule geschickt, da sie an den anderen Tagen von den Eltern zur Mitarbeit herangezogen wurden. Demzufolge konnte man auch „im privaten Bereich die elementaren Kulturtechniken erlernen, so wie man eine Schule besucht haben konnte, ohne dort das Lesen und Schreiben erlernt zu haben" (Konrad, S. 54; siehe Abb. 07). Mitte des 17. Jahrhunderts konnte jedoch ungefähr ein Drittel der Bevölkerung schreiben und lesen, worunter sich auch zahlreiche Frauen befanden (vgl. Konrad, S. 54).

Abb. 07: Jan Stehen: Die Schule (um 1674)

Im 16. Jahrhundert wurde in einzelnen protestantischen Ländern die Schulpflicht eingeführt, alle anderen zogen im 17. Jahrhundert, die katholischen Länder mitunter erst im 18. oder 19 Jahrhundert, nach (vgl. Konrad, 2007, S.

Segregation

56 ff.). Jedoch war das Durchsetzten dieser *Pflicht* auch nach der Einführung ein sehr schleichender Prozess, da zum Beispiel im Königreich Preußen 1717 die Schulpflicht eingeführt wurde, „allerdings mit der bezeichnenden Einschränkung: ‚Wo Schulen sind'"(Konrad, 2007, S. 63).Diese aktive Schulgründungspolitik, verbunden mit dem zunehmenden Staatseinfluss im niederen Schulwesen, suchte sich auch in den höheren Schulen ihren Weg in Form von der Etablierung eines Prüfungswesens, „mit dessen Hilfe der Staat reglementierend und normierend auf die Schule zugreifen konnte" (Konrad, 2007, S. 76). Es ist zu vermuten, dass dadurch ein stärker Fokus auf Abschlussnoten und somit der Notengebung sowie dem Leistungsstreben gelegt wurde und das *Hinarbeiten auf Noten* bestärkt wurde. Denn es war damals üblich, sich um ein Stipendium zu bewerben. Ein weiterer Hinweis für die Bestätigung der Vermutung liegt darin begründet, dass mit Erschaffung des Abiturreglements der Adel sein bisher selbstverständliches Monopol auf die privilegierten Berufspositionen verlor und sich nun die Besten des Abiturjahrgangs darum bewerben konnten und „nicht länger, wie bisher, die qua Geburt Bevorrechtigten" (Konrad, 2007, S. 76).

1.1.4 Schulen in der Moderne

„Das Leitbild der Moderne, der aufgeklärte, zum mündigen Handeln berufene Mensch, wurde im 18. Jahrhundert in ganz Europa auch zu einem Leitbegriff der Pädagogik" (Konrad, 2007, S. 62). Nicht mehr die kirchlichen Dogmen, sondern der Gebrauch der eigenen Verstandskräfte war das Ziel aller Erziehung. Die Aufklärungsbewegung räumte der Erziehung und der Schule zentrale Rollen ein. Dadurch wurde das Zeitalter der Aufklärung eine Epoche der Hoffnung durch die verändernde Kraft der Erziehung und des pädagogischen Experimentierens. Vielfältige Vorschlage zur

Errichtung eines modernen Schulwesens und unterschiedlichste Ideen hinsichtlich zeitgemäßer Unterrichtsmethoden wurden publiziert (vgl. Konrad, S. 62).

Parallel dazu wuchs der Staatseinfluss, auch auf Grund der Entstehung einer staatlichen Schulverwaltung und Schulaufsicht. Bestärkt wurde dies 1794 im Allgemeinen Landrecht knapp und unmissverständlich mit den Worten: „Schulen und Universitäten sind Veranstaltungen des Staates" (Konrad, 2007, S. 63). Im Zusammenhang mit der Niederlage Preußens gegen das napoleonische Frankreich wurde versucht, ab 1806 die gesamte Staatsverwaltung und somit auch das Bildungswesen neu aufzubauen. Der Ministerialbeamte Johann Wilhelm von Süvern (1775-1829) schlug das horizontal gegliederte Schulwesen vor, damit alle Kinder erst eine allgemeine Elementarschule und anschließend eine allgemeine Stadtschule besuchen, um danach in ein Gewerbe oder an ein Gymnasium mit dem Ziel des Studiums zu wechseln. Mit diesem Aufbau erhoffte man ein gemeinsames nationales Bewusstsein ausformen und Preußen stärken zu können. Jedoch hatten in der „restaurativen Atmosphäre" (Konrad, 2007, S. 66) nach 1815 derartige weitreichende Pläne keinen Wirkungsbereich. „Stattdessen verfestigte sich im 19. Jahrhundert in Deutschland endgültig das vertikal gegliederte Schulwesen, das die gesellschaftliche Schichtung nicht nur abbilde, sondern sie noch verstärke und damit den Klassencharakter der Gesellschaft zementiere, wie Kritiker bereits in den politisch unruhigen Jahren des Vormärz monierten. Wobei anzumerken ist, dass auch andere europäische Länder im 19. Jahrhundert diese Art der Dreigliedrigkeit des Schulwesens kannten, Deutschland insofern damals keine Ausnahme darstellte" (Konrad, 2007, S. 66). Im Zuge dessen wurde die Elementarschule als Volksschule bezeichnet.

Segregation 39

Abb. 08: „Schwierige Frage", Holzstich nach einem Gemälde von Wilhelm Schütz, 1889

1.1.5 Schulen in der Postmoderne

Schon am Ende des 18. Jahrhunderts wurden bezüglich des Lesens und Schreibens nach wirksamen Methoden gesucht, um das Auswendiglernen und Nachmalen, welches sich als unwirksam erwiesen hatte, zu vermeiden. Es wurden zahlreiche Methoden diskutiert und vielfältige Literatur, mit verschiedensten, teilweise skurrilen Ansätzen, publiziert. Zu dieser Zeit hatte der Schulreformer Johann Ignaz von Felbiger (1724-1788) die Wandtafel und Kreide eingesetzt und die Schüler/innen verpflichtet durch Emporheben der Hand anzuzeigen (siehe Abb. 08), wenn sie etwas zum Unterricht beitragen wollten, was unter anderem für Ordnung in das in den Schulstuben vielfach herrschende Durcheinander (siehe Abb. 07) gesorgt haben soll. Diese neue Ordnung wurde unterstützt von den, in der ersten Hälfte des 19. Jahrhunderts aufkommenden, mit Hilfslinien versehenen, Schiefertafeln (vgl. Konrad, 2007, S. 68, siehe Abb. 09).

Auch der Hintergrund der Industrialisierung im 19. Jahrhundert steht im Zusammenhang mit der Schule und ihrer Unterrichtsmethodik. Denn in jenen Zeiten wurden sehr viele Menschen für die Fabrikarbeit ausgebildet, um sie effektiv einsetzten zu können. Die große Anzahl der Arbeiter mussten angeleitet werden, was die Notwendigkeit des Unterrichts bestärkte und die Unterrichtsmethodik musste adäquat gewählt werden. Der Frontalunterricht eignete sich dafür am besten, alle gleichzeitig mit Wissen über den Produktionsprozess zu versorgen. So konzentrierten sich auch die Engländer Bell und Lancaster auf die quantitativen Möglichkeiten der Unterrichtsmethode und schufen eine fabrikmäßig organisierte Form zur gleichzeitigen Beschulung von bis zu 300 Kindern (vgl. Rückriem, Wiese & Zeuch, 1981, S. 24) (Abb. 10). Deshalb besitzt der Frontalunterricht als Unterrichtmethode eine solche Popularität.

Segregation

Abb. 09: Schreiben auf Schiefertafeln

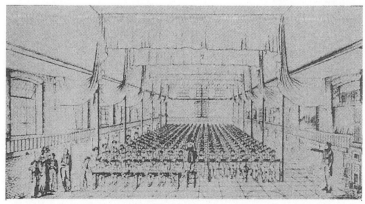
Abb. 10: Schule nach der Methode der Engländer Bell und Lancaster

Abb. 11: Pestalozzi als Lehrer.

Zu Beginn des 19. Jahrhunderts wurden viele deutsche Junglehrer an die Musteranstalt von, dem oben schon erwähnten, Johann Heinrich Pestalozzi (1746-1827; Weiteres unter 3.1.1.2) in die Schweiz entsandt, um nach ihrer Rückkehr in den „neu gegründeten Lehrerseminaren, die so genannte Elementarmethode als ein Grundprinzip allen Unterrichts" (Konrad, 2007, S. 69) weiterzugeben. Im Wesentlichen ging es darum, die Schüler Schritt für Schritt zu komplexen Lernvorgängen hinzuführen unter dem Anspruch mit Kopf, Herz und Hand zu lernen (Abb. 11). Ebenso wurde innerhalb dieses Zeitraums die Zurückstellung eines Schülers als Möglichkeit der Herstellung eines ähnlichen Leistungsniveaus gefunden (Tillmann, 2007, S. 9). Tillmann beschreibt es als „ein vielfältiges Instrumentarium […], um Schüler mit Leistungsproblemen aus der jeweiligen Lerngruppe zu entfernen" (S. 9).

In der zweiten Hälfte des 19. Jahrhunderts wurde die Methode des Johann Friedrich Herbarts (1776-1841) einflussreich. Sie konzentrierte sich auf die Theorie der Stoffauswahl, Lehrplangestaltung und der „Lehrmethode, die das Unterrichten in mehrere gut handhabbare Teilschritte zerlegte [... Auch] das fächerübergreifende, themenzentrierte Unterrichten lässt sich auf die Herbatiner zurückführen" (Konrad, 2007, S. 69). In diesem Fall kamen zahlreiche ausländische Lehramtskandidaten zum Studium der herbatinischen Unterrichtslehre nach Deutschland und das amerikanische Schulwesen stand mehrere Jahrzehnte ganz unterm dem Einfluss dessen. Einen Eindruck dieser Lehre erhält man bei den folgenden Worten Herbarts aus dem Jahre 1806: „Wollen wir nur sämtlich bedenken: DASS JEDER NUR ERFÄHRT, WAS ER VERSUCHT! Ein neunzigjähriger Dorfschulmeister hat die Erfahrung seines neunzigjährigen Schlendrians; aber hat er auch die Kritik seiner Leistungen und seiner Methode?... Möchten diejenigen, welche die Erziehung so gern bloß auf Erfahrung bauen wollen, (sich) ... bey der Chemie ... zu erkundigen würdigen, was alles dazu gehört, um nur einen einzigen Lehrsatz im Felde der Empirie so weit fest zu stellen, wie dies ... möglich ist. ... Erfahren würden sie da, daß man nicht eher von Erfahrung reden darf, bis der Versuch geendigt ist, bis man vor allem die RÜCKSTÄNDE genau geprüft,... Der Rückstand der pädagogischen Experimente sind die Fehler des Zöglings im Mannesalter" (S. 9-11; siehe Abb. 12). Seine Antwort auf die Frage, was denn aus seiner Sicht das Hauptproblem des Unterrichts sei, war „die Verschiedenheit der Köpfe" (zitiert nach Tillmann, 2007, S. 14). Diesbezüglich sprach sein Zeitgenosse Ernst Christian Trapp (1745-1813) der erste Pädagogik-Professor der deutschen Geschichte die Empfehlung aus, „den Unterricht auf die Mittelköpfe zu kalkulieren" (Sandfuchs, 1994, S. 340, zitiert nach Tillmann, S. 7).

> Freylich, was hierin wahr fey, oder nicht, darüber fpricht jeder nach feiner Erfahrung. Ich fpreche nach meiner, andre nach ihrer. Wollten wir nur fämmtlich bedenken: DASS JEDER NUR ERFÄHRT, WAS ER VERSUCHT! Ein neunzigjähriger Dorffchulmeifter hat die Erfahrung feines neunzigjährigen Schlendrians; er hat das Gefühl feiner langen Mühe; aber hat er auch die Kritik feiner Leiftungen und feiner Methode!

Abb. 12: Herbart, H. F. (1806). *Allgemeine Pädagogik - aus dem Zweck der Erziehung abgeleitet.*

Hinsichtlich der Wende ins 20. Jahrhundert sei entgegengesetzt zu Trapps Ansicht an dieser Stelle die Reformpädagogik erwähnt, welche mit folgendem Zitat eingeführt werden soll: „Ohne die reformpädagogische Auffassung von den Persönlichkeitsrechten der Kinder, von ihrer Kreativität, der Ganzheitlichkeit der Lernbedürfnisse, der Vielfältigkeit der Entwicklungspotentiale und dem Bedürfnis nach sozialem Austausch von Geburt an kann es kein modernes Bildungsverständnis geben" (Preuss-Lausitz, 1993, S. 20, zitiert nach Wilhelm, M., Bintinger, G. & Eichelberger, H., 2002, S. 105). Sie stellte das freie und praktische Handeln des Schülers in den Mittelpunkt (Weiteres im fortlaufenden Text sowie in Biewer, 2001, S. 128 ff.).

Während dieser Zeit hatte sich auch in den Volksschulen das Jahrgangsprinzip nach und nach etabliert. In den Städten gab es drei- bis sechsklassige Volksschulen, deren Einteilung der Schülerschaft nach Alter zusammengefasst wurde. „Die Schülerzahlen pro Klasse blieben allerdings mit

Segregation 45

achtzig bis hundert Schülern durchweg sehr hoch und sanken nur langsam" (Konrad, 2007, S. 70), da es, wie oben geschildert, zu dieser Zeit vorrangig um die Durchsetzung der Schulpflicht für alle ging und dementsprechend Unterrichtsmethoden entwickelt wurden, mit dem Ziel alle alles zu lehren. Auf dem Land wurde das Jahrgangsprinzip wesentlich später eingeführt, mitunter erst Ende des 20. Jahrhunderts. Bis dahin war in außerstädtischen Gebieten die einklassige Volksschule üblich, mit den älteren Schülern als Helfer des Lehrers (vgl. Konrad, S. 70).

Allgemein hatte sich gegen Ende des 19. Jahrhunderts die Spezialisierung der einzelnen Schultypen etabliert. 1705 wurde in Halle die erste so genannte *Realschule* gegründet. In diesem Schultyp sollte das im Berufs- und Wirtschaftsleben Nützliche im Mittelpunkt stehen. Ihre Blütezeit hatte diese Schulform in der zweiten Hälften des 19. Jahrhunderts. „In der Entstehung dieser Mittelschule, die gleichermaßen zur Volksschule wie zur höheren Schule Abstand wahrte, vollendete sich in den 1920er Jahren endgültig das dreigliedrige Schulwesen in Deutschland" (Konrad, 2007, S. 83). Hinzukommend wurde mit Verabschiedung des Reichsgrundschulgesetzes im Jahr 1920 die Grundschule eingeführt. Damit bestand in Deutschland im Prinzip für alle Kinder am Anfang ihrer Schullaufbahn die Pflicht zum Besuch einer öffentlichen Grundschule (vgl. Konrad, S. 87).

Nach der Novemberrevolution 1918 gab es seitens des sozialdemokratischen preußischen Kulturministers ernstzunehmende Versuche eine achtjährige Einheitsschule aufzubauen, die jedoch am entscheidenden Widerstand besonders von den Gymnasiallehrern scheiterte (vgl. Konrad, S. 88). Dies kann vermuten lassen, dass hinsichtlich des Inklusionskonzepts die Lehrer einen Verlust ihrer Vormachtsstellung und ihrer tragenden Bedeutung und Rolle befürchten würden und die Umsetzung deshalb boykottieren könnten. Auch in Bezug auf die in Deutschland recht lange Schulzeit (siehe internationale PISA-Vergleichswerte weiter unten) kann in diesen Kontext gestellt werden: „Da die Gymnasiallehrer unter keinen Umständen bereit waren, Abstriche an ihrem auf neun Jahre ausgelegten Bildungsgang zu akzeptieren, die Grundschulzeit aber verbindlich auf vier Jahre festgelegt worden war, bedeutete dies für die Schüler der höheren Lehranstalten in den 1920er Jahren eine Verlängerung der Schulbesuchsdauer von zwölf aus dreizehn Jahre" (Konrad, 2007, S. 90).

Doch vereinzelt gab es in den 1920er Jahren Personen, die sich für innovative Ideen begeistern konnten und mit diesen experimentiert haben. Eine bedeutende Rolle spielte dabei der amerikanische Einfluss, aus dem der Versuch *Vorhaben* (amerikanische Schulreform *project method*) transferiert wurde, bei dem Lehrer/innen und Schüler/innen in partnerschaftlicher Zusammenarbeit „von Alltagsproblemen ausgehend Lernen als einen Such- und Forschungsprozess" (Konrad, 2007, S. 89) inszeniert haben. Ebenso wurde die Idee der *Schülerselbstregulierung* übernommen. Dabei ging es um den Versuch, alle Schüler/innen an allen Fragen des Schullebens mitentscheidend teilhaben zu lassen. Dies wurde zusammengefasst mit dem Begriff der *inneren Schulreform*, den der einflussreiche Hochschulpädagoge Eduard Spranger (1882-1963) geprägt hat. Der Jenaer Universitätsprofessor Peter Petersen (1884-1952) setzte sich für altersübergreifende Lerngruppen ein und löste Jahrgangsklassen ab. Ebenso plädierte er für Lernblöcke, um den üblichen „Fetzenstundenplan" laut Peters (zitiert nach Konrad, S. 89) zu überwinden. Er bereicherte das Schulleben mit Momenten des Spielens und Feierns und gab den Schülern die Möglichkeit selbstverantwortliche Tätigkeiten zu übernehmen. Dieser *Jena-Plan* hat auch über Deutschlands Grenzen hinaus für Aufsehen und Diskussionen gesorgt. Eine ähnlich anregende Wirkung hatten die Montessori-Häuser und die Stuttgarter Waldorfschule (vgl. Konrad, S. 89; siehe Punkt 3.1.2).

Dass alles Intellektuelle eine Geringschätzung und Abwertung zu Zeiten des Nationalsozialismus erfuhr, lag in

Segregation

einer tief verwurzelten Abneigung gegenüber Schule als dem Ort vornehmlich der geistigen Bildung begründet. Daher konzentrierten sich die damaligen Erziehungsfragen auf die außerschulische Erziehung. Weitere begründende Argumente sind bei Konrad (vgl. 92 ff.) nachzulesen, da die Ausführungen und Zitate über jene zerstörerische Zeit in dieser Arbeit keine Repetition erfahren sollen.

Dass nach der Gründung der alten Bundesrepublik 1949 wieder der Status quo vom Ende der Weimarer Zeit hergestellt wurde, hatte mehrere Gründe: „Die Schwierigkeiten des Anfangs in den vielfach zerstörten Städten, mit traumatisierten Kindern und einem überalterten Lehrkörper ließen auf Jahre hinaus die Gewährleistung eines einigermaßen geregelten Schulbetriebs wichtiger erscheinen als grundlegende Strukturreformen; [...] der Umstand, dass in der SBZ die Einheitsschule verwirklicht worden war, wirkte in der Westzone eher abschreckend; Kurzum: In der Schulpolitik dominierten schnell wieder die konservativen Kräfte, und die neu gewählten Landtage und Landesregierungen orientierten sich am Hergebrachten. Im Übrigen sorgte der während der gesamten 1950er Jahre anhaltende Zustrom junger und gut ausgebildeter Menschen aus der DDR dafür, dass die mangelnde Leistungsfähigkeit und relative Rückständigkeit des westdeutschen Schulwesens nicht weiter auffielen" (Konrad, 2007, S. 100). Der zuletzt genannte Aspekt wird weiter unten (unter 3.1.2) im Zusammenhang mit der von Georg Picht (1913-1982) ausgerufenen „Bildungskatastrophe" im Jahr 1964 nochmals zur Sprache gebracht.

Die in den 1980er Jahren für die Schulentwicklung zentral gewordene faktische Heterogenität des Schulwesens ist in den 90ern weiter gewachsen. Mancherorts hat ein regelrechter Konkurrenzkampf um die, durch den Geburtenrückgang, sinkende Schüleranzahl eingesetzt, weshalb sich die betroffenen Schulen gezwungen sahen ein unverwechselbares, attraktives Profil zu entwerfen. Parallel dazu hatte sich die Bildungspolitik für die Unterstützung des

Differenzierungsprozesses entschlossen und die Schulen sollten ihre Lehrkräfte selbst rekrutieren dürfen (vgl. Konrad, 2007, S. 117 f.).

Die unterstützte Heterogenität warf jedoch das Problem auf, dass die Schulen auch im Niveau Differenzen aufzeigten, so dass die formal und inhaltlich identischen Schullaufbahnen und –abschlüsse in Frage gestellt werden konnten. Ebenso könnte die Anschlussfähigkeit der einzelnen schulischen Bildungsgänge in einem hoch formalisierten Bildungswesen bezweifelt werden. Dem entgegenwirken sollten die vorgegebenen Bildungsstandarts und die zentralen Abschlussprüfungen (vgl. Konrad, 2007, S. 118).

Meiner Einsicht nach bietet das derzeit existierende selektierende Schulsystem mit den dort oft noch seit der Industrialisierung vorherrschenden traditionellen Unterrichtsmethoden für die heutigen Verhältnisse keinen fruchtbaren Nährboden mehr. Denn der Arbeitsmarkt hat sich von der Industrie weg und zur Dienstleistungsgesellschaft hingewendet und benötig dementsprechend andere Arbeitskräfte. Diese kann der Frontalunterricht (detailliert ausgeführte Unterrichtsmethode unter Punkt 2.1.4.4) in künstlich hergestellten *scheinbaren* homogenen Gruppen nicht mehr hervorbringen oder adäquat darauf vorbereiten und ausbilden. Es ist eine ähnliche Neuerung nötig, wie zu Beginn der Industrialisierung (siehe oben). Denn damals war der Frontalunterricht von Nutzen, da mit Abwendung von der Landwirtschaft hin zur Fabrikarbeit ein System nötig war, um allen alles möglichst zeiteffizient, kostengünstig und effektiv zu vermitteln (Abb. 10). Darin sehe ich auch eine Ursache hinsichtlich des Urteils von Franz-Michael Konrad: Es hatte sich „ein auch im internationalen Maßstab betrachtet leistungsfähiges Schema höherer Bildung für etwa sieben Prozent eines Altersjahrgangs herausgeschält […], wie wir es im Prinzip heute kennen: die humanistische neben der neusprachlichen und der mathematisch-naturwissenschaftlichen Bildung. Zum Teil bis in die frühen 1970er Jahre hinein (!) konnte dieses Bildungssystem von seinen Leistungen und Erfolgen zehren. Erst danach ist es zunehmend in die Kritik geraten" (2007, S. 81).

Ebenso ist im Rückblick zu bemerken, dass sich für fast alle Jugendlichen die Schule im Laufe der Zeit von einem biografisch gesehen eher peripheren zu einem zentralen Bestandteil ihres Lebens entwickelt hat. „Was hier im historischen Maßstab seit dem frühen 19. Jahrhundert einen Gipfelpunkt erreicht hat, das ist nach der Verschulung der Kindheit nunmehr die Verschulung der Jugend" (Konrad, 2007 S. 106). Dass sieht Konrad auch im Wandel des Arbeitsmarktes begründet. Denn er argumentiert, dass die postindustrielle Wissens- und Dienstleistungsgesellschaft im Blick auf die Arbeitsplatzstruktur ständig wachsende Qualifikationsanforderungen mit sich bringt und „subjektiv sehen sich viele Menschen in einem zunehmend global geführten Kampf um Arbeit mit einer guten schulischen Ausbildung im Rücken besser gewappnet" (Konrad, S. 106). Dies bedeutet aus Konrads Sicht, dass die objektive und subjektive Bedeutung der Schullaufbahn sich seit den letzten beiden Jahrzehnten des 20. Jahrhunderts in jeder Hinsicht erhöht hat (vgl. S. 106). Und seiner Ansicht nach schlägt sich dies in einer stetig verlängerten Beschulungsdauer nieder, da Schulzeit und Jugendzeit seit den 1980er Jahren weitgehend zusammenfallen. Noch in den 1950ern besuchten erst fünfzehn Prozent der Sechzehnjährigen eine allgemeinbildende Vollzeitschule, 1960 waren es bereits zwanzig Prozent um wiederum zwanzig Jahre später fast alle Angehörigen dieser Altersgruppe (vgl. S. 106). Und nach den Auswertungen der PISA-Ergebnisse ist die Schulbesuchsdauer in Deutschland weiterhin im internationalen Vergleich sehr lang (Abb. 29), auch wenn es in allerjüngster Vergangenheit durch die Verkürzung der gymnasialen Schulzeit eine *Gegenbewegung* zu beobachten gilt.

1.2 Beschreibung des Segregationskonzepts

Die oben erwähnte Sichtweise Trapps, dass der Heterogenität der Schüler mit der Kalkulation des Unterrichts auf die Mittelköpfe (Sandfuchs, 1994, S. 340, zitiert nach vgl. Tillmann, 2007, S. 7) begegnet werden könnte, lässt sich im Konzept des Frontalunterrichts wiederspiegeln. Denn dieser war eine große Errungenschaft, wodurch es ermöglicht wurde, Bildung für alle Kinder zeiteffektiv, kostengünstig und somit für alle Bevölkerungsschichten möglich zu machen. Da es im Zeitalter der Industrialisierung von Vorteil war, wenn die *Auszubildenden* in großer Menge zielgerichtet auf die Arbeit an den Maschinen vorbereitet wurden, blühte das Konzep auf und wurde aus dieser und weiteren historischen Begebenheiten (vgl. Punkt 1.1 etc.) heraus, sehr stark und breit etabliert. Deshalb werden die Unterschiede zwischen den Kindern, als Heterogenität bezeichnet, noch bis dato als ein Problem, ein Ärgernis gesehen. „Am besten geht man damit um, indem man einen Unterricht, der sich an die gesamte Klasse richtet, auf ein fiktives mittleres Niveau ausrichtet" (Tillmann, S. 7), ähnlich wie es Trapp tat. Laut Tillmann bestimmt diese Sichtweise auch heute noch über weite Strecken die Praxis unseres schulischen Unterrichts. Um diese Homogenität zu erreichen sind vielfältige Wege möglich. Die bekanntesten führen über die Zurückstellung vom ersten Schulbesuch, das Wiederholen der Klassenstufe, der Sonderschulüberweisung, der Sortierung nach Schulformen und der Abschulung. „Dadurch wird Heterogenität jeweils begrenzt – und zwar am unteren Ende des Leistungsspektrums" (Tillmann, S. 9). Gestützt wird dies von der Mentalität, die Tillmann als „Sehnsucht nach der homogenen Lerngruppe" benennt. Je geringer die Kompetenzunterschiede zwischen den Schülern, je angeglichener ihr Vorwissen, je ähnlicher die Verhaltensweisen, desto besser kann der Unterricht funktionieren. Unter den zuvor aufgezählten Voraussetzungen kann insbesondere der Frontalunterricht innerhalb unseres

Segregation

separierenden Bildungssystems mit den in dieser Methodik entsprechend ausgebildeten Lehrern funktionieren. Doch die Frage, ob die künstliche Herstellung einer unter diesen Umständen gewünschten Homogenität nicht sehr viel umständlicher und unangemessen für unsere Zeitepoche, Gesellschaftsform und Wertvorstellungen ist, anstatt der Realität einer Heterogenität der Menschen mit angebrachten Methoden zu begegnen, ist zu diskutieren. Doch zur Klärung dessen möchte ich weiterhin auch dem Konzept der Selektion mit ihren Stärken und Schwächen nachgehen.

Den derzeitigen Stand der Bildungslandschaft betrachtend, ist zu betonen, dass „das deutsche Schulwesen sich [...] weithin an der Vorstellung [orientiert], optimale Lernprozesse seien nur in tendenziell homogenen Lerngruppen erreichbar. Auf die Herstellung von Homogenität sind die dreigliedrige Schulstruktur, die Jahrgangsklasse, die Versetzungsreglungen und eine Unterrichtsplanung angelegt, die sich am Ideal des mittleren Schwierigkeitsgrades ausrichtet" (Buchen, Horster & Rolff, 2007, S. 5). Doch dass aus dem Prinzip Selektion auch Schwächen des Konzepts resultieren, sieht man daran, dass sich am unteren Ende des Leistungsspektrums Kinder mit häufigen Misserfolgserlebnissen sammeln und in diesen Gruppen das Anregungspotenzial dürftig ist, der Kompetenzerwerb gering ausfällt und eine schul- und lerndistanzierte Haltung weit verbreitet scheint (vgl. Buchen et al., S. 5).

Ein Vorteil der Segregation ist, dass eine stärkere Flexibilität des Schulsystems erreicht werden kann. Denn durch die Aufspaltung der Schullaufbahn in viele Verzweigungen wird eine gewisse Flexibilität bei den Möglichkeiten der individuellen Bildungskarriere möglich. Um die Vorstellung der Dimensionen dieser Verzeigungen zu unterstützen, sei im Folgenden aufgezählt, welche Varianten es gibt: die integrierte Gesamtschule, die Fachoberschule und das Oberstufenzentrum mit speziellem oder allgemeinem Abitur als eigenständige Aufstiegskanäle von der Realschule,

Gesamtschule oder dem Gymnasium nach der 10. Klasse „sowie die Schaffung weiterer Gymnasialtypen (insbesondere berufliche und technische Gymnasien)" (Herrlitz, Hopf, Titze & Cloer, 2005, S. 242). „Dementsprechend meinen die Autoren des schon traditionellen ‚Bildungsberichts' des Max-Planck-Instituts für Bildungsforschung, dass mit den ‚Schulen mit mehreren Bildungsgängen' der ‚Kampf um das gegliederte Schulsystem die bisherige Brisanz verloren' habe" (Leschinsky & Cortina, in Cortina et al., 2003 S. 21, zitiert nach Herrlitz et al., S. 242). Somit sei laut dieser Aussage mit der Flexibilität ein unterstützendes und jegliche negative Kritik vernichtendes Argument für die Selektivität des deutschen Bildungssystems geschaffen. Dies unterstützend bauen Herrlitz et al. (2005) zusätzlich aus: „Für die These der Flexibilität des bestehenden Schulsystems spricht auch ein weiterer Befund, auf den Bildungsforscher des Max-Planck-Instituts für Bildungsforscher schon recht früh aufmerksam gemacht haben: Zwar hat sich die geringfügige, im übrigen von oben nach unten gerichtete ‚Durchlässigkeit' zwischen den verschiedenen Schultypen der Sekundarstufe I nicht verändert, aber seit den 80er Jahren des 20. Jahrhunderts ist eine zunehmende Entkoppelung von besuchter Schulform und Schulabschluss im allgemeinbildenden Schulsystem zu beobachten. Cortina, Baumert und Leschinsky (2003) nennen für 1999/2000 die folgenden Zahlen: „nur knapp 60 % der Schüler mit Realschulabschluss haben diesen an einer Realschule, ca. 15 % an einer Berufsschule, 9 % an einem Gymnasium, 11% an einer Gesamtschule und ca. 12 % an einer ‚Schule mit mehreren Bildungsgängen' erworben" (Herrlitz et al., 2005, S. 242 f.).

Obwohl Herrlitz et al. (2005) eine befürwortenden Positionierung in Bezug zur Flexibilität des derzeitigen Bildungssystems beziehen, relativieren sie diese wie folgt: „Ob sich die hierin andeutende Flexibilität des herkömmlichen Schulsystems allerdings ausreicht, darf nach den verschiedenen internationalen Leistungsstudien der letzten

Jahre bezweifelt werden" (S. 243). Dabei wird insbesondere der Erkenntnisgewinn durch die Vergleichsstudie TIMSS sowie PISA und IGLU genannt (siehe unten unter Punkt 3.1.3.1 bis 3.1.3.3). „Diese Studien haben der relativ selbstgenügsamen Schulpolitik der letzten beiden Jahrzehnte im föderalen System der Bundesrepublik ziemlich unvermittelt ein Ausmaß an Rückständigkeit vor Augen geführt, das zuletzt bei Georg Pichts Warnruf vor einer ‚Bildungskatastrophe' (1964) [siehe Anhang C] die deutsche Öffentlichkeit verstörte" (Herrlitz et al., 2005, S. 243).

Ebenso ist das breite Ermöglichen eines Rechts auf Bildung ein absoluter Vorteil des entstandenen Schulsystems. Im Sinne der Sonderpädagogik ging es am Anfang um die Etablierung eines Bildungsrechts im Sinne der Benachteiligten. Weshalb eine Einführung des Schulrechts für behinderte Kinder vorerst eine notwendige Erneuerung war.

„Dies erklärt sich z.T. aus der Geschichte der ‚Geistigbehindertenpädagogik', galt es doch in der Entstehungszeit der Disziplin zunächst, das Recht auf Bildung ‚geistigbehinderter' Schülerinnen und Schüler insgesamt zu sichern. Über defizitäre Kennzeichnungen, die die ‚Besonderheit' des Lernens dieser Personengruppe herausstellten, wurde zunächst ein Recht auf eine ‚besondere' Förderung durchgesetzt (vgl. Speck, 1999, 165 ff.; Drave, Rumpler& Wachtel, 2000, S. 12 ff., zitiert nach Seitz, 2005, S. 13).

Zudem wurde, meinen Beobachtungen an Sonderschulen nach, der spezielle Fokus mit adäquaten Methoden und didaktischen Möglichkeiten als angemessen, befürwortens- und wünschenswert betrachtet. In Frage zu stellen ist, ob die Arten der Behinderung aufgeteilt werden können, so wie es bis heute getan wird. Angenommen wird jedoch eine Übereinstimmung mit dem selektiven, segregierenden Verfahren im Allgemeinen. Weiterhin ist davon auszugehen, dass die Befürworter der sonderpädagogischen Schule eine möglichst optimale Förderung im Sinne des Kindes erwünschen. Weshalb für das gehörlose

Kind an der Gehörlosenschule unter Kinder mit im Punkt der Bedürfnisse ähnlichen Voraussetzungen eine bestmögliche Beschulung erhofft wurde.

Um die Entstehung der Institution Sonderschule besser nachvollziehen zu können, kann anhand der Versuche um 1900 die Hilfsschule zu vermeiden, vermutet werden, dass diese primär nicht deswegen gescheitert sind, weil Schulorganisation, Didaktik oder ähnliches mit Mängel behaftet waren, sondern weil die bildungs- und schulpolitischen Machtverhältnisse möglichen anderen Lösungen keine Realisierungschancen boten. Nun kommt nach der langen Zeit des Bestehens der Sonderpädagogik hinzu, dass eine allgemeine Zustimmung zur Notwendigkeit dieser Institution vorherrscht. Die mit den Jahren gewachsene *handlungssichere* Segregation macht den Anschein einer notwendigen Effizienz, die den Status quo bestätigt und andere Erkenntnisse ausblendet: „Entwicklungsförderliche Erkenntnisse und Handlungen im Gesamtbereich der Pädagogik wurden abgewehrt durch immunisierende Auffassungen" (Rohr & Weiser, 2002, S. 97, zitiert nach vgl. Häberlein-Klumpner, 2009, S. 136 f.).

Der Aspekt einer verbindenden Gemeinschaft als Gewinn aus einer vollzogenen Segregation wird nun exemplarisch anhand der Gehörlosenkultur dargestellt. Aus eigener Erfahrung habe ich erlebt, dass beim Zusammentreffen von Menschen, welche die Gebärdensprache sprechen können, diese als sehr verbindendes Element empfunden wird und auch mit ihr eine Gehörlosenkultur ausgeübt und zelebriert wird. Diese habe ich persönlich als sehr warmherzig, offen, kommunikationsfreudig und interessiert erlebt. Deshalb kann sich stark für die Möglichkeit des Erlernens der Gebärdensprache eingesetzt werden, wenn es in Integrationsdebatten um die Frage geht, ob Kinder ausschließlich in die hörende Gemeinschaft eingegliedert werden sollen oder die Gebärdensprache auch in der Schule benutzt werden soll, um beide Extrempositionen an dieser

Segregation

Stelle gegenüberzustellen. Ich schätze das Anbieten der Möglichkeiten als wichtig ein. Einem gehörlosen Kind kann die Lautsprache wie auch die Gebärdensprache angeboten werden, wodurch sich das Kind eigenständig für das Mittel der Kommunikation entscheiden könnte, da ihm keine Wege verwehrt wurden. Dass daraus das Problem des Nicht-Zugehörig-Fühlens zu einer bestimmten Kultur, Gemeinschaft oder Gruppe resultiert, könnte akzeptiert werden, dafür, dass das Kind die Möglichkeit hat, in beide Welten einzutreten, wenn es dies möchte und somit eine größere Vielfalt erleben kann. Ebenso kann es in Bezug auf ein hörendes Kind betrachtet werden. Es könnte alle Möglichkeiten der Kommunikation erlernen, wenn es dies möchte oder es sich auf Grund von Rahmenbedingungen anbietet. Wenn das Kind zum Beispiel Menschen kennen lernt, die die Gebärdensprache oder eine Fremdsprache als native speakers sprechen, könnte das Kind ein Interesse daran entwickeln und auf Grund dessen diese auch erlernen wollen. Die Gehörlosenkultur soll als Beispiel für eine marginalisierte Personengruppe fungieren und stellvertretend für alle weiteren Personengruppen stehen.

Im Sinne der Möglichkeit einer Abgrenzung der hörenden Gemeinschaft und der Gehörlosenkultur voneinander argumentiert auch Ramona Häberlein-Klumpner (2009), wenn sie davon spricht, dass die Sonderpädagogik aus der Betrachtung einer Allgemeinen Pädagogik heraus eine ‚reduktionistische' Art von Pädagogik ist, welche durch die Ausgrenzung in Schonräume eine Teilhabe der Menschen mit Behinderungen am Bildungs- und Erziehungssystem der Gesellschaft verhindert. Dadurch sei Kindern ein sich entwickelndes gesellschaftliches Leben und ihre Integration im Keim entzogen.

Dennoch ist an dieser Stelle wiederum anzumerken, dass die Schaffung der Gehörlosenschulen einen Fortschritt hinsichtlich der Aufnahme in die Gesellschaft bedeutete: „Die Stiftung einer Taubstummenanstalt vor 200 Jahren war ein Akt, der Teilhabe und damit Befreiung aus Isolation bedeutet.

Der Besuch einer solchen Schule konnte auch die Voraussetzungen für Assimilation schaffen. […] Für eine ganze Anzahl von Sonderschulen, so für die Blindenstudienanstalt, die Schulen für Schwerhörige und Körperbehinderte gilt das ähnlich" (Prengel, 2006, S. 175). Der Zugang zur Bildung wurde auch als Fortschritt einer Anerkennung der Bildungsfähigkeit sowie als Erfolg für die Durchsetzung der allgemeinen Schulpflicht gesehen. Noch in den 60er Jahren wurde die mit der Einweisung in die Sonderschule verbundene Isolation als *absolut unvermeidbar* hingenommen. „Erst aus der Perspektive der Integrationsbewegung in den 70er Jahren entstanden große Zweifel an dieser Beschulungsart" (Prengel, 2006, S. 175).

Daneben stehen die Argumente der *individuellen Optimalförderung* sowie die *Selbstentfaltung als wichtigstes Erziehungsziel*, welche die Form der Segregation rechtfertigen sollen. Jedoch tauchen diese Argumente auch in der Verteidigung der Integrationsbewegung auf, was einen Widerspruch in sich ausmacht (vgl. Häberlein-Klumpner, 2009).

Zudem kann das Verarbeiten der eigenen behindernden Grenzen in einem Schonraum unter Menschen mit ähnlichen Lebenswegen als leichter empfunden werden. Die Identifizierung und Akzeptanz dieser Grenzen kann in diesen Räumlichkeiten aufmerksamer versucht werden. Denn, wie in der persönlichen Stellungnahme ausformuliert, soll auch an dieser Stelle betont werden, dass die Schwere der jeweiligen Lebenswege in dieser Arbeit keine Negation erfahren soll durch Untergrabung oder Bagatellisierung. Im Gegenteil soll gerade im vorliegenden Text eine Respektierung der Belastungen des individuellen Lebensweges deutlich gemacht werden, da jedem Menschen ein Recht darauf einzuräumen ist. Jedoch sollen ebenso die Ressourcen des Einzelnen eine Betonung erfahren und nicht eine Konzentration auf die „Defizite" stattfinden.

Prinzipiell starten alle Kinder in der ersten Klasse gemeinsam. Anzumerken ist, dass es auch bei den Grund-

Segregation

schulen private sowie staatliche Schulen mit einem speziellen pädagogischen Konzept gibt, wodurch eine Aufgliederung stattfinden kann. Zudem ist die Rückstellungsquote mit etwa 11% aller Kinder in Bezug auf das erste Schuljahr im Vergleich mit anderen europäischen Ländern hoch, aus den PISA-Statistiken heraus betrachtet (vgl. Tillmann & Meier, zitiert nach Tillmann, 2007, S. 9; siehe auch 3.1.3.3). Obwohl in Berlin das Jahrgangsübergreifende Lernen in allen Schulen verpflichtend eingeführt wurde und nun auf eine Einschulung mit ca. fünf Jahren stärker behaart wird, werden besonders die sonderpädagogisch auffälligen Kinder im Regelfall weiterhin zurückgestellt, meiner Erfahrung und Beobachtung im schulpsychologischen Bereich nach.

Doch trotz dieser selektiven Maßnahme zeigt sich im Laufe der Grundschulzeit, dass die abgefragten Leistungen einiger Kinder unterhalb der erwarteten Leistungsnorm liegen und somit eine unerwünschte Leistungsheterogenität auftritt (vgl. Tillmann, S. 9). Als erste Reaktion darauf wird das Mittel der Zurückstellung ergriffen und Schüler, die in zwei Fächern eine Bewertung, die als *mangelhaft* betitelt wird, erhalten haben, müssen das komplette Fächerpensum des betreffenden Schuljahres nochmals wiederholen. Zu beachten ist, dass bei diesem Verfahren komplett außer Acht gelassen wird, ob die Notengebung nicht eventuell mit einer mangelhaften Bewertung oder vielen anderen möglichen „leistungsunabhängigen" Aspekten korreliert.

Bis zum Ende der Sekundarstufe 1 wurden bundesweit 24 % der Schüler im Laufe ihrer Schullaufbahn mindestens einmal zurückgestellt. „Davon sind Kinder aus einfachen sozialen Verhältnissen, insbesondere aber Kinder aus Migrantenfamilien, besonders stark betroffen" (Tillmann, 2007, S. 11). Dies zeigt sich noch deutlicher in Form der Selektionsprozedere in den Sekundarschulen. Dabei ist besonders die doppelte soziale Benachteiligung in ihren Konsequenzen eindeutig und erschreckend, „Kinder aus ‚bildungsfernen' sozialen Schichten werden in weniger anregungsreichen Umwelten groß und haben es ohnehin weit schwerer, schulische Leistungen und Interessen auszubilden. Aber selbst wenn ihnen das gelingt, werden sie zusätzlich benachteiligt: Denn ihre Leistungen müssen weit höher sein, um die ‚gleichen' Bildungschancen zu erhalten" (vgl. Lehmann, zitiert nach Tillmann, S. 12). Bei diesen Aussagen stützt sich Tillmann auch auf die Auswertungen der Hamburger Vergleichsstudie (LAU) von Rainer Lehmann und anderen.

Als weiterer Versuch gegen die Heterogenität (wie sich zuvor zeigte, nicht nur gegen die Leistungsheterogenität), vorzugehen, zählt die Überweisung in die Sonderschule. Tillmann fasst es folgendermaßen zusammen: „Kinder, die in der Grundschule mit den Leistungs- und Verhaltensansprüchen erhebliche Schwierigkeiten haben, die vielleicht sogar zweimal das ‚Klassenziel' nicht erreichen, sind potenzielle Kandidaten für die Sonderschulüberweisung. Am Ende der Grundschulzeit (bei den 11-Jährigen) befinden sich bundesweit etwa 4 % aller Kinder (absolut ca. 400 000) in einer Sonderschule, mehr als die Hälfte von ihnen besucht die Sonderschule für ‚Lernbehinderte'". [Wobei der von Häberlein-Klumpner verwendete Begriff *schulschwach* eine in meinen Augen etwas angebrachtere Formulierung für den herkömmlichen Terminus *lernbehindert* ist, da er die Möglichkeit bestehen lässt, dass die Ursache in dem falschen Schulsystem liegt und man diesem mitunter auch erliegen kann. Darüber hinaus verdeutlicht Urs Haeberlin seine Abneigung gegenüber dem Begriff *Lernbehinderung*: „Mit der Bezeichnung ‚lernbehindert' wird einer nicht realitätskonformen Illusion der Anschein einer wissenschaftlichen Legitimation gegeben. Es handelt sich um die Illusion einer intelligenz- und schulleistungsdiagnostisch zuverlässig objektivierten Einweisung in die Sonderschule" (2002, S. 93, zitiert nach Häberlein-Klumpner, 2009, S. 33)]. Solche Spezialschulen für langsam lernende Kinder sind in vielen Ländern der Welt (z. B. in allen skandinavischen Ländern, in

Kanada, in Frankreich) unbekannt. Kinder, die dort mit solchen Lernproblemen zu kämpfen haben, werden wie selbstverständlich in der allgemeinen Schule unterrichtet und erhalten dort besondere Unterstützungen [...] Mit dieser Aussonderung ist seit Ende des 19. Jahrhunderts auch das Motiv verbunden, die ‚normalen' Schulen von besonderen Problemfällen zu entlasten und damit dort das Lernen zu effektiveren" (vgl. Möckel, 2007, zitiert nach Tillmann, 2007, S. 10 f.). Womit Tillmann auch auf den historischen Kontext hinweist, wie dies auch in dieser Arbeit vorgenommen wurde.

Tillmann (2007) stellte eine interessante Zusammenstellung auf, die jedoch nicht die Versetzung in eine Parallelklasse oder Umschulung auf Grund von Leistungs- oder Verhaltensproblemen beachtet. Dabei ist dies meinen Beobachtungen nach häufig der erste Versuch, gegen die ungewollte Heterogenität anzugehen – Umschulung oder ähnliches mit der Begründung von Leistungs- oder Verhaltensproblem. Und dieser Schritt ist meist auch eine einschneidende Erfahrung für den betroffenen Schüler. Tillmann (2007) argumentiert: „Wenn man die verschiedenen Werte für Zurückstellungen, Sitzenbleiben, Sonderschulüberweisungen und Abschulungen addiert, so kommt man zu dem Ergebnis, fast 40 % der deutschen Schülerinnen und Schüler machen zwischen der 1. und der 10. Klasse mindestens einmal die Erfahrung, von ihrer Lerngruppe aufgrund angeblich mangelnder Fähigkeiten ausgeschlossen zu werden. ‚Was du kannst, reicht nicht', wird ihnen gesagt, ‚deshalb musst du woanders hin'. Schlüsselt man dies nach Schulformen auf, so werden diese Zahlen noch erschreckender: An Hauptschulen sind es fast zwei Drittel der Heranwachsenden, aber auch an Realschulen immer noch 43 %, die mindestens einmal ein solches Schulversagen zu verarbeiten haben" (S. 14).

Dieses Auslesen hat bedeutende Konsequenzen auf das Selbstwertgefühl des Kindes, die Motivation und die Selbstreflektion der eigenen Fähigkeit, Gruppenzugehörigkeit sowie als Teil der Gesellschaft. Ebenso hat es Auswirkungen auf die zurückgelassenen Kinder der ursprünglichen Lerngruppe. Wie verarbeiten diese den Eindruck der Prozedur, die ein scheinbar leistungsschwächeres Kind überstehen muss? Wie beantworten sich die involvierten Schüler/innen die aufgeworfene Frage, warum ein Mitschüler aus dem Klassenverband herausgenommen werden muss? Was lernen sie aus dieser Erfahrung und welche Konsequenzen hat dies für die Ausbildung der sozialen Kompetenzen? Die pädagogischen Vertreter/innen rechtfertigen sich mit der Vorstellung, dass Lernen in der Gruppe umso besser gelingt, je ähnlicher sich die Lernenden in ihren Fähigkeiten und Begabungen sind. Ebenso mit der Vorstellung, dass man allen Beteiligten etwas Gutes tut, wenn man die jeweils schwächsten Schüler/innen ausschließt, da dies für die betroffenen Kinder hinsichtlich der beendeten Überforderung gut sei. Es sei auch gut für die anderen Kinder, weil diese nicht mehr *gebremst* werden würden. Und es sei gut für die Lehrkräfte, weil nun beim Unterricht wieder alle mitkämen. Doch wie zuvor deutlich wurde, die Vorstellung, man müsse Heterogenität reduzieren um sich der Homogenität zumindest anzunähern, fordert sehr viele Opfer. „Und das Ziel, Kindern mit Lernschwierigkeiten zu helfen, wird dabei weitgehend verfehlt" (Tillmann, 2007, S. 14). Das Gegenteil wird bewirkt: Empirisch konnte nachgewiesen werden, dass in Gruppen der Negativauslese das Anregungspotenzial dürftig ist, der Kompetenzerwerb gering (vgl. Schümer, zitiert nach vgl. Tillmann, S. 14) und eine schul- und lerndistanzierte Haltung weit verbreitet. „Deshalb wäre es gerade für solche Schülerinnen und Schüler wichtig, in heterogenen Lerngruppen mit solchen Schülern zu lernen, von denen sie auch Lern- und Leistungsanregungen bekommen" (Tillmann, 2007, S. 14).

Im Jahr 2010 sollte die Grundschulzeit in Hamburg von 4 auf 6 Jahre verlängert werden, wogegen sich jedoch eine Bürgerinitiative zu wehren versuchte und mit Hilfe eines erfolgreichen Volksentscheids die geplante Schulreform stoppte. Doch das bedeutet nicht, dass die Mehrheit der Bevölkerung gegen eine Verlängerungen der Grundschulzeit sei. Denn laut Jutta Allmendinger (2010) ist zu beachten, dass diejenigen, die abgestimmt haben, zum großen Teil nicht diejenigen waren, die von der geplanten Reform am meisten profitiert hätten- also zum Beispiel Menschen mit Migrationshintergrund, da diese gar nicht mit abstimmen durften. „Gegen die Reform haben vor allem Bürger gestimmt, die aus den besseren Hamburger Bezirken kommen und deren Kinder sowieso alle Chancen der Welt haben. Insofern taugt Hamburg nicht als Beispiel für eine allgemeine Aussage, sondern allenfalls für die Feststellung, dass Menschen aus oberen Schichten glauben, es schade ihren Kindern, wenn sie mit Kindern aus sozial schwächeren Milieus zusammen erzogen werden" (S. 6; siehe Abb. 13 & 14). Ihres Wissens nach gibt es jedoch keine einzige empirische Untersuchung, die besagt, dass leistungsmäßig besseren Schülern/innen das gemeinsame Lernen mit schlechteren schadet. So bestätigen auch die Studien von Krampen (1993, zitiert nach vgl. Häberlein-Klumpner, 2009, S. 36) und die von Bless und Klaghofer (1991, zitiert nach vgl. Häberlein-Klumpner, 2009, S. 36) keine Nachteile für begabte Kinder in Integrationsklassen. Und die Studie von Kronig, Haeberlin und Eckhart aus dem Jahr 2000 ergab, dass eine Anzahl von vier bis acht Schülern mit Migrationshintergrund keine Auswirkungen auf die Schulleistungen von *begabten* Kindern habe (vgl. Häberlein-Klumpner, 2009, S. 36). „Die Politik darf daher über so etwas keinen Volksentscheid abhalten, weil bekannt ist, dass eine gewisse Klasse dafür sorgt, unter sich zu bleiben. Ich finde, es ist Aufgabe einer Demokratie, allen vergleichbare Lebenschancen zu geben" (Allmendinger, 2010, S. 6), so wie es auch im Grundgesetz steht. Denn unter den real gegebenen Umständen werden Bildungschancen quasi von Generation zu Generation vererbt (vgl. Allmendinger, 2010S. 6). Werner Sachers (1973) beschreibt es als Vorrechte mit der Geburt,

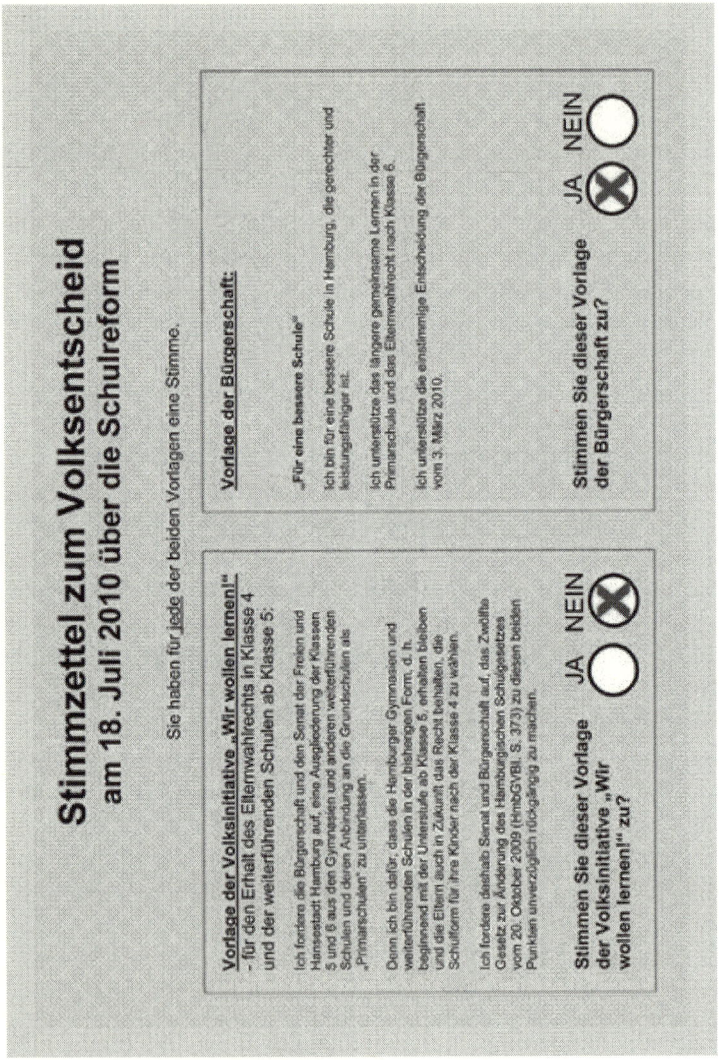

Stimmzettel zum Volksentscheid
am 18. Juli 2010 über die Schulreform

Sie haben für jede der beiden Vorlagen eine Stimme.

Vorlage der Volksinitiative „Wir wollen lernen!“
- für den Erhalt des Elternwahlrechts in Klasse 4 und der weiterführenden Schulen ab Klasse 5:

Ich fordere die Bürgerschaft und den Senat der Freien und Hansestadt Hamburg auf, eine Ausgliederung der Klassen 5 und 6 aus den Gymnasien und anderen weiterführenden Schulen und deren Anbindung an die Grundschulen als „Primarschulen“ zu unterlassen.

Denn ich bin dafür, dass die Hamburger Gymnasien und weiterführenden Schulen in der bisherigen Form, d. h. beginnend mit der Unterstufe ab Klasse 5, erhalten bleiben und die Eltern auch in Zukunft das Recht behalten, die Schulform für ihre Kinder nach der Klasse 4 zu wählen.

Ich fordere deshalb Senat und Bürgerschaft auf, das Zwölfte Gesetz zur Änderung des Hamburgischen Schulgesetzes vom 20. Oktober 2009 (HmbGVBl. S. 373) zu diesen beiden Punkten unverzüglich rückgängig zu machen.

Stimmen Sie dieser Vorlage der Volksinitiative „Wir wollen lernen!“ zu? JA NEIN

Vorlage der Bürgerschaft:

„Für eine bessere Schule“

Ich bin für eine bessere Schule in Hamburg, die gerechter und leistungsfähiger ist.

Ich unterstütze das längere gemeinsame Lernen in der Primarschule und das Elternwahlrecht nach Klasse 6.

Ich unterstütze die einstimmige Entscheidung der Bürgerschaft vom 3. März 2010.

Stimmen Sie dieser Vorlage der Bürgerschaft zu? JA NEIN

Abb. 13: Stimmzettel zum Hamburger Volksentscheid am 18. Juli 2010 über die Schulreform

rechte Seite Abb. 14: Vergleich der Arbeitslosenquote und Wahlbeteiligung auf Bezirke in Hamburg verteilt; grün = hellgrau, rot = dunkelgrau

Segregation

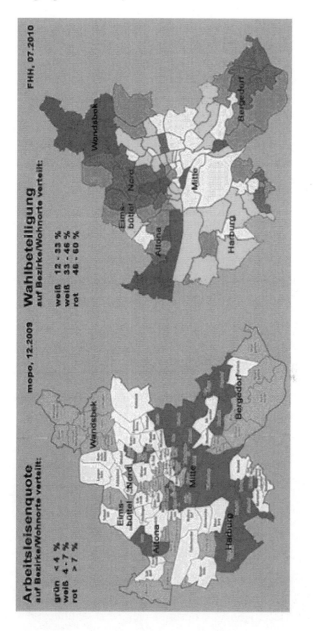

welche zwar andere Formen angenommen haben, aber nie aufhörten zu bestehen. Denn die Gruppe um Jencks (1973, zitiert nach vgl. Häberlein-Klumpner, 2009, S. 37) wies nach, dass in den westlichen Industriegesellschaften etwa die Hälfte aller schichtsspezifischen Vorteile sowie auch Handikaps der Eltern auf deren Kinder übergehen. Auch wenn die traditionelle Schichtung durch Migranten, Zuwanderer und Massenarbeitslosigkeit aufgebrochen und differenziert wurde, dürften Vor- und Nachteile der sozialen Herkunft auch seiner Meinung nach weiterhin stark ins Gewicht fallen (vgl. Sachers, 1994, S. 4 f., zitiert nach Häberlein-Klumpner, S. 37).

Ebenso beschreibt Haeberlin den bestehenden Widerspruch, da „der alte Glaube an die Vorteile der Leistungs- und Altershomogenität von Schulklassen [...] aber in den Köpfen vieler Lehrpersonen und Eltern hartnäckig am Leben bleibt" (2002, S. 100, zitiert nach Häberlein-Klumpner, S. 36). Und auch Hans Brügelmann resümiert, dass eine Illusion bezüglich der höheren Lernerfolge bestehe, denn die Kinder in homogenen Gruppen entwickelten sich keinesfalls besser (2002, S. 33 f.)

Unsere Art von Selektion begründet Valtin (Jahr) darin, dass Leistungserwartung gepaart wird mit einer falschen, aus dem konservativen Denken entstammenden Vorstellung über angeborenen Begabung (vgl. Häberlein-Klumpner, 2009, S. 64). Georg Hansen und Martin Spetsmann-Kunkel sehen die Ursachen in den strukturellen Bedingungen unserer Gesellschaft, welche zur Segregation bestimmter Personengruppen führen. „Ein staatlich organisierter Zwang zur Segregation bzw. die gesellschaftliche Verhinderung von Integrationspotentialen (re-)produzieren den Ausschluss der Marginalisierten" (2008, S. 89).

Um an die Ausgangsfrage dieses Abschnitts zurückzukehren, wie der Balanceakt zwischen Heterogenität und Kalkulation über die Mittelköpfe hinweg zu bewältigen sei, möchte ich mich den Worten Tillmanns (2007) anschließen: „Heterogene Lerngruppen und Frontalunterricht

Segregation

im Gleichschritt – das kann nicht gut gehen. Je mehr wir es im Unterricht mit Kindern und Jugendlichen unterschiedlicher Herkunft, unterschiedlicher Fähigkeiten und Interessen zu tun haben, desto stärker muss der Unterricht diese Unterschiede auch didaktisch aufgreifen" (S. 8).

Denn eine Klasse besteht aus ca. 30 einzigartigen Persönlichkeiten in einem Klassenraum, deren augenscheinlich einzige Gemeinsamkeite die Rahmenbedingungen des Zusammenfindens sind, sprich, der Klassenraum als Treffpunkt, die gemeinsame Lehrperson, die Unterrichtsstunde als gleicher Zeitpunkt und das in vielen Fällen gleiche Geburtsjahr. Diese angedachten Gemeinsamkeiten lassen vielfältige Möglichkeiten der interindividuellen Unterschiede der Kinder offen. Dieser Umgang mit Heterogenität kann als Herausforderung an das Schulsystem, an die Unterrichtsform und direkt an das Lehrpersonal gesehen werden. Dass der Heterogenität der Schülerschaft bisher wenig Verständnis entgegengebracht wird, schildert Georg Feuser mit folgenden Worten: „Die Erziehungs- und Bildungsbedürfnisse der Kinder, wie sie sich in komplexer Weise aus der Persönlichkeitsentwicklung des einzelnen Menschen in seinen kulturellen und gesellschaftlichen Kontexten ergeben, scheinen nur zufällig oder als Nebenprodukt Berücksichtigung zu finden" (1995, S. 12).

1.3 Abgrenzung des Segregationskonzepts zu den anderen Modellen

Wie das erweiterte Verständnis von Diversität (siehe Begriffsbestimmung) zeigt, sind es Unterschiede und Gemeinsamkeiten, welche Gruppen von Menschen beschreiben können. Somit ist der Ansatz berechtigt, nach Beidem zu fahnden. Die Heterogenität begegnet uns im Alltag als Selbstverständlichkeit, da jeder Mensch individuell aussieht und sich einzigartig verhält. Jedoch gibt es ebenso

Übereinstimmungen im Aussehen und im Verhalten. Bei der Beobachtung der Entwicklung eines Menschen wurde ein gewisser Ablauf aufeinander folgender Etappen wissenschaftlich dokumentiert (vgl. z. B. Oerter & Montada, 2002 oder Piaget, 1998). Dabei wurden Ähnlichkeiten hinsichtlich der Entwicklung unter Menschen ähnlichen Alterns postuliert, weshalb es historisch betrachtet wahrscheinlich aus Gründen der Effizienz und Wirtschaftlichkeit nahe lag, auf diese Ähnlichkeit einzugehen um die Personengruppen entsprechenden Alters zusammenzufassen. Häberlein-Klumpner erfasst die Sonderbeschulung in diesen Dimensionen, da sie dies als eine „Übertragung des marktwirtschaftlichen Prinzips der Effizienzsteigerung durch Hierarchisierung und Spezialisierung" (2009, S. 44) hinsichtlich eines pädagogisches Vorgehen versteht (weiteres zur *Pädagogik der Effizienz* siehe Anhang D). Im Schulkontext wurde dieses Herangehen erweitert auf Religionszugehörigkeit, sozialen Schichten, Besonderheiten im Sinne von kategorisierten Behinderungen in Bezug auf die Schulwahl sowie ähnlichen Leistungsfähigkeiten hinsichtlich der Zuordnung in eine Klassenstufe. Diese Herangehensweise hat sich von der Basis her bis heute gehalten, wenn auch immer wieder Kritiker bzw. Gruppen von Kritikern nach der Berechtigung dieser fragten. Immer noch werden die Kinder erst ab einem bestimmten Alter als schulfähig betrachtet und in Altersgruppen zusammengenommen. Kinder, welche diesen Erwartungen hinsichtlich ihrer Entwicklung oder Leistungen nicht entsprechen, werden zurückgestuft und somit segregiert. Ebenso wird mit dieser Einstellung während der gesamten Schulzeit verfahren, wobei die Schulwahl nach oben genannten Kriterien (Religionszugehörigkeit, sozialen Schichten, Besonderheiten im Sinne von kategorisierten Behinderungen) als vorgeschriebene oder selbstbedachte Faktoren hinzukommen. Zu dem Begründungsmuster, dass das Prozedere der individuellen Schulwahl auch Ursache für die ethnische Schulsegregation ist, stellt Cornelia Kristen (2005, 2006) sehr detailliert dar. Deshalb hat das traditionelle Konzept der Segregation in einer Diskussion über pädagogische Konzepte auch immer noch eine brisante Aktualität und Berechtigung.

Es ist die eben beschriebene zentrale Konzentration der Erziehung und Bildung auf ein für alle Kinder überzogenes, an abstrakt-normativen Vorstellungen orientiertes Bild davon, was ein Kind bestimmten Alters zu leisten hat. Diese zeigt sich auch darin, dass für den, dem das Ableisten nicht gelingt und wer von diesen Vorstellungen abweicht, die biologisch/medizinisch-psychiatrisch begründete „Defektivität", eine psychologisch-entwicklungsmäßige „Devianz" bzw. pädagogisch eine „Behinderung" das Maß wird, an dem man gemessen und bewertet wird (vgl. Feuser, 1995, S. 5). Denn auch in Häberlein-Klumpners (2009) Betrachtung wird die Dreigliederung des deutschen Schulsystems, welche genau genommen mit der Sonderschule eine Viergliederung ist, immer mehr der kritischen Prüfung unterzogen. Sie gilt allerdings noch bei Vielen als der einzige Weg. Aber gerade sie muss heute ihre gewachsene Eigenständigkeit pädagogisch begründen und darf nicht durch Rahmenbedingungen betreffende Argumente, wie beispielsweise, dass Kinder mit Behinderungen in Sonderschulen aus Ausstattungsgründen einfach besser gefördert werden können. Häberlein-Klumpner benennt das Schulsystem als viergliedrig, um zu betonen, dass die Sonderpädagogik sich aus dem Zusammenhang des Allgemeinen Schulwesens und somit auch aus der schultheoretischen Betrachtung entfernt hat (vgl. S. 25).

68 Segregation

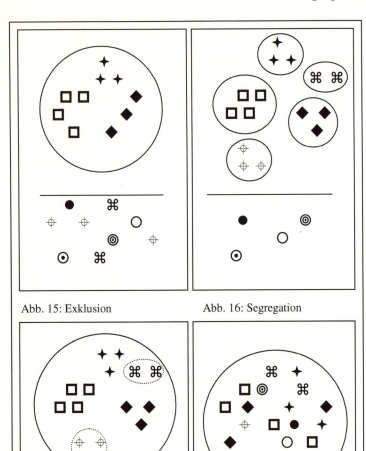

Abb. 15: Exklusion Abb. 16: Segregation

Abb. 17: Integration Abb. 18: Inklusion

Segregation

Um einen bildlichen Vergleich zwischen den Konzepten zu ermöglichen, werden im Folgenden die Abbildungen 15 – 18 erläutert. Die Exklusion, also der rigorose Ausschluss einiger Gruppen aus dem Schulwesen ist auf dem Bild 15 skizziert. Dies ist auch historisch gesehen das ursprüngliche Vorgehen im früheren Bildungswesen. Nur eine kleine Gruppe Schüler wurde bei einem Lehrer aufgenommen. Die Zulassungskriterien waren meist so spezifisch, dass hinsichtlich dieser Kriterien eine sehr homogene Schülerschaft entstand. Jedoch waren die Schüler hinsichtlich anderer Kriterien, wie Alter und Leistungsniveau wiederum sehr verschieden, symbolisiert durch die unterschiedlichen Formen im eingeschlossenen Kreis. In die Schulbildung nicht aufgenommene Kinder hatten dementsprechend einen schweren Stand in der Gesellschaft aufgrund der festgelegten Schichtzugehörigkeit oder auch einer nicht verstandenen Form von Behinderung. Deshalb befanden sie sich außerhalb der sozialen Gesellschaft. Der Ausschluss wird durch den dicken Strich dargestellt.

Auf der nächsten Abbildung ist das im deutschen Schulsystem typische Auswahlverfahren zu sehen, das die Schüler segregierend unterteilt und damit kategorisiert. Unter dem Blickwinkel der Kategorisierung entstehen wieder künstlich homogene Gruppen. Trotzdem bleiben auch dabei einige Schüler als nicht *beschulbar* von der Schulbildung ausgeschlossen, denn es werden nur solche berücksichtigt, *welche ihrer Gruppe entsprechen*.

Auf der Abbildung 17 ist das Modell der Integrationspädagogik zu sehen, da versucht wird, die Schüler in eine Gruppe zusammenzufassen. Jedoch werden die integrierten Gruppen auch weiterhin aufgrund vorgenommenen Kategorisierung und des abweichenden Rahmenlehrplans als *nicht der Norm entsprechend* verstanden und behandelt. Hinzukommend wird in Einzelfällen überlegt, ob es schwer sein würde, diese einzugliedern, angedeutet durch den Pfeil und das nebenstehende Fragezeichen innerhalb der Grafik. In meinen Augen ist zu bedenken, dass zwar zuvor stark marginalisierte Personen (z. B. Menschen mit Beeinträchtigungen) nun aufgenommen werden sollen, diese jedoch immer noch als aus dem Abseits herangegliedert gesehen werden und dementsprechend eine Sonderstellung erfahren.

Die vierte Skizze zeigt das Modell der Inklusion, da alle Mitglieder der Gesellschaft in ihrer Individualität gesehen und als solche aufgenommen werden (Abb. 18). Es gibt keine Unterteilung in kategorisierte Gruppen mehr. Auch der Ausschluss von Einzelnen, zuvor als schwer integrierbar angesehen, sollte nun als Überwunden verstanden werden.

Natürlich macht auch die Gegenüberstellung die Positionen deutlich, denn das Gegenstück von Integration und Inklusion wird mit Separation oder Segregation bezeichnet. Darin liegt der Auftrag der Schule in einer „Gesondertheit", also in der Einrichtung spezieller Schulen und Klassen. Vor dem Hintergrund der Separation oder Segregation wurde einem Teil der Schülerschaft ein sonderpädagogischer Förderbedarf, z. B. Förderbedarf/ Sondermittel/ Leistungsausgleich für ein gehörloses Kind, also eher defizitorientiert diagnostiziert (vgl. Häberlein-Klumpner, 2009, S. 64).

1.4 Studien und die deutsche Gesetzeslagen hinsichtlich der Segregation

Dass eine scheinbar homogene Gruppe keine ähnlichen Leistungen hervorbringen muss, zeigten Schulstudien aus den 1970er Jahren, „die das gegliederte Schulwesen mit der Gesamtschule hatten vergleichen wollen und dabei zu verblüffenden Erkenntnissen gekommen waren" (Konrad, 2007, S. 108). Denn die Leistungsunterschiede von Schülern aus Schulen desselben Typs konnten größer sein als die zwischen Schülern aus Schulen unterschiedlicher Schularten. Das bis dahin in und für Deutschland typische, vorherrschende Bild einer „durch staatlichen Zugriff seit dem

19. Jahrhundert geformten, relativ homogenen Schullandschaft und einer die Vorgaben der Schulbürokratie gleichförmig abarbeitenden Schule" (Konrad, S. 108) entsprach somit nur begrenzt der Wirklichkeit und musste relativiert werden. Die Unterschiede zwischen den einzelnen Schulen hinsichtlich Lernklima, Schulleben, usw. wurden aufmerksam wahrgenommen und „die Vielfalt wurde als notwendige Bedingung des Gelingens jeder Schulreform ‚von unten'" (Konrad, S. 109) erkannt und basisnahe Veränderungsstrategien in Form von Lehrerweiterbildungen wurden versucht.

Die These, dass in leistungshomogenen Gruppen insgesamt bessere Leistungsergebnisse erzielt werden als in leistungsheterogenen Lerngruppen, wurde in der empirischen Forschung durchgängig **nicht** bestätigt. Somit wird die zentrale Legitimationsthese des deutschen gegliederten Schulsystems empirisch **nicht** gestützt und ist deshalb **nicht** haltbar. Auch die internationalen PISA-Ergebnisse haben diesen Aspekt nochmals sehr deutlich gemacht (vgl. Tillmann, 2007, S. 16). Ebenso bestätigt Dominicq Riedo (2000) anhand verschiedenster bisheriger Ergebnisse, dass kein Vorteil in der Sonderbeschulung im Bereich der Schulleistungsentwicklung nachgewiesen werden konnte, obwohl das Konzept der homogenen Leistungsgruppe sich darauf stützt, dass durch die Homogenisierung die Verringerung der Leistungsstreuung innerhalb der Schulklasse eine Leistungssteigerung bewirkt werden soll.

Wie zuvor schon erwähnt, erweist sich eine Homogenisierung am „unteren Ende" (Tillmann, 2007, S. 16), sprich eine Zusammenfassung der leistungsschwachen und sozial Belasteten, als besonders negativ. Auch Helmke und Weinert formulierten in ihrem bekannten Handbuchartikel von 1997: „Ungünstige Effekte auf den Unterricht und die Unterrichtsergebnisse treten verstärkt auf, wenn sich in Schulklassen eine größere Anzahl von Schülern mit Verhaltens- und Erziehungs- und/oder Lernproblemen befinden" Denn die Konzentration von Kindern „mit niedrigem sozio-ökonomischen Status, ungünstigen Milieubedingungen oder schwierigen Familienverhältnissen" (Helmke & Weinert) stellt einen erheblichen Risikofaktor für die Erbringung schulischer Leistungen dar. Daraus kann man entnehmen, dass Kinder aus *bildungsfernen Schichten* in ihren Leistungen zusätzlich angestrengt werden, durch die Zuordnung in eine Lerngruppe, die vor allem aus als *leistungsschwach* betrachteten Schülern besteht. „Die Zusammenfassung von lernschwachen und sozial belasteten Kindern und Jugendlichen in eigenen Lerngruppen hat massiv negative Effekte beim fachlichen wie beim sozialen Lernen" (Tillmann, S. 18). Weshalb Tillmann appelliert: „Das bedeutet anders gewendet: Gerade schwache Kinder, gerade problembelasteten Kinder brauchen die sozial und leistungsmäßig heterogene Gruppe, brauchen die Anregungen ihrer Mitschülerinnen und Mitschüler" (S. 16).

Ähnliche Ergebnisse und teifgreifendere Aspekte zur Reflektion über das Integriert-sein konnten in einer ab 1990 begonnen Längsschnittstudie zur Integration und Segregation von 200 schulschwachen (zu diesem Begriff siehe 1.2) Kindern aus der 4. und 5. Klasse in der Grundschule innerhalb der Schweiz herausgearbeitet werden. Untersucht wurden der mathematische Bereich, Aspekte des Unterrichtsfachs Deutsch sowie das soziale und leistungsmotivationale Integriertsein schwacher Kinder in ihrer Klasse. Diese Kinder waren entweder in herkömmlichen Sonderschulen untergebracht oder in allgemeine Grundschulen integriert. Bei der Integration gab es zum einen die Möglichkeit der stillen Integration, also Unterricht ohne besondere Maßnahmen sonderpädagogischer Unterstützung sowie der Unterricht mit besonderen Maßnahmen sonderpädagogischer Unterstützung. Die Erfolge in den Bereichen Mathematik und Deutsch ergaben, dass die Fortschritte der integrierten schulschwachen Kinder größer waren als die der separierten schulschwachen Kinder in Sonderklassen. Zwischen den Integrationskindern mit und ohne sonderpädagogischen Maßnahmen war kein Unterschied

Segregation

festzustellen. Die Ergebnisse der sozialen Stellung, die mit Hilfe der soziometrischen Methode nach Krüger erhoben wurden, zeigten, dass sich die schulschwachen Kinder in ihren Beziehungen zu ihren Mitschülern schlechter einschätzten und als unbeliebter als die leistungsstärkeren Grundschüler. Dieser Effekt wurde in den allgemeinen Grundschulen wie auch in den Sonderschulen festgestellt und ist somit schulformunabhängig. Die niedrigste Selbsteinschätzung hatten jedoch schulschwache Schüler einer Grundschule mit sonderpädagogischen Fördermaßnahmen und die beste Selbsteinschätzung hatten schulschwache Kinder an der Sonderschule (vgl. Haebelin, 1999, zitiert nach vgl. Häberlein-Klumpner, 2009, S. 34). Jedoch kann eine Ursache für den zuletzt genannten Befund meiner Ansicht nach auch darin gefunden werden, dass die Leistungshierarchie einer Sonderschulklasse eine andere Verteilung aufzeigt und vor allem ein anderer Umgang damit gepflegt wird, als in einer Integrationsklasse einer Allgemeinbildenden Schule. Hinzu kommt die andere Wahrnehmung und Reflektion der eigenen Beeinträchtigung eines Sonderschülers/ Integrationsschülers im Vergleich zu der den Schüler/innen umgebenden Norm. Besonders wichtig an dieser Stelle ist der Hinweis, dass sich die positive Selbsteinschätzung der schulschwachen Kinder auf der Sonderschule nur in der Grundschulzeit zeigt, denn gegen Ende der Schulpflichtzeit sinkt die Selbsteinschätzung der Sonderschulabganger tiefer als die der schulschwachen Kinder in der Regelschule (vgl. Haeberlin, 2002, S. 96, zitiert nach vgl. Häberlein-Klumpner 2009, S. 34 f..). Eine Ursache für die negativere Selbsteinschätzung der integrierten schulschwachen Kinder trotz besserer Lernfortschritte sieht auch Haeberlin in den Vergleichsmöglichkeiten, die in Sonderschulen fehlen, welche aber voraussehbare Allokationsrealität (Allokation bedeutet die Zuweisung von beschränkten Ressourcen an potentiellen Verwendern) nach dem Schulaustritt sein werden (vgl. Haeberlin, 2002, S. 96, zitiert nach vgl. Häberlein-Klumpner, 2009, S. 35).

Erstaunlich ist, dass eine weitere Erhebung mit ähnlichen Fragestellungen zu entgegengesetzten Aussagen kommt, nämlich dass Integrationsschüler sich hinsichtlich der Selbsteinschätzung nicht von Sonderschüler/innen unterscheiden (vgl. Hinz et al., S. 553) (siehe Abschnitt 2.4, S. 88 f.).

Als Anhaltspunkt für das Festhalten an der Segregation sahen Liebermeister und Hochhuth (1999) die Ambivalentzthese von zutreffender Bedeutung. Verschiedenen Studien zum gemeinsamen Unterricht entnahmen sie, dass sich in Interviews mit Lehrern, die nicht in integrativen Klassen arbeiteten, herauskristallisierte, dass in aller Offenheit die Unsicherheit gegenüber schwer behinderten Kindern benannt werden konnte. Zudem konnte bei mehreren Lehrkräften eine Haltung des Mitleids gegenüber den behinderten Kindern und eine Haltung, welche die Bedürfnisse der nichtbehinderten Kinder verteidigen will, zu gleichen Maßen herausgearbeitet werden. Mitleid war bei einigen auch der ausschlaggebende Motivationsgrund, Integrationsklassen zu unterrichten. Einige Integrationspädagogen fanden auch differenzierte Möglichkeiten einer Verbalisierung ihres Gefühlsspektrums, von „Mystifizierung, Mitgefühl, Identifikation, Aggression und Ekel waren Reaktionen von Lehrkräften auf behinderte Kinder" vorzufinden (Liebermeister & Hochhuth, 1999, S. 106 f.). Mehrere Sonder- und Sozialpädagogen begründeten ihre Entscheidung für Integrationsarbeit unter anderem mit der psychischen Belastung durch die Häufung von behinderten Kindern an der Sonderschule.

Bei Kindern ist der Umgang untereinander im Integrationskontext umso unbefangener, je jünger die Kinder sind. Am unkompliziertesten war der gegenseitige Umgang bei Begegnungen, die schon im Kindergarten stattgefunden haben (vgl. Liebermeister & Hochhuth, S. 107).

Hänsel und Schwager benennen in ihren Aufzeichnungen „die Sonderschule als Armenschule", da sie sich als Schule für benachteiligte Kinder entwickelt (vgl. Häberlein-Klumpner, Jahr S. 35). Außerdem hat die Separation hin-

Segregation

sichtlich ihrer schulischen Funktionalität ihren Sinn darin, „dass Sonderschulen die Selektionsfunktion nach wie vor zuverlässiger mit der [gesellschaftlichen] Allokationsfunktion verbinden, [...] So wird auch politisch erklärbar, warum trotz der pädagogischen Integrationsbewegung der Anteil der Sonderschulen, der Anteil der Sonderschulklassen und der Anteil der Sonderschüler bisher auch in Deutschland keineswegs abgenommen hat" (Haeberlin, S. 104, zitiert nach Häberlein-Klumpner, S. 35).

„Die Handlungen der Schulpolitik lassen erkennen, dass die Schülerheterogenität als ein Hindernis für die Lernorganisation bewertet wird" (Häberlein-Klumpner, 2009, S. 21). Und außerdem steht die Sonderschule für die angewandte Sonder- und Heilpädagogik, welche mit einem gewissen Selbstverständnis von einer Segregation von Menschen in gewisse „benötigte" Schonräume ausgeht (vgl. Häberlein-Klumpner, S. 25). Meiner Erkenntnis nach gehört diese Ansicht ihrer Tradition an, hervorgetreten aus ihrer Entstehungsgeschichte, welche aufzeigt, dass es der Verdienst der Heil-/Sonderpädagogik war, einen anerkannten Schonraum für Menschen mit speziellen Bedürfnissen zu schaffen, auch um sie aus der absoluten Exklusion, also fern jeglicher Bildungsmöglichkeiten, herauszuholen. Sehr aufschlussreiche Einblicke, warum diese Schonräume als notwendig angesehen wurden, geben verschiedene Autoren unterschiedlicher Nationen in dem Werk „The Slow Learner – Segregation or Integration" aus dem Jahre 1962 (Schonell, McLeod & Cochrane).

Und an dieser Stelle soll auch die Rechtssprechung zum Thema Behinderung erwähnt werden, um das rechtliche Verständnis darüber zu skizzieren. Im Paragraph 2 Absatz 1 des SGB IX wurde festgelegt: „Menschen sind behindert, wenn ihre körperliche Funktion, geistige Fähigkeit oder seelische Gesundheit mit hoher Wahrscheinlichkeit länger als sechs Monate von dem für das Lebensalter typischen Zustand abweichen und daher ihre Teilhabe am Leben in der

Gesellschaft beeinträchtigt ist" (Marburger, 2009). Meiner Ansicht nach ist bei dem vorhergehenden Paragraphen der Vergleich zum für das Lebensalter typischen Zustand und Verhalten sehr ungenau und in seinen Möglichkeiten so breit, dass es für mich nicht ersichtlich wäre, ab welchem Grad es als abweichend anzusehen ist (ähnlich angedeutete Problematik wie die Orientierung an festgelegten Entwicklungsschritten siehe 1.3).

Die Weltgesundheitsorganisation WHO unterscheidet bei einer „Behinderung" folgende Aspekte: Impairent, Disability sowie Handicap. Impairment steht für Schädigung und bezieht sich auf Störungen auf der organischen Ebene. Somit wird der menschliche Organismus allgemein einbezogen. Disability meint Beeinträchtigung und spricht die Störung auf der personalen Ebene an, welche eine konkrete Bedeutung für den Einzelnen mit sich bringt. Und das Handicap kann als Benachteiligung oder Behinderung übersetzt werden und impliziert die möglichen Konsequenzen auf der sozialen Ebene. Gemeint sind somit alle Nachteile, die durch die Übernahme von solchen Rollen eingeschränkt oder verhindert werden, die für die betreffende Person in Bezug auf Alter, Geschlecht, soziale und kulturelle Aktivitäten als angemessen gelten. Somit ist dieser dritte Aspekt entscheidend für die Klassifizierung der Behinderung auf sozialer Ebene, welche die Behinderung somit auch als soziales Phänomen herausarbeitet (vgl. WHO, 1980, zitiert nach vgl. Häberlein-Klumpner, 2009, S. 54). An diese dritte Ebene schließt sich Cloerkes Verständnis mit folgender Aussage an: „Eine Behinderung ist eine dauerhafte und sichtbare Abweichung im körperlichen oder seelischen Bereich, welcher allgemein ein entschieden negativer Wert zugeschrieben wird. ‚Dauerhaftigkeit' unterscheidet Behinderung von Krankheit. ‚Sichtbarkeit' ist im weitesten Sinne das Wissen anderer Menschen um die Abweichung. Ein Mensch ist behindert, wenn erstens eine unerwünschte Abweichung von wie auch immer definierten Erwartungen vorliegt und wenn zweitens deshalb die soziale Reaktion auf ihn negativ ist" (1997, S. 7, zitiert nach Häberlein-Klumpner, Jahr S. 54). Weshalb die Behinderung als nichts Absolutes gilt, sondern erst als soziale Kategorie begreifbar ist. Denn nicht der Defekt oder die Schädigung ist ausschlaggebend, sondern die Folgen für das einzelne Individuum (vgl. Cloerke, 1997, S. 8, zitiert nach Häberlein-Klumpner, S. 54).

Ebenso soll es Gegenstand der Diskussion innerhalb dieser Arbeit sein, ob die Teilhabe am Leben der Gesellschaft nicht vor allem durch solche Festschreibungen und Kategorisierungen und der Orientierung vieler Mitglieder der Gesellschaft daran eine Ursache dafür ist, dass die Teilhabe verwehrt bleibt. Meiner Ansicht nach sind dieses Vorgehen und die rechtliche Begründung für mich nicht haltbar. Denn die Begründung liegt in der Festschreibung selbst, durch die es zur Segregation und Behinderung an der Teilnahme der Gesellschaft einer in ihren Bedürfnissen anspruchsvollen Person kommt, obwohl dies selbst vom Rechtsstaat festgesetzt sowie provoziert und von einem Teil der Bürger auch vertreten und praktiziert wurde.

Obwohl Menschen mit und ohne Behinderung heute nach geltenden Maßstäben als gleichwertig gelten und demnach selbstverständlich der menschlichen Gemeinschaft angehören, musste vor wenigen Jahren der letzte Satz des Artikels 3 Absatz 3 des Grundgesetzes der Bundesrepublik Deutschland konkretisierend hinzugefügt werden: „Niemand darf wegen seiner Behinderung benachteiligt werden"[3]. Und auch im idealistischen Sinne kann man Karl-Heinz Wisotzki folgen bei seinen Worten: „Der Mensch hat nur durch die Hilfe der Anderen eine Überlebenschance. Wie das Zusammenleben geschieht, liegt in der Verantwortung des Menschen, woraus sich die Notwendigkeit und Möglichkeiten einer Ethik und Moral ableiten lassen. Sie bilden die Ordnung

---

[3] http://www.bundestag.de/dokumente/rechtsgrundlagen/grundgesetz/gg_01.html

des Zusammenlebens, die schließlich auch für das Zusammenleben von Behinderten und Nichtbehinderten gelten muss" (Wisotzki, 2000, S. 34, zitiert nach Häberlein-Klumpner, 2009, S. 49).

Einen weiteren interessanten Aspekt dazu bringt Erich Fromm hervor: „Ähnlich wie bei der [nicht unkritisch zu beleuchtenden] Definition von Intelligenz, die mit einem Intelligenz-Test gemessen wird, wird die Auffassung vertreten, daß sich seelische Gesundheit von der Anpassung an die Lebensweise einer gegebenen Gesellschaft her bestimmen lasse, und zwar völlig unabhängig davon, ob diese Gesellschaft als solche gesund oder verrückt ist. Das einzige Kriterium ist, daß ein Mensch an sie angepaßt ist" (Fromm, 2005, S. 17). Fromms Sicht wird von Maslow mit folgenden Worten unterstrichen: „Das Wort normal wird häufig als ein unbewusstes Synonym für das Traditionelle oder Gewohnheitsmäßige oder Konventionelle verwendet, und es ist gewöhnlich als Verkleidung gedacht, um die Tradition billigen zu können" und um sie zu rechtfertigen, verteidigen und aufrecht erhalten zu können (Maslow, 1990). Ebenso erkannte schon 1927 Eduard Spranger, dass die Vorstellung von Normalität von Kulturkreis zu Kulturkreis verschieden sein kann und dementsprechend mit einer anderen Perspektive als normal oder auch als abnorm angesehen werden könnte, obwohl es das gleiche Verhalten sein kann. „Noch viel schlimmer aber wäre es, wenn solche Abweichungen vom geltenden kulturellen Idealtypus, die nur auf einer anders gearteten Seelenstruktur, auf abweichendem Entwicklungsrhytmus oder auf Noch-nicht-Angepaßtheit beruhen, sofort mit Krankheit gleichsetzen würden. Vielmehr müssen wir uns entschieden klar machen, daß keineswegs alle Abweichungen von der kollektiv geltenden und anerkannten idealen Norm schon Krankheit bedeuten" (Spranger, 1927, S.131 f., zitiert nach Häberlein-Klumpner, 2009). Wie schwierig der Umgang mit Normen und Ablehnung oder Nicht-Einhaltung dieser ist, zeigt auch folgender ausdrucksstarker Satz von Häberlein-

Segregation

Klumpner: „Als Abweichung von den jeweiligen Normen wird die Andersartigkeit verstanden, die als negativ bezüglich sozialer Erwartungen eingestuft ist" (2009, S. 54). Dabei ist zu bedenken, dass jeder Bezugsrahmen seine eigenen Normen und Erwartungen hat (z.B. jeweilige Familie, Kindergartengruppe, Schule), ebenso gibt es die individuelle Norm, in der sich jeder für sich bewegt.

Vanhagen (1771-1833) benannte diese beiden Erziehungstendenzen „Paria" und „Parvenu". „Die Paria-Position ist die, in der sich die Menschen mit ihrer Rolle/ Zugehörigkeit abgefunden haben und in randständigen Stellungen verharren. Die Parvenu-Position bestrebt den Menschen aus seiner Unterdrückung aufzusteigen, allerdings um den Preis der Leugnung des Anders-seins und der vollständigen Anpassung an das Bild des ‚bürgerlichen Subjekts'. In beiden Fällen bedeutet dies einen Verzicht" (zitiert nach Häberlein-Klumpner, 2009, S. 71). Dieser Erklärungsansatz für abweichendes Verhalten kann ebenso auf Behinderung übertragen werden. Die Gemeinsamkeit von Behinderung und abweichendem Verhalten liegt darin, dass Menschen als „anders" wahrgenommen werden. Laut Häberlein-Klumpner können Mensch mit Behinderungen durch ihr „So-Sein" von gesellschaftlich-sozialen Normen abweichen und können „automatisierend" Reaktionen hervorrufen. Denn eine Abweichung stört wesentliche Gleichgewichtszustände. So stören abweichende Personen die Gleichgewichtszustände in der Identitätsbalance beim Einzelnen und die Systemstabilität auf der gesellschaftlichen Ebene. „Da ein Mensch mit Behinderung aber nicht willentlich-absichtlich abweicht, kann man sie ihm ja nicht willentlich anlasten, was zur Folge hat, dass sich der Nicht-Behinderte einem Konflikt ausgesetzt sieht. Auf der einen Seite werden jedem per Sozialisation negative Einstellungen vermittelt und auf der anderen Seite missbilligt die andere gesellschaftliche Konvention, dass ein Affekt (aus abweichendem Verhalten entstanden) ausgelebt werden darf.

Ambivalenzkonflikte im psychischen Bereich treten auf, die sich in einem verhängnisvollen Kreislauf verewigen" (Häberlein-Klumpner, 2009, S. 55).

1.5 Diskussion des Segregationsmodells

Generell kann man sagen, dass die Bundesrepublik Deutschland auf den ersten Blick eine realisierte Vollinklusion aller Kinder und Jugendlichen in das Bildungssystem, seit der Einführung der Schulpflicht auch für Kinder mit schweren Beeinträchtigungen im Jahre 1978 auf Bundesebene erreicht hatte (vgl. Wansing, 2005, S. 89). Doch es muss dagegen gehalten werden, dass „das moderne Schulwesen in Deutschland [...] sich dadurch aus[zeichnet], dass Schülerinnen und Schüler davor bewahrt werden, der ganzen Vielfalt ihrer Altersgruppe in sozialer, ethnischer oder konfessioneller Hinsicht zu begegnen" (Hansen & Spetsmann-Kunkel, 2008, S. 113). Welches sich trotz allgemeingültiger Schulpflicht und einem gemeinsamen Start in eine für alle geltende Grundschulzeit daraus ergibt, dass jede Grundschule ein festgestecktes, recht kleines Einzugsgebiet hat, aus welchem sie die schulpflichtigen Kinder rekrutiert. Durch diesen Mechanismus wird die soziale und ethnische Ausdifferenzierung von Wohnbereichen innerhalb von Wohnorten durch meistens relativ homogene Bevölkerungsgruppen (vgl. Hansen & Spetsmann-Kunkel, 2008, S. 113), sehr stark nachgezeichnet. Somit unterstützt das Prinzip des Einzugsgebiets als Rekrutierungsmittel auch das ursprüngliche Konzept der Segregation (vgl. Begriffsbestimmungen).

„Das deutsche Bildungswesen bewegt sich offenkundig in einem Teufelskreis. Die Selektion erzeugt das Problem, das sie lösen soll, indem sie schwächeren Schülern Bildungsmöglichkeiten entzieht. Ihre Leistungsschwäche wird zum Anlass für zusätzliche Selektion" (Lenhardt, 2002, S. 19, zitiert nach Deppe-Wolfinger, 2004, S. 27). Eine interessante

Konsequenz von Franz-Michael Konrad (2007) lautet wie folgt:

> „Auf Grund dessen, dass auch die internationalen Vergleichsstudien immer wieder hervorbringen, dass das gegliederte deutsche Schulwesen die Erwartungen nicht länger erfüllt, die man an das Schulwesen eines modernen Industriestaates stellen muss, meinen viele Fachleute: „So wichtig und sinnvoll die zahlreichen vorgeschlagenen Einzelmaßnahmen auch sind, die Einführung des international vorherrschenden integrierten Schulsystems wäre eigentlich die gebotenen Lösung. Dies zu fördern ist gegenwärtig aber unrealistisch. Niemand hat ein Interesse daran, die heftigen bildungspolitischen Grabenkämpfe der 1970er Jahre, zu denen es vermutlich kommen würde, wieder aufleben zu lassen. Bestenfalls kleinere Eingriffe, wie zum Beispiel eine Verlängerung der [in Deutschland vielerorts vierjähriger] Grundschulzeit um ein oder zwei Jahre sowie ein forcierter Ausbau des Ganztagsschulwesens, erscheinen auf absehbare Zukunft als machbar. Ansonsten wird Deutschland bis auf weiteres mit seinem international gesehen unterdurchschnittlich erfolgreichen Schulwesen, so wie es aus der Mitte der Klassengesellschaft des 19. Jahrhunderts heraus entstanden und damals (!) durchaus leistungsfähig gewesen ist, leben müssen" (2007, S. 124).

Eine weitere Form der Separation ist der geschlechtsdifferenzierte Unterricht. Die Entstehung der Koedukation, auf das Geschlecht und nicht, wie ursprünglich verstanden, auf die Hautfarbe bezogen, kann ebenso historisch betrachtet werden (siehe Konrad, 2007). Doch die Monoedukation, auch Se-edukation genannt, ist auch unter aktuellem Gesichtspunkt von Interesse: Wieder stehen

Debatten über die nach Geschlechtern getrennte Bildung und Erziehung zur Diskussion. Die Brockhaus-Enzyklopädie fasst unter dem Stichwort *Schule* es wie folgt zusammen, ohne jedoch auf Belege zu verweisen: „Die Koedukation, die die Chancengleichheit von Mädchen und Jungen im Bildungsbereich erreichen sollte, wird in letzter Zeit wieder in Frage gestellt, da sie nach neuesten Untersuchen Mädchen eher benachteiligt" (S. 551).Weiter heißt es unter dem Stichwort *Koedukation*: „Neuere Untersuchungen geben ein differenziertes Bild bis hin zu dem Urteil, daß die Kointruktion Mädchen eher benachteiligt: Sie lassen sich im Unterricht von Jungen zurückdrängen, ihre Beiträge werden von Mitschülern oft von vornherein als weniger gut eingestuft (Tests mit Stimmenvertauschung), und ihre Schullaufbahn verläuft in koedukativen Schulen z.T. schlechter als an Mädchenschulen, wo die Ermutigung, anspruchsvolle Kurse zu wählen, anscheinend größer ist. Prozentual werden an Mädchenschulen Fächer wie Mathematik, Chemie oder Geschichte/Politik häufiger gewählt und besser abgeschlossen. Es bestehen heute Überlegungen, im Rahmen der K. zumindestens phasenweise geschlechtshomogenen Unterricht einzuführen; Erfahrungen mit derartigem Computerunterricht waren sehr ermutigend" (136, Bd. 12). Es wird deutlich, dass bei diesen Überlegungen die optimale Bildungsmöglichkeit für Mädchen und Jungen im Vordergrund steht. Da es einige Monoedukation befürwortende Hinweise in verschiedenen Studien gab, stellt diese Diskussion eine Form der aktuellen Separationsdebatte dar. In einer neuseeländischen Längsschnittstudien zum Beispiel wird sich auf die Benachteiligung von Jungen gegenüber Mädchen innerhalb gemischter Klassen konzentriert und berichtet, dass dieser Effekt verschwindet, wenn Jungen und Mädchen getrennt unterrichtet werden (Fergusson & Horwood, 2008). In zwei Studien von Booth und Nolen aus dem Jahr 2009 wird der Schwerpunkt auf die weibliche Schülerschaft im Vergleich mit den Jungen gelegt. So untersuchten sie das Risikoverhalten von Mädchen in

Segregation

gemischten Klassen sowie in reinen Mädchenschulen und fanden heraus, dass Mädchen aus Mädchenschulen ähnlich risikofreudig wie Jungen ihres Alters sind. In gemischten Schulen sind die Mädchen signifikant zurückhaltender. Jedoch appellieren Booth und Nolen für die Koedukation, jedoch mit einem größeren Bewusstsein für Geschlechtsstereotype und deren negative Effekte. Sie möchten, dass diesem Aspekt eine größere Reflektion eingeräumt wird, um solche Auswirkungen geschlechtstypisierender Bilder zu vermeiden (vgl. [4] und [5]). Dem widerspricht Doris Bischof-Köhler (1990) aus ihrer psychobiologischen Perspektive heraus. Sie vertritt die These, dass Frauen Schwierigkeiten bei der beruflichen Karriere im Vergleich zu Männern nicht vorrangig wegen der traditionellen Geschlechtsrollensozialisation haben, sondern sich primär aus der anlagebedingt besseren Disponiertheit des Mannes zum Konkurrenzverhalten ergeben. Dies sieht sie in der unterschiedlichen parentalen Investition der Geschlechter begründet und zieht Parallelen zum tierischen Verhalten, erläutert die hormonellen Grundlagen und zieht paläanthropologische sowie entwicklungspsychologische Befunde heran.

Einen sehr umfassenden Überblick sowie die Gegenüberstellung der Vor- und Nachteile hinsichtlich der Koedukation stellt Andreas Hinz (1993, S. 285 ff.) in seinem Werk vor.

Ein stark emotional besetzter Diskussionspunkt ist an dieser Stelle die Pränataldiagnostik, mit der heutzutage jede Frau in Bezug auf ihr eigenes ungeborenes Kind schon zu Anbeginn ihrer Beziehung mit ihrem Kind seitens der Medizin konfrontiert wird. Die wichtigste Grundlage der heutigen Diagnostik von Genveränderungen mit den Methoden der Zytogenetik und Molekulargenetik haben ihren Ursprung in der wissenschaftlichen Biologie. Dabei ist zu bedenken, dass

---

[4] http://ftp.iza.org/dp4026.pdf
[5] http://ftp.iza.org/dp4027.pdf

biologische Denkbilder keine Wertungen enthalten. So erhalten unveränderte Gene den Namen Wildtyp und veränderte Gene werden als Mutationen bezeichnet. Der Wildtyp ist häufig, Mutationen sind selten. Jedoch kann keine Kategorisierung in richtig oder falsch, gesund oder krank stattfinden. Mutationen haben eine wichtige Funktion in der gesamten Evolution, sie gelten als Garanten der Lebensvielfalt. Die heute bekannten Begriffe wie *Gendefekt* oder *Chromosomen-Abberation* implizieren einen Werteaspekt, der auch mit einem gefährlichen Missbrauch von Wissenschaftsfortschritt einhergeht. Das Töten zugunsten gesellschaftlich Erwünschtem, bezeichnet Stengel-Rutkowski als „negative Eugenik", die nur verhindert werden kann, wenn die Humangenetik sich von der *Wissenschaft der Gendefekte* des Menschen und der Verhinderung dieser Defekte weg zu einer *Wissenschaft von der genetisch bedingten Vielfalt* des Menschen hin bewegt (vgl. 2004, S. 94 ff., zitiert nach vgl. Häberlein-Klumpner, 2009, S. 51).

Ebenso ist zu bedenken, dass die Medizin, als die Wissenschaft von der Krankheit und deren Behandlung ihren eigentlichen Auftrag in der Heilung sieht. Deshalb gehört zu ihrem Selbstverständnis die Unterscheidung von gesund und krank, wobei ganz simpel vorgegangen wird, in dem rein statistisch das Häufigste als normal gilt und das Seltene als krank und abweichend. Jedoch sollte heutzutage eine unreflektierte Übernahme der medizinischen Denkbilder in das Soziale überdacht werden.

Als in sich widersprüchlich erscheint der Kontrast zwischen dem Anspruch der Homogenität der Schülerschaft auf der einen und dem Verfahren der Separierung auf der anderen Seite. Mir ist bewusst, dass die Homogenisierung mit dem Mittel der Segregation versucht wird umzusetzen, doch von der inhaltlichen Bedeutung sind es doch sehr widersprüchliche Konzepte. Denn die Homogenität setzt ihren Fokus auf Gleichheit, die Segregation auf das Aussondern auf Grund von Verschiedenheit. Es ist für mich paradox, das eine (die Segregation) zu nutzen, um das Gegenteil (die Homogenität) damit zu ermöglichen. Dass die Verschiedenheit der Schüler als Problem gesehen wird, ist ebenso erstaunlich, wenn man sich um Homogenität als Ziel zu erreichen auf dem ganzen Weg dorthin eigentlich nur mit der Verschiedenheit der Schüler auseinandersetzt, um diese voneinander zu separieren. „Das deutsche Bildungssystem orientiert sich weitgehend an Prinzipien der Ökonomisierung, der Homogenisierung und der Separierung, wobei die beiden letztgenannten Vorgänge als komplementäre Prozesse gewertet werden müssen...[die Separierung] basiert auf historischen Entwürfen" (Thoma, in Vorbereitung, zitiert nach Häberlein-Klumpner, 2009, S. 12).

Jedoch kann die Separierung des deutschen dreigliedrigen Systems auch als Argument genutzt werden, um dem individuellen Schüler gerecht werden zu wollen. So wie es als Argument in der Diskussion zur Hamburger Schulreform (siehe 1.2) denkbar ist – eine möglichst frühe Separierung der Kinder, um ihnen möglichst früh gerechter zu werden und auf ihre individuellen Bedürfnisse und Fähigkeiten einzugehen. Jedoch ist in meinen Augen die Segregation in eine Gruppe unter dem Richtwert der Leistung kein hinreichendes Argument im Sinne der individuellen Förderung.

Diesen Eindruck scheint auch der Rat für Menschenrechte bekommen zu haben, nachdem dieser 2006 eine Schulinspektion in Deutschland durchführen ließ, „nachdem u. a. die internationale PISA-Studie bekannte gemacht hatte, dass das deutsche Schulsystem ungerecht sei" (Häberlein-Klumpner, 2009, S. 12). Daraufhin bestätigte der Sonderberichterstatter des Rates für Menschrechte „die Selektivität des Schulsystems und den Sonderweg der Bildung in Deutschland und forderte zu einer Strukturreform des Bildungswesens auf; er bittet die deutsche Regierung das mehrgliedrige Schulsystem wegen seiner Selektivität, welche diskriminierend sei, noch einmal zu überdenken. Neben der strukturell-organisatorischen Kritik, die er u.a. in 107 Punkten anführte, bezeichnete er den Umgang mit sonderpädagogischem Förderbedarf als ‚eine Politik der Absonderung', da die meisten behinderten Kinder eine Sonderschule besuchen müssten und darin eine deutsche Haltung gegenüber den Kindern zu erkennen sei, die ‚Defizite und nicht das Potential betonen'" (Kahl, 2007, zitiert nach Häberlein-Klumpner, S. 12).

Doch kann dies auch als Problem innerhalb der Gesellschaft erfasst werden. Reichmann-Rohr beschreibt es als Problem der Ökonomisierung des Sozialen: „Behinderte Menschen verfügen in diesen Gewinn- und Leistungssystemen zumeist über eine geringe(re), oftmals über keinerlei Verwendbarkeit ihrer Arbeitskraft. Dieser ökonomische Tatbestand […] wird in sämtliche Verhältnisse hineingenommen, in Einrichtungen, Organisationen, Verbände, Schulen u.s.w" (2001, S. 34, zitiert nach Häberlein-Klumpner, 2009, S. 31 f.; weiteres dazu siehe Anhang D). Somit beschreibt er einen offensichtlichen wirtschaftlich und individuell relevanten Aspekt, die Arbeitskraft, die er als absolut defizitär betrachtet. Es ist für das Selbstwertgefühl des Menschen in unserer Gesellschaft wichtig und oftmals auch ein finanzieller Aspekt, einen Arbeitsplatz zu haben. Doch Reichmann-Rohr (vgl. 2001, zitiert nach Häberlein-Klumpner, S. 31 ff.), beschreibt diesen Sachverhalt für mein Dafürhalten im Sinne des Humankapitals, welches jeder mit sich trägt und als attraktiv für den Arbeitsmarkt verkaufen muss, wodurch oftmals ein starker Druck entsteht. Ist es vielleicht aber möglich, durch eine ressourcenorientierte Entwicklung des Einzelnen individuelle Potentiale zu schaffen, die als Teil der Gesellschaft wirken und geschätzt werden können? Somit erfährt jeder Mensch eine Wertschätzung der eigenen Fähigkeiten und kann seine Begabungen nach seinen Möglichkeiten bereitstellen, was wiederum positiv bestärkend und wertschätzend wirken kann.

Segregation

Eine wieder einmal auch historische Ursache in dem derzeitigen Schulsystem liegt in der Verwaltungsorganisation, die frei von jeglicher Pädagogik und Didaktik ist, doch welche die Lernorganisation in der Schule vor gibt: „Verschiedene kritische Untersuchungen der letzten Jahre haben gezeigt, dass bestimmte Züge der uns vertrauten Lernorganisation wie etwa der Jahrgangsklassen und die Schulnoten historisch und sachlich den Bedürfnissen und Normen einer die Schulen beaufsichtigenden und verwaltenden Organisation entsprungen sind – keineswegs der Analyse von Lernzielen und optimalen zielführenden Lernbedingungen" (Rumpf, 1980, S. 620, zitiert nach Häberlein-Klumpner, 2009, S. 33).

Einen ähnlich interessanten Ansatz, übertragen auf die Unterrichtsmethodik der Allgemeinbildenden Schulen, verfolgt Weinberger, der in seinem Buch verdeutlicht, dass Wissen in unserer Gesellschaft vom Grundprinzip ein sozialer Akt ist, da Wissen häufig ein Dialog ist, im verbalen, schriftlichen oder virtuellen Kontext. Er verdeutlicht den Kontrast mit der schulischen Prüfungssituation: „Der Bildungsprozess ist [...] Jahr für Jahr auf diese Augenblicke hin ausgerichtet, wenn die Schüler laut Gesetz jeder für sich dasitzen und Fragen auf einem Blatt Papier beantworten müssen" (2008, S. 173). Weinberger verurteilt, dass in dem schulischen Ablauf Wissen als Soloaktivität abgefragt wird, als sei Wissen etwas, was ausschließlich in den Köpfen passieren würde. Er ist jedoch überzeugt, dass das Kennzeichen dieses abgefragten Wissens lediglich die Fähigkeit ist, „auf einem Blatt Papier die richtigen Antworten zu geben. Unsozialer kann Wissen gar nicht sein. Unter den Bedingungen dieser Prüfungen bezeichnen wir Wissen, das sozial ist, sogar als Betrug oder Täuschung" (S. 173). Daraus schlussfolgert er den Missstand: „Die Kluft zwischen der offiziellen staatlichen Auffassung von der Bildung und der [sozialen] Art, auf die unsere Kinder tatsächlich lernen, kann gar nicht mehr viel tiefer werden" (S. 173). Ein Lösungsvorschlag um diesen Kontrast im Sinne des Schülers aufzuheben, wäre die Anwendung des unter 2.1.4.5.8 beschriebenen Portfolios, welches auch in der inklusiven Pädagogik Verwendung findet.

Wie in den historischen Erläuterungen der vorliegenden Arbeit deutlich wird, gibt es in Deutschland eine besonders tief verwurzelte Tendenz, Ähnliches gleichzusetzen und einander zuzusortieren und auf der anderen Seite Ungleiches zu separieren, wegzuräumen. Im moderneren Fall wird das, in festgelegte Grenzen kategorisierte, Ungleiche *hinzu*-integriert, wodurch die Betonung der Unterschiedlichkeit noch unterstützt wird. Unterschiede werden also hierarchisch klassifiziert und zusammengefasst, wodurch sie in der Vorstellung oft mit einer Skala von *besser* bis *schlechter* assoziiert werden. Dieser Vorstellung wird zudem noch organisatorisch durch Zuordnungssysteme entsprochen. So ist es auch im Schulsystem wahrzunehmen. Andreas Hinz (2006) beschreibt es als „eklatante Tendenz zum permanenten schulischen ‚Aufräumen' bei Inhalten und Methoden […], auch die sprichwörtliche besondere deutsche Ordentlichkeit – schon das gegliederte deutsche Schulwesen an sich ist international gesehen strukturell extrem aufgeräumt" (S. 10). Auch bei teilweise angereicherten, eher unaufgeräumt erscheinenden und doch auf Gemeinsamkeit angelegten Strukturen wie bei der Integration kann dieser geschilderte Eindruck entstehen. Wenn auch dabei „die bunte Kindervielfalt säuberlich als Kinder ohne und mit sonderpädagogischem Förderbedarf und letztere nochmals nach sonderpädagogischen Förderschwerpunkten mit je unterschiedlichen Curricula, wenn Kinder mit und ohne Migrationshintergrund oder Jungen und Mädchen als jeweils eindeutig abgrenzbare Gruppen konstruiert, sortiert und aufgeräumt werden" (Hinz, 2006, S. 10).

Was den Eindruck einer treffenden Satire erweckt, aber ein Beispiel für eine Verfremdung sein soll, stellt Konrad Krainer wie folgt zusammengefasst dar: „Schulen können als Betriebe aufgefasst werden, deren Hauptaufgabe darin besteht,

(Schüler-)Material zu veredeln. Diese Veredlung bedeutet einen langjährigen Bearbeitungsprozeß, der hauptsächlich durch systematisches Abwechseln von 50 Minuten-Spezialbehandlungen gekennzeichnet ist. Die Bearbeitung erfolgt unter ständiger Qualitätsbeobachtung und Prüfung und schließt mit einem Gütesiegel ab, der – je nach Art des Unternehmens – für eine bestimmte Weiterbehandlung in einem Spezialbetrieb qualifiziert" (1991, S. 61 f., zitiert nach Häberlein-Klumpner, 2009, S. 32).

Nachdem das Segregationskonzept dargestellt und diskutiert wurde, wird im Folgenden das Integrationsmodell erläutert. Für die Entwicklungsgeschichte des Segregationsmodells war die Entstehung der Schule von Bedeutung, ähnlich ist für den Integrationsansatz die Herausbildung der verschiedenen Unterrichtsmethoden von entscheidender Relevanz.

2. INTEGRATION

*„Demokratisierung ist immer ein Integrationsprozeß. [...]
Deshalb kann Integration nicht als Problem verstanden
werden, dessen Für und Wider diskutiert werden sollte,
sondern sie ist eine Aufgabe, die den Menschen in einer
demokratischen Gesellschaft aufgegeben ist"*
(Muth, 1988, S. 14 ff., zitiert nach Deppe-Wolfinger,
1993, S. 13)

„Im Amerikanischen war und ist ‚integration' kein fachsprachlicher Begriff, sondern ein Wort aus der Alltagssprache. Anders im Deutschen: Das Fremdwort Integration war nie ein Ausdruck der Alltagssprache, und als es in die sonderpädagogische Fachsprache eingeführt wurde - hauptsächlich durch die behindertenpädagogische Empfehlung des Deutschen Bildungsrates von 1973 -, bezeichnete es von Anfang an ein bestimmtes fachliches Konzept. Bezogen auf das Schulalter meint es das gemeinsame Lernen und Leben nichtbehinderter und behinderter Kinder und Jugendlicher in Regelschulklassen, erforderlichenfalls mit fachlicher Unterstützung" (Sander, 2002, S. 3).

Da der gesellschaftlich-historische Umgang mit marginalisierten Personen von entscheidender Bedeutung war für die Entwicklung hin zur Inklusion, wird im Punkt 3.1 darauf immer wider eingegangen und es in den Geschichtsverlauf eingebettet. Die Geschichte der Heilpädagogik wird meist anhand einer traditionellen Aufteilung von Behinderungen oder als Geschichte der sonderpädagogischen Fachrichtungen dargestellt. Dieses kann in erwähnter Form auch bei Andreas Möckels (2007) „Geschichte der Heilpädagogik" vorgefunden und nachvollzogen werden. Anhand dessen ist auch die aktuelle Kategorienbildung von Behinderungen verständlicher, die immer noch für das derzeitige deutsche Förderschulwesen kennzeichnend ist. Doch davon soll in dieser Arbeit Abstand

Integration

genommen werden, weil es mir als überholt erscheint und nur im historischen Kontext rechtfertigbar.

Im Punkt 1.1 wurden auszugsweise die historischen Schulformen hinsichtlich ihrer Unterrichtsmethodik dargestellt. Dies soll im Folgenden in konzentrierter Form vertieft werden, da die Entwicklung innerhalb der Schule vom Frontalunterricht über *Differenzierung* hin zum *Individualisierungskonzept* von Bedeutung ist für die Schüler/innen innerhalb ihrer Schule mit einem jeweiligen Pädagogikkonzept. Schließlich unterscheidet sich die Methodik in Abhängigkeit des pädagogisch verfolgten Modells.

2.1 *Unterrichtsmethoden im Verlaufe der Zeit*

Beim Darstellen der Entwicklung der Schule sind hinsichtlich der Unterrichtsformen unterschiedliche Verläufe der Praxis und der Theorie zu vermerken. Deshalb ist vorauszuschicken, dass beim Nachzeichnen der Geschichte des Unterrichts auch zwischen Theorie und Praxis zu unterschieden ist. Anzunehmen ist, dass die ersten Formen des unterrichtsmethodischen Handelns im praktischen Sinne auch schon in den ersten Formen von Unterricht, sprich im Einzelunterricht in der Antike, auftraten. Denn die Beziehung zwischen Meister und Schüler bringt sachlogisch eine Form der Interaktion mit sich, die natürlich auch im Kontext des Vermittelns von Wissen und Inhalten stattfindet. Da dies nicht sehr trennscharfe Begrifflichkeiten sind, könnte man spekulieren, ob das Weitergeben von Wissen nicht immer auch eine *Unterrichtssituation* darstellen könnte, wenn auch nur im Kreis der Weitergabe von Mythen oder dem Dialog zwischen Vorfahre und Nachfahren. Jedoch bleibt die Arbeit im Rahmen der Schule, wie sie historisch zuvor dargestellt wurde.

Um der Unterrichtsmethode trotz dieser Anlehnung einen etwas trennschärferen definierten Raum zu geben, soll zum einen die von Meyer formulierte Definition vorgestellt werden: „Unterrichtsmethoden sind die Formen und Verfahren, in und mit denen sich Lehrer und Schüler die sie umgebende natürliche und gesellschaftliche Wirklichkeit unter institutionellen Rahmenbedingungen aneignen" (1994, S. 45, zitiert nach Schulz, 2003, S. 97). Zum andern kann der Begriff *Unterrichtsmethode* enger gefasst werden mit Klafkis Aussage, dass Unterrichtsmethoden Maßnahmen sind, durch die die Lernenden planmäßig und zielgerichtet im Unterricht beeinflusst werden (1975, S. 129, zitiert nach vgl. Schulz, S. 97).

Dass sich derzeit viel im Bereich der Unterrichsmethoden verändert hat, fasst Ursula Carle (2001) prägnant zusammen: „In den letzten Jahren ist ein Ausdifferenzierungsprozess zu beobachten, der wegführt von umfassenden didaktischen Modellen und hinführt zu einer Ausarbeitung von Gestaltungsbausteinen für einen individualisierten Unterricht" (S. 16). Dies kann auch anhand folgender Darstellungen gezeigt werden, welche in der Antike beginnen und mit aktuellen Tendenzen, wie sie Carle ankündigt, schließen.

2.1.1 Unterrichtsmethoden in der Griechische Antike

Weshalb zu Beginn die Sophisten genannt werden sollen, womit parallel zu den anderen historischen Streifzügen in dieser Arbeit auch hinsichtlich der Unterrichtsmethodik in der Antike gestartet wird. Die Sophisten versuchten ihre Lehren in ausgefeilten Reden mit methodischem Geschick an ihre Schüler sowie an ein breites Publikum zu vermitteln. Doch schon zu dieser Zeit bildeten Sokrates und sein Schüler Platon einen Gegenstrom zum klassischen vorgefertigtem Entwurf eines Gedankengebäudes. Die Suche nach der Wahrheit in Form eines Gesprächs zeichnete die sokratische Methode aus, „keine akroamatische [der Unterrichtende trägt vor und der Unterrichtete hört zu], vorgetragene Methode –

Integration 93

wie die der Sophisten -, sondern eine erotematische [der Unterrichtende fragt und der Unterrichtete antwortet]" (Reichert, 1990, S. 111, zitiert nach Scholz, 2005, S. 85), frageunterrichtliche Methode. „Unter den erotematischen Methoden stellt die sokratische insofern eine Besonderheit dar, als es sich um ein heuristisches Verfahren handelt, bei dem die Einsicht selbst gefunden werden soll" (Reichert, S. 111, zitiert nach Scholz, S. 125) und der Lehrer unterstützende Hilfestellung leistet. Schon Sokrates und Platon waren der Auffassung, dass Lehrer und Schüler gleichwertige Partner im Dialog sein sollten (vgl. Scholz, S. 86), wobei ich die Gleichwertigkeit in Frage stellen möchte, da Sokrates sich in Form der Lehrerposition berufen sah, die ihn umgebenden Menschen zu befragen und sich allein durch seine Handlung in eine damals außergewöhnliche Lage versetzte, die, meiner Meinung nach, nicht mit der des zufällig vorbeigehenden Menschen gleichgesetzt werden kann. Aber sicher versuchte er, dieses im Gespräch wieder zu relativieren, in dem er Fragen und Antworten formulierte, um seinen Gesprächspartner zu motivieren ebenso Fragen und Antworten zu finden. Trotzdem bleibt er in meinen Augen der Initiator und Motivator des Dialogs.

2.1.2 Unterrichtsmethoden im Mittelalter

Das katechetische Lehrverfahren lässt sich zwar bis in das frühe Christentum zurückverfolgen, war aber nicht von Anbeginn als solches angelegt. Die im Mittelalter (ca. 500-1500) einsetzende Entwicklung des Katechismus, ist vor dem Hintergrund der universitären Lehrformen und der mit diesen korrespondierenden Literaturformen zu sehen – gefasst unter Lectio, Quaestio und Disputatio. „Katechese bezeichnet ursprünglich die Vorbereitung der Taufbewerber und umfasst sowohl den Unterricht in der christlichen Lehre wie die Erziehung zum christlichen Leben" (Brügel, 1913, zitiert nach

Scholz, 2005, S. 92) und die übliche Unterrichtsform dürfte die akroamatische, also der Lehrervortrag, gewesen sein. Doch bald erhielt die Frage, vorerst als Prüfungsfrage, später auch in anderer Form, Einzug in die Unterrichtsmethodik des Mittelalters. Dabei wurden die Schwerpunkte auf das Zwiegespräch (Fragen wurden dem Schüler in den Mund gelegt) und auf den Beichtunterricht (unter zu Hilfenahme des Frageverfahrens) gelegt (vgl. Scholz).

2.1.3 Unterrichtsmethoden in der Neuzeit

Günter Scholz (2005) jedoch sieht den Anfang der von Hausmann betitelten „Geschichte der didaktischen Methodenlehre" (1959, S. 33, zitiert nach Scholz, S. 17) „offensichtlich erst im 17. Jahrhundert – mit W. Ratke und J.A. Comenius" (Scholz, S. 17). Denn laut Hausmann galt „seit dem Bemühen der Didaktiker des 17. Jahrhunderts […] die Methodenlehre als integrierender Bestandteil der Didaktik, die bis dahin fast ausschließlich Lehre von den Bildungsinhalten gewesen war". Im Laufe ihrer Geschichte wurde das Verständnis der Unterrichtsmethodik selbst zur Kernfrage, ob sie etwas Allgemeingültiges, Individuelles oder Sachspezifisches sei. Ebenso positionierte man sich über die verwendete Form der Methodik. Das dadurch vermittelte Schüler-Lehrer-Verhältnis war geprägt durch die jeweilige Zeit und Gesellschaft. So wie schon zuvor angedeutet, bestand offenbar ein Zusammenhang zwischen vorherrschendem Arbeitsmarkt und der benötigten Unterrichtsmethodik. Demnach war der Frontalunterricht sehr effektiv zur Ausbildung der Fachkräfte in den Fabriken zur Zeit der Industrialisierung. Und der Übergang zur Dienstleistungsgesellschaft machte eine Suche nach individualisierten und trotzdem teamfähigen Auszubildenden notwendig. „Seit dem Beginn der Reformbewegung in der Schule gehörte … gerade die Theorie der Unterrichtsmethode

Integration

zu den heikelsten Gegenständen der Didaktik. Zwar verloren die formalistisch-systemischen Regellehren für die Methode des schulischen Unterrichts in dem Maße an Bedeutung, in dem die Reformrichtungen an Einfluß gewannen und dem doktrinären Herbartianismus [Herbartianismus der Kaiserzeit steht für Schematismus für alle Fächer und Lehrinhalte ohne Rücksicht auf den Schüler, laut Ascherslebenen (1999, S. 7),] das Feld streitig machten. Soweit diese Reform die Methode im engeren Sinne betrafen, erschöpften sie sich aber in der Erprobung persönlicher Einfälle oder in der Stilisierung mehr oder weniger zufälliger Erfahrungen" (Hausmann, S. 33 ff., zitiert nach Scholz, S. 17 f.).

Günter Scholz stimmt Vogel zu, dass Comenius „sozusagen als Erfinder der Darbietung resp. – hier zutreffender – des Frontalunterrichts [gilt], behauptet er doch, ‚dass er ein *Verfahren* entwickelt habe, das es ermögliche, nicht nur zwei oder mehrere, sondern 30, 50, ja 100 Schüler durch einen Lehrer zur gleichen Zeit zu unterrichten'" (Vogel, 1975, S. 9, zitiert nach Scholz, S. 58 f.). Jedoch ist Karl Aschersleben (1999) darüber, dass Comenius der Erfinder des Frontalunterrichts sei, entgegengesetzter Meinung, da er diese Behauptung eindeutig als *falsch* deklariert, mit dem Hinweis, dass Comenius sich nur zum Lehrervortrag geäußert habe. In Comenius pädagogischen Schriften sind nicht so sehr methodische, sondern insbesondere erziehungsprogrammatische Überlegungen von Bedeutung. „Das heißt, dass Ziele und Inhalte vorrangig sind und dass erst danach methodische Überlegungen eine Rolle spielen. Diese haben sich nachzuordnen" (Aschersleben, 1999). Dies ist wohl auch Aschersleben Begründung dafür, dass Comenius nicht als Begründer des Frontalunterrichts gesehen werden kann. Er belegt seine Aussage mit Comenius Worten aus der didactica magna: "Es mögen also in den Schulen nicht bloß die Wissenschaften, sondern auch Sittlichkeit und Frömmigkeit gelehrt werden. Die wissenschaftliche Bildung aber verfeinere den Verstand, die Sprache, die Hand des Menschen, um alles

Nützliche mit Vernunft zu betrachten, auszusprechen, zu verrichten" (S. 129). Wie im Anhang B nachgelesen werden kann, nutzen Aschersleben (fett gedruckte Textauszüge) und Scholz (kursiv gedruckte Textauszüge) unterschiedliche Textpassagen der didactica magna, als Beleg ihrer entgegengesetzten Thesen. Denn im direkten Anschluss an die Zitationen Scholzes interpretiert dieser sehr resolut: „Dass es sich hier um Frontalunterricht pur handelt, steht außer Frage" (Scholz, S. 60).

Aschersleben ist insofern zuzustimmen, als dass sich Comenius verstärkt auf den Lehrervortrag konzentriert hat. Wie jedoch Scholz (2005) es nach seiner resoluten Interpretation erläuternd formuliert: „Gleichwohl fehlt es nicht an Hinweisen auf ein schülermäßiges Vorgehen. So gilt es etwa, die Aufmerksamkeit der Schüler zu wecken und zu erhalten und für das Verstehen und Behalten gleichermaßen Sorge zu tragen" (S. 60), es kann der Lehrervortrag sowie parallel dazu der Frontalunterricht beschrieben werden. Und ich denke, dass man in Comenius einen bedeutenden, zu erst populär gewordenen Vertreter der Theoretiker hinsichtlich dieser Unterrichtmethodik sehen kann.

Aschersleben sieht Herbart als Begründer des Frontalunterrichts: „Es ist jedoch durchaus gerechtfertigt, das Zeitalter der Aufklärung, und zwar die letzten Jahrzehnte des 18. Jahrhunderts, als Beginn des methodischen Denkens anzusetzen, das in der Unterrichtspraxis akzeptiert und von Herbart als erstem systematisiert wurde" (Aschersleben, 1985, S. 9).

Ich sehe jeden Praktiker und Vertreter als in seiner Zeit verwurzelt an und finde es schwierig, die damaligen Lehren eindeutig auf die heutigen zu transferieren. Weshalb Comenius eine für seine Zeit und seinen Wirkungsbereich prägende Unterrichtsform begründet und ausformuliert hat, ebenso wie Herbart innerhalb seines Wirkungsfeldes. Denn wie man bei Aschersleben (1984) nachlesen kann, hatte auch Herbart und die ihm nachfolgenden Herbatianer genaue

Integration

Vorstellung vom lehrerzentrierten Unterricht. Aber wie Aschersleben selber formuliert: „Doch ist der geschichtlichen Wahrheit wegen darauf hinzuweisen, dass [Herbart] nicht als der Entdecker dieser heute so umstrittenen Unterrichtsmethode [, dem Frontalunterricht,] gelten kann" (1984, S. 10).

Hinsichtlich der übersetzten Bedeutung stand „frontal" schon früher für „vorn, an der Stirnseite befindlich, von vorn her" (Aschersleben, 1999, S. 2). Unterricht steht seit dem 16. Jahrhundert wortgeschichtlich für Belehren, Bescheid geben, Benachrichtigen, Mitteilen ebenso wie für regelmäßige Unterweisung von Lernenden oder durch einen Lehrenden, meist als schulmäßige Belehrung. Bei der Zusammensetzung entsteht somit „von vorn aus einen oder eine Gruppe von Lernenden belehren" (Pfeifer, Etymologisches Wörterbuch des Deutschen, 1997, zitiert nach Aschersleben, 1999, S. 3).

Frontalunterricht kann einerseits als Sozialform des Unterrichts und andererseits als Aktionsform definiert werden. Als Sozialform des „Klassenunterrichts" (Aschersleben, 1999, S. 7) „haben es alle Schüler der Klasse [...] mit dem gleichen gegenständlichen Lernziel und zugleich mit allen Mitschülern zu tun" (Hausmann, 1959, S. 33 ff.). In der Kreissituation gibt es ähnliche Voraussetzungen, jedoch wird das Gespräch der Schüler untereinander erleichtert. Die Aktionsformen bilden zum einen die *Darbietung*, auch als Lehrervortrag [oder Schülervortrag] zu verstehen, und zum anderen der *Frageunterricht*, auch als fragend-entwickelnder Unterricht zu definieren (vgl. Scholz, 2005, S. 39 f.), wobei angemerkt werden kann, dass die Lehrperson als auch die Schüler/innen die Fragen stellen könnten.

Im historischen Prozess hatte der Frontalunterricht im wesentlichen die schon erläuterte fortschrittliche Funktion der Bildung der breiten Bevölkerung, aber andererseits erleichterte er auch eine restaurative, politische Indoktrination, welche mit folgenden Auswirkungen des Frontalunterrichts, meiner Meinung nach stark im Zusammenhang stehen. Jedoch hat der Frontalunterricht, laut Schulz, die „letztere Funktion, die der direkten politischen Manipulation, [...] heute weitgehend verloren" (2003, S. 118), was unter Bezugnahme der nachfolgenden Bewertungen von mir in Frage gestellt wird. Ich stimme eher den Beobachtungen Bönschs zu, denn diese „bestätigen immer wieder die alte Vermutung, dass Unterricht als institutionalisierte Lehre überwiegend darin besteht, 1. eine Aufforderung zur Übernahme unbefragbaren, scheinbar sicheren, systematisieren, d.h. von konkreten Lebensbezügen relativ entfernten Wissens zu sein, 2. eine intensiv genutzte Möglichkeit zu sein, Urteile, Anschauungen, Wertvorstellungen mechanisch, blind, nicht hinterfragend zu vermitteln" (2000, S. 48).

Welche sozialerzieherischen Auswirkungen Frontalunterricht haben kann, monieren R. & A. M. Tausch mit folgender Aussage: „Minimaler sozialer Kontakt mit anderen Klassenmitgliedern während des Unterrichts – Keine soziale Kooperation und Arbeitsweise mit andern Schülern oder mit einem Team – Seltene Verhaltenskorrekturen durch Feed-back seitens der Klassenmitglieder – Keine Gruppendiskussionen und Gruppenentscheidungen – Häufiges führerzentriertes und z. T. gleichzeitig egozentrisches Verhalten – Submissives oder opponierendes Verhalten gegenüber dem Lehrer" (1971, S. 240, zitiert nach Scholz, 2005, S. 73). Gaudig kritisiert hauptsächlich die fehlende Anschaulichkeit und unterdrückte Selbstständigkeit.

Weitere Auswirkungen des Frontalunterrichts werden bei Meyer und Okon (1984, S. 21, zitiert nach Scholz, 2005, S. 42) dargestellt:

> „In jedem Falle schwächt ein solcher Unterricht beim einzelnen die Fähigkeit zu einer sozialen Verbundenheit mit dem Mitmenschen. Er entwickelt Machtbeziehungen, aber keine Sozialkräfte. Da er jedoch jedes selbstständige Denken und Handeln anlockt, gemeinsames Lernen und Problemdenken verhindert, verschärft er den Zwiespalt im Charakter,

gegen die Stimmen der Vernunft und der inneren moralischen Überzeugungen zu handeln. Da das Denken nur im vorher festgelegten Rahmen abzulaufen hat, kritisches Nach-Denken kaum möglich ist, wird oft die Einsicht in das rechte Handeln nicht mehr befolgt, Überzeugung und Handeln nach dieser Überzeugung werden aus ihrer moralischen Einheit getrennt und in ihre Gegensätze aufgelöst. [...] Untertanen und Untertanengesinnung, Gefolgsleute und Mitläufer sind das Ergebnis".

Ebenso wird die autoritäre Haltung beim Lehrer verstärkt, neben dem, dass er, wie eben geschildert, die sozialerzieherischen Gesichtspunkte im Unterricht vernachlässigt, dass er der Individualität des Schülers nur unzureichend gerecht wird und dass der Schüler vorwiegend rezeptiv lernt (vgl. Aschersleben, 1987, S. 30, zitiert nach Scholz). Es sollte angemerkt werden, dass Ernst Meyer 1984 „einer der konsequentesten und prominentesten Programmatiker des Gruppenunterrichts [war], jener Unterrichtsmethode, die in der didaktischen Theorie als die *beste* Unterrichtsmethode galt und weiterhin gilt" (Aschersleben, 1985). Weiteres zum Frontalunterricht kann unter Abschnitt 2.1.4.4 nachgelesn werden.

Als weitere Etappe der Unterrichtsmethodik hat Christian Gotthilf Salzmann (1744 – 1811) in seinem 1806 erschienen *Ameisenbüchlein* den *Plan zur Erziehung der Erzieher* in elf Grundsätzen dargelegt, in dem es ihm um die Ausrichtung auf das Kind ging. Die Erzieher/innen sollten sich um Erfahrungen im direkten Umgang mit Kindern bemühen, anstatt nur über Erziehung zu lesen (vgl. Scholz, 2005 ff., S. 60; Link, 2005, S. 15 ff.). Ähnlich klassisch mit individueller Schwerpunktsetzung waren zum Beispiel Friedrich Eberhard von Rochow (1734-1805), Johann Heinrich Pestalozzi (1746–1827), Johann Friedrich Herbart (1776–1841), Friedrich Adolph Wilhelm Diesterweg (1790-1866) und Helene Lange

(1848-1930), deren Spezifika z. B. bei Link (2005) und Aschersleben (1999) nachgelesen werden können.

2.1.4 Variable Lernwege in der Moderne und Postmoderne

Da sich bis zu den Anfängen der Reformpädagogen im Grundsatz nichts änderte, da sich die Schülerdarbietung im *Verhören* durch den Lehrer, das heißt im *Abhören* des Auswendiglernen erschöpfte (vgl. Scholz, 2005, S. 63), galt es ihnen, dass dies reformiert wurde und zum Beispiel Peter Petersen (siehe 1.1.5 & 3.1.2) in seinem Jena-Plan neue Formen der Unterrichtsmethodik (hier ein *gruppenunterrichtliches Verfahren*) entwickelte und punktuell auch etablierte. Ebenso Paul Geheeb (1870-1961) und viele weitere Reformpädagogen, wovon einige auch innerhalb dieser Arbeit noch genannt werden.

Die Reformpädagogen leiteten mit ihren experimentellen Schulformen und Unterrichtsmethoden eine bis heute währende Epoche ein, die auf neuere komplementäre Konzepte für erfolgreichen Unterricht setzt.

2.1.4.1 Adaptiver Unterricht

Der Adaptive Unterricht geht davon aus, dass der Unterricht an den Lernvoraussetzungen der Schüler anzusetzen hat. Daher steht adaptiver Unterricht für die Schaffung einer möglichst optimalen Lernumwelt für jeden Schüler. Dafür wird das ATI-Konzept (Aptitude-Treatment-Interaction, vgl. Bönsch, 2000) als Grundlage verwendet, welches für die Wechselwirkungen zwischen Schülermerkmalen und Unterrichtsmethoden steht. Ebenso wird das Mastery-Learning-Konzept, auch aus den USA stammend, für zielerreichendes Lernen verwendet. Es wird der Frage

Integration

nachgegangen, welche Lernzeit und –hilfen (personale und mediale) ein Schüler mit seinen ganz spezifischen Lernvoraussetzungen (allgemeine Intelligenz, Begabung für bestimmte Lernarten, Ausdauer) benötigt, um die gesetzten Lernziele erreichen zu können. Das Optimum läge bei 80-85 % aller Schüler/innen, welche die gesetzten Grundlernziele erreichen sollten (vgl. Bönsch, S. 39). „Somit erweist sich adaptiver Unterricht als eine schulpädagogische Herausforderung, die bildungspolitisch Chancengerechtigkeit, lerntheoretisch Optimierung des Lernerfolgs und didaktisch-methodisch eine höchst artifizielle und differenzierte Unterrichtsstruktur verheißt oder fordert, je nach Einstellung dazu" (Bönsch, S. 39).

2.1.4.2 Kommunikativer und offener Unterricht

Hierbei geht es ebenso darum, von der Vermittlungsdidaktik weg und zu einer Didaktik des Lernarrangements hinführen zu wollen, welches die Lehrer-Schüler-Beziehung und das zentrale Problem der Identifizierung mit Lerninhalten und -anforderungen neu bestimmt. Eine neue Form der Didaktik stellt der *Kommunikative* - und *Offene Unterricht* (vgl. Bönsch, 2000) dar.

„Kommunikativer Unterricht ist bestimmt durch die Absicht des Lehrers, mit den Schülern eine Lerngemeinschaft auf Zeit zu etablieren, in der unter dem emanzipatorischen Erziehungsinteresse symmetrische Kommunikation realisiert werden soll" (Bönsch, S. 49 f.). Somit wird der Lehrer ebenso wie der Schüler in die Lage versetzt, eigene Absichten, Bedürfnisse, Interessen und Kompetenzen einzubringen und ebenso die einzuhaltenden Normen, Spielregeln, einzugehenden Verpflichtungen und zu übernehmenden Aufgaben mitzubestimmen (vgl. Bönsch, S. 50).

Offener Unterricht, auch *Offene Curricula* genannt, ist flexibel im Umgang mit Inhalten, die es zu transferieren oder zu erarbeiten gilt. Es liegt nahe, dass kommunikativer und offener Unterricht sich gegenseitig bedingen, da es nicht möglich ist, eines davon durchzuführen und dabei das anderen zu vernachlässigen oder abzulehnen.

Weiterhin ist die Gruppenarbeit, wie oben bei Aschersleben (1985) erwähnt, als jeher beste Unterrichtsmethode benannt und von Peter Petersen fokussiert, von großer Bedeutung.

2.1.4.3 Differenzierende Verfahren schulischen Unterrichts

Dass das Lehren in einer Klasse sehr komplex ist, wird daran deutlich, dass zum Problem der Passung (Lernanforderungen mit den Lernmöglichkeiten in ein lernanregendes Verhältnis zu bringen), welches auch beim Hauslehrerprinzip vorhanden wäre, auch das Problem der Differenzierung hinzukommt. Denn die Lerninteressen, die Leistungsmöglichkeiten wie die sozialen Beziehungen vor dem Hintergrund recht unterschiedlicher außerschulischer Lebensbedingungen eines jeden Schülers bilden ein vielschichtiges Gefüge, auf das mit pauschal konzipiertem Unterricht nicht reagiert werden kann um für jeden Lernenden optimale Lernchancen herzustellen (vgl. Bönsch, 2000, S. 149). „Differenzierung ist also eine Notwendigkeit bei jeder Art von Klassenunterricht!" (Bönsch, S. 149).

„Unter Differenzierung ist ein Bündel von Maßnahmen zu verstehen, das die Organisation von Lernprozessen so zu bestimmen sucht, dass jedem Lernenden optimale Chancen eröffnet werden und gleichzeitig die Ansprüche und Standards in fachlicher, institutioneller und gesellschaftlicher Hinsicht gewahrt werden können" (Bönsch, S. 149 f.).

Integration

2.1.4.3.1 Mögliche Kategoriserungssysteme

Hinsichtlich der Differenzierungskriterien gibt es verschiedene Ebenen. Zum einen können sie von Seiten des Lernenden sowie bezüglich der Schule gesetzt werden. Der Lernende kann theoretisch nach Leistung, Begabung, Interesse, Alter, Geschlecht oder Religionszugehörigkeit differenziert werden. Die Institution „Schule" könnte nach Anforderungsniveau, Lehrperson, Methodenkompetenz, Medieneinsatz unterschieden werden. Aus einer anderen Perspektive können auch Schulsystemdifferenzierung (Schularten), Schuldifferenzierung (Spezialisierungen der Schulen) und Unterrichtsdifferenzierung (Differenzierungskriterien im Unterricht, also Sport nach Geschlechtern getrennt, Religionsunterricht nach Konfessionen, Kurse nach Leistung) kategorisiert werden (vgl. Bönsch, 2000, S. 149 ff.).

Da sich das derzeitige staatliche Schulsystem an Leistung orientiert, soll auf diese kurz gesondert eingegangen werden, sowie auf die Alternative: dem Interesse. Und abschließend dazu wird das Problem der Passung als innere Differenzierung, auch Binnendifferenzierung genannt, besprochen.

2.1.4.3.2 Leistungsdifferenzierung

Leistung kann als allgemeine Schulleistung sowie als fachspezifische Leistung verstanden werden. Mit ihr sind die Art und Weise ebenso das Resultat der Bemühungen des Schülers auf die schulischen Forderungen zu reagieren, gemeint. Leistungsdifferenzierung erfolgt nach vorgegebenen Richtlinien, Standards, Rahmenrichtlinien, Lehrplänen und Lehrerabsprachen (vgl. Bönsch, 2000, S. 151 ff.).

Wenn man jedoch möchte, „dass der heranwachsende Mensch sich selbst eigenständig findet und definieren soll, das sich ein Selbstkonzept als Komplex von Bedeutungssystemen,

Sach- und Handlungskompetenzen entwickeln soll, kann man Interesse als Such- und Ordnungstendenz verstehen, mit der sich ein Mensch intentional und reflexiv auf je gegebene Wirklichkeiten einlässt. Es sind dann planmäßig Möglichkeiten zu eröffnen, Interessen entwickeln zu lernen" (Bönsch, S. 153 f.).

2.1.4.3.3 Interessendifferenzierung

Interessendifferenzierung wird als Arrangement verstanden, um den Lernenden die Möglichkeit einzuräumen durch freie Entscheidungen auf Inhalte und Handlungen ein latentes oder manifestes Interesse entwickeln zu können und sich mit diesem zu identifizieren oder dieses zu verstärken. Im großzügigen Rahmen gibt es die Form des Angebots eines wahlfreien Bereichs, der ausschließlich fakultativ ist. „Im Rahmen sog. *Freier Spiel-* und *Arbeitszeiten* könnte das Angebot in einer lernanregenden personen-, material- und ideenreichen Umwelt (Bücher, Spiele, Geräte, Materialien u.a.m.) bestehen" (Bönsch, 2000, S. 154).

Im Verlauf dieses Textes wird auch das Konzept des Wahlpflichtfachs angesprochen, worin unter Vorgabekriterien gewählt werden kann, zumal in der Schule dieses Fach auch bewertet wird.

Die Wahlmöglichkeit unter den Angeboten im Pflichtbereich durch alternative Varianten zwischen verschiedenen Themen oder bei der Schwerpunktsetzung eines Themas ermöglicht die Förderung von Interesse (vgl. Bönsch, S. 154).

2.1.4.3.4 Binnendifferenzierung

Neben den bisherigen Differenzierungsmöglichkeiten, die über die Arbeit einzelner Lehrer und seiner Klasse meist

Integration

hinausgehen, gibt es auch die Möglichkeit der Binnendifferenzierung, die zum Beispiel in Integrationsklassen von vorrangiger Bedeutung sind. Denn in Integrationsklassen kommt es primär darauf an, „dass das lernende Individuum in Bezug auf sein Lerntempo, seine Arbeitskapazität, seine Arbeitsweisen, seine Bedürfnisse optimal angesprochen" (Bönsch, 2000, S. 155) und versorgt wird. Hier ist das schon erwähnte Problem der Passung wieder zu finden. Doch nur so ist ein produktives Arbeiten für das Kind und die Mitschüler/innen möglich. „Das fordert geradezu binnendifferenzierende Maßnahmen heraus" (Bönsch, S. 155). Dabei ergibt sich jedoch das für den Lehrer zentrale Problem der Abstimmung auf 30 Individuen. Das heißt ihre Lernmöglichkeiten sowie –schwierigkeiten und vorrangig – stärken mit zeitlichen Abständen zu diagnostizieren, um unter zu Hilfenahme von verschiedenen Materialien die jeweils *passende* Aufgabe stellen zu können. Dies sollte der Lehrer mit einer *curricularen Buchführung* genau verfolgen, um zu schauen, „wo der einzelne Schüler in Bezug auf die Erfordernisse des Lehrplans steht oder zu stehen hätte. Dies ist ein Aufgabenkomplex, der häufig die Kraft des einzelnen Lehrers übersteigt" (Bönsch, S. 155), weshalb es oft beim pauschalen Unterrichten von Klassen bleibt, „deren Mitglieder als gleich lernfähig betrachtet werden" (Bönsch, S. 155).

Schon in einem Jahresbericht von 1986 „wird Binnendifferenzierung des Unterrichts als Richtlinie für die Förderung der Integration behinderter Schüler und Schülerinnen in den Schulen im Saarland" (Sander et al., 1987, S. 13) formuliert:

> „11. (Innere Differenzierung)
> Bei Integration mit unterschiedlicher Zielvorgabe müssen die meisten Unterrichtsthemen binnen-differenziert unterrichtet werden, da die Schüler der Klasse sich auf unterschiedlichen Lernebenen mit dem Stoff auseinandersetzen. Auch bei Integration mit

gleicher Zielvorgabe ist innere Differenzierung des Unterrichts häufig erforderlich, um den individuellen Lernvoraussetzungen und Lernmöglichkeiten der Schüler entsprechen zu können.
Die verstärkte Binnendifferenzierung des Unterrichts soll so gestaltet werden, daß sie allen Schülern zugute kommt.
Innere Differenzierung ergibt sich von selbst, wenn mehrere Lehrende in der Klasse arbeiten (z.B. Klassenlehrer und Sonderschullehrer). Die schließt – nach Abstimmung mit dem Klassenlehrer – auch die Möglichkeit der Beteiligung einzelner Eltern bei unterrichtlicher Differenzierung ein.
Im Bedarfsfall müssen auch sozialpädagogische, therapeutische und pflegerische Dienste in der Regelschule zur Verfügung stehen" (Sander et al., zitiert nach Meister, 1998, S. 57 f.).

Aufgrund der individuellen Differenzierungsmöglichkeiten plädiert Hans Meister dafür, das Konzept der Binnendifferenzierung auf die Pädagogik der Vielfalt, wie Inklusion Ende der 90er Jahre noch von innovativen zukünftigen deutschen Inklusionsforschern betitelt wurde, auszuweiten. Zwar ist es im Grunde ein pädagogisches Konzept für die Gestaltung von Unterricht, jedoch verfolgt es das Ziel, die bestmögliche Förderung aller Schüler zu erreichen, durch vielfältige Unterstützung des individuellen Lernprozesses. Besonders die Eckpunkte sollten erreicht werden: dass jeder einzelne Schüler von zentraler Bedeutung für den Lernprozess ist, dass dabei die Zusammenarbeit der Schüler eine wichtige, ebenfalls zentrale Rolle spielt und ebenso die Lernziele und Lerngegenstände im Fokus stehen. Weshalb Binnendifferenzierung ganzheitliches, lebendiges und selbstständiges Lernen in einer heterogenen Lerngruppe fördert und somit nicht einseitig individuums- beziehungs- oder kopflastig ist.

Eine konsequente Modellvorstellung dazu stellt der *programmierte Unterricht* dar. Der Lehrgang kann dem Lerngang des Individuums weitgehend angepasst werden durch eine strenge, aber wiederkehrende Variation der Schritte: *Information- Frage- Antwort- Kontrolle der Antwort- ggf. weitere Hilfen.* Dieser stark gesteuerten Form der Binnendifferenzierung kann man den Dalton-Plan von Helen Parkhurst (1887-1973) gegenüberstellen. Dieser löst die Kollektivunterrichtung vollständig auf, verwandelt die Klassenräume in Laboratorien und Fachräume und konzentriert sich auf schriftliche Lernanleitungen. Unter Erklärung eines Arbeitsvertrages seitens des Schülers, war dieser frei in der Zeiteinteilung, in der Wahl der Unterrichtsgegenstände und in der Nutzung der Räume (vgl. Bönsch, 2000S. 155 f.).

Zwischen diesen Extremformen gibt es unzählige Mischformen, die jeweils ein anderes Systemelement in den Vordergrund rücken. So haben Kade und Jeziorsky stark über Arbeitsmittel differenziert; im schon mehrfach erwähnten Jena-Plan wurden die Sozialform der Partner- und Gruppenarbeit fokussiert; die englische „open education" konzentriert sich auf die lernanregende Umwelt (vgl. Bönsch, S. 156). Da dieses Konzept große Entwicklungschancen für den Unterricht von Individuen hat und somit immer anzutreffende heterogene Gruppen in der Theorie vereint, wurde versucht es in Integrationsschulen, in denen die Heterogenität offensichtlich nicht mehr zu verleugnen ist, anzuwenden.

Binnendifferenzierung ist schon seit Jahren im Kontext von Gesamtschulen zu finden als methodischer Umgang mit Heterogenität und individueller Förderung (vgl. Stroot, 2007, S. 38).

2.1.4.4 Moderner Frontalunterricht

Der Kontrast von dem lehrerzentrierten Frontalunterricht und zuvor geschilderten schülerzentrierten Alternativmethoden hat sich seit der Antike bis heute gehalten. Denn die wie zuvor ausführlich geschilderte real gegebene soziale Segregation – verbunden mit der Entmutigung der Schwächeren – ist nicht die einzige Folge dieses selektiven Systems. Das Ganze hat auch eine stabilisierende Wirkung für traditionelle Unterrichtsmethoden. Denn da „alle Schüler einer Klasse vergleichbare Voraussetzungen besitzen und die gleichen Ziele erreichen sollen, liegt es nahe, (...) die Schüler im Klassenverband mit demselben Stoff zu konfrontieren, Unterrichtsgespräche mit der ganzen Klasse zu führen und allen prinzipiell die gleichen Aufgaben zu geben, anstatt sie in kleineren Lerngruppen oder gar individuell arbeiten zu lassen (Schümer, 2004, S. 74, zitiert nach Tillmann, 2007, S. 15).

Deshalb soll auch kurz die neue Form des Frontalunterrichts vorgestellt werden unter dem Begriff *interaktivem Klassenunterricht*. Diese Verbindung von lehrerzentriertem Unterricht mit selbstgesteuertem Lernen (vgl. Apel, 2000, S. 151) schafft einen interaktiven Klassenunterricht, wobei „der frontal geführte Unterricht durch produktive Arbeitsphasen der Schüler aufgelockert wird" (Apel, 2000, S. 150). Dass das Entstehungsland dieser Methode Japan ist, kann unter dem Hintergrund der PISA-Ergebnisse (siehe 3.1.3.3) recht interessant sein. Die Methode sieht vor, dass der Lehrer zum Beispiel ein mathematisches Problem, eine Frage oder eine Aufgabe vorträgt. Danach bekommen die Schüler/innen die Gelegenheit, sich in Stillarbeit oder Kleingruppenarbeit mit dieser Aufgabenstellung auseinanderzusetzen. Anschließend tragen die Schüler/innen ihre Lösungen an der Tafel vor, und der Lehrer fasst zusammen, erklärt und ordnet ein. Bei einer offene Aufgabenstellungen können die Schüler/innen unterschiedliche Lösungen finden, die ihren persönlichen Fähigkeiten und

Integration

Fertigkeiten entsprechen. „Damit wird eine Form impliziert Individualisierung innerhalb der leistungsheterogenen Jahrgangsgruppe möglich (In Japan gibt es eine Einheitsschule und keine Differenzierung in Schulformen). Gleichzeitig wird durch die oft anzutreffende Forderung nach möglichst vielen verschiedenen Lösungswegen eine breite Verankerung des mathematischen Wissens erreicht. Dem gleichen Ziel dient auch, dass die Aufgaben innerhalb einer Stunde sorgfältig miteinander verknüpft sind. Somit sind japanische Mathematikstunden eher komplexer und zugleich in sich kohärenter aufgebaut als deutsche oder amerikanische' (IPN-Blätter, 1997). Während in deutschen Stunden das erarbeitende Lernen überwiegend fragend-entwickelnd durch den Lehrer angeleitet und zur Musterlösung hingeführt wird, wird im japanischen Unterricht die Aktivität der Lernenden durch zwischengeschobene Arbeitsaufgaben herausgefordert [...weshalb] das Erarbeiten, Üben und Anwenden ineinander übergehen" (Apel, S. 151).

Dies stellt nur eine Form der modernen Unterrichtsmodelle dar, denn auch bei weiteren didaktischen Konzeptionen (vgl. direkte Instruktion, Vortrag, Frageunterricht) geht es bei aktuellen, modernen Beschreibungen dieser immer um eine Kombination verschiedener Konzepte und Variationen der Konzepte miteinander. Am deutlichsten wird dies bei der *Präsentations-* und *Moderationsmethode*. Die Präsentationsmethode soll den visuell unterstützten Vortrag mit verschiedenen Formen der Darbietung verbinden. Und die Präsentationsmethode stellt den Versuch dar, Darbietung, Frageunterricht, Unterrichtsgespräch und auch gruppenunterrichtliche Verfahren miteinander zu kombinieren (vgl. Scholz, 2005).

Es hat sich gezeigt, dass sich die ursprünglichen Formen des Frontalunterrichts methodisch erweitert und an den Schüler ein wenig angepasst haben. Denn „Frontalunterricht ist nach wie vor dominant. Es soll Klassen geben, die gruppen- und Partnerarbeit überhaupt nicht kennen", so Bönsch (2000, S. 187).

Im Kontext von den modernen Unterrichtsmethoden wie zum Beispiel *Offenem Unterricht* wird als Alternativbegriff für den Frontalunterricht von der oben erwähnten *Direkten Instruktion* gesprochen, geprägt von Rosenshine im Jahr 1979. Heinrich und Meyer (2007) sehen in dem Konzept der „,direct instruction' ein hohes Maß an Reflexivität, Strukturiertheit und Kontrolliertheit des LehrerInnenhandelns" (S. 14), da der Begriff *Direkte Instruktion* die Akzentsetzung tatsächlich auf die Lehrform und damit auf die didaktische Reflexion von Vermittlung legt. Im Gegensatz dazu liegt deren Assoziation zum Terminus Frontalunterricht bei einer Verfallsform des wenig didaktisch reflektierten Lehrvortrags, da der Begriff nur auf die Position der Lehrkraft im Klassenraum verweist. Hinzukommend haftet dem Begriff Frontalunterricht primär die auf Disziplin und Disziplinierung abzielende Konnotation an (vgl. Heinrich & Meyer, S. 14 f.). In der Fachdiskussion wird der Frontalunterricht auch oft als lehrergeleiteter Unterricht betitelt. Trotz verschiedenster Begrifflichkeiten gibt es immer wieder, wie oben angedeutet, Überschneidungen, so wird dies auch bei Gruehn deutlich: „Das Konzept der direkten Instruktion entspricht weitgehend dem deutschen Konzept des lehrergeleiteten Unterrichts (Schöler, 1977), das in der Praxis weit verbreitet, in der wissenschaftlichen Reflexion jedoch starker Kritik ausgesetzt ist, da es den reformpädagogischen Zielvorstellungen einer selbstbestimmten, selbstregulierten und aktiven Lernens zu widersprechen scheint" (2000, S. 42, zitiert nach Heinrich & Meyer, S. 14).

2.1.4.5 Zukunftsweisende alternative Unterrichtsmethoden

Die alternativen Unterrichtsmethoden sind Raritäten im Schulalltag, werden auf theoretischer Ebene stark diskutiert

Integration

und die Positionierungen fallen meist eindeutig aus. Wenn sie in Modellversuchen oder einzelnen Schulen angewandt werden, finden sie große Beachtung auch in Form von Medienpräsens (siehe 3.5). Da sie in visionäre Modellschulen integriert werden, haben sie etwas Zukunftsweisendes. Sie beziehen sich stark auf die Gruppe in Kombination mit einer Konzentration auf das Individuum und erfüllen von diesem Aspekt her den inklusiven Anspruch.

2.1.4.5.1 Rollenspiel als Sozialspiel

Als eine alternative Unterrichtsmethode sei das Rollenspiel erwähnt, welches als Sozialspiel Kenntnis und Imitation der Wirklichkeit zu mischen versteht (vgl. Bönsch, 2000, S. 174.). Das imitierend-realistische Moment zeigt sich in der möglichst detailgenauen Nachahmung von Personen, phantasievollen Umgestaltungen oder Ergänzung in der Handlung oder der Rahmenbedingungen und dem Bühnenbild. Fiktive Handlungsvoraussetzungen müssen in Übereinstimmung mit den anderen Spielern gesetzt werden. Es werden erlebte, unrealistische, außerhalb der Norm befindliche Situationen im Spiel erfahrbar gemacht.

2.1.4.5.2 Selbstverantwortetes und Selbstbestimmtes Lernen

Seit geraumer Zeit begleitet die Pädagogik das Wissen, dass Lernen ein Prozess ist, der vom Lernenden selbst realisiert werden muss, weshalb es verwunderlich ist, „dass immer noch das Paradigma der Vermittlungsdidaktik und im Zusammenhang damit verordnetes Lernen so dominant sind" (Bönsch, 2000, S. 186). Der zuvor schon erwähnte offene Unterricht zielt im Kern auf die Entwicklung von

Kompetenzen ab, welche selbstverantwortetes Lernen und auch selbstbestimmtes Lernen ermöglichen.

Das selbstverantwortete Lernen kann vom Anspruch und Inhalt vorbestimmt sein, ist dann aber in eigener Verantwortung zu planen, durchzuführen und zu vertreten. Der vorgegebene Rahmen kann unterschiedliche Dimensionen von Selbstständigkeit und Freiheit beinhalten, hinsichtlich des Zeitrahmens, Bearbeitungsmodus, Kooperationsmodus, Zeitverfügens und bezüglich der Wahl der Hilfen (vgl. Bönsch, S. 186).

Selbstbestimmtes Lernen geht noch einige Schritte weiter, indem Lernende auch über Inhalte, Aufgabenstellung und den Anspruch ihres Tuns selbst festlegen. Sie sind demnach von jeglichen Vorgaben befreit. Jedoch wird der vorgegebene Zeitrahmen vorbestimmt. Allerdings sprechen Erfahrungen dafür, dass selbstverantwortetes Lernen auf Dauer nur eine Chance erhält, wenn gute Gründe für die Realisierung sprechen.

2.1.4.5.3 Projektorientiertes Lernen

„Die Projektmethode ist eine Form der lernenden Betätigung, die bildend wirkt. Sie ist ein alter Weg zu neuem Lernen […] in den meisten Lehrplänen vorgesehen und doch nicht leicht zu verwirklichen" (Frey, 1995 (6), zitiert nach Wilhelm, Bintinger & Eichelberger, 2002, S. 145). Durch ihren möglichen Bezug auf Vorgänge in der Berufs- und Arbeitswelt können Projekte „in begrenzter und von Fall zu Fall wechselnder und exakt bestimmender Weise die Komplexität von Arbeitsprozessen simulieren" (Bönsch, 2000, S. 254). Jedoch geschieht dies im Regelschulalltag meist in sehr stark vorgegebenem und in jeglicher Weise begrenztem Rahmen.

Trotzdem steht Projektlernen dem Begriff des lehrgangsorientierten Lernens gegenüber und ist auch laut

Integration

Bönsch (2000) eine seltene Form der gemeinsamen schulischen Arbeit von Lehrern/innen und Schülern/innen, da scheinbar an den Lerneffekten von Projektlernen gezweifelt wird und das wirklich wichtige Lernen in den Lehrgängen und dem vergleichbaren Unterricht realisiert sieht. Projekte lassen sich zudem schwieriger in die Unterrichtsorganisation des Alltags integrieren und deshalb organisatorisch schwieriger realisieren. Daher kommt auch ihr „Belohnungscharakter", wenn Projekte in Zeiten des Schuljahres platziert werden, in denen sie keine Relevanz für die Zeugnisnoten haben können. Befürworter des Projektlernens sehen darin qualitativ eine neue Ebene, Lernen mit Sinn anzureichern und Lernzusammenhänge herzustellen, „das reine Kopflernen durch die alte Trias des Lernens mit Kopf, Herz und Hand zu ersetzen" (Bönsch, S. 197).

2.1.4.5.4 Handlungsorientierter Unterricht

Wie schon unter dem zuvorigen Punkt dargestellt, gilt auch hier, dass der Fokus darauf liegt, dass „was wir uns handelnd erarbeiten, leichter verstehen und besser behalten" (Völkel, 2008, S. 8). Dieser Zusammenhang scheint schon aus dem Alltagswissen heraus nahe liegend zu sein, jedoch beachte man, dass die Unterrichtsdidaktik noch immer nicht auf dieses Zusammenspiel eingestellt wurde. Deshalb ist handlungsorientierter Unterricht bei aller einleuchtender Plausibilität immer noch eine Innovation im Feld der Pädagogik.

Dabei sind die Begründungsmuster aus verschiedenen Fachrichtungen auch wissenschaftlich gefüllt. Prinzipiell werden Handeln und Denken „als einander ergänzende Lernleistungen verstanden, die häufig erst in der Verknüpfung von Vorstellungsbildern Sinnbildstrukturen und Handlungsschemata ermöglichen" (Völkel, S. 8), weshalb sich handlungsorientierter Unterricht durch die Eigenaktivität und

Selbstständigkeit der Schüler profiliert. Wie angedeutet, lässt sich der Zusammenhang von Denken und Handeln aus unterschiedlichen Richtungen erklären und ableiten.

Seitens der Kognitionsforschung kann anhand der neurophysiologischen Untersuchungen Maturanas und Varelas (2009) bei der Funktionsweise des Nervensystems gezeigt werden, dass das kognitive System des Menschen ein in sich geschlossen arbeitendes System darstellt, dass durch individuelle spezifische Strukturen geprägt ist. Somit kann der Mensch alle Impulse von außen nur im Rahmen seiner eigenen Strukturen erkennen und verwandeln. Deshalb wirken Impulse von außen nicht determinierend, „sondern allenfalls irritierend" (Völkel, 2008, S. 9). Werden Impulse von außen gesetzt, sie aber innerhalb des kognitiven Systems keinen (Wieder-)Erkennungswert haben, bleiben sie folgenlos und werden verworfen. Deshalb ist Lernen in diesem Zusammenhang ein individueller aktiver Prozess, „bei dem es um die Generierung von Wissen und Verstehenszusammenhängen geht, die für den Einzelnen von Bedeutung und nur dementsprechend sinnvoll sind. Somit ist es von Bedeutung, dass gesetzte Impulse an vorhandene kognitive Strukturen anknüpfen, um Lernprozesse zu aktivieren.

Mit diesem Hintergrundmodell kann das Ziel schulischer Bildung darin gesehen werden, dass der Aufbau zunehmend komplexer, klar gegliederter kognitiver Strukturen zu begrifflichen Netzwerken gefördert wird. „Diese begrifflichen Netzwerke sind notwendig, damit sich der Mensch in einer zunehmend komplexer werdenden Welt zurechtfinden kann" (Edelmann, 2000, S. 140, zitiert nach Völkel, S. 9).

Dem entgegengesetzt kann beim üblichen Frontalunterricht nicht auf individuelles Vorwissen bei jedem Schüler eingegangen werden, weshalb eine lang zu behaltene Verknüpfung mit Bekanntem sehr unwahrscheinlich ist. Außerdem ist das Aufbauen von neuem Wissen innerhalb eines 45-Minuten Taktes sehr begrenzt möglich. So auch Girgs

Aussage: „Lernen darf und kann vor diesem Hintergrund nicht mechanisch geschehen, da bei dieser Art des Lernens Ergebnisse nur sehr kurz behalten werden und somit folgenlos bleiben. Damit Lernen nachhaltig werden kann, muss es individuell sinnvoll sein, d. h. es muss einerseits einen Bezug zum Bekannten haben und sich andererseits mit diesem zu etwas Neuem verknüpfen lassen. Um als Relevantes erkannt werden zu können, muss das Neue zunächst in den Bereich der Aufmerksamkeit gerückt werden" (1994, S. 87, zitiert nach Völkel, S. 9 f.).

Der handlungsorientierte Unterricht bedient Weidemanns drei Strukturprinzipien, die für erfolgreiche Lernprozesse entscheidend sind. Das erste Strukturmerkmal, *Erfahrungs- und Lebensweltbezug,* „entspricht der im handlungsorientierten Lernen enthaltenen Forderung nach erfahrungsbezogenem Lernen, bei dem die Lernenden über die handelnde Auseinandersetzung einen Ich-Bezug zu dem jeweiligen Inhalt aufbauen können" (2002, S. 60 f., zitiert nach Völkel, S. 10). Das Merkmal *Kontexte und Perspektiven* geht darauf ein, dass umso vielfältiger ein Lerngegenstand vom Lernenden gespeichert und repräsentiert wird, desto flexibler kann dieser in unterschiedlichen Kontexten genutzt werden. Und das Strukturprinzip *Lernen im sozialen Kontext* relativiert die Bedeutung medialer Hilfsmittel zugunsten der Zusammenarbeit und Verständigung mit anderen Lernenden, weshalb Lernen zu einem interaktiven Prozess wird und wodurch der soziale Austausch in der Lernumgebung nötig wird. Jedoch kann es in einem handlungsorientiertem Unterricht nicht darum gehen, dass möglichst viele Sinneskanäle angesprochen werden, sondern dass die Handlungen als Kombinationen von Sinneseindrücken und Codierungen ermöglicht werden, welche der erwarteten Lernleistung entsprechen (vgl. Völkel, S. 11 f.).

Als Vertreter des subjektwissenschaftlichen Ansatzes war es Klaus Holzkamp (1927- 1995), der die Funktion des Lernens als Erweiterung subjektiver Erfahrungs- und

Lebensmöglichkeiten erläutert hat. In seinem Buch „Lernen" (1995) geht er auch insbesondere auf Aspekte der *disziplinären* Strukturierung schulischer Bedeutungsanordnung ein, also der Analyse institutioneller Lernverhältnisse, das Konzept der *subjektiven Lernproblematik* wird reaktualisiert und geht auf das Lernen über die Schuldisziplin hinaus. Besonders seine „Analyse schulischen Handelns unter der Dominanz der Schuldisziplin und der dadurch behinderten und zersetzten expansiven Lernmöglichkeiten der Schülerinnen/Schüler wie deren pädagogische[...] Unterstützung durch den Lehrer in [...der] Diskussion von institutionellen Lernmöglichkeiten jenseits dieser Behinderung" (Holzkamp, 1995, S. 186) wird an verschiedenen Stellen seiner Arbeit hinzugezogen. Mit Holzkamps Sichtweise über die Konzepte der ‚subjektiven Lernproblematiken' (Holzkamp, 1995, S. 426) unterstützt er mit seinen Erläuterungen die Notwendigkeit einer selbstbestimmten, zumindestens aber handlungsorientierten Unterrichtsform. Mit dem von Holzkamp formulierten zentralen Dilemma der Schulzeit spezifiziert er die Probleme des derzeitigen Systems „Schule": „Durch die ideologische Verquickung von Lernen und Beschulung, Zwang, Reglementierung, Vereinnahmung ‚von oben' enthält der Protest gegen Gängelung, Entmündung, Fremdbestimmung des Lernens häufig auch einen Protest gegen das Ansinnen zu lernen überhaupt: Indem man so angesichts der ‚Enteignung' des Lernens dessen allgemeine Funktion als Voraussetzung des Erkennens und der Realisierung eigener Lebensinteressen nicht erfasen kann, reproduziert und befestigt man hier gerade jenen Zustand der Fremdbestimmung, gegen den man mit der Abwehr der Lernzumutung protestieren will" (1995, S. 12 f.).

Auch dem Ansatz von Jean Piaget (1896-1980) liegt ein subjektorientiertes Menschenbild zugrunde. Piaget (1973) urteilte, dass alles Wissen an Handeln gebunden sei. Demnach muss der Unterricht an die bereits vorhandenen Handlungsschemata der Schüler/innen anknüpfen, damit

Wissen überhaupt aufgebaut werden kann. Er vergleicht seinen kognitivistischen Ansatz mit Skinners (1974) behavioristischem Verständnis vom Lernen. Denn Burrhus Frederick Skinner (1904-1990) hat die Allgemeingültigkeit der behavioristischen Konditionierungsprinzipien behauptet und ihre konsequente Anwendung auf alle Bereiche menschlicher Praxis, so auch auf die Bereiche Bildung und Erziehung, vertreten (vgl. 1978). Laut Piaget werden durch Konditionierung jedoch lediglich Assoziationen hervorgerufenen, „ohne eine echte Aktivität zu bewirken" (1973, S. 72) im Sinne des Kognitivismus. Dieser hergestellte Zusammenhang der zwei psychologischen Richtungen lädt zu der Hypothese ein, dass Skinners Behaviorismus Parallelen mit dem Segregationskonzepts beinhaltet und Piagets Kognitivismustheorien dem Inklusionsansatz ähnelt. Denn im Behaviorismus wurden Lerntheorien verbreitet, worin der Lerninhalt dem „Objekte" vorgegeben wird und durch Wiederholung verfestigt werden soll. Das klassische wie auch das operante Konditionieren funktioniert jedoch nach bestimmten, etwas komplexeren Schemata. Jedoch arbeiten viele Unterrichtsmethoden des Segregationsansatzes nach den klassischen Lerntheorien, wobei Noten auch als Mittel der Belohnung sowie Bestrafung verwendet werden Der Schüler wird auch lediglich als Objekt betrachtet. Im Inklusionskonzept wird von verschiedenen, am Bildungsprozess teilnehmenden, aktiven Subjekten ausgegangen, weshalb es, wie Piaget (siehe oben), subjektbezogen ist. Das Inklusionsmodell basiert ebenso wie Piagets Theorie darauf auf, dass Erkenntnisse durch selbstständige Denk- und Lernprozesse gewonnen werden. So sieht Piaget den Verbalismus der traditionellen Schulen „als Reslutat eines fehlenden Handlungsbezugs" (Kohler, 2009, S. 229). Ebenso kritisiert er den beim sprachlich dominierten Unterricht entstehnden Zwang, der durch den Lehrer ausgeübt wird. Er vergleicht die Autorität durch das gesprochene Wort des Lehrers mit der Wirkung der kirchlichen Unterweisung an ihre

Gläubiger. Der sprachlich zentrierte Frontalunterricht verwende auch hauptsächlich Scheinbegriffe, so Piaget (vgl. Kohler, 2009, S. 229). Als Gegenprogramm kann nach Piagets Theorien eine Denkschule entworfen werden, welche für die Enwicklung, ansatt für das Lernen plädiert (vgl. Furth & Wachs, 1978). Dass Piagets Theorien sogar ein genaues Konzept zu den didaktischen Variationen enthielt, arbeitete Aebli (1970) sehr anschaulich heraus.

Dem Schweizer Pädagogen und oben schon mehrmals erwähnten Pestalozzi (Weiteres siehe 3.1.1.2) hätten diese didaktischen Vorschläge ebenso entsprochen, da bei Pestalozzi versucht wurde Kopf, Herz und Hand (stellvertretend für möglichst viele Sinne) zum Lernen zu animieren, (Abb. 11). Hinzukommend sollen die Handlungsergebnisse einen sinnvollen Gebrauchswert haben. Bei gutem Verlauf kann sich eine stärkere Identifikation der Schüler mit ihrem Lernhandeln ergeben (vgl. Völkel, S. 226 f.) Wie genau die Unterrichtspraxis möglich ist, kann anhand des Beispiels des Geschichtsunterrichts bei der zuvor zitieren Bärbel Völkel (2008) nachgelesen werden. Als eine besondere Variante ist das Lernen durch Lehren, als besonders fruchtbar im Erlernen von Sprachen angesehen (vgl. Bönsch, 2000, S. 227).

2.1.4.5.5　　Forschendes Lernen mit Ausblick auf die Theorien Bruners und Piagets

Forschendes oder auch entdeckendes Lernen ist in der Praxis wesentlich häufiger anzutreffen als in aktuellen, schulpädagogischen Handbüchern und Lexika. Um den Spagat zwischen Praxis und Theorie an dieser Stelle in dieser Thematik zu überbrücken, soll es hier Eingang finden. Lernen wird in diesem Kontext als aktiv, selbstbestimmt, experimentell, einfallsreich, produktiv seiend, Fragen und Probleme selbst findend und nach Antworten suchend verstanden. Deshalb gibt es auch Überschneidungen mit den

Konzepten des produktiven Denkens, spontanen Lernens, problematisierten Lernens, Projektlernens, genetischen Lernens, fruchtbaren Moments im Bildungsprozess und dem schon erläuterten offenen Unterricht oder selbstgesteuerten Lernen. Daraus ergibt sich als Unterrichtsform die schülerorientierte, offene Variante (vgl. Bönsch, 2000, S. 234 f.).

Forschendes Lernen wird von Bönsch als bedeutsamer Lernprozess angesehen, denn er argumentiert, dass Schule und Lehrer nicht mehr Repräsentant für den wichtig gehaltenen Lernstoff sind, sondern Schüler das Lernen aus dem Unwissen, aus Neugierde, aus produktiven Fragestellungen heraus konstruieren. Schließlich wird laut Bönsch nicht das *Fertige* weitergegeben, sondern das Offene, das Unverstandene, Widersprüchliche, Unklare wird zum Ausgangspunkt der eigenen Suche, des selbstständigen Forschens, Recherchierens, Experimentierens, Manipulierens und Explorierens. Begründungen findet Bönsch schon in den Erläuterungen von Piaget sowie bei Bruner, welche herausarbeiteten, dass für bedeutungsvolles Lernen im Unterricht Situationen geschaffen werden müssen, in denen der Lernende aktiv ist und Strukturen selbständig finden kann. Wenn Lernen diese Qualität bekommt, steigert sich die intellektuelle Fähigkeit des einzelnen Schülers, fördert es die Motivation und verbessert es die Behaltens- und Transferleistung (vgl. Bruner, 1973; Piaget, 1978).

Im Speziellen sah Bruner (1980) zur Erhöhung der Lernbereitschaft bei Schüler/innen, dass die Struktur des Lehrgegenstandes in der Art und Weise darzustellen ist, „wie das Kind Dinge betrachtet" (S. 44), im Sinne einer Übersetzungsaufgabe. Um dies zu ermöglichen bedient sich Bruner der Stufen aus Piagets Theorie hinsichtlich der intellektuellen Entwicklung. Zudem beschreibt Bruner den Lernakt als aus drei fast simultan bestehenden Prozessen. Die Aneignung neuer Informationen wird gefolgt von dem Prozess der Umwandlung „von Wissen, um dieses für neue Aufgaben tauglich zu machen" (Bruner, S. 58). Vervollständigt wird der

Lernprozess durch eine vorgenommenen Evaluation, „d.h. die Prüfung, ob die Art, wie wir Information zurechtgemacht haben, dem neuen Anwendungszewck adäquat ist" (S. 58). Hinsichtlich des Lerninhalts, stellt Bruner die Frage danach, oh der Lerngegenstand es „verdient, daß ein Erwachsener ihn kennt, und ob er eine Person dadurch zu einem besseren Erwachsenen macht, [dadurch] daß sie den Gegenstand schon als Kind kennengelernt hat" (S. 61). Wenn diese zwei Fragen negativ oder ambivalent beatwortet werden müssen, „bringt der Gegenstand das Curriculum nur durcheinander" (S. 61). Die Orientierung am Kind und seiner Entwicklung, unterstützt die Möglichkeit des intuitiven Lernens, welches Bruner sehr wichtig ist. Jedoch betont er, dass eine Voraussetzung für intuitives umgehen mit Unterrichtsmaterialien, dass der Schüler diese beherrscht und über Sachkenntnisse verfügt. Das analytische Denken grenzt er dadurch ab, dass dieses „Schritt für Schritt" (S. 66) voranschreitet. „Die Schritte sind explizit und können vom Denkenden jemand anderem gewöhnlich zutreffend mitgeteilt werden. Solches Denken geht bei verhältnismäßig voller Bewusstheit des Informationsgehalts und der angewandten Operation vor sich" (Brunder, S. 66). Bruner appeliert für die Anerkennung der komplementären Natur des intuitiven und analytischen Denkens und hebt verstärkt die erweiterten Möglichkeiten des intuitiven Denkens hervor, da dieses zum Beispiel Lösungen und Fragen hervorbringt, welche durch das analytische Herangehen nicht hätten herauskristalisiert werden können. Und zudem kommt er zu folgendem Schluss: „Leider hat der Formalismus im Schulunterricht die Intuition etwas abgewertet" (Bruner, S. 67). Er spricht sich dafür aus, dass Schüler/innen auch Fehler machen dürfen, welche beim intuitiven Denken hervortreten können. Doch besonders dadurch fördert wirksames intuitives Denken die Entwicklung von Selbstvertrauen und Courage im Schüler. Denn „jemand, der unsicher ist, der kein Selbstvertauen hat, ist vielleicht nicht bereit, solche Risiken einzugehen" (Bruner, S. 73), in dem er Irrtümer zulässt. Mit

Hilfe des bewusst modern gewählten Curriuculums setzt Bruner die Schwerpunkte auf Erhaltung der Lernmotive und der zu diskutierenden Erziehungsziele. Besonders „die Lernmotive müssen in einem Zeitalter des Zuschauertums davor bewahrt werden, passiv zu werden; man muß sie so viel wie möglich auf das Erwecken von Interesse an dem zu Lernenden gründen; ihre weitreichenden und vielstimmigen Ausdrucksformen müssen erhalten bleiben" (Bruner, S. 87). Diese können getragen werden durch vielfältige Unterrichtshilfen.

Wie oben erwähnt, orientierte sich auch Bruner an Piagets Beobachtungen über die Entwicklungsschritte bei Kindern. Und ebenso können Piagets Theorien entnommen werden, dass der Vorteil der Denkcurricula, in denen das operative Denken gegenüber dem figurativen Inhalt an Gewichtung gewinnt, daran deutlich wird, dass sie als Bestandteil einer Erziehungsstruktur gesehen werden können, „in welcher durchgehend das Denken gegenüber dem Inhalt von Vorrang hat" (Furth, 1983, S. 141). Piagets Entwicklungstheorie zeigt, dass sich Denkprozesse während der Kindheit wandeln und je nach Entwicklungsstadium des Kindes qualitativ sehr verschieden sein können, dafür bedient sich Piaget verschiedenen altersbezogenen Entwicklunsstadien. Dabei bezieht er sich auch oft auf die Ausbildung der Intelligenz sowie auf die Selbstständigkeit: „Daraus folgt, daß die Intelligenz vom Tun in seiner Gesamtheit ausgeht, insofern es die Gegenstände und das Wirkliche umwandelt, und daß das Erkennen, dessen Ausbildung man beim Kind verfolgen kann, wesentlich aktive und operative Assimilation ist" (Piaget & Inhelder, 1998). Speziell das Äquilibrationsmodell beschreibt den Prozess des Wissenserwerbs und die Entwicklung der logischen Denkfähigkeit (vgl. Stendler-Lavatelli, 1976). Das Modell besagt, dass sich das logische Denken erst dann entwickelt, wenn der Verstand benutzt wird, um Wissen zu erwerben, wofür man wiederum einige logische Denkfähigkeiten besitzen muss. Für diesen Prozess ist die oben erwähnte Selbstständigkeit von vorraniger Bedeutung. Somit ist laut Piaget der Wissenserwerb etwas, das Schüler/innen eigenständig und für sich selbst ausführen müssen.

2.1.4.5.6 Erkundungen

Wenn Wissen auf dem Wege des Suchens, Forschens und Erkundens selbst gefunden wird und dadurch vorher aufgetretene Fragen beantworten kann, ist dies zwar eine eher ungeordnete Vorgehensweise und weniger rubriziert und kategorisiert, „erregt aber in seiner Funktion als Antwort auf Fragen eher Interesse" (Bönsch, 2005, S. 248). Auch ein lebensnaher Bezug ist von Nöten, wenn es darum geht, selbstständig zu werden, Fremdbestimmungen abzubauen, sich neuartigen Situationen gegenüber zu behaupten, sie zu beherrschen. Und Erkundungen schaffen kurze aspektgerichtete Anschaungsmöglichkeiten des Berufslebens (vgl. Bönsch S. 254). Schon bei A. H. Francke (1663-1727) können die Forderungen nach Erkundungen gefunden werden, welche die genannten Sachverhalte begünstigen. Auch die ursprüngliche Etablierung des Sachunterrichts hatte die außerbetrieblichen Erkundungen als Themenschwerpunkt.

2.1.4.5.7 Praktika

Das Berufs- und Betriebspraktikum verfolgt die eben erläuterte Idee des Sammelns der Erfahrungen, jedoch in Form des Einführens der Schüler in die Arbeitswelt eines Betriebes ihrer Wahl. Denn „es genügt nicht, verbale Informationen über die Berufs- und Arbeitswelt zu vermitteln, die Jugendlichen müssen die Chance bekommen, ‚vor Ort' Erfahrungen und Einsichten zu gewinnen" (Bönsch, 2000, S. 254).

Projektarbeit und Erkundungen können schon einen Praxisbezug herstellen, jedoch erst die Praktika ermöglichen zeitlich länger andauernde Praxiserfahrungen und können somit dem einzelnen Schüler das Minimum an Wirklichkeitserfahrungen ermöglichen, welches er braucht, um im konventionellen Unterricht zu vermittelnde Theorien vom Betrieb und von beruflicher Arbeit nicht nur zu wissen, sondern auch begreifen zu können (vgl. Bönsch, S. 254, 2000). Darüber hinaus ist der Perspektivwechsel eine interessante Chance einen Eindruck vom Alltag in speziellen Berufsfeldern zu erlangen und somit von der eingeschränkten Schülersicht eine Abwechslung und Erweiterung des *Blickfeldes* zu erhalten.

Durch die teilnehmende Beobachtung in Betrieben kann der Schüler je nach Schwerpunktsetzung entweder seine Vorstellung von bestimmten Berufen überprüfen und erweitern, oder er kann die Verflochtenheit und Differenzierung eines modernen Betriebes kennen lernen. In Form der verschiedenen Tätigkeiten über einen längeren Zeitraum hinweg kann sich der Schüler an bestimmten Anforderungen messen und somit vielleicht Erkenntnisse über eigene Interessen, Fähigkeiten und Konfliktbereiche gewinnen. Eventuell kann ein Zusammenhang aus dem Lernprozess beim Schulbesuch und dessen Anwendungsmöglichkeiten in der Berufswelt hergestellt werden und dadurch Motivation bereitstellen. Oder es wird ein Kontrast beider *Welten* wahrgenommen, der jedoch vielleicht eine Konzentration auf eigene Vorlieben in der Schule und eventuell auch für den Berufswunsch gewinnbringend ermöglicht.

Insgesamt ist wahrnehmbar, dass durch diese Methodenvielfalt, durch Binnendifferenzierung, durch individualisiertes Lernen im Unterricht bewusst auf die Heterogenität der Schüler/innen eingegangen werden muss (vgl. Tillmann, 2007, S. 8). Somit stellen die vielfältigen Möglichkeiten bei der Methodenwahl einen großen Gewinn hinsichtlich der Berücksichtigung der Individualität der Schülerschaft dar. Weitere didaktische Gestaltungsmöglichkeiten, welche Offenheit sowie Struktur vermitteln, stellt Annedore Prengel (vgl. 1999, S. 100 ff.) dar.

2.1.4.5.8 Portfolio

Portfolios wurden im Bildungsbereich in den 80er Jahren „als Alternative zu den damals in den USA bereits weit verbreiteten und immer häufiger kritisierten Testungen der Schülerleistungen entwickelt" (Schmidiner, 2007, S. 142 f.). Dieser traditionellen Leistungsbeurteilung widerspricht das Portfolio im Wesentlichen, da die Schülerkompetenzen im Zentrum der Betrachtung stehen, „vor allem auch höhere kognitive Funktionen und dynamische Fähigkeiten, sollen in möglichst authentischen Situationen erfasst und dargestellt werden" (Schmidinger, S. 143). Die Arbeit mit Portfolios ist aus der Praxis heraus entstanden, wodurch die theoretische Fundierung erst in den letzten Jahren nachgeholt wurde. Häcker (2006b, S. 31) stellt zudem die Anschlussfähigkeit des Portfoliokonzepts an die Theorie der multiplen Intelligenz Gardners, an die Theorie der Selbstwirksamkeit von Bandura sowie an die Selbstbestimmungstheorie Decis fest" (Schidinger, S. 143).

Häcker konnte dem in der Praxis vielfältig verwendeten und deshalb bisher weiten Begriff des Portfolios drei Kernaspekte entnehmen: Zum einen dienen Portfolios der mehr oder weniger selbstbestimmten Darstellung des eigenen Könnens (Kompetenzdarstellung) anhand (selbst) ausgewählter Leistungsprodukte. Zweitens verbinden Portfolios Produkt und Prozess, weshalb sie den Autoren und Betrachtern gestatten, die Lernprodukte und den Lernprozess gemeinsam in den Blick zu nehmen und zu beurteilen. Die Verbindung von Produkt- und Prozessdarstellung fördert ein Höchstmaß an Reflexion und eröffnet die Option,

Leistungsbeurteilung zum integralen Bestandteil eines übergreifenden, fortlaufenden Lernprozesses zu machen, im Sinne einer formativen (Selbst-)Evaluation. Darüber hinaus kann der Begriff Portfolio je nach Bedarf eine besondere alternative Methode der Leistungsbeurteilung bezeichnen und/oder ein umfassenderes Unterrichtskonzept ermöglichen. Somit kann der Begriff stärker die Frage der angemessenen Leistungsbeurteilung akzentuieren oder im anderen Fall die Veränderung des Unterrichts in Richtung auf erhöhte Lernförderlichkeit und Schüler/innenorientierung fokussieren, welche allerdings über die Veränderung der Leistungsbeuteilungsprozesse initiiert werden (vgl. Häcker, 2006c, S. 36, zitiert nach Schmidinger, S. 143). Zusammenfassen kann man den Wirkungsbereich des Portfolios mit den Worten: „Ein Portfolio ist eine zielgerichtete Sammlung von Arbeiten, welche die individuellen Bemühungen, Fortschritte und Leistungen der/des Lernenden auf einem oder mehreren Gebieten zeigt. Die Sammlung muss die Beteiligung der/des Lernenden an der Auswahl der Inhalte, der Kriterien für die Auswahl, der Festlegung der Beuteilungskriterien sowie Hinweise auf die Selbstreflexion der/des Lernenden einschließen" (Häcker, 2006c, S. 36, zitiert nach Schmidinger, S. 144). Ebenso effizient zusammengefasst wurden die didaktischen Konsequenzen wie folgt: „Ein zielorientiertes Vorgehen beim Lernen, die Sammlung selbst erstellter Produkte, die Darstellung der eigenen Bemühungen, Fortschritte und Leistungen, der Bezug auf einen oder mehrere Lernbereiche, die Adressatenorientiertheit, die Partizipation bei der Auswahl der Portfolioinhalte, die Festlegung der Auswahlkriterien sowie die Festlegung der Kriterien der Leistungsbeurteilung, die Selbstbeurteilung eigener Leistungen [sowie] Hinweise auf die Reflexion des eigenen Lernens. Die Beziehung zwischen den Beteiligten ist bei der so gefassten Portfolioarbeit entsprechend kooperativ und folgt den Prinzipien der Kommunikation, Transparenz und Partizipation" (Häcker, 2006a, S. 127, zitiert nach

Schmidinger, S. 144). Diese Vorstellungen kann man auch unter 3.2 bei Linda Darling-Hammonds Konzept der Umsetzung inklusiver Pädagogik wiederfinden. Bei der Suche nach konkreten Darstellungen kann bei Schmidinger (2007) über die Umsetzbarkeit eines Leseportfolios zur Unterstützung selbst bestimmten Lernens im offenen Unterricht nachgelesen werden.

2.2 Beschreibung der Integrationspädagogik

> *"Soziale Integration ist auch eine Leistung des Pädagogenteams, deren Aufgabe es ist, mit den ‚ungleichen' Bedürfnissen der Kinder umzugehen und sie im sozialen Kontext zu vermitteln"*
> (Liebermeister & Hochhuth, 1999, S. 107).

Zwischen 1960 und 1970 kam jene Integrationsbewegung auf, welche die Selbstverständlichkeit der schulischen und gesellschaftlichen Integration ins Wanken brachte und eine Bildungsreform anstrebte. Das Ziel war es, auf der Grundlage der Chancengleichheit mehr Arbeiterkindern die Möglichkeit besserer Bildung zu eröffnen. Diese Chancengleichheitsbewegung hatte Erfolge zu verzeichnen, weil es im damaligen ökonomischen Interesse der Bundesrepublik lag, eine höhere Zahl hoch qualifizierter Arbeitskräfte zu erreichen (vgl. Häberlein-Klumpner, 2009, S. 60).

Eingangs soll wiedergegeben werden, was die „Enzyklopädie der Sonderpädagogik, der Heilpädagogik und ihrer Nachbargebiete" als *Integration* beschreibt:

> „Integration ist ein auch in der Sonderpädagogik häufig verwendeter Begriff. Selten aber ist ganz klar, was mit diesem Wort gemeint ist. Denn I. kann in verschiedenen Zusammenhängen und vor verschiedenen Hintergründen gebraucht werden. Einig

sind sich die meisten Autoren darin, daß I. mehr ist als lediglich das physische Beisammensein von Behinderten und Nichtbehinderten. I. in der Begriffsabwandlung integrierte Erziehung wird häufig schulorganisatorisch gebraucht. Damit ist gemeint, daß verschiedene Stufen von gemeinsamer Erziehung möglich sind. Bei gewissen Behinderungsarten ist eine volle schulische I. anzustreben, d. h. eine gemeinsame Beschulung behinderter und nichtbehinderter Kinder. Es ist manchmal aber auch zweckmäßig, daß nur einzelne Fächer gemeinsam unterrichtet werden und die behinderten Kinder zusätzlich noch behindertenspezifische Förderung erfahren (z.B. blinde Kinder erhalten zusätzlich Braille-Unterricht). Wenn eine sog. Teilintegration nicht möglich ist, etwa bei geistig Behinderten, kann z.B. ein integriertes Schullager organisiert werden, d.h. daß eine Klasse behinderter Schüler eine gemeinsame Landschulwoche mit einer Regelklasse erlebt" (Dupuis & Kerkhoff, 1992, S. 315)

Speziell die Bedeutungsvielfalt wird innerhalb dieser Beschreibung angesprochen, neben der Betonung auf schulorganisatorische Aspekte. Geradezu praxisbezogen spricht sie auch die teilweise Aufhebung der Integration an und geht darauf ein, dass die Kategorisierung der Behinderung je nach Ausprägung letztendlich der entscheidende Faktor für eine Integration zu sein scheint. Dass die Frage der Integration je nach Behinderungsart beantwortet werden kann, wie bei Dupuis und Kerkhoff beschrieben, wird ausführlich bei Dirk Randoll in seinem Buch „Lernbehinderte in der Schule. Integration oder Segregation?" besprochen.

Mit Integration ist im pädagogischen Kontext nicht die Akzeptanz in Familie, Beruf und Öffentlichkeit, sondern zunächst die Organisationsform der ‚integrierten' Beschulung gemeint, allerdings mit der Option, dass dadurch auch eine bessere Integration in der Gesamtgesellschaft erreicht werde. Die Nicht-Einlösung der schulischen Integration als humaner Auftrag würde mithin die Grundrechte tangieren (vgl. Antor, 1999).

Schulische Integration bezieht sich also auf die Annäherung der Schüler ohne Förderbedarf und der Schüler mit Förderbedarf, wobei sich beide Gruppen nach vorgegebenen Normwerten zu richten haben. Schülern mit Förderbedarf wird (trotz gesetzlich festgelegter Ausgleichsregelungen) hauptsächlich im individuell abgewogenen Fall und abhängig von der benotenden Lehrkraft ein leicht abgeschwächter Erwartungsmaßstab genehmigt. „Integration is its most negative connation stands for integration by location, whilst providing a watered–down variant of the regular curriculum" (Meijer, Pijl & Hegarty, 1997, S. 2).

Die Schulstruktur ist staatlich geregelt und ist somit eindeutig vorgegeben und unveränderlich. Die organisatorischen Elemente werden vom Bildungssenat oder bei kleineren Entscheidungen von der Schulleitung vorgegeben. Die Lehrer sind ausführende Gewalt und verstehen sich als Einzelkämpfer. Sie unterrichten und benoten in eigener pädagogischer Verantwortung – § 67 „(2) Die Lehrkräfte […] unterrichten, erziehen, beurteilen und bewerten, beraten und betreuen in eigener pädagogischer Verantwortung im Rahmen der Bildungs- und Erziehungsziele und der sonstigen Rechts- und Verwaltungsvorschriften sowie der Beschlüsse der schulischen Gremien. […] Die eigene pädagogische Verantwortung darf durch Konferenzbeschlüsse nicht unzumutbar eingeschränkt werden" (Senatsverwaltung für Bildung, Wissenschaft und Forschung, 2010, S. 63). Im Fall des förderungsbedürftigen Schülers ist es vorgesehen, dass dieser, nach einem diagnostischem Feststellungsverfahren, Einzelunterricht mit einem Sonderpädagogen erhält, parallel zum laufenden Unterricht. Oftmals finden die Schulen jedoch eigene Regelungen, in denen dieser Stunden-Personal-

Integration

Schlüssel umgerechnet wird und anders genutzt wird, zum Beispiel in Form von einer wöchentlichen Unterrichtstunde in der der Lehrer sowie der Sonderpädagoge gemeinsam die gesamte Klasse unterrichten. Schließlich sollte aber die Maßnahme des Leistungsausgleichs Berücksichtigung finden.

Es wird angestrebt, die Klassen mit homogener Struktur von einem Klassenlehrer leiten zu lassen. In so genannten *Integrationsklassen* werden der homogenen Klassenstruktur „Kinder mit Förderungsbedarf" zugeführt, welches Auswirkungen auf die somit leicht geringer werdende Schüleranzahl hat.

Wie oben erwähnt, wird der Förderbedarf über ein Feststellungsverfahren geregelt. Zuvor kann der Förderbedarf von den Eltern oder seitens der Schule individuell beantragt werden und wird daraufhin vom Schulpsychologen oder Sonderpädagogen diagnostiziert und vom Bezirksschulrat festgelegt (detailliertere Schilderungen zum Förderausschussverfahren siehe Anhang E).

„Konzepte des Gemeinsamen Unterrichts waren in Deutschland von Anfang an eng verwandt mit aus der Regelschulpädagogik kommenden Reformkonzepten wie Binnendifferenzierung, Helfersystem, Projektmethode, Offener Unterricht, Wochenplanarbeit und ähnliches (vgl. Biewer, 2000, S. 153). Dennoch findet man in der Praxis immer wieder Fälle von Integration als bloßem Additum eines unveränderten Unterrichtsgeschehens" (Sander, 2002, S. 5).

Doch um das Idealbild sehen zu können, kann man sich an dem Verständnis von Integrationspädagogik von Heimlich orientieren. Ihm zu Folge entwickelte sich Integrationspädagogik „in den 80er Jahren zu einer Sammelbezeichnung für solche pädagogischen Reflexionen, die die Nichtaussonderung von Kindern und Jugendlichen aus Allgemeinen Bildungseinrichtungen zum Ziel haben. Die gemeinsame Erziehung wird dabei als die Ermöglichung von Lern- und Entwicklungsprozessen in heterogen zusammengesetzten Lern- und Spielgruppen aufgefasst. Behinderte und nichtbehinderte Kinder sollen Gelegenheit haben, voneinander zu lernen und von ihrer Unterschiedlichkeit zu Lern- und Entwicklungsprozessen angeregt zu werden" (1999, S. 149).

Auch ein mittlerweile historischer Blick wird von Dumke im Jahr 1991 skizziert, jedoch erwähnt er für mich bedeutungsvollen Aspekte: der integrative Unterricht „wird sich insbesondere durch einen nur geringen Anteil an Klassenunterricht auszeichnen. Damit geht ein Abbau von Lenkung und Dominanz durch den Lehrer einher" (S. 39). Dies ist innerhalb des Integrationsunterrichts meiner Meinung noch nicht etabliert worden, jedoch für den inklusiven Unterrichtsaufbau von essentieller Bedeutung (siehe unten). Ebenso sieht Peter Hübner (2001) im Aufbau und Ausbau des Sonderschulwesens in Deutschland die institutionelle Gebundenheit des beruflichen Selbstverständnisses und die Selbstauslegung der Berufsrolle des Sonderpädagogen an die Existenz eines segregierenden Sonderschulwesens. Wobei er einräumt, dass ohne das sonderpädagogische Wissen und Können allerdings eine verantwortbare Reintegration schulischer Bildungsprozesse von behinderten Kindern und Jugendlichen ins allgemeine Schulwesen nicht möglich wäre.

Im September 2006 sinniert Martin Marquard, dass es zum Gemeinsamen Unterricht von Kindern und Jugendlichem mit und ohne besonderen Förderbedarf keine vernünftige Alternative gibt. Er ist der Meinung, dass mehr als dreißig Jahre erfolgreiche Integration in Berlin und Deutschland gezeigt haben, dass gemeinsames Lernen in heterogenen Gruppen zu besseren Ergebnissen führt, die er leider nicht weiter konkretisiert. Weiterhin führt er auf, dass sich Integration positiv auf das Sozialverhalten untereinander auswirkt sowie ein schulisches Klima fördert, dass den Lernenden und Lehrenden mehr Zufriedenheit schafft. Marquard bedauert, dass in Berlin als bundesweiter Spitzenreiter, seiner Aussage nach, trotzdem nur 30 % integrativ beschulte Kinder mit besonderem Förderbedarf in Regelschulen zu finden sind, während zwei Drittel die

Sonderschule besuchen. Dabei gibt es ein wahrnehmbares stark abnehmendes Gefälle von den Grundschulen zu den Oberschulen. Im Raum Berlin ist der gemeinsame Unterricht schon fast regelhaft etabliert, die Oberschulen tun sich jedoch weiterhin schwer mit Integration, so Martin Marquard (vgl. S. 3). Im internationalen Vergleich konnte Deutschland im Mai 2004 rund 13 % aller Schüler mit sonderpädagogischem Förderbedarf mit einem Platz in integrativen Schulformen versorgen (vgl. Polzin, 2006, S. 5).

Obwohl die große Schulreform, wie am Ende des Textes unter Punkt 2.2 und zu Beginn von 2.3 erwähnt, die von Eltern behinderter Kinder, von engagierten Lehrern sowie Wissenschaftlerinnen in den 70er Jahren begonnen wurde, sich in den 80ern stürmisch entwickelte und in den 90ern Eingang in die Berliner Gesetzgebung fand, tritt sie nun seit Jahren auf der Stelle: „Fortschritte gibt es schon lange nicht mehr, eher Rückschritte, indem die Rahmenbedingungen für den gemeinsamen Unterricht ständig verschlechtert wurden und werden" (Marquard, 2006, S. 3). Martin Marquard resümiert resigniert, dass auch das seit 2004 existierende neue Berliner Schulgesetz nicht viel an diesem Zustand ändern wird, auch wenn es eigentlich den Vorrang des Gemeinsamen Unterrichts vor einer Beschulung an Sonderschulen festgeschrieben hat. Er sieht die Ursache darin, dass Integration mit einem besonderen Finanzvorbehalt ‚gedeckt' wird und sich dieses grundsätzlich andere pädagogische Konzept gegenüber dem übermächtigen, auf Segregation ausgerichteten Sonderschulwesen kaum durchsetzen kann. Er prophezeit, dass das Schulgesetz in dem Punkt der Bestärkung des Gemeinsamen Unterrichts eine leere Versprechung bleibt (Marquard, 2006, S. 3). Und bis jetzt behält er Recht, denn in den wenigen Jahren seit seiner Vermutung wurde das Versprechen noch nicht eingelöst, da die Beschulung an Sonderschulen immer noch etabliert ist. Denn zu beachten ist, dass trotz verstärktem Integrationsbemühen die Zahl der als auffällig diagnostizierten Kinder zunehmend steigt. „So ist beispielsweise die Zahl der

Schülerinnen und Schüler mit schweren Verhaltensauffälligkeiten in den letzten vier Jahren um über 25 % gestiegen", laut dem Bildungsserver Hessen[6]. Zum einen liegt dies an der verstärkten Sensibilität der Eltern und Lehrer gegenüber möglichen Auffälligkeiten, wodurch eine sonderpädagogische Beratung und Hilfe häufiger und früher in Anspruch genommen wird. Aber ebenso steigt der Leistungsdruck auf die allgemeinbildenden Schulen auf Grund der Ergebnisse der Internationalen Vergleichsstudien (siehe 3.1.3), weshalb auffällige Kinder schneller aussortiert werden.

So stellten Hinz und Boban im Jahr 2003 fest, dass die Integrationspraxis in den letzten Jahren stagniert und der Reformschwung der Pioniere erlahmt ist, denn die zunehmende Verbreitung hat – wie bei vielen Reformprojekten – zunehmende Verflachung mit sich gebracht. Neben den quantitativen Problemen sind besonders die qualitativen Differenzen der Integration in Deutschland bedenklich (vgl. S. 40, zitiert nach vgl. Häberlein-Klumpner, 2009, S. 59). Die schulische Aufnahme von Kindern mit Behinderungen ist lediglich die Voraussetzung für eine integrative Beschulung, was aber nicht ihre Realisierung bedeuten muss. Denn durch die weitergeführten exklusiven Schulstrukturen und ebenso anhaltend die Unterrichtung auf die Mittelköpfe hin, kann Heterogenität nicht als Chance ergriffen werden (vgl. Häberlein-Klumpner, 2009). Deshalb ist laut Feuser „nicht nur auf der institutionellen Ebene ‚eine Schule für alle' zu realisieren" (1995, S. 24).

Verschiedenste spezielle Aspekte bei der Betrachtung der Integrationspädagogik werden von Dumke und Schäfer (1993), Wisotzki (2000) sowie bei Schnell (2003) beleuchtet. Vielfältige Erfahrungen aus dem Schulalltag nach 25 Jahren Integrationsentwicklung im deutschen Kontext sind bei Boban und Hinz (2004) vorzufinden. Einblicke in individuelle Lebenswege in Bezug auf Integration oder Segregation eines

---

[6]http://sonderpaedagogik.bildung.hessen.de/news/1079457611.html

Menschen mit Beeinträchtigungen wurde im Band „Alle zusammen ist noch lange nicht gemeinsam" von Gerlinde Lill (1996) herausgegeben und beschreibt lehrreiche Möglichkeiten des Umgangs mit Menschen mit einem erschwerten Lebensweg seitens der Mitglieder unserer Gesellschaft.

2.3 Abgrenzung des Integrationskonzepts zu den anderen Modellen

Zu vermerken ist, dass der Diversität zwischen den Schüler/innenn innerhalb der Integrationspädagogik anders begegnet wird als im Modell der Segregation (siehe 1.3). Denn im Konzept der Integration sind Differenzen innerhalb der Schülerschaft grundsätzlich eine gegebene Voraussetzung „von institutionalisierter Bildung, wenn sie – wenigstens potenziell – auf eine größere Gruppe von zu Bildenden zielt" (Wenning, 2007, S. 145). Zugleich ist Differenz aber auch als Ergebnis von integrativer Bildung erwünscht und wird durch die Gesellschaft als zu erbringende Leistung des modernen Bildungssystems sogar gefordert. Voneinander abweichende Ergebnisse der Absolvent/innen sind bei dem Verweilen in Schulen, Hochschulen und anderen Bildungseinrichtungen akzeptiert, solange sie von system*immanenten* Faktoren wie individueller Leistungsfähigkeit oder Anstrengungsbereitschaft abhängen und für alle nachvollziehbar zustande kommen. Mit dieser Perspektive *funktioniert* das Bildungssystem auch schon eher systemkonform. Doch das Verhältnis von Differenz und Bildung ist auch hierbei mehrseitig. Denn Differenz ist zum einen eine Voraussetzung für institutionalisierte Bildungsprozesse sowie ein Ergebnis solcher Bildungsanstrengungen (vgl. Wenning, 2007S. 145 f.). Jedoch provozieren die im System angelegten Differenzen, welche über die von der Institution gewünschten Diversitäten hinausgehen, weiterhin eine Segregation der Schülerschaft. Anders formuliert, wenn ein Kind über den angedachten integrativen Rahmen der zugelassenen Heterogenität hinausgeht, wird immer noch eine Rückversetzung oder eine Sonderbeschulung vorgenommen, weshalb das Modell der Integration eher dem Konzept der Assimilation (siehe oben unter Begriffsbestimmungen) gleicht. Denn das Integrationskind hat sich völlig an die Norm der vorliegenden Klasse heranzuintegrieren, damit es als „integrationsfähig" anerkannt wird. Das Heran-integrieren ist in meiner Ansicht nach ein dramatischer Prozess, da das Integrationskind zur Verleugnung eigener gesteckter oder gesetzter Grenzen motiviert wird und daraus ein Nicht-Akzeptieren-Wollen des Kindes als individuelle Person seitens der Regelschule und ihren Mitgliedern stattfindet und deutlich wird.

Im Rahmen der zielgleichen Integration wird erwartet, dass sich Kinder mit erschwerten Lebenswegen den Leistungsanforderungen des Regellehrplans unterordnen können. Somit kann der zielgleichen Integration ein selektivierender Charakter zugesprochen werden, da alle Kinder, welche diese Anforderungen nicht realisieren können, ausgesondert werden, weshalb es zu dem Eindruck kam, dass es „nicht-integrierbare Behinderte" gäbe. Bei der zieldifferenten Integration nehmen alle Kinder am Unterricht teil, auch wenn einige von ihnen nicht dem Regellehplan verfolgen. Ihnen werden die Vorgaben der Sonderschulanforderungen zur Verfügung gestellt. Dies wird meist durch eine zweite Lehrkraft in Form eines Sonderpädagogen erwirkt. Methodisch entspricht der zieldifferente Unterricht dem Konzept des binnendifferenzierten Unterrichts, da neben den Methoden auch die Inhalte und Medien innerhalb des Unterrichtsgeschehens je nach Schüler abweichen können. Es ist jedoch zu berücksichtigen, dass dadurch veränderte Rahmenbedingungen im Klassenraum, fachlich qualifizierte Pädagog/innen mit vielfältigem didaktischem und methodischem Spielraum benötigt werden, was insgesamt höhere Kosten hervorrufen kann, im Vergleich zu der zielgleichen Integration, jedoch nicht in Bezug auf die Sonderbeschulung.

Obwohl im Sinne des zielgleichen sowie zieldifferenten integrativen Ansatzes die Zusammenführung verschiedener Schülergruppen anvisiert wird, erscheint es mir, dass die zielgleiche Integration nur ermöglicht, dass auch wieder nur einige wenige Kinder mit erschwertem Lebensweg bei denen eine Integration auch ohne „weitere Umstände" möglich ist, realisiert wird. Die zieldifferente Integration jedoch kann aus verschiedensten Gründen nicht umgesetzt werden, weil sie nur in wenigen Fällen an Schulen zu beobachten ist, die Tendenz eher zur Sonderbeschulung neigt. Da, so das rechtfertigende Argument, Kindern mit besonderen Bedürfnissen an Sonderschulen organisatorisch, personell und pädagogisch gerecht begegnet werden kann.

Die oben angerissene Frage der Kosten ist bisher, wie es mir scheint, positionsgebunden. Denn das Bundesverfassungsgericht stellte in seiner Entscheidung vom 8. Oktober 1997 (BVerfG, 1 BvR 9/97) fest: *„Es ist von Verfassungs wegen nicht zu beanstanden, daß .... die zielgleiche wie die zieldifferente integrative Erziehung und Unterrichtung unter den Vorbehalt des organisatorisch, personell und von den sächlichen Voraussetzungen her Möglichen gestellt ist. ... . Dieser Vorbehalt ist Ausdruck dessen, dass der Staat seine Aufgabe, ein begabungsgerechtes Schulsystem bereitzustellen, von vornherein nur im Rahmen seiner finanziellen und organisatorischen Möglichkeiten erfüllen kann (vgl. BVerfGE 40, 121, 133; 75, 40, 68; 82, 60, 80; 90, 107, 116)."*[7] Damit wurde laut Rechtsanwältin Martina Buchschuster vom Gericht konkludent festgestellt, dass ein integratives Schulsystem kostenintensiver sei als ein aussonderndes Schulsystem und damit die organisatorischen Möglichkeiten des Staates überfordern könnte. „Diese Annahme trifft jedoch nicht zu, wie in – und ausländische Studien belegen", so Buchschuster[7]. Stellvertretend für die

---

[7] http://www.elwela.de/recht/bilder/
Arg_Verfassungsbeschwerde_BAG.pdf

ausländischen Studien nennt Buchschuster die Studie von Ulf Preuss-Lausitz sowie die Aussagen der GEW aus dem Jahre 2000 über die Kosten bei integrierter und separater sonderpädagogischer Unterrichtung. Ebenso erwähnt sie den Bericht der OECD über „Integrating Students with special Needs into Mainstreaming Schools" aus dem Jahre 1995, welcher ein seperates Kapitel den Kosten in den Mitgliedsländern zuspricht. „Darin wird auf eine frühere Studie hingewiesen, in der sonderpädagogische Unterrichtung in den USA, in Australien, Dänemark, Spanien und Italien in gesonderten Schulen oder Klassen das 4-15 fache der Regelschüler, in integrativer Unterrichtung nur das 2-4 fache ausmachte.Zusammenfassend stellt die OECD fest: 'While comparative costs of integrated and special education are extremely difficult to estimate, such evidence as there is points in the same direction. It appears that, for the vast majority of children with special needs, education in integrated settings is not inordinately costly and is in any case less expensive than their placement in special schools.' (S. 25 der Studie)"[7], resümiert Buchschuster hinsichtlich des internationalen Kontextes. In Bezug auf die Studien im deutschsprachigen Raum erschien im März 2000 „in Deutschland eine erste vergleichende Studie zum Thema, die belegt, dass integrative Unterrichtung erheblich günstiger ist als separierte Unterrichtung behinderter Kinder, wenn man die Gesamtkosten, also auch die Beförderungskosten und die enormen Schulbetriebs- und verwaltungskosten der Sonderschulen in Rechnung stellt" stellt Marianne Buchschuster fest und orientiert sich wieder an Preuss-Lausitz und der GEW. Bei Preuss-Lausitz entnahm sie einer Aufzählung verschiedener deutschsprachiger Studien, dass auch diese zu ähnlichen Ergebnissen kamen. Nachdem sie darauf hinweist, dass der zur Optimalen Ausnutzung vorhandener Ressourcen verpflichtet werden sollte, um abschließend zu folgendem Fazit zu kommen: „Angesichts dieser Erkenntnislage stellt sich nachhaltig die Frage nach der Haltbarkeit des verfassungsgerichtlich sanktionierten Finanzierungsvorbehaltes bei der Prüfung eines Anspruchs auf integrative Beschulung"[7]. Dies spricht demnach dafür, dass die angeblich höheren Kosten einer integrativen Beschulung nicht haltbar sind als Rechtfertigung für Sonderbeschulung. Jedoch wäre es noch von Nöten, zu untersuchen, wie sich der Kostenaufwand bei einer zielgleichen und bei einer zieldifferenten Integration verändert.

Das derzeit zumeist praktizierte zielgleiche integrative Konzept ist ein Eingeständnis, dass die künstliche Homogenisierung der Schülerschaft sehr schwammige und somit bestreitbare Grenzen hat, welche in der heutigen Gesellschaft unwirtschaftliche, uneffektive, uneffiziente und vor allem nicht mehr zu rechtfertigende Auswirkungen hat. Mit dieser Einsicht wird Heterogenität auch offiziell in Bildungseinrichtungen geduldet und erlaubt, wie oben beschrieben mitunter sogar akzeptiert und auf Veranlassung verschiedener Personengruppen, insbesondere durch willensstarke Elterninitiativen, gefordert. Deshalb mussten auch adäquate Unterrichtsmethoden angeglichen werden, wie zuvor unter 2.1.4 erläutert.

„Während ‚Integration' immer noch so interpretiert wird und werden kann, dass man – gewissermaßen wohlwollend – bereit ist, Menschen, die von der ‚Regel abweichen', in die bestehenden Systeme für ‚regelgerechte Menschen' einzupassen, so geht Inklusion von vornherein davon aus, Gemeinsames für alle zu schaffen." (Polzin, 2006, S. 4f).

Im Idealfall sollte Integration der Vorstellung von Heimlich (1999) entsprechen. Doch der Praxisalltag zeigt, dass das Integrationsmodell auf dem Boden der Segregation gebaut wurde und die Schüler mit Förderbedarf „hinzugeführt" werden. Ebenso ist der Umschwung zur Inklusion erschwert, da es sich mitunter nur um eine Umbenennung des Alten handelt. Oder Sparmaßnahmen und fehlende Unterstützung lassen sehr innovative Ideen scheitern, so zum Beispiel das

Jahrgangsübergreifende Lernen (JüL) im Raum Berlin (siehe vertiefend GEW-Bericht über JüL[8]).

Dem Modell der Integration entnimmt man weiterhin sehr stark, dass es um eine Norm geht, die den Standard für alle festlegt. Für Behinderte gilt es, sich weiterhin daran zu orientieren und aus dieser Basis zu entscheiden, wie sehr „unnormal" ist der behinderte Schüler X, welchen Nachteilsausgleich benötigt er, um mit dieser Norm einer *Regel*schule mitzuhalten? Die Norm; die Normalität; das Unnormale; das abweichende von der Norm. Im statistischen Sinne kann anhand von festgelegten Grenzwerten ein Normwert ermittelt werden, der über die Masse gestülpt wird, um festzulegen, wer sich diesem Wert annähert oder wer abweicht und wer sich außerhalb des Normbereichs befindet. Da Norm der Wortstamm für Normalität bildet, soll Normalität an dieser Stelle von der Philosophin Nicola Abbagnano (1971, S. 765, zitiert nach Ianes, 2009, S. 11) definiert werden: „Das, was einer Gewohnheit oder einem Brauch, einem annähernden oder mathematischen Durchschnitt oder dem physischen oder psychischen Gleichgewicht entspricht. In diesem Sinne sagt man beispielsweise ‚ein normales Leben führen' und meint ein Leben, das den Bräuchen einer gewissen sozialen Gruppe entspricht; oder der Satz ‚Er hat ein normales Gewicht' soll aussagen, dass sein Gewicht dem durchschnittlichen Gewicht von Menschen gleichen Alters, […] usw. entspricht." Dubar (2004, zitiert nach Ianes, 2009, S. 11): „Jeder von uns, auch ein Mensch mit schweren Beeinträchtigungen, hat ein tiefes Bedürfnis nach Normalität, um darüber seine primäre und sekundäre Sozialisation bestmöglich zu realisieren."

Der Meinung von Alfred Sander nach kann ein Mackel der Integration wie folgt gesehen werden: „Bei uns in Deutschland werden Mängel der Integrationspraxis beobachtet und daraus Forderungen für eine verbesserte Weiter-

---

[8] http://www.gew-berlin.de/documents_public/060323_juel_5.pdf

entwicklung abgeleitet. Der am häufigsten beschriebene Mangel in der Praxis von Integration besteht offensichtlich darin, dass sie als rein organisatorische, additive Maßnahme durchgeführt wird" (z. B. Ferguson, 1997, S. 51; Haug, 2000, S. 113; Tetler & Kreuzer, 2000, S. 96 f., zitiert nach Sander, 2002, S. 5). Zudem zu bedenken ist, dass die Integration als additive Maßnahme vollzogen wird, da zuvor Menschen hinsichtlich bestimmter Kriterien ausgesondert wurden.

Feuser (1998) entwickelte eine ‚Allgemeine Pädagogik integrativer Potenz', die konsequent auch für Schüler und Schülerinnen ‚aus anderen Kulturen, mit anderer Sprache und Religion' bestimmt ist" (S. 22). Die in Deutschland vorfindbare Integrationspraxis für behinderte Kinder lehnt er wegen ihrer Orientierung am segregierenden deutschen Schulsystem ab. Seine so genannte Allgemeine Pädagogik bedarf nicht mehr des Attributes ‚integrativ', da sie es von ihrem Wesen her ist – "nicht nur für Menschen mit Behinderungen bzw. unterschiedlichen Entwicklungsniveaus und Lernausgangslagen, sondern auch für solche mit anderer Nationalität, Sprache, Religion und Kultur" (Feuser, S. 25). Den Terminus ‚Inklusive Pädagogik' übernimmt Feuser erst in einer neuesten Veröffentlichung (Feuser 2001), allerdings nur als Überschrift. Im Text spricht er nicht von Inklusion, sondern von Integration; inhaltlich geht es im Wesentlichen um das, was ich hier als optimierte und erweiterte Integration bezeichne" (Sander, 2002, S. 7).

2.4 Studien und deutsche Gesetzeslagen zur Integrationspädagogik

Dem Behindertenbericht der Bundesregierung 2009 zu Folge besuchten am, als Stichtag gewähltem, 15. März 2008 rund 63.000 Kinder unter 14 Jahren Einrichtungen der Kindertagesbetreuung, die Eingliederungshilfen aufgrund einer körperlichen oder geistigen Behinderung erhielten. Rund

48.600 von ihnen besuchten integrative Einrichtungen und rund 14.400 gingen in Sondereinrichtung. Von der Variable „Alter" augehend befanden sich von den erwähnten Kindern die meisten, also rund 57.400 Kinder im Alter von drei Jahren bis zum Schuleintritt (vgl. Fink, 2010, S. 24).

In den Ergebnissen der Internationalen Schulleistungsstudie IGLU (siehe 3.1.3.2) konnte gezeigt werden, dass in den Grundschulen zwar Modernisierungen stattgefunden haben, aber trotz nationalem Integrationsauftrag weiterhin zu weiten Teilen immer noch ein eher traditioneller Unterricht stattfindet. Dies ist erstaunlich, da alle Schulen, an denen die Schulpflicht erfüllt wird, „dem verfassungsrechtlichen Integrationsauftrag unterliegen, dem das Schulwesen insgesamt verpflichtet ist" (Langenfeld, 2001, S. 568). Jedoch konnte durch IGLU gezeigt werden, dass zumeist die Lehrkraft die Schüler/innen primär über herkömmliche didaktische Materialien, also Schulbücher sowie Arbeitsblätter, anleitet und unterweist. Deutlich seltener sind Phasen des eigenständigen Lesens und des Lesens selbst gewählter Texte zu finden. Ebenso wenig sind anspruchsvollere, die Problemlösefähigkeit der Schüler/innen anregende Formen des Leseunterrichts, wie etwa das Verfassen eigener Texte oder eine kreativ gestaltete Verarbeitung des Gelesenen zu beobachten. Ähnlich selten finden differenzierende und individualisierende Maßnahmen statt (vgl. Bos et al.[9], 2007, S. 30).

Für Einblicke in den Aufbau des derzeitigen Berliner Bildungssystems kann der „Bildungsfahrplan" (2009a) von der Senatsverwaltung für Bildung, Wissenschaft und Forschung empfohlen werden, sowie deren Infobrief (2009b), welcher über die Reformen berichtet. In Bezug auf die Feststellung von Förderbedarf und hinsichtlich der auf Diagnostik basierter

---

[9] http://iglu.ifs-dortmund.de/assets/files/iglu/
IGLU2006_Pressekonferenz_erweitert.pdf

Integration

Zugangssteuerung hat der Bundesverband LERNEN FÖRDEN vielfältige Referate veröffentlicht (2009). Generell soll noch erwähnt werden, dass laut Berliner Schulgesetz unter acht Förderschwerpunkten unterschieden wird: „Sehen, Hören, körperliche und motorische Entwicklung, Sprache, Lernen, geistige Entwicklung, emotionale und soziale Entwicklung (Verhalten), autistische Behinderung" (Ulmann, 2002, S. 32 f.). In dem eben zitierten Artikel von Gisela Ulmann können auch Einblicke in das Prozendere für eine Feststellung des Förderbedarfs genommen werden (vgl. im Anhang E). Dieses so genannte *Förderausschussverfahren* kann ergänzend bei Merz-Atalik (2001, S. 212 f.) nachgelesen werden. Einen sehr detaillierten Einblick in den Werdegang des Gesetzentwurfs hinsichtlich der Integration bis zu schulorganisatorischen Konsequenzen erfährt man bei Erika Link (2000).

Eine in ihren Ergebnissen sehr breit und insgesamt groß angelegte Längsschnittstudie aus dem Wissenschaftszusammenschluss von Andreas Hinz, Dieter Katzenbach, Wulf Rauer, Karl Dieter Schuck, Hans Wocken und Hubertus Wudtke untersuchte „Die Entwicklung der Kinder in der Integrativen Grundschule" (1998). Als Kontrollgruppe funktionierten Schulen mit Klassen ohne Integrationskonzept. Unter Berücksichtigung von drei Unterrichtungsdurchgängen in den Jahren 1994 bis 1996 wurde der Frage nachgegangen, ob sich integrative Unterrichtung für alle Kinder und in allen Bereichen förderlich auswirkt, zum einen auf Regelschüler und auf Schüler mit Lern-, Sprach- und Verhaltensproblemen jeweils hinsichtlich der kognitiven Fähigkeiten und in Bezug auf die sozial-emotionale Entwicklung (vgl. Hinz et al.,1998, S. 130). Dieses Projekt konnte, im Gegensatz zu gegenteiligen Ergebnissen der schweizer Studie aus dem Jahr 1990 (siehe S. 41, Abschnitt 1.4) belegen, dass die integrative Unterrichtung weder auf Kosten der emotionalen Befindlichkeit von Integrationsschülern/innen geht, noch zur sozialen Isolation in ihren Klassen führt. Zwar schätzen Schüler/innen mit Förderbedarf ihre emotionale Befindlichkeit und ihre soziale

Situation signifikant schlechter ein als ihre Mitschüler/innen, unterscheiden sich aber nicht von der Selbsteinschätzung der Sonderschüler/innen (vgl. Hinz et al., 1998S. 553). Dies macht die übertragbaren Konsequenzen von Etikettierung deutlich, welche scheinbar eher unabhängig von Rahmenbedingung, wie Integration oder Separierung, ihre Wirkung auf die Betroffenen haben. Hinz und Kollegen bezeichnen die soziometrischen Daten hinsichtlich der sozialen Integration der Kinder mit Förderbedarf als befriedigend, da die Kinder zwar zu den weniger beliebten Schülern/innen in ihrer Klasse zählen, aber „keineswegs sozial isoliert" (Hinz et al., 1998S. 553) sind. Dies ist eine makabre Aussage, da auch der Status „zu den weniger beliebten Schülern einer Klasse zu zählen" ein hartes Los sein kann zum Beispiel hinsichtlich des Selbstwertkonzepts in einer Zeit der Orientierung an der Peergroup, sprich in der sozialer Vergleich nicht unbedeutend für die eigene Entwicklung ist. Bemerkenswert an dem Befund der geringeren Beliebtheit fanden Hinz und Mitarbeiter, dass dieser in den Integrationsklassen über die Zeit stabil blieb, im Gegensatz zu den Kontrollklassen ohne Integration, also Klassen in denen sich kein Kind mit Integrationsstatus befand.

Für die Leistungsentwicklung war bedeutsam, dass es im integrativen Regelklassensystem im Ganzen trotz der Ausstattung mit zusätzlichen sonderpädagogischen Ressourcen nicht gelungen ist, das Auseinandergehen der Leistungsschere zwischen förderbedürftigen Schülern und ihren Mitschülern zu verhindern (vgl. Hinz et al., S. 553).

Dramatisch finde ich, dass beim Versuch als Vergleichsgruppe Klassen aus Sonderschulen zu rekrutieren und zu vergleichen, festgestellt werden musste, dass dies methodisch nicht ausgewertet werden konnte, da trotz der hohen Differenzierung der Instrumente im unteren Leistungsbereich die Sonderschüler mit dem jahrgangsentsprechenden Material häufig nicht zurecht kamen, „so daß auf die Tests niedriger Klassenstufen ausgewichen werden musste" (Hinz et al, 1998, S. 552). Diese Situation wurde damit gerechtfertigt, dass dies sicherlich auch an unterschiedlichen methodisch-didaktischen Entscheidungen zwischen Sonderschule und Integrativer Regelschule liegt und in Förderschulen keine Orientierung mehr am Curriculum stattfindet und dies auch bei Sprachheilschulen offensichtlich nur für einen Teil der Schüler angestrebt wird. „Damit entfällt die Grundlage eines direkten Vergleichs mit den SchülerInnen des [Integrativen Regelschul]systems, da hier auch die leistungsschwachen SchülerInnen immer das ihrer Klassenstufe entsprechende Material bearbeitet haben" (Hinz et al., 1998, S. 252). Der Schwerpunkt beim Konzept der integrativen Regelschulen liegt darauf, dass eine Schulinitiative vorliegt, „die zumindest konzeptionell die Möglichkeit zur integrativen Beschulung von Kindern bietet" (Klüssendorf, 2000, S. 21), welche ansonsten an Sonderschulen verwiesen wären. Somit sind, wie ich angedeutet habe, „nicht mehr nur bildungsmotivierte und mittelschichtorientierte Eltern Motor für die Weiterentwicklung" (Klüssendorf, S. 21). Einen Beitrag über die Erwartungen der Eltern im Prozess zwischen Sonderschulwesen, Integration und Inklusion hat Douglas Ross (2008, S. 59 ff.) mit verschiedenen Schwerpunktsetzungen umfangreich formuliert.

2.5 Diskussion der integrativen Pädagogik

> „*Integration, die ja eigentlich ‚Re-integration'*
> *bedeutet*"
> (Schumann, 2000, S. 34)

Dass der Integrationsbegriff von einigen Praktikern sowie Theoretikern mit dem Inklusionsbegriff gleichgesetzt wird, von anderen aber auch festgestellt wird, dass die Integration in ihrer Praxisentwicklung viele Defizite aufweist, verdeutlicht, dass „der Integrationsbegriff im Grunde nicht geklärt ist, bzw. dass sehr widersprüchliche Vorstellungen damit verbunden werden. Einerseits bedeutet er eine gemeinsame Beschulung von behinderten und nicht behinderten Schülern in einem gestuften, viergliedrigen Kaskadenmodell, andererseits fordert er, im Sinne von Feuser, Preuss-Lausitz u. a. alle Schüler in einer Schule gemeinsam zu unterrichten" (Horsch & Schulze, 2008, S. 15).

Bei der Abgrenzung zur Integration liegt die vorrangige Kritik in einer als mangelhaft empfundenen und ins Stocken geratenen Praxisentwicklung der Integration. Trotz der damit verbundenen Abwertung des Integrationsbegriffs sollten die von der Integrationsbewegung erreichten Ziele Beachtung finden, da die Inklusion auch auf den Leitideen der Integrationsbewegung aufbauen kann (vgl. Horsch & Schulze, 2008), S. 15). Ein weiterer Kritikpunkt an der Integration ist deren häufige Fixierung auf die administrative Ebene. Danach gilt Integration als gelungen, wenn eine strukturelle Veränderung erreicht wurde und ein Kind mit sonderpädagogischem Förderbedarf in Form einer Einzelintegration die wohnortnächste Regelschule besuchen kann. Dabei bleibt unberücksichtigt, ob das Kind sozial und kommunikativ eingebunden ist und ob die Integration zu einem emotionalen Wohlbefinden des Kindes geführt hat. Das heißt, dass die notwendige Kind-Umfeld-Analyse meist nicht stattfindet (Stähling, 2006, zitiert nach Horsch & Schulze, 2008, S. 15).

Weiterhin wird Integration zu oft als eine additive, räumlich gedachte Maßnahme umgesetzt. Für eine erfolgreiche Integration genügt es demnach, wenn ein behindertes Kind in die Klasse einer Regelschule kommt und am Unterricht teilnimmt. Wieder unberücksichtigt ist der Aspekt, dass sich auch die Klasse verändern muss, damit dieses Kind integriert werden kann.

Ebenso kann es durch die Organisationsstruktur der Integration nur schwer zu einer Bindung zwischen dem zuständigen ambulanten Sonderpädagogen auf Grund der starken Zeitbegrenzung kommen (Stähling, 2006, zitiert nach Horsch & Schulze, 2008, S. 16). Dies ist oft ein Problem für die Fach- und Klassenlehrer, die auf eine Zusammenarbeit mit den Sonderpädagogen meist angewiesen sind, jedoch dafür, meiner Erfahrung und den Berichten von Lehrern sowie Sonderpädagogen auf verschiedensten Weiterbildungen nach, häufig in der Praxis nur Kapazitäten in Form eines kurzen Gespräches auf dem Flur im Schulhaus im Vorbeigehen vorhanden sind.

Zudem wird dem einzelnen integrierten Kind im Anschluss an die vollzogenen ‚Integrationsprozedur' wenig Beachtung geschenkt, hinsichtlich dazu, ob es diese ‚Sonderzuwendung' weiterhin benötigt oder überhaupt als förderlich empfindet, mit Ausnahme bei dem Übergang vom Kindergarten in die Schule. Denn bei der Einschulung verliert das Kind vorerst den bisherigen Integrationsstatus und wird nochmals dem Diagnoseverfahren unterzogen (vgl. Helbig, 2010). Es wird ein Integrationsprogramm angesetzt und durchgezogen, stark abhängig von der vorherigen Diagnostik, welche meist nur einmalig zu Beginn des Integrationsprozesses zur Einstufung stattfindet und demnach wenig Evaluation erfährt, welche für eine Optimierung des Bildungs- und Integrationsprozesses aber von Vorteil wäre.

Die vorherrschende Zwei-Gruppentheorie über eine Gruppe Geschädigter, die an die Gruppe nicht Geschädigter herangeführt wird, führt dazu, dass die zu integrierenden Kinder in der gemeinsamen Klasse trotzdem weiterhin die Anderen, die Benachteiligten, die Behinderten bleiben. „Das dadurch begünstigte Kategoriendenken beteiligter Personen impliziert deshalb zu einer im Vergleich zur Segregation gleich bleibenden, implizit abwertenden Sichtweise auf das andere Kind.[...] Diese Form der Integration stabilisiere das bestehende System und verhindere einen Paradigmenwechsel, so Hinz" (2000a, zitiert nach Hosch & Schulze, 2008, S. 17). Der Paradigmenwechseln in der pädagogischen Reflexion wird tiefgreifend bei Spichel (vgl. 1998, S. 81 ff.) erörtert.

Eine Schwierigkeit der Integration ist die aus der Geschichte heraus gewachsene und anhand der Gesellschaft zu

Recht erkämpfte Perspektive, dass einem Kind für seine gesellschaftliche Teilhabe erst ein besonderes Recht, eben das auf Integration, zugesprochen werden muss. „Hier zeigt sich ein Grundproblem des Verständnisses von Integration, das davon ausgeht, dass jemand ausgeschlossen ist, der wieder mit einbezogen werden müsse. Im Gegensatz dazu will Inklusion von Anfang an alle Individuen vorbehaltlos mit einbezieht, ohne Ausnahmen" (Horsch & Schulze, 2008, S. 17). In der Integration geht die Auslese in sofern weiter, dass es oftmals die Beschränkung auf eine Behinderungsart bei der Integration gibt. Die Inklusion will Aussonderung von vornherein verhindern, Integration setzt eine Aussonderung voraus und betreibt diese innerhalb ihres Systems weiter. Somit kann keine Veränderung, wie in der Inklusion angestrebt, des Menschenbildes anvisiert und die Unterscheidung hinsichtlich „mit Behinderung – ohne Behinderung" kann in der Integration nicht aufgegeben werden, im Gegensatz zur Inklusion.

Auch in Bezug auf die Schulstruktur, ändert sich mit der Integration zwar die Klassenzusammensetzung und die Schülerschaft einer Schule, jedoch wird dadurch die Schule als Organisation jedoch nicht oder nur ungenügend verändert. „Dadurch entsprechen Methodik und angewandte Unterrichtsformen oft nicht den Bedürfnissen solch heterogener Gruppen" (Horsch & Schulze, 2008, S. 18).

Insgesamt ist die Tendenz bedauerlich, dass alles, was als gut, fortschrittlich und hilfreich angesehen werden will, sich das Etikett „integrativ" anheftet (vgl. Hinz, 2003, S. 15), was ein Problem der Verzerrung und Unschärfe des Begriffs nach sich zieht.

Bei der Integration gibt es unter quantitativem Gesichtspunkt ein sektorales Phänomen, da sie im Kindergarten sehr weit verbreitet ist, in der Grundschule mit deutlichen Unterschieden zwischen den Bundesländern relativ verbreitet und in der Sekundarstufe I nur noch in geringem Maße und schließlich in der Sekundarstufe II als exotisch

Integration

angesehen werden kann. Demnach ist gemeinsamer Unterricht ein ergänzendes, nicht ein ersetzendes System geworden, mit Problemen der Stagnation. Jedoch muss dazu erklärt werden, dass aktuell betrachtet, ein Kind im Kindergarten mit wenig Aufwand einen Integrationsstatus erhält. Dieser Status wird jedoch nicht in die Schule übertragen, sondern muss neu diagnostiziert werden. Dabei wird in den ersten drei Grundschuljahren bewusst selten der Integrationsstatus für die Bereiche Lernschwierigkeiten, Verhaltensauffälligkeiten und Sprachverzögerung vergeben. In den Bereichen geistiger oder körperlicher Auffälligkeiten wird häufig und komplikationsfrei der Förderbedarf genehmigt (vgl. Helbig, 2010).

Auch qualitativ gibt es sektorale Tendenzen, da Kinder mit Lern-, Sprach- und Verhaltensauffälligkeiten zahlreich vertreten sind, Kinder mit höherem Unterstützungsbedarf befinden sich deutlich seltener in integrativen Klassen, nach der Rechnung, je schwerer der Grad der Behinderung, desto geringer die Chance auf Integration (vgl. Hinz, 2003, S. 15 ff.; siehe Readiness-Modell in 3.2). Denn die Gruppe der Schwerstbehinderten erfährt eine generelle Segregation, auch im Modell der Integration. Feuser beschreibt die Ausrufung der Spezial-Sonderschulen, welche geistig und körperlich behinderte Kinder aufnehmen und denen eine Bestandgarantie ausgesprochen wurde. „Ja es ist sogar eine Art Rangelei anderer schulisch repräsentierten Behindertenvertreter und -fachleute beobachtbar, den Rang einer Spezial-Sonderschule zu erhalten, um so der Integration entgehen zu können (z. B. Bereich Sprachbehinderte und Gehörlose)" (Feuser, 1989, S.20).

Zumal die Einrichtung von Integrationsklassen in der Berliner Bildungslandschaft mit einem Haushaltsvorbehalt versehen ist, wie schon bei den Ausführungen von Marianne Buchschuster unter Punkt 2.3 angedeutet wurde. Das bedeutet, dass sich das Land Berlin neben den Integrationsklassen die volle Erhaltung eines kostspieligen Sonderschulwesens leistet, die notwendigen Einsparungen jedoch einseitig zu Lasten der

Ausdehnung von Integrationsklassen gehen. Dies bringt wiederum mit sich, dass Schulplätze für bestimmte Kinder an finanzielle Vorausetzungen gebunden sind, was somit als Akt der Diskriminierung verstanden werden kann (vgl. Eberwein, 1998, S. 4).

Das Resümee der letzten 20 Jahre Integration in Berlin wurde auf einer Fachtagung der GEW im Jahre 1998 als erfahrungsreich beschrieben, jedoch wurden auch viele Probleme des vollzogenen Integrationskonzepts aufgegriffen und als mögliche Ursachen für die Stagnation referiert.

3. INKLUSION

*Die Zeit ist überreif,
wir müssen endlich aufhören, das Kind als defizitäres
Wesen zu betrachten.*

Verallgemeinernd ist über Inklusion zu sagen, dass alle Funktionskontexte des gesellschaftlichen Lebens für alle Teilnehmer zugänglich gemacht werden (vgl. Farzin, 2006, S. 7), mit dem pädagogischen Ziel einer „Anerkennung der Normalität der Verschiedenheit" (Sander, 2004a, S. 17).

Nachdem unter 1.1 die Entstehung des segregativen Modells anhand der Herausbildung der Institution Schule erläutert wurde und unter 2.1 die Unterrichtsmethoden in ihrem geschichtlichen Wandel detailliert dargestellt wurden, da diese kennzeichnend für den Verlauf der Integration waren, wird nun der historische Umgang mit Menschen mit besonderen Bedürfnissen geschildert, um aufzuzeigen, wie dieser zu dem visionären Gedanken der Inklusion führte.

3.1 Historischer Verlauf der Entwicklung von Theorie und Praxis des Inklusionsmodells

Da das zeitlich aktuelle Ziel des geschichtlich betrachteten Weges die Inklusion sein wird, steht bei der folgenden historischen Darstellung die spezielle Position der Bildung im gesellschaftlichen als auch im individuellen Kontext im Zentrum. Besonders der geschichtlich gesehene Perspektivwechsel auf den Umgang mit Menschen mit speziellen Bedürfnissen verdeutlicht den Werdegang der Segregation über Integration zur Inklusion im pädagogischen Kontext. Deshalb steht im Folgenden die Analyse der „Reaktionen innerhalb der Pädagogik auf die Veränderung in der äußeren Umgebung mit spezieller Beachtung der Unterstützung von Personen, die behindert oder von

Marginalisierung bedroht sind" (Vojtová, Bloomers & Johnstone, 2006, S. 15). Weiterhin ist voranzustellen, dass die anschließenden histographischen Abbildungen pädagogischer Bewegungen und ihre sozialgeschichtlichen Kontexte sich einerseits an einem kulturhistorischen Paradigma orientieren sowie am zukunftsgerichteten Bezugspunkt „Inklusion". Somit soll versucht werden, sich mit (Sozial-)Geschichte der Erziehung, der Bildung und der gesellschaftlichen Einbeziehung und Dazugehörigkeit von benachteiligten, behinderten und an den Rändern der Gesellschaft lebenden Menschen hinsichtlich ihrer gesellschaftlich-historischen Verortung und Entwicklung auseinander zu setzen. Es soll das daraus hervorgehende geistige und moralische Erbe und dessen Einflüsse herausgearbeitet werden. Dieses kann den Kontrast der pädagogischen Ausgangskonzepte verdeutlichen, besonders hinsichtlich der Entwicklung von Theorie und Praxis des Inklusionsmodells. „Mit anderen Worten: Praxis und Theorie von ‚Inklusion' stellen [im Folgenden] den Bezugspunkt für die Rubrizierung der historischen Entwicklung von Erziehung und Bildung sogenannter behinderter Menschen dar" (Vojtová et al., 2006, S. 22).

Da es sich bei den Konzepten der Segregation, Integration und Inklusion um eine „Abfolge von Entwicklungsschritten schulpädagogischer Praxis" (Hinz, 2005, S. 4) handelt, wird auch an dieser Stelle chronologisch vorgegangen und dementsprechend im ersten von drei längeren Zeitabschnitten mit Exklusion und Segregation hinsichtlich des Umgangs mit Menschen mit speziellen Bedürfnissen begonnen. Obwohl ein Bewusstsein darüber besteht, dass die pädagogisch relevanten Ideen „nicht isoliert entstanden [sind], sondern im [fliesenden] historischen, politischen und gesellschaftlichen Zusammenhang" (Vojtová et al., 2006, S. 15) stehen, wird eine Unterteilung in Zeitabschnitte vorgenommen, um ein Verständnis für die Unterschiedlichkeit der jeweiligen Konzepte aufzubauen.

Diese werden in Anlehnung an eine Systematik von Vojtová et al. betrachtet.

3.1.1 Exklusion und Segregation

Der erste größere Zeitabschnitt der **Exklusion**, bis circa zum Jahr 1918, wird nochmals unterteilt in die folgenden drei Sequenzen: Eliminierungsphase, Pionierphase und der anschließenden Differenzierungsphase.

3.1.1.1 Eliminierungsphase

„Menschen mit Behinderungen bzw. Menschen, die in ihren Erscheinungsweisen und ihrem Verhalten von den normgebenden Meinungen ihrer Bezugsgruppe und Ethnie abwichen, waren zu allen Zeiten und in allen Kulturen unterschiedlichen Betrachtungs- und Verhaltensweisen ihrer Mitmenschen ausgesetzt, die von den jeweiligen religiösen, politisch-gesellschaftliche und ökonomischen Auffassungen und Sichtweisen zu anthropologischen, ästhetischen und ethisch-normativen Fragen, zu den Bildern und Deutungsmustern über Menschen geprägt wurden" (Vojtová et al., 2006, S. 22).

Innerhalb des hier beleuchteten europäischen Kulturraums, ist ab Beginn schriftlicher Zeugnisse der Menschheitsgeschichte bis zur Hälfte des 18. Jahrhunderts eine konsequente Ablehnung mit Auswüchsen der Verfolgung und Vernichtung behinderter Mitmenschen kennzeichnend. So hatten behinderte Menschen zur Zeit des griechischen Altertums die Bedeutung von *Unglücksboten* der Götter (vgl. Mehl, 1996, zitiert nach Vojtová et al., S. 23) und waren hinsichtlich der körperlichen Einschränkungen nicht gewinnbringend für das wirtschaftliche, politische und kriegerische Leben und hatten deshalb kein Recht auf Leben.

Aufzeichnungen zur Folge begegnete man Menschen mit Beeinträchtigungen innerhalb der Eliminierungsphase lediglich im 11. Jahrhundert vor Christus in Ägypten mit Ehrfurcht, auch aus Gründen des Glaubens (vgl. Fischer-Elfert, 1996, zitiert nach Vojtová et al., S. 23). Ebenso gab es eine Ausnahmeerscheinung um 300 vor Christus in Mesopotamien, da Behinderte dort beruflichen Betätigungen anerkannt nachgehen konnten (vgl. Waetzold, 1996, zitiert nach Vojtová et al., S. 23). So können die Vorstellungen über behinderte Menschen ebenfalls extreme Positionen einnehmen: von den „Auserwählten" (z. B. Menschen mit ‚geistiger Behinderung' bei einigen Naturvölkern) zu Personen, denen jeder Lebenssinn und –wert abgesprochen wird (vgl. Häberlein- Klumpner, 2007, S. 26).

Aristoteles (384-322 v. Chr.) fasste das Gedankengut seiner Zeit hinsichtlich des Umgangs mit körperlich behinderten Menschen folgendermaßen zusammen: „Was aber die Aussetzung oder Auferziehung der Neugeborenen betrifft, so sei es Gesetz, kein verkrüppeltes Kind aufzuziehen"(Müller, 1996, zitiert nach Vojtová et al., 2006, S. 23).

Im antiken Rom wurde das griechische Leitbild des Idealen und Schönen übernommen und somit auch mit Vernichtung oder Sklaverei den behinderten Menschen begegnet.

Das europäische Mittelalter war stark von den Interpretationen der Institution Kirche bezüglich des Alten sowie des Neuen Testaments geprägt, welche Behinderte als Gottes Strafe und als Resultat der Verlorenheit nach dem Sündenfall deklarierten. Auf Grund des Kainszeichens wurden benachteiligte Menschen gefoltert oder innerhalb der Hexenprozesse auf dem Scheiterhaufen verbrannt um ihnen den Teufel auszutreiben. Ebenso wurden auch während dieser Zeit Behinderte zu Sklaven oder Volks- und Hofnarren (vgl. Kirmsse, 1922, zitiert nach Vojtová et al., 2006, S. 24).

Auffällig ist, dass sich dieses von Kobi (1980, S. 71, zitiert nach Vojtová et al., 2006, S. 24) genannte *exorzistische*

Inklusion

Handlungsmodell durch verschiedene Zeiten und Kulturen zieht: „Das Absonderliche ist die Inkarnation des Nicht-sein-Sollens; es ist das Seins-widrige, Lebensfeindliche, Bedrohliche, dessen es sich zu erwehren und von dem es sich fernzuhalten gilt" (Kobi, 1993, S.254, zitiert nach Vojtová et al., S. 24).

Jedoch sorgten vereinzelte Personen und auch einige wenige Klöster für Armen- und Krankenpflege aus dem christlichen Gefühl der Nächstenliebe heraus, wobei „Arme" sich nach damaligem Verständnis auch auf behinderte Menschen bezog (vgl. Bachmann, 1985, 282, zitiert nach Vojtová et al., 2006, S. 25).

3.1.1.2 Pionierphase

Das Zeitalter der Aufklärung fand seine Anfänge im 17. Jahrhundert und bereitete einen hinwendenden, experimentierenden Umgang mit dem Thema Behinderung im 18. Jahrhundert vor. „Pädagogisch-professionelle, systematisch-kontinuierliche Ansätze der Lebensunterstützung von sogenannten behinderten Menschen finden sich erstmals in der Zeit der Aufklärung, also in der Epoche der Abwendung von irrationalen und metaphysischen Interpretationen und der Hinwendung zu rationalen Formen von Erkenntnissen, zu einer rationalen Wissenschaft" (Vojtová et al., 2006, S. 27).

Auf Grund dieser „Entgötterung des Himmels" (Möckel, 2007, S. 24) wendete sich die Wissenschaft dem Menschen zu und sah in ihm ein in sich gutes Produkt der Natur, anstatt ein Resultat des Sündenfalls. Besonders die Erziehung und Bildung des Menschen wurde als Chance gesehen, jeden Erdenbürger zu einem guten und geistig mündigen Wesen formen zu können, auch wenn benachteiligte Personen dabei nur wenig von Interesse waren, da das alte geprägte Bild „bezüglich anthropologischer und biologischer Vorannahmen" (Vojtová et al., S. 28) einschließlich aller

Vorurteile dominierte. Beispielhaft ist die damalige Auffassung, dass Sprechen angeboren und nicht zu erlernen sei (vgl. Vojtová et al., S. 28).

Jedoch motiviert durch den Geist der Aufklärung stellten einige Personen wissenschaftliche Überlegungen zu Ursache und Möglichkeit der Behandlung von zum Beispiel „Schwachsinn" an und stellten erste pädagogische Konzepte und Methoden für Menschen mit besonderen Bedürfnissen dazu auf. Sie interessierten sich auch für Erziehungsfragen innerhalb der Familie und aus „den Erfahrungen der Alltagspraxen erwuchsen dann auch erste Theoriebildungen bzw. theoretische Erklärungsmodelle für die Erziehung sogenannter behinderter Personen" (Vojtová et al., 2006, S. 28).

Diese Bemühungen wurden über die Restaurationszeit und Industrialisierung bis einschließlich in das 19. Jahrhundert hinein, mitunter auch in parallel verlaufenden pädagogischen Strömungen, verfolgt. Doch allen Strömungen ist *„das Handlungsmodell der Rehabilitation"* (Vojtová et al., S. 29) gemeinsam, mit folgendem Anspruch: „Das Absonderliche ist das Missglückte, Mangelhafte, das es zu vervollkommnen, zu reparieren, zu ertüchtigen gilt" (Kobi, 1993, S. 265). Kobi splittet die Strömungen in kompensatorisch, therapeutisch und sozialrehabilitativ auf. Die unterschiedliche Entwicklung in verschiedene Richtungen begründet er mit ihrem unterschiedlichen wissenschaftlich-fachlichen Ursprung und zum anderen mit dem Fortschritt der gesellschaftlich-politischen Zusammenhänge aus der gegebenen Zeit heraus.

Die Förderung der Bildung und Erziehung des Einzelnen wurde in der Epoche der Aufklärung besonders stark forciert, weil deutlich wurde, dass der zuvor abgesonderte Mensch dadurch nützlich und brauchbar für das Gemeinwohl, also der gesellschaftlichen Gemeinschaft wurde. Durch die Bildung konnte die Person einen Beruf erlernen, etwas für die Gemeinschaft beitragen und die wirtschaftliche Unabhängigkeit erreichen, was bedeutende Ziele des Dritten

Standes waren, um sich gegenüber dem Adel und der Kirche zu behaupten.

Auch der Sozialdarwinismus unterstützte diesen Ansatz und beeinflusste den Umgang mit Menschen mit Behinderungen ab Mitte des 19. Jahrhunderts. Zur Zeit des Sozialdarwinismus wurden die Personeneigenschaften negiert und als höchstes Ziel der Gemeinschaft die Arterhaltung angesehen: „In der Annahme über die menschliche Gemeinschaft wurde von dem Denken des Nutzens und das Wohl der eigenen Gattung ausgegangen und Sinn des Sozialen lag in der Arterhaltung funktionstüchtiger Menschen" (vgl. Conrad-Martius, 1955, S. 38 f.).

Weiterhin gehemmt wurde die Entwicklung der pädagogischen, psychologischen und sozialen Erklärungsansätze durch das traditionell verankerte Modell der „medizinisch-psychiatrischen Defektologie" (Vojtová et al., 2006, S. 31). Den biologischen *Defekten* galt es medizinisch zu begegnen und möglichst zu beheben. Doch auf sozialer, vielleicht auch ein wenig auf moralischer Ebene wollte man dem behinderten Menschen mit neuen Methoden *helfen* und ihn unterstützen um ihn im Sinne der Gemeinschaft zu erziehen. Das Konkurrieren dieser gegenüberstehenden Ansätze ist auch heute noch spürbar. Jedoch war damals auch der Therapiegedanke dadurch geprägt, dass die Ursache der Störungsbilder und Untugenden einseitig beim Individuum als Träger dieser Fehler zu finden sei (vgl. Vojtová et al., 2006, S. 33).

Durch das Ausschreiben der Unterrichtspflicht für geistig behinderte Kinder im Staat Sachsen im Jahre 1873 wurden diese Kinder auch offiziell als bildungs- und erziehungsfähig anerkannt (vgl. Vojtová et al., 2006, S. 33). (Wie oben erwähnt wurde es auf der ganzen Bundesebene erst im Jahre 1978 erreicht (siehe 1.5; vgl. Wansing, 2005, S. 89)).

Da das 19. Jahrhundert von gesamtgesellschaftlichem Wandel und strukturellem Umbruch gekennzeichnet war, hatte dies auch Auswirkungen auf die pädagogische Ausrichtung.

Die Verdoppelung der Einwohnerzahl von 24 auf 60 Millionen innerhalb dieses Jahrhunderts, der Wandel von Agrarwirtschaft hin zur einnehmenden Industrialisierung, mit Arbeiterausbeutung sowie Abspaltung des vierten Standes (Proletariat) vom Bürgertum eingeschlossen, führten zu sozialer Not, Verwahrlosung, Erziehungsnot und Erziehungsunfähigkeit in vielen Familien. Dementsprechend lag der neue Fokus der Pädagogik auf dem Abfangen dieser Erziehungsnot, Verwahrlosung und Verelendung (vgl. Vojtová et al., 2006). Hierbei entstand die Sozialpädagogik als neuer Zweig und als „Pädagogik der Notfälle" (Flitner, zitiert nach Vojtová et al., S. 36). Johann Heinrich Pestalozzi (1746-1827; wie oben schon erwähnt; Abb. 11) ist ein bekannter Vertreter dessen, der versuchte ein ganzheitliches Lehrer-Schüler-Verhältnis innerhalb seiner eröffneten Waisenhäuser zu realisieren und zu dokumentieren. Er orientierte sich sehr stark an Jean-Jacques Rousseaus (1712-1778) „Pädagogik der Hoffnung", deren Zusammenhang nachgelesen werden kann bei Winfried Böhms „Geschichte der Pädagogik" (vgl. 2004, S. 75 ff.). Dabei lag Pestalozzis Schwerpunkt auf der Übertragung der liebevollen häuslichen Erziehung hinein in die öffentliche Erziehung, in der das Kind im Mittelpunkt stehen sollte. „Ich wollte eigentlich durch meinen Versuch beweisen, dass die Vorzüge, die die häusliche Erziehung hat, von der öffentlichen müssen nachgeahmt werden und dass die letztere nur durch die Nachahmung der ersteren für das Menschengeschlecht einen Wert hat" (Pestalozzi, 1893, S. 70). Die Vorteile der häuslichen Erziehung sieht er darin, dass „jede gute Menschenerziehung fordert, dass das Mutterauge in der Wohnstube täglich und stündlich jede Veränderung des Seelenzustandes ihres Kindes mit Sicherheit in seinem Auge, auf seinem Munde und seiner Stirne lese" (Pestalozzi). Wobei Pestalozzi den Fokus auf das Kind legte: „Der Mensch will so gerne das Gute, das Kind hat so gerne ein offenes Ohr dafür; aber es will es nicht für dich, Lehrer, es will es nicht für dich Erzieher, es will es für sich selber" (Pestalozzi, S. 73).

Inklusion

Ebenso ist in dieser Zeit des Wandels die Veränderung hinsichtlich der Segregation behinderter oder verarmter Kinder wahrzunehmen. Bis dato galt es, die Gesellschaft vor diesen Kindern zu schützen. Doch mit der Entwicklung von Erziehungsanstalten wurde von nun an der Gedanke verfochten, die marginalisierte Personen vor der Gesellschaft sowie die Existenzsicherung des Einzelnen bewahren zu wollen und die Betroffenen deshalb zu separieren in den Vorläufermodellen von Heimschulen. Erst seit einigen wenigen Jahren werden jetzt die Internate für behinderte Kinder abgebaut, da auch für Kinder mit Förderbedarf im integrativen Sinne die Einschulung in Wohnortnähe angesetzt oder zuvor von elterlicher Seite durchgesetzt wurde (Weiteres zu Elterninitiativen siehe unter 3.1.2), weshalb spezialisierte Schulen mit zugehörigem Internat weniger stark favorisiert werden oder überhaupt angeboten werden können.

3.1.2 Differenzierungsphase

In der darauf folgenden Zeit von ca. 1850 bis zum Ende des Zweiten Weltkrieges wurden die „Nothilfekonzepte" (Vojtová et al., 2006, S. 38) mit theoretischen Abhandlungen gefüllt. Zum Beispiel in Form des zweibändigen Werkes von 1861 über die Heilpädagogik, verfasst von Jan Daniel von Georgsen (1823-1886) zusammen mit Heinrich Marianus Deinhardt (1821-1880). Diese ausformulierten Konzepte wurden innerhalb staatlicher pädagogischer Institutionen verfestigt. Denn im Zuge des Ausbaus der Armee galt auch ein strenges effektives nationales Schulsystem als Faktor nationaler Stärke (vgl. Vojtová et al., S. 42).

Neben den heilpädagogischen Einrichtungen wurde 1880 nach Vorbild der Nachbarländer auch in Deutschland die Hilfsschule eingeführt, „zur Stabilisierung des bestehenden Schulsystems […und] um leistungsschwachen Schülern [, welche damals als ‚Schwachsinnige' bezeichnet wurden,] bessere Lernmöglichkeiten als in der Volksschule anbieten" (Vojtová et al., S. 42) zu können sowie die Volksschule und deren Lehrer zu entlasten.

Diese Separierung zu Gunsten der Volksschule sowie zur Verbesserung der pädagogischen Förderung von so genannten *Schwachsinnigen* „führte [...] zu einer stigmatisierenden Selektions- und Segregationspraxis, die bis heute noch nicht überwunden ist (vgl. Mattern, 2000, S. 29, zitiert nach Vojtová et al., 2006, S. 43). Auch „die Weimarer Grundschule mit ihrer bahnbrechenden schulpolitischen Forderung, eine ‚Schule für alle' zu sein, hat sich nicht durchgesetzt, vor allem nicht für Kinder mit Behinderungen, die fortan an spezielle Schulen überwiesen wurden" (Häberlein-Klumpner, 2007, S. 27). Mehr zu den reformpädagogischen Bewegungen unter 1.1.5 auf Seite 23; sowie im fortlaufenden Text.

Nach Eröffnung der ersten Hilfsschulen in den 80er Jahren des 19. Jahrhunderts (vgl. Häberlein-Klumpner, 2007, S. 27) wurden verschiedenste spezialisierte Schulen gegründet, wie zum Beispiel Schulen für Sehbehinderte oder im Jahre 1910 eine Sprachheilschule in Halle und 1912 in Hamburg sowie andere weitere Formen (vgl. Tuch, 2003, S. 16).

Mit Anbeginn der Jahrhundertwende wurde 1900 „Das Jahrhundert des Kindes" (Ellen Key, zitiert nach Vojtová et al., 2006, S.44-45) eröffnet, da die Ideen der Jugendbewegung sich stark auf den pädagogischen Sektor auswirkten. Es fand ideologisch ein Hinwendung zum Subjekt statt und es wurde ein human-soziales Menschsein (vgl. Vojtová et al.) und ein verantwortungsvolles Miteinander angestrebt. Dies kam einer Revolution gleich gegenüber der alles reglementierenden, an der Norm der Volksschule orientierten Betrachtungsweise. Daher wurde 1920 eine veränderte Perspektive deutlich: „‚Krüppel' und ‚Debile' seien Menschen mit anderen Lebensweisen, Trieb- und Persönlichkeitsstrukturen, die auch einer anderen Pädagogik bedürfen, wie die Reichsschulkonferenz konstatierte" (Preuss- Lausitz, 1993, S. 124 f., zitierte nach Häberlein- Klumpner, 2007, S. 27).

Weiterhin wurde versucht das Konzept der „Lernschule" zu erweitern auf ein ganzheitlich-lebensweltliches Konzept mit ästhetisch-künstlerischen Gestaltungsformen und vom Kind selbst bestimmten, ungefächerten Lerninhalten (vgl. Vojtová et al., 2006, S. 45). Diese Bemühungen wurden in Form des Reichsjugendwohlfahrtgesetzes (1922), des Jugendgerichtgesetzes (1923) und der Einrichtung der Jugendämter (1922) auch staatlich angedacht. Weitergeführt wurden diese Gedanken von den unter 1.1.2 und 3.1.2 erwähnten Reformpädagogen, deren erklärte Ziele „lebensnahe Selbsttätigkeit sowie die Heranführung an gemeinschaftlich-soziales Handeln in Gruppen mittels praktischer bzw. künstlerischer Aufgabe und Arbeiten oder ganzheitliches Lernen und Leben in familienähnlichen Sozialkonstellationen" (Vojtová et al., 2006, S. 45) waren. Dies waren sehr innovative und der heutigen Zeit entsprechende Gedanken. „Allerdings kommen einige reformpädagogische Ideen für den Personenkreis behinderter und benachteiligter Menschen erst später nach dem Ersten Weltkrieg zum Tragen, z. B. durch die ‚Entwicklungspädagogik' von Maria Montessori oder die anthroposophische Heilpädagogik (‚Waldorf-Pädagogik') von Rudolf Steiner, die beide – wenn auch von unterschiedlichen Wurzeln kommend – den ganzen Menschen in seiner grundsätzlichen Entwicklungsfähigkeit und gesellschaftlich-sozialen Bezogenheit sehen und pädagogische Revisionen mit nicht von der Gesellschaft exkludierenden Vorstellungen in Gang setzen.

Für derartige generelle Vorstellungen - der Einbeziehung marginalisierter Menschen in die Theorie und Konzepte der wissenschaftlichen „Allgemeinpädagogik" (wozu ja auch die Reformpädagogik gehörte), beziehungsweise ihre Einbeziehung in eine Einheit des Erziehungswesens – war jedoch in dieser Epoche vor dem ersten Weltkrieg kein

Raum: Denn selbst ein bedeutender Universitätsprofessor wie Eduard Spranger erklärte nicht die Pädagogik als zuständig für schwer behinderte Kinder, sondern, seiner eigener Aussage nach, sei dafür allein die Medizin berechtigt (1927, S. 134, zitiert nach Möckel, 2007, S. 189).

Zusammenfassend kann ein historischer Prozess gesehen werden, angefangen bei der Vernichtung, weitergeführt über Aussonderung bis hin zur Segregation von marginalisierten Personen/-gruppen. Sie wurden in pädagogische Konzepte und Theorien aufgenommen, jedoch wurde dabei immer die Unterschiedlichkeit zur gruppenbezogenen Norm herausgearbeitet und hinsichtlich des „Schadens" qualitativ erhoben und abgewertet. Auf Verschiedenheit wurde mit Abgrenzung reagiert. Dieses Gedankengut ist bis heute wahrnehmbar im normbezogenen Mainstream verankert. Auch die vereinzelten menschenwürdigenden Theorien bleiben bis heute fremdartig und werden als illusionär verurteilt. Deutlich wird, dass schon die Anfänge der Sonder- und Heilpädagogik zur Verfestigung der Segregation beigetragen haben. Denn bis heute halten viele ihrer Vertreter daran fest und können sich schwer mit moderneren Sichtweisen arrangieren, meiner Erkenntnis nach.

Doch dass trotz alle dem die Theorien, welche die Besonderheit des Einzelnen als gewinnbringend ansehen, einen voranbringenden Einfluss ausübten, zeigt sich im folgenden Verlauf.

3.1.3 Von der Segregation hin zur Integration

Nach dem ersten Weltkrieg 1918 wurden die pädagogischen Entwicklungen stark von den sich weiter herausbildenden Sozialwissenschaften - Psychologie und Soziologie - beeinflusst. Durch den großen gesellschaftlichen Strukturwandel und im Zuge der Abschaffung des bestimmenden Klassensystems wendete man sich von den Auffassungen des 19.

Jahrhunderts ab und entwickelte neue Perspektiven. So wurde das Konzept entwickelt, darüber dass die erste Zeitspanne des Menschseins eine eigene Entwicklungsphase ist, bestimmt durch Erziehung und Bildung von Seiten der Eltern und Schule, auch Kindheit genannt. Dabei entwickeln sich individuelle Kinder, keine kleinen Erwachsenen, als welche sie zuvor angesehen wurden. „Es wurde anerkannt, dass Kinder keine kleinen Erwachsenen sondern sich entwickelnde Persönlichkeiten sind, die durch verschiedene Entwicklungsstadien gehen, welche alle verschiedene pädagogische Theorien und erzieherische Berechtigungen haben" (Johnstone, 2006b, S. 49).

Besonders unter dem schon erwähnten sozialen Aspekt wurden systematischere und bewusstere Strategien für das Lernen aufgestellt. „Das Lernen und Lehren wurde zu Stätten eines angemesseneren Hinterfragens dessen, wie die Menschen lernen, der Erkenntnis des Einflusses der Lernumgebung und wie das Lernen durch traumatische Erlebnisse negativ beeinflusst werden kann" (Johnstone, 2006b, S. 49). Mit diesen Entwicklungen im Zusammenhang stehend kann aus wissenschaftlicher Sicht 1779 der erste Lehrstuhl in Erziehungswissenschaft in Halle datiert werden.

Zu dieser Zeit hat besonders Johann Friedrich Herbart (1776-1841, Weiteres unter 1.1.5 & 2.1.3) bewirkt, dass sich die Pädagogik als eigenständige, theoretisch ausgewiesene Wissenschaft etablieren konnte (vgl. Link, 2005, S. 25). Seine Worte waren für damalige Verhältnisse sehr vorausschauend: [„Man darf nicht vergessen], dass jeder und auch das Kind sich aus dem, was er liest, das Seinige nimmt und nach seiner Art das Geschriebene samt dem Schreiber beurteilt" (Herbart, 1806, zitiert nach Link, S. 27).

Ähnlich reformatorisch waren die Ansichten von Friedrich Adolph Wilhelm Diesterweg (1790-1866), der sich mit pädagogischen und methodischen Handlungsmöglichkeiten des Lehrers auseinandersetzte. Zusammenfassen kann man seine Ansicht in Form seines Rates an die Lehrperson:

„Beginne den Unterricht auf dem Standpunkt des Schülers, führe ihn von da aus stetig, ohne Unterbrechung, lückenlos und gründlich fort!" (Diesterweg, 1835, S. 116, zitiert nach Link, 2005, S. 31). Bei allen Eckpfeilern geht es ihm immer um die Orientierung an den Möglichkeiten des Kindes um in individuellem Maße die Selbstständigkeit zu fördern, „[...] damit der Gesamtzweck des Unterrichts: Entwicklung der Selbstständigkeit, erreicht werde. - " (Diesterweg, zitiert nach Link, S. 31).

Um bei den reformpädagogischen Bewegungen zu bleiben, soll als weibliche Vorkämpferin nun Helene Lange (1848-1939) genannt werden, da sie zu ihren Lebzeiten bewirken konnte, dass die höhere Bildung auch für Mädchen möglich wurde. Darüber hinaus hatte sie eine starke Vorbildfunktion für das Bild der Lehrer*in*: „[Ein herzlich harmloser Vorfall] hat mir frühzeitig klar gemacht, dass ein Naturgesetz verletzt wird, wenn man Männern die Erziehung der Mädchen zur Frau in die Hand gibt" (Lange, 1922, zitiert nach Link, 2005, S. 35).

Einer der ersten Gesamtschulen wurden von dem vielseitigen Reformpädagogen Paul Geheeb (1970-1961) gegründet. „Sein Name steht für eine konsequent demokratische, individual-pädagogische, koedukative und reformpädagogisch orientierte Schulpädagogik" (Link, 2005, S. 39). Er schaffte mit seinen reformpädagogischen Landerziehungsheimen sehr innovative Alternativen in Auflehnung gegen die erstarrten staatlichen Schulen zu der Zeit der Wende zum 20. Jahrhundert. Zeitlebens orientierte er sich an dem individualpädagogischen Grundsatz des Philosophen Pindar: „Werde, der du bist! – (und zwar) durch Lernen!" (Link, S. 41).

Auch mit dem heutigen Blick kann die Gesamtschule als Vorläufer der inklusiv arbeitenden Schule betrachtet werden. Denn die Einführung dieser Schulform in das derzeit existierende Schulsystem sollte die Aufspaltung und Separierung aufheben und versuchte integrativ und

Inklusion 163

interessenorientiert auszubilden. Es gibt ein Kurssystem, wodurch die einzelnen Schüler/innen interessen- und leistungsadäquat ihre Kurs wählen können. Es werden alle Schüler/innen aufgenommen, jedoch erhalten Schüler/innen mit sonderpädagogischem Förderbedarf auch hier diesen Sonderstatus. Auch sie können die Pflichtkurse ausschließlich leistungsorientiert als Grundkurse oder Erweiterungskurse anwählen, auch unter dem Begriff Fachleistungsdifferenzierung (vgl. Ratzki, 2007, S. 22) geführt. Zusätzlich existieren zwei Wahlpflichtkurse. Eines wird in der 7. Klasse eingeführt und das weitere in der 9. Klasse. Diese sind obligatorisch jedoch rein interessenorientiert wählbar. Dabei zu berücksichtigen ist, dass zum Beispiel auch auf dem Bildungsweg durch ein Gymnasium ein Wahlpflichtfach in der 9. Klasse zu gleichen Bedingungen angeboten wird. Somit ist, aus meiner Sicht, die Gesamtschule eine weitere Schulform neben den anderen, ohne jedoch einen besonders starken Fokus auf Integration oder Interessenorientierung zu legen. Ähnliche und weitere Einwände sowie das ursprüngliche Konzept der Gesamtschulen sind anschaulich bei Hans-Günther Rolff dargestellt (vgl. 1997, S. 220 ff.).

Ebenfalls sieht Fanz-Michael Konrad die Entwicklung diesen vierten Schultyps kritisch, auch wenn er dies mitunter radikal tut: „Nicht einmal die flächendeckende Einführung der Gesamtschule als vierter Schulart im Sekundarbereich gelang; sie ist am politischen Widerstand der CDU/CSU-regierten Bundesländer gescheitert: 1990 haben nur sieben Prozent der Siebtklässler eine Gesamtschule besucht. Während ihre Verfechter vielfach glaubten, in der Gesamtschule ein Allheilmittel für alle Probleme gefunden haben, sahen ihre Gegner sie ebenso unzutreffend als einen Versuch der ‚sozialistischen Gleichmacherei'. Wo Gesamtschulen in namenhafter Zahl vorhanden waren, wurden sie von leistungsstarken Schülern und deren bildungsinteressierten Eltern gemieden und hatten so nie eine wirkliche Chance in der Konkurrenz gegen Gymnasium und Realschule" (2007, S.

103 f.). Konrad relativiert seine Aussagen jedoch wieder im Verlauf seiner Erläuterung: „Die Qualifikationsoffensive der 1960er und 1970er Jahre ist durchaus erfolgreich gewesen. […] In Deutschland wurden, wo es sie gab, die gerade entstanden Gesamtschulen zum Bildungsaufstieg genutzt" (S. 105). Weiterhin argumentierte Konrad an anderer Stelle, dass die, im internationalen Vergleich betrachtet, besonders hohe soziale Selektivität des Schulwesens allenfalls durch die Bildungsexpansion in den Gesamt- und Realschulen etwas gemildert worden ist (vgl. S. 120).

Aus dem damaligen Blickwinkel der Reformpädagogen heraus, „ging es [ihnen jedoch generell] um eine ganzheitliche, am Schüler orientierte Schule, in der mit Kopf, Herz und Hand gelernt wurde. Jugendbewegung, Arbeitsschule, Kunsterziehung, Pädagogik vom Kinde aus, Koedukation, ein kameradschaftliches Lehrer-Schüler-Verhältnis sind einige der Stichworte" (Link, 2005, S. 39), die als klare Vorreiter einer inklusiven Pädagogik verstanden werden können. Ebenso betrieb Hellmut Becker (1913-1993) aus juristischer Sicht eine kritische Bildungsforschung und Bildungspolitik. Er rückte die pädagogischen Aufgaben der Schule als gesellschaftliche Institution in den öffentlichen bildungspolitischen Diskurs, war immer um Chancengerechtigkeit und die Anerkennung des lebenslangen Lernens bemüht und konnte vor allem durch juristisches sowie pädagogisches Sachverständnis etwas für die notwendigen Strukturreformen des öffentlichen Bildungswesens bewirken (vgl. Link, 2005, S. 56). Sein Text über „Die verwaltete Schule" von 1954 besitzt trotz vergangener Zeit von über fünfzig Jahren noch heute alarmierende Aktualität und kann im Anhang F nachgelesen werden.

Sein Freund Georg Picht (1913-1982) löste mit seinem Buch „Die deutsche Bildungskatastrophe" von 1964 in der Bundesrepublik eine bildungspolitische Diskussion aus, die eine groß angelegte Bildungsreform zur Folge hatte. Der Artikel [siehe Anhang C], eingebettet in seine Zeit,

Inklusion

verdeutlicht, dass die „schulische Leistungskonkurrenz zum Zwecke guten Abschneidens" auch im Zusammenhang mit weltweiter wirtschaftlicher Rivalität wahrgenommen wurde. Denn zu dieser Zeit standen die Menschen noch unter dem Eindruck des *Sputnik-Thriumphs*[10] des *Ostens* im *Wettlauf* mit dem *Westen* (vgl. Hinrichs, 2009, S. 32f). Picht setzte sich an verschiedensten Stellen mit zahlreichen Vorschlägen für eine Reform des Bildungssystems ein. Und „in seiner Pädagogik ging es Picht u. a. um die persönliche Entfaltung jedes einzelnen Schülers, eine sozial verankerte Gemeinschaftserziehung, die Mitverantwortung des Schüler sowie die Betonung musischer und neusprachlicher Fächer" (Link, 2005, S. 60). Sein Eindruck über die Bildungskatastrophe ist auch darin zu sehen, dass der Mauerbau von 1961 zur Folge hatte, dass ein direkter Vergleich des Bildungserfolgs der zu dieser Zeit an Auswanderung verhinderten ostdeutschen Schülerinnen (siehe oben 1.1.5, S. 25) mit den westdeutschen Schülern möglich war und welcher somit vielleicht auch eine Brisanz bewirkte.

Das Hervorstechende von Pichts Artikel für die vorliegende Arbeit ist die scheinbare Aktualität. Denn „Pichts Diagnosen lesen sich – genau wie die Ausführungen Hellmut Beckers – überraschend aktuell, wenn er auf die sozialen Implikationen des Bildungssystems verweist" (Link, Jahr, S. 60), und können im Anhang C nachgelesen werden.

Weiterhin befanden sich unter anderem Célestin Freinet, Helen Parkhurst, John Dewey, Alexander S. Neill sowie schon zuvor auf Seite 23 und folgende genannt, Peter

---

[10] Sputnik wurden die ersten zehn sowjetischen Satelliten genannt. Am 4. Oktober 1957 war Sputnik 1 der erste künstliche Erdsatellit, der eine Erdumlaufbahn erreichte und dieser gilt als Beginn der sowjetischen Raumfahrtgeschichte. Sputnik 10, der letzte seiner Serie, wurde am 25. März 1961von der Sowjetunion gestartet, nur 18 Tage vor dem Flug von Juri Gagarin, welcher als sowjetischer Astronaut der erste Mensch im Weltraum war.

Petersen, Maria Montessori und Rudolf Steiner in dieser eigenständigen Pädagogikbewegung namens „Reformpädagogik" (wie unter 1.1.5 und 3.1.2 erwähnt). So entsprechen auch die Inhalte des schulischen Lernbegriffs von Heinz Klippert den reformpädagogischen Vorstellungen sowie den aktuellen, modernen Ansichten zum Thema Lernen. Wenn er von affektivem Lernen spricht, dann beinhaltet dies u. a. "Selbstvertrauen entwickeln, Spaß am Thema oder an einer Methode haben, Identifikation und Engagement entwickeln, Wertehaltungen aufbauen" (vgl. Klippert, 2000, S. 31). Er ist ein Verfechter des "Methodisch-strategischen Lernens" sowie des "Sozial-kommunikativen Lernens". In all seinen Lernformen finden sich auch die Ziele der Reformpädagogik wieder.

Im Kontrast zu den zuvor geschilderten alternativen Modellen gab es zur gleichen Zeit, seit Anfang des 20. Jahrhunderts, auch Bemühung um eine allgemeine Homogenisierung, orientiert an Leistung, woran eine Segregation der Kinder gekoppelt war. Denn laut Brügelmann (2002) wurden diese Homogenitätsbestrebungen durch die illusionäre Vorstellung geschürt, dass Homogenität durch organisatorische Differenzierung erreicht werden könnte. Diese Bewegung unterstützte das diskriminierende Verhalten gegenüber Menschen mit erschwerten Lebenswegen, da Betroffene am Anfang des 20. Jahrhunderts wieder mit Verächtung und Verfolgung zu kämpfen hatten. Innerhalb von Europa hatte diese Tendenz ihren Höhepunkt in der Eugenikbewegung von 1905 bis 1925, welche weiterhin im Zuge des Zweiten Krieges exzessiv ausbaut wurden. In dieser Bewegung versuchte man „wünschenswerte" Erbanlagen von „unerwünschten" zu trennen und die Vererbungslehre auch beim Menschen bewusst einzusetzen. In der Zeit der Herrschaft der Nationalsozialisten benutzten sie die negative Eugenik, welche dafür steht, negativ bewertete Erbanlagen zu verringern, zur Rechtfertigung und Durchführung von Massenmorden, so zum Beispiel in der „Aktion T4". Es gab

Auflagen, die über eine Erlaubnis oder ein Verbot für Vermehrung urteilten. Um eine Vermehrung von „schädlichem" Erbmaterial zu vermeiden, wurden viele Personen gegen ihren Willen zwangssterilisiert.

Doch Andreas Möckel (2007) betont, was zuvor im Text schon angedeutet wurde, dass den Euthanasiemaßnahmen der NS-Zeit ein wichtiges Merkmal vorausging: Es wurden Menschen mit Einschränkungen oder Behinderungen das Menschsein völlig abgesprochen und die „Behinderung" oder das „Behindertsein" wurde zur allumfassenden Wertstufe, was zur sprachlich-gedanklichen und institutionellen Isolation der Betroffenen und schließlich auch zu der radikalsten, amoralischen Konsequenz führte, der vollständigen Elimination dieser Menschen aus der Gesellschaft.

Nach dem Kriegsende wurde in Europa wieder eine weniger animalische, eher menschenfreundlichere Perspektive eingenommen und „beeinträchtigte Kinder wurden nun als normale Kinder mit Behinderungen angesehen und nicht mehr als fehlerhafte Kinder, denen die normalen Eigenschaften fehlen" (Johnstone, 2006b, S. 50). Denn die „Beeinträchtigung eines Kindes wurde als unveränderliche Eigenschaft des Kindes und tatsächlich auch des Erwachsenen betrachtet, die beide häufig in einem infantilisierten Status gehalten wurden" (Johnstone, 2006b, S. 50-51).

Dennoch gab es nach 1945 verschiedenste Entwicklungen im pädagogischen und sonderpädagogischen Bereich in den jeweiligen Ländern. Dies stand im Zusammenhang mit dem vorherrschenden Schulsystem, den soziokulturellen und wirtschaftlichen Faktoren und damit in Beziehung stehend natürlich auch der zuvorigen und nach dem Krieg vorherrschenden politischen Situation. Da sozialpolitisch wieder eine allgemeine Schulpflicht eingeführt wurde und es detaillierte Regelungen dazu in Folge des Kriegsendes gab, wäre dieser Zeitpunkt eine Möglichkeit für einen Übergang zur Integration gewesen. Einige europäische Länder nutzten diese Chance, und die Debatten zum Thema

Integration fanden in den 1950ern ihren Anfang, wenn es auch fünfzig Jahre dauern sollte, bis der Aspekte der Integration auf europäischer Ebene in die Verfassung aufgenommen wurde.

Mit der belastenden Sichtweise des Dritten Reiches war der Integrationsgedanke in Deutschland ein nahezu radikaler Ansatz. Wieder wurden Gesetzte zur Aussortierung sämtlicher Schüler erlassen und man stellte den Status quo der Vor-Nazizeit nochmals her. Dass einige behinderte Kinder in den 50er Jahren eine allgemeine Schule besuchen konnten, lag eher an den Bedingungen des schleppenden Wiederaufbaus von Schulen. Und darüber hinaus blieben die Sonderschulen nach Kriegsende vorerst im „Schatten der Bildungspolitik" (Muth, 1982, S. 7). Doch die Aussonderung wurde schnellstmöglich wieder aufgenommen, denn „dass sich das allgemeine Schulwesen in der ihm eigenen [, vielfach untergliedernden] Form konstruieren konnte, war nur möglich unter der Bedingung der Ausgrenzung eines Teils der jungen Generation – der behinderten und subproletarischen Kinder" (Aab & Pfeiffer, zitiert nach Prengel, 2006). Die politische Nachkriegsgeschichte bedingte, dass sich in den beiden deutschen Staaten zwei unterschiedliche Bildungssysteme entwickelten. In der Sowjetischen Besatzungszone und der DDR widmete man sich voller Elan dem Versuch, eine sozialistische Einheitsschule aufzubauen. In den westlichen Besatzungszonen und der Bundesrepublik wurden trotz verschiedener Modellversuche und vielfacher Versuche des Wiederanknüpfens an reformpädagogische Ideen und Konzepte der Weimarer Zeit letztlich das traditionell gegliederte Schulsystem restauriert (vgl. Link, 2005, S. 56). Somit setzte sich wieder „jene schulische und gesellschaftliche Hierarchien rechtfertigende Auffassung durch, nach welche die zwischen Menschen angenommenen Unterschiede eine Rangordnung zwischen ihnen legitimieren. Intelligenz und Leistungsfähigkeit wurden gesellschaftlichen Schichten und Gruppen mehr oder weniger direkt zugeordnet" (Prengel, 2006) und ausschließlich in Bezug auf eine starre Norm

Inklusion

bewertet. „Dieses System entfaltet teilweise bis heute eine hohe Beharrungskraft mitsamt einer Eigenlogik, die vielfach jegliche pädagogische Arbeit im Keim erstickt und die auch schon in der frühen Bundesrepublik massiv kritisiert wurde" (Link, S. 56). Und schließlich hat Deutschland bis heute eines der am stärksten untergliederten und separierten Bildungssysteme Europas (vgl. Hinz, 1997).

Doch gerade mit der Rückblende auf das NS-Regime sollte es das größte Bestreben sein, nicht mehr zu separieren und zu untergliedern, sondern im Sinne der Inklusiven Pädagogik zu versuchen, dem Einzelnen gerecht zu werden und die heterogene Gruppe als Gewinn zu sehen. Theodor Adorno beschrieb seinen Eindruck mit folgendem Satz: "Die Forderung, daß Auschwitz nicht noch einmal sei, ist die allererste an Erziehung. Sie geht so sehr jeglicher anderen voran, daß ich weder glaube, sie begründen zu müssen noch zu sollen" (1971, S. 88).

Auch innerhalb des Kalten Krieges waren die russisch besetzten Gebiete weit entfernt von einer auf Pluralität und Individualität setzenden Perspektive im gesellschaftlichen wie auch im pädagogischen Sinne. Während die Idee der Sozial- und Bildungsreform in den westlich bestimmten Bundesländern Deutschlands weniger Blockaden überwinden musste.

Einschneidend war das „Gutachten zur Ordnung des Sonderschulwesens", welches die Kultusministerkonferenz 1960 mit folgenden einleitenden Worten herausbrachte: „Das Ansehen der Sonderschulen in der Öffentlichkeit muss gehoben werden. Das deutsche Volk hat gegenüber den Menschen, die durch Leiden oder Gebrechen benachteiligt sind, eine geschichtliche Schuld abzutragen. Sie dürfen nicht als weniger wertvoll betrachtet oder behandelt werden. Das deutsche Volk muss die Aufgabe wieder ernst nehmen, allen Kindern und Jugendlichen, die die allgemeinen Schulen nicht mit Erfolg besuchen können, den Weg zu einem sinnerfüllten Leben zu bereiten" (Ständige Konferenz der Kultusminister, S.

7, zitiert nach Muth, 1982, S. 9). Dies bewirkte laut Muth für die Behindertenkultur ein bis dahin unbekanntes Ausmaß an Zuwendung, welche am stärksten im Ausbau der Sonderschulen spürbar gewesen ist. Denn in den nachfolgenden dreizehn Jahren hatte sich die Schüleranzahl an Sonderschulen nahezu verdreifacht. Weiterhin erläutert Muth, dass die Verfasser des Gutachtens von einer Möglichkeit der Integration nur über den Weg der ausschließlich in der Isolierung möglichen Hilfeleistung ausgingen. Nur in einem einzigen Satz des Gutachtens wird innovativ vorangeschritten: „Sofern es für die Erziehung zur Gemeinsamkeit als dienlich erscheint, ist daher die Gemeinsamkeit zwischen Schülern der Sonderschule und der allgemeinen Schule zu pflegen" (Ständige Konferenz der Kultusminister, S. 7, zitiert nach Muth, S. 10). Denn in allen weiteren Sätzen ist das Gutachten ein eindeutiges Plädoyer für Separation. Da die Kultusminister davon ausgingen, dass aufgrund der Gesamtperson oder einzelner verminderter Fähigkeiten die betreffende Person dem Unterricht in der allgemeinen Schule nicht folgen könnte und sie durch das verminderte Leistungspotential oder durch auffälliges, „gemeinschaftsstörendes" Verhalten die Mitschüler in ihrer Entwicklung hemmen oder behindern könnte (vgl. Muth, S. 7).

Diese Auffassung entsprach ebenso der Haltung des Bundesverwaltungsgerichts von 1958, welches sich gegen die Einweisung von Kindern in allgemeine Schulen aussprach, wenn diese ,„dort mit einer an Sicherheit grenzenden Wahrscheinlichkeit seine Mitschüler erheblich hemmen würde.'[…][Somit wurde mit eindrücklicher Deutlichkeit auf offizieller Ebene für Segregation plädiert:] Wer den Lernfortschritt seiner Mitschüler hemmt, wird aus der allgemeinen Schule ausgewiesen und in die Sonderschule eingewiesen!" (Muth, 1982, S. 11).

Wirklich innovativ hinsichtlich der Etablierung des Integrationskonzepts war die Arbeit des Deutschen Bildungsrates mit seinen Empfehlungen: „Das

Inklusion

Leistungsprinzip, wie es im gesellschaftlichen Wettbewerb gilt, kann nicht auf den Bildungsprozess der Jugendlichen übertragen werden" (1973, zitiert nach Häberlein- Klumpner, 2007, S. 40), sowie die Entwicklung des Modells der Gesamtschule anfangs der 70er Jahre, hinzukommend die Reform der Grundschule und außerdem die internationalen Integrationsbewegungen. Darüber hinaus begann gegen Ende der 60er Jahre eine sich entscheidend verändernde Auffassung von Begabung im Zusammenhang mit Bildung und sozialem Milieu (vgl. Schnell & Sander, 2004, S. 79f; vgl. Häberlein- Klumpner, S. 29). Das Individuum mit seinen kognitiven Möglichkeiten rückte in den Fokus der Aufmerksamkeit und war nicht mehr nur ein heranwachsendes biologisches Produkt eines Reifeprozesses. Lerntheorien gewannen ihre Bedeutungen und räumten dem Einzelwesen durch die Annahme der Black Box jegliche Fähigkeiten durch die Möglichkeit des Erlernens von Verhalten zu. Dies sollte demnach auch eine Integration möglich werden lassen.

Denn die Kritik an der Separierung wurde laut, als die Erkenntnis populär wurde, dass überdurchschnittlich viele Kinder aus den unteren sozialen „Schichten" Sonderschulen besuchen (vgl. Häberlein- Klumpner, 2007, S. 29). Georg Picht warnte, wie im Anhang C dokumentiert, vor einer Bildungskatastrophe auf Grund ungenutzter Bildungsreserven und Ralf Dahrendorf verdeutlichte 1967 mit seiner Einforderung des Bürgerrechts auf Bildung (vgl. Feige, 2004, S. 35, zitiert nach Häberlein- Klumpner, S. 29f) die für benachteiligte Kinder ungenutzten Kapazitäten des Bildungssystems.

Starke Befürworter der Integration waren Eltern, die ihre Kinder wohnortsnah einschulen wollten und sich zu Elterninitiativen zusammenschlossen, um erst auf lokaler, dann auf nationaler und schließlich auf internationaler Ebene entsprechende Angebote einzufordern, oder auch selber zu schaffen. „Auf internationaler Ebene wurde die Internationale Liga von Vereinigungen für Menschen mit geistiger

Behinderung (heute ‚Inclusion International') eingerichtet" (vgl. Johnstone, 2006b, S. 60). Die Wichtigkeit solcher Elterninitiativen wird von Monika Schumann (1987) hinsichtlich des Wandels im Umgang mit behinderten Kindern in Genua anschaulich beschrieben: „Bis etwa 1970 waren kinder und jugendliche mit geistiger behinderung aus dem öffentlichen leben ausgeschlossen. Sie lebten entweder ohne jegliche förderung zu hause, oder ihnen verblieb die perspektive der sondereinrichtungen, fernab von ihren familien" (S. 276 f.), welche sie als „allenfalls (schlechte) bewahranstalten" (S. 277) beschreibt. In einer Zeit der völligen Umstrukturierung der lokalen Gesundheitseinheiten in Genua gründeten Eltern 1973 ein „Zentrum für mongoloide Kinder", deren Schirmherrschaft sowie direkte Kontrolle den Eltern unterlag. Da dieses Konzept auf weitere Regionen Italiens auf Grund seiner Fortschrittlichkeit und Beliebtheit ausgeweitet wurde, entstand daraus „schließlich die national organisierte elternvereinigung ‚Unidown', die sich für die gesellschaftliche integration ihrer kinder mit geistiger behinderung einsetzt" (Schumann, S. 279). Auch daraus erwuchs 1964 auf nationaler Ebene die Elternorganisation „ANFFAS", welche gegen die Marginalisierung von Menschen mit geistiger Behinderung kämpfte. Schumann beschreibt den Zusammenschluss der Eltern in eine ihnen eigene Interessenvereinigung als notwendigen Schritt zum Ziel, endlich einen allgemeinen gesellschaftlich verstehenden und zu verantwortenden Versorgungsstand aufzubauen. „Außer den betroffenen eltern selbst haben sich zu dieser zeit keine anderen politischen kräfte dafür eingesetzt. Insofern sind die von den eltern erkämpften sondereinrichtungen, die endlich staatlich finanziert wurden, aber vom elternverband selbst getragen und organisiert wurden, im vergleich zur vorher bestehenden situation ein eindeutiger fortschritt" (Schumann, S. 285). Die Autorin merkt an, dass der Aufbau von Sondereinrichtungen einen grundsätzlichen Ausschluss von Menschen mit Behinderungen aus dem öffentlichen Leben

Inklusion

aufgehoben hat und zudem auch dem zeitgenössischen und alltäglichem Verständnis über einen Schonraum im Abseits entsprach, wodurch aus den jeweiligen Interessenforderungen bezüglich der einzelnen Behinderungsformen deren spezialisierte Sondereinrichtungen entstanden. Doch schon „zu beginn der 70er jahre zeichnete sich schließlich allgemein ein politisch bedingter wandel in der einschätzung der pädagogischen und psycho-sozialen versorgung ab: Anstelle medizinischer kategorien gewann sozialwissenschaftliche orientierung an gewicht. [...] Auf schulpädagogischer ebene wurde die verbesserung der schulischen, vorschulischen und außerschulischen situation für alle kinder (mit oder ohne behinderung) gefordert. Die kinder mit behinderung sollten nicht länger wegen ihrer behinderung ausgegrenzt werden, sondern in ihren herkunftsfamilien bleiben können, was eine angemessene materielle und pädagogische psycho-soziale unterstützung der familien erforderlich machte" (Schumann, S. 286). Besonders das Zentrum für mongoloide Kinder kämpfte für die Durchsetzung der integrativen Erziehung und für die familienorientierte Unterstützung. Und das Bemerkenswerte ist, dass mit der selbstorganisierten Arbeit der Elternorganisation das neue Ziel, die Kinder mit Behinderung in ihrer normalen Umwelt zu behalten, durchgesetzt werden sollte und auch wurde, da 1977 das schulischen Integrationsgesetz erfolgreich durchgesetzt wurde. Dieses Wissen konnte durch eine Berliner Exkursionsgruppe sowie dem Veröffentlichen der Erkenntnisse von Jutta Schöler (Jahr) auch nach Deutschland transferiert werden, um Diskussionen im Sinne der Integration mit Hilfe von Elterninitiativen voranzutreiben.

Bis heute wird dieser Prozess der Integration eingeschränkt durch das Zusammenspiel vieler *Experten*. Über die Köpfe des Kindes und mitunter auch der Eltern hinweg wird in Ausschüssen von Fachleuten (Experten) über das Verfahren „Integration im Einzelfall X" entschieden, wobei jede Fachkraft nur ihren spezifischen Blickwinkel *auf* das Kind einbringt.

Die große Bildungsreform der 60er Jahre brachte das Anstreben von Chancengleichheit hervor, oder auch Chancengerechtigkeit, als ein wichtiger unterstützender Aspekt für die Integration und was laut Prengel (2007) eine Voraussetzung für die Betonung von Pluralität im Sinne der Inklusiven Pädagogik war. Eine Diskussion über diese Bewegung kann unter 3.5.6 nachgelesen werden.

Als weiterer Aspekt, welcher die Integration forderte, soll die „Behindertenbewegung" genannt werden, also der Zusammenschluss von Menschen mit besonderen Bedürfnissen sowie interessierter Personen, die eine gemeinsame Kultur pflegen und Veränderungen im Sinne einer Verbesserung der Lebensqualität für von anderen eingeschränkte Personen erreichen wollen. Eine erste Vereinigung ist aus Großbritannien im Jahr 1902 bekannt gewesen. Die Nationale Liga für die Blinden schloss sich der Gewerkschaftsbewegung an und organisierte 1920 ein landesweites Aufbegehren gegen zu niedrige Löhne (vgl. Johnstone, 2006b, S. 64). Johnstone fasst die Behindertenbewegung folgendermaßen zusammen: „Sowohl auf nationaler als auch auf europäischer Ebene ist es erkennbar, dass die Behindertenbewegung ein Produkt eines langen und oft schmerzhaften geschichtlichen Prozesses der Schikanierung und versteckter Kämpfe behinderter Menschen oder, häufiger, ihrer Vertreter ist.[…] Worauf diese Kämpfe seit den 1960ern hinausliefen und worum sie sich mehr und mehr drehten, war die Forderung nach gleichen Bürgerrechten und einem Ende der Diskriminierung und Voreingenommenheit, welche die gesellschaftlichen und politischen Reaktionen auf behinderte Menschen in der Neuzeit charakterisierten" (S. 64-65).

3.1.4 Von der Integration hin zur Inklusion

Innerhalb Deutschlands wurde durch die Bildungsreformen nach schülerorientierten Lernkonzepten gesucht. Diese veränderte Perspektive, die den Schüler in das Zentrum der Aufmerksamkeit stellte, wurde bestärkt durch die anschließende Periode demokratischer Prinzipien und Bewegungen. In diesem Zusammenhang und mit dem Hintergrund der zusammengebrochenen diktatorischen Regierungen wurden öffentliche Diskussionen über die Rolle der Erziehung und das Funktionieren der staatlichen Bildung eröffnet. „Die Bildung ist eine Plattform, die sowohl persönliche als auch gesellschaftliche Interessen vereint, ihre Bedeutung für die Zufriedenheit eines Menschen und für dessen gesellschaftlichen Fortschritt ist gewachsen. Die Qualität der Bildung ist wesentlich für die soziale Erfüllung einer Person sowie für die Stufe ihrer sozialen Entwicklung. Eine gute Bildung gibt den einzelnen Menschen gleichermaßen größere Möglichkeiten, ein erfülltes Leben zu leben" (Vojtová et al., 2006, S. 67). Jedoch konnte dieser Anspruch nicht erfüllt werden, denn nachweislich „wurden einige Kinder durch den exzessiven Umfang der im detaillierten und normativ begrenzten Lehrplan festgelegten Anforderungen überfordert… Die auf Leistung fokussierte und an sich an Fehlern orientierende Benotung existierte nur in rein numerischer Form" (Vojtová et al., S. 68).

Seit den späten 70ern Jahren wuchs das Bewusstsein über die Unangemessenheit des medizinischen Modells beim Verständnis von „Behinderung". Das „soziale Modell" versuchte dem ein wenig gerechter zu werden (vgl. Johnstone, 2006a, S. 57). Und die Sonderpädagogik wurde langsam auf Integration eingestimmt, auch wenn die Existenzängste der Sonderschullehrer sehr groß waren. Denn diese befürchteten, dass bei der geplanten Integration „ihrer" Schüler der eigene Arbeitsplatz überflüssig werden würde. Zudem bedeutete die Veränderung ein Verlassen des Vertrauten und bis dahin für sie gut funktionierenden Weges. Obwohl bekannt war, dass „in vielen anderen Ländern [...] die Integrationsentwicklung erheblich weiter fortgeschritten [war] als in Deutschland" (vgl. Meijer, Pijl & Hegarty 1997, S. 2, zitiert nach Sander, 2002, S. 5).

Die bis dahin erreichte Integration führte international gesehen jedoch nicht zu einer Zufriedenheit bei den Betroffenen, Eltern, Lehrern und Sonderpädagogen. Im deutschen Kontext schilderte eine betroffene Mutter es mit folgenden Worten: „Der Wunsch nach Integration bedeutet Kampf, Durchsetzungs- und Durchhaltevermögen, Fachkenntnisse...Wir Eltern wollen die reale Wahlmöglichkeit haben, ob Integration oder Sonderschule. Viele Eltern wollen Integration, aber geben ihre Kinder dann doch in die Sonderschule; wegen der ‚Bonbons': kleine Klassen, Schwimmbad, Therapien, nicht der Letzte in der Lernhierarchie, Stärkung des Selbstvertrauens, soziales Eingebundensein, können sich Freundschaften entwickeln, ...[hinzukommt], dass real die Bedingungen für Integration immer schlechter werden" (Menzel, 2006). Auf amerikanischem Boden empfand es Linda Darling-Hammond (1997, S. 19) ähnlich: „What we're seeing is that, particularly at the high school level, students are often disengaged, teachers'work is often factory-like, and intellectual life is often poor".

Im Zusammenhang mit der oben erläuterten „Bildungskatastrophe" (Anhang C) kann man auch die zeitnaheren Internationalen Schulleistungsstudien betrachten, wie zum Beispiel TIMSS, PISA oder IGLU. Denn „der Modernitätsrückstand des deutschen Schulsystems zeigt sich – ganz analog zu den 60er Jahren des 20. Jahrhunderts – zuallererst im internationalen Vergleich" (Herrlitz et al., 2005, S. 244). Um die drei Internationalen Schulleistungsstudien zu vergleichen, wird in chronologischer Reihenfolge als erste die "Trends in International Mathematics and Science Study" (TIMSS) vorgestellt.

Inklusion

3.1.4.1 Internationale Schulleistungsstudie TIMSS

Diese international vergleichende Schulleistungsuntersuchung wird im Abstand von vier Jahren von der International Association for the Evaluation of Educational Achievement (IEA) durchgeführt. Es werden die mathematik- und naturwissenschaftlichen Leistungen in der Grundschule, Sekundarstufe I sowie II überprüft um die Wirksamkeit von Lehrplänen und Unterrichtsmethoden zu evaluieren. Dazu folgt „TIMSS einem Curriculum-Modell, das drei Ebenen umfasst: Das *intendierte Curriculum* repräsentiert Inhalte und Prozesse, welche die Schülerinnen und Schüler in einem Staat lernen sollen. Das intendierte Curriculum wird in der Regel in Lehrplänen und Prüfungsvorschriften festgelegt. Das *implementierte Curriculum* stellt den tatsächlich unterrichteten Lernstoff dar. Der TIMSS-Test erfasst das *erreichte Curriculum*, also das von den Schülerinnen und Schülern Gelernte sowie ihre Einstellungen zur Mathematik und zu den Naturwissenschaften."[11], laut dem Institut für Schulentwicklungsforschung an der Technischen Universität Dortmund (IFS Dortmund), welches die wissenschaftliche Leitung in Deutschland übernahm. Deutschland hatte sich erstmals 1997 mit Überprüfungen an den Sekundarstufen I und II im mathematischen und naturwissenschaftlichen Bereich beteiligt. Bei der letzten Erhebung im Jahr 2007 wurden das erste Mal auch Grundschulleistungen in der vierten Klasse in Deutschland evaluiert. Die Stichprobe hatte bundesweit einen Umfang von 5.200 Viertklässlern/innen aus 246 Schulen. Insgesamt haben an der TIMSS 2007-Grundschuluntersuchung 36 Staaten und 7 Regionen teilgenommen (siehe Abb. 19; Bos, Bonsen, Baumert, Prenzel, Selter & Walther, 2008, S. 21, Abbildung 2.1). Deren Ergebnisse wurden im Dezember 2008 veröffentlicht.

---

[11] http://timss.ifs-dortmund.de/assets/files/TIMSS_Pressemappe_farbe.pdf

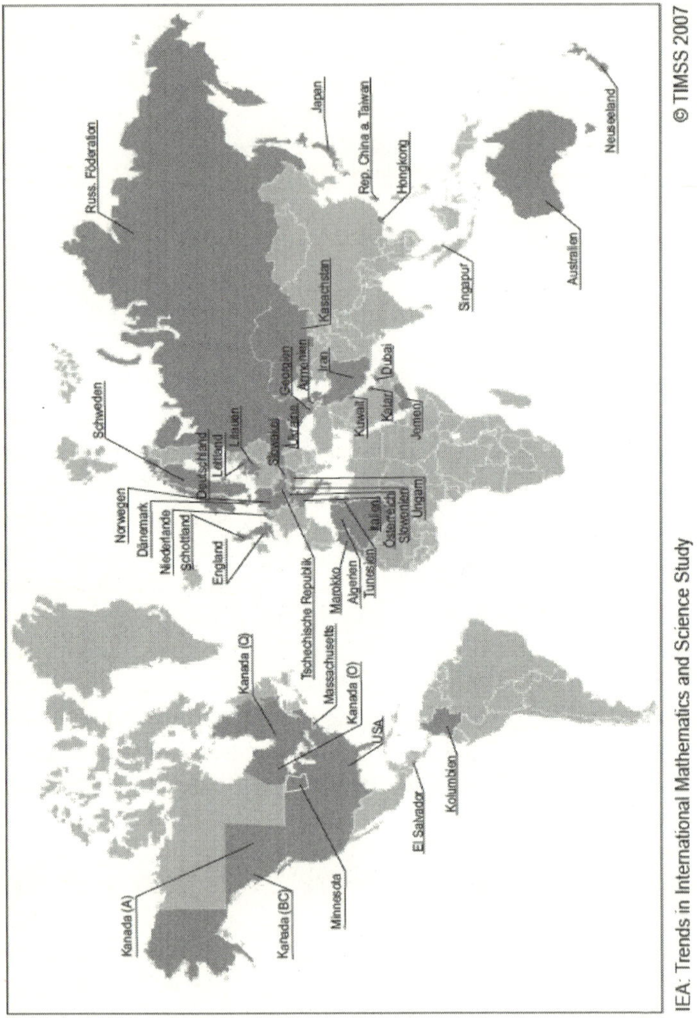

178   Inklusion

Abb. 19: Staaten und Regionen, die an der Erhebung in der 4. Klasse
teilnahmen.
Abb. 19- 21 : Bos, W., Bonsen, M., Baumert, J., Prenzel, M., Selter, C. &
Walther, G. (Hrsg.). (2008). TIMSS 2007 - Mathematische und
naturwissenschaftliche Kompetenzen von Grundschulkindern in
Deutschland im internationalen Vergleich. Münster: Waxmann.

Demnach wurden die Leistungen der Grundschüler/innen in Deutschland in Mathematik und den Naturwissenschaften als im internationalen Vergleich im oberen Leistungsdrittel liegend vom IFS Dortmund bewertet. Die Bewertungen der mathematischen Kompetenzen der in Deutschland erhobenen Schüler/innen zeigten bessere Leistungen als der Durchschnittswert der Leistungen von Schülern/innen aller teilnehmenden EU- und OECD-Staaten. In den Naturwissenschaften sind die in Deutschland evaluierten Leistungen mit denen der Schüler der teilnehmenden EU- und OECD-Staaten vergleichbar. Ein erheblicher Leistungsabstand besteht zu den Staaten in der Spitzengruppe, wie zum Beispiel hinsichtlich der Mathematik Japan, Niederlande oder England und bezüglich der Naturwissenschaften Singapur, auch Japan und nochmals England.

Die Forschungsgruppe um Wilfried Bos interpretierte aus ihren erhobenen Statistiken, dass die Leistungsstreuung zwischen leistungsstarken und -schwachen Schülern/innen mit einer Standartabweichung („vom deutschen Leistungsmittel") von 68 Punkten recht gering sei. Jedoch können einige der in Deutschland lebenden Schüler/innen, 4 % der Kinder aus der Studie, nach Abschluss der Grundschule nicht auf die sogenannte Kompetenzstufe 1 der Mathematik zugreifen, weil sie keine elementaren mathematischen Fähigkeiten erwerben konnten (vgl. Bos, Bonsen, Baumert, Prenzel, Selter & Walther, 2008). Wie stark der Bezugswert von Bedeutung ist, lässt sich anhand der nächsten Aussagen zeigen, da laut Bos und seinen ausschließlich männlichen Mitarbeitenr, international betrachtet, sich keine geschlechtsspezifischen Leistungsunterschiede zwischen Mädchen und Jungen im Bereich der Mathematik feststellen lassen. Sowohl die Jungen als auch die Mädchen erreichen international einen Wert von

473. Jedoch gehört Deutschland allerdings zu dem Drittel der TIMSS-Teilnehmerstaaten, in denen die Jungen in Mathematik gegenüber den Mädchen einen signifikanten Vorsprung haben (531 gegenüber 519 Punkten). Betrachtet man die Unterschiede zwischen Jungen und Mädchen in Bezug auf die naturwissenschaftliche Kompetenzentwicklung, so zeigt sich, dass Deutschland derjenige Staat unter den teilnehmenden OECD- und EU-Staaten mit den größten Geschlechterdifferenzen in den naturwissenschaftlichen Kompetenzen ist.

Weiterhin berichten Bos und Kollegen, dass in Deutschland sich besonders viele Schüler/innen befinden, die am Ende ihrer Grundschulzeit über eine ausgesprochen positive Einstellung zur Naturwissenschaft berichten könnten. Dies trifft auf immerhin 81 % aller Schüler/innen der 4. Klasse in Deutschland zu, wenn man von den Ergebnissen der Erhebung ausgehen möchte. Ein ähnliches Bild zeigt sich für das naturwissenschaftsbezogene Selbstkonzept. So lassen, statistisch gesehen, mehr als drei Viertel der Grundschüler/innen in Deutschland ein hohes Fähigkeitsselbstkonzept in den Naturwissenschaften für Bos et al. erkennen.

Sie dokumentieren auch, dass im internationalen Vergleich gesehen, der Einfluss der sozialen Herkunft auf die Leistungen der Schüler/innen in Deutschland sehr hoch sei. Deutschland zeigte im internationalen Vergleich der Leistungen eine besonders hohe Diskrepanz zwischen Schülern/innen an Schulen mit mehr und mit weniger als 50 % Kindern aus wirtschaftlich benachteiligten Familien. Wobei als Indikator für die „soziale Herkunft" die Anzahl der sich im Haushalt befindenden Bücher herangezogen wurde. Bos et al. erläutern ausgiebig den herausgearbeiteten Zusammenhang zwischen der Anzahl der Bücher, welche für den sozioökonomischen Status stehen sollen, und der Kompetenzentwicklung der Kinder.

An dieser Stelle soll kurz die Frage eingeschoben werden, ob die Bücheranzahl zu Hause als adäquater Indikator für den sozioökonomischen Status gelten kann, wie von Imke

Groeneveld (2008) anhand des Beispiels der PIRLS 2001 überprüft worden ist. Sie untersuchte, ob die Anzahl der Bücher ein guter Indikator zur Vorhersage der Mathematik- und Leseleistungen eines Grundschülers sind (siehe Anhang H). Des Weiteren ging sie der Frage nach, ob die „Anzahl der Bücher zu Hause" als Variable das „internationale sozio-ökonomische Maß des beruflichen Status" (International Socio-Economic Index of Occupational Status = ISEI) zur Vorhersage der Schüler/innenleistungen ersetzten kann. Zusammenfassend berichtete sie, dass die Anzahl der Bücher zu Hause einen positiven Effekt auf die individuellen Schüler/innenleistungen in Lesen und Mathematik hat (siehe Tabelle 1 im Anhang H). Wenn man die höchste Punktzahl für eine Familie (höchster Sozialstatus=HISEI) heranzieht, welche aus dem ISEI der Mutter und des Vaters generiert wird (ist auch in der PISA-Studie verwendet worden, siehe Abb. 27), zeigt diese Punktzahl und die Anzahl der Bücher eine positive Wirkung auf einzelne Schüler/innenleistungen in Lesen und Mathematik (siehe auch Tabelle 1 im Anhang H). Wenn beide Indikatoren verwendet wurden, konnte anhand der statistischen Auswertungen Hinweise darüber gefunden werden, dass es mehrere Variablen gibt, die den familiären Hintergrund eines Schülers beeinflussen. Trotzdem zeigten Groenevelds Auswertungen, dass die Anzahl der Bücher zu Hause als Indikator für den familiären Hintergrund eines Schülers genutzt werden kann, auch wenn es nur ein Aspekt ist, der Auskunft über die soziale Herkunft geben kann (vgl. Groeneveld, 2008).

Für die TIMSS 2007 stellten die Mitarbeiter des IFS Dortmunds dar, dass sowohl international als auch in Deutschland aufgezeigt werden kann, dass die Schüler/innen innerhalb der Studie die höchsten Kompetenzen erreichten, deren Eltern im jeweiligen Testland geboren wurden. Schüler/innen mit nur einem im Testland geborenen Elternteil zeigten demgegenüber geringere Leistungen und Kinder, deren beide Elternteile nicht im Testland geboren wurden, lassen

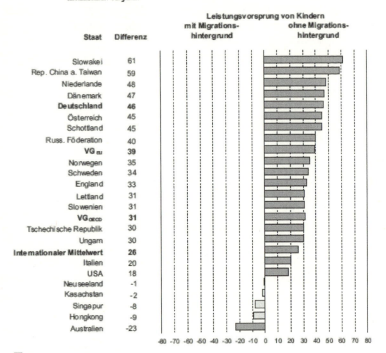

Abb. 20: Leistungsdifferenzen in der **mathematischen** Kompetenz zwischen Schülerinnen und Schülern, deren Eltern beide im Ausland geboren wurden, gegenüber denjenigen ohne Migrationshintergrund im internationalen Vergleich.

eine noch schwächere Kompetenzentwicklung erkennen. Detaillierter betrachtet, beträgt der gemessene Kompetenzunterschied in Deutschland zwischen Kindern mit und ohne Migrationshintergrund 46 Leistungspunkte für Mathematik und entspricht somit knapp einer halben Standardabweichung zum TIMSS-Skalenmittelwert. Dies entspricht auch dem Lernzuwachs von schätzungsweise einem Jahr. Diese Differenzen sind denen in den Niederlanden, Dänemark, Österreich und Schottland sehr ähnlich (siehe Abb. 20; Bos et al., 2008, S. 166, Abbildung 7.4).

Im naturwissenschaftlichen Bereich zeigt sich in Deutschland ein noch größerer Unterschied bei der spezifischen Kompetenzentwicklung zwischen Kindern mit und ohne Migrationshintergrund, die einzig in Österreich übertroffen wird. Mit 72 Leistungspunkten entspricht der Unterschied zwischen beiden Gruppen in Deutschland mehr als drei Viertel einer Standardabweichung des TIMSS-Skalenmittelwertes. Somit wurde zusammenfassend aufgezeigt, dass größere Unterschiede zwischen Schülern/innen ohne Migrationshintergrund und solchen, deren beide Elternteile im Ausland geboren worden sind, sich in keinem anderen der aufgeführten Staaten feststellen lassen (siehe Abb. 21; Bos et al., 2008, S. 167, Abbildung 7.5).

Im Jahr 2011 wird Deutschland wieder an TIMMS teilnehmen. Da sich der Erhebungszeitraum mit dem der Internationalen Grundlese-Untersuchung IGLU decken wird, werden die Ergebnisse beider Studien Ende 2012 gemeinsam präsentiert, wieder unter der Leitung von Prof. Dr. Bos und Mitarbeitern.

Bei diesen Erhebungen sollen „neben den Schülerkompetenzen [...] auch Bedingungsfaktoren des schulischen Lernens wie Curriculumgestaltung, Schulorganisation, Lehrpersonal, Unterrichtsmerkmale und soziale Faktoren mittels Lehrer- und Elternfragebogen erhoben werden. Die parallele Durchführung wird erstmalig Informationen über Schülerkompetenzen am Ende der Grundschulzeit in zentralen Fächern zum selben Zeitpunkt und mit derselben Schülerkohorte ermöglichen", so das Bundesministerium für Bildung und Forschung (BMBF)[12].

---

[12] http://www.bmbf.de/de/6628.php

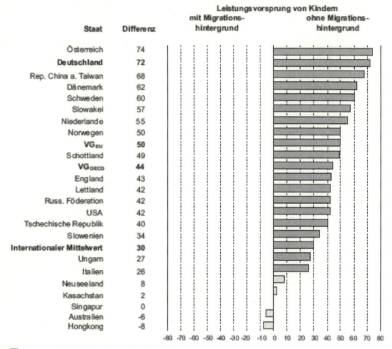

Abb. 21: Leistungsdifferenzen in der naturwissenschaftlichen Kompetenz zwischen Schülerinnen und Schülern, deren Eltern beide im Ausland geboren wurden, gegenüber denjenigen ohne Migrationshintergrund im internationalen Vergleich.

3.1.4.2 Internationale Schulleistungsstudie PIRLS/ IGLU/ IGLU-E

Auch die oben erwähnte Internationale Grundschul-Lese-Untersuchung (IGLU), international bezeichnet als Progress in International Reading Literacy Study (PIRLS), ist eine Studie der International Association for the Evaluation of Educational Achievement (IEA). Wie oben schon erläutert, wurden und werden auch diese Ergebnisse wieder von Wilfried Bos und Mitarbeitern ausgewertet.

Der erste Zyklus fand 2001 statt, an dem sich auch Deutschland beteiligte, ebenso wie im zweiten Durchgang im Jahr 2006. Mit Hilfe der periodischen Erhebung sollen Tendenzen in der Entwicklung der Lesekompetenz erhoben werden. Innerhalb eines Durchgangs liegt der Schwerpunkt bei der erworbenen Lesekompetenz eines Schülers der 4. Klasse. Neben dieser Schülerleistung wurde innerhalb der deutschen Erhebung auch deren familiäre, schulische und unterrichtliche Rahmenbedingungen, die Leistungen in Orthografie, Leseleistungen, Leseselbstkonzept, Lesemotivation und Leseverhalten mit erfasst (vgl. Deutscher Bildungsserver[13]). Diese nationale Erweiterungsuntersuchung lief unter der Bezeichnung IGLU-E 2006 (vgl. BMBF[14]).

Die Testaufgaben beachten dabei unterschiedliche Schwierigkeitsgrade des Textverstehens sowie den Aspekt, dass die Kinder in diesem Alter üblicherweise zwei Textsorten lesen: literarische Texte, zum Beispiel Kurzgeschichten, sowie informierende Texte, so zum Beispiel altersgerechte Lexikonartikel oder Faltblätter (vgl. BMBF[13]). Weitere Details zu dem Konzept. den Rahmenbedingungen und den Teilnehmern/innen kann man der Offiziellen Internetseite IGLU 2006[15] entnehmen.

---

[13] http://www.bildungsserver.de/zeigen.html?seite=6706
[14] http://www.bmbf.de/de/6626.php
[15] http://iglu2006.ifs-dortmund.de/hm

Die für den internationalen Vergleich erforderliche repräsentative Stichprobe von ca. 150 Grundschulen im Jahr 2001 wurde 2006 auf 405 Schulen aufgestockt, um zusätzlich einen Vergleich zwischen den einzelnen Bundesländern zu ermöglichen (vgl. BMBF[13]).

Resümierend kann berichtet werden, dass Deutschland nach der IGLU-Studie 2006 den elften Platz unter den 45 teilnehmenden Nationen belegt hatte. Platz eins erreichte Russland vor Hongkong und Kanada. Somit befindet sich das Ergebnis für Deutschland mit 548 Punkten im oberen Viertel der Verteilung. Innerhalb der EU stehen die erhobenen Leistungen der Viertklässler an der Spitze, laut dem Bericht von Bos und Kollegen[16]. Diese stellen in ihren Ausführungen hauptsächlich Vergleiche zur Erhebung 2001 dar. Zum Beispiel wurde festgestellt, dass im Vergleich zu den Ergebnissen von 2001 die in Deutschland lebenden Schüler/innen in allen Dimensionen der Lesekompetenz signifikant bessere Leistungen erzielen konnten, so die GEW[17]. Dies wurde bei insgesamt elf IGLU-Teilnehmerstaaten errechnet (vgl. BMFB[13]).

Die Grundschulen sollten auch weiterhin daran arbeiten, die Leistungsstreuung zwischen leistungsstarken und -schwachen Schülern/innen, sowie zwischen Mädchen und Jungen möglichst gering zu halten, damit es ihnen noch besser gelingen kann. Der Versuch auf ein Gelingen diesen Anspruchs ist aber laut Bos und Team schon spürbar (vgl. IFS Dortmund[8]).

Jedoch ist, wie schon in der TIMSS-Studie herausgearbeitet, im internationalen Vergleich der Einfluss der sozialen Herkunft auf die Leistungen der Schüler/innen in Deutschland sehr hoch. Kinder mit Migrationshintergrund schneiden auch bei den verschiedenen Dimensionen der

---

[16] http://iglu.ifs-dortmund.de/assets/files/iglu/IGLU2006_Presse konferenz_erweitert.pdf
[17] http://www.gew.de/IGLU_2006_veroeffentlicht.html

Lesekompetenzen vergleichsweise schlechter ab (vgl. BMFM[13]), die GEW-Schulexpertin Marianne Demmer (2007) sieht darin einen weiteren Beleg für „die fehlende Chancengleichheit in Deutschland. Die große Abhängigkeit der Schulleistung von der sozialen Herkunft zeige sich ‚leider' erneut auch in der Grundschule. Hier besonders bei den Einwandererkindern"[16.] Sie erklärte weiterhin, dass IGLU-E kaum neue Informationen geliefert habe. ‚Statt immer neuer Daten wollen wir endlich Taten sehen: mehr Mittel und Personal für die individuelle Förderung der Schüler und eine große Schulreform.' Demmer kritisierte vor allem die sozial höchst ungerechten Übertrittsempfehlungen für die weiterführenden Schulen in der vierten Klasse. ‚Arbeiterkinder', betonte Demmer, ‚müssen Super-Schüler sein, damit Lehrkräfte und Eltern ihnen zutrauen, das Abitur zu schaffen. Bei Akademikerkindern reichen durchschnittliche Leistungen.' Das zeige die IGLU-Studie 2006" (GEW[15]). In den Ausführungen von Bos heißt es: „Insgesamt besteht also ein signifikanter und durchaus nicht unbeträchtlicher Einfluss der sozialen Herkunft auf die Schullaufbahnpräferenzen der Lehrkräfte, der sich in IGLU 2006 noch deutlicher abzeichnet als in IGLU 2001. Deutlich zeigt sich auch die mehrfache Benachteiligung von Kindern aus unteren sozialen Lagen beim Übergang auf das Gymnasium"[18]. „Die frühe Aufteilung zehnjähriger Kinder in unterschiedliche Schulformen müsse endlich aufhören, so Demmer. Die jungen Leute müssten bis zum Ende der Pflichtschulzeit miteinander und voneinander lernen können. ‚Wie erfolgreich das sein kann, machen die Grundschulen vor!'"(GEW[18]).

---

[18] http://www.gew.de/IGLU-E_Deutschlands_Grundschueler_ haben_ gute_Lesenoten_-_aber_schlechte_Aussichten.html

3.1.4.3 Internationale Schulleistungsstudie PISA

An das eingehende Zitat von Herrlitz, vor der Aufschlüsselung der drei Vergleichstudien, sollen folgende Sätze anküpfen: „Anders als in den 60er Jahren des vorigen Jahrhunderts erfolgt dieser Vergleich nun aber nicht abstrakt, aus der Ferne betrachtet, sondern unter den Bedingungen der inzwischen vorangeschrittenen europäischen Einigung und der massiv erfahrenen Konkurrenzzwänge in einer globalisierten Wirtschaft, in der der ‚Standort Deutschland' bedroht erscheint. Die Dimensionen, in denen die internationalen

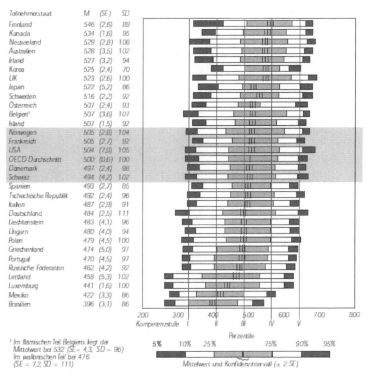

Abb. 22: PISA 2000 - Leistungen im Lesen im internationalen Vergleich (Testleistungen der SchülerInnen in den Teilnehmerstaaten: Gesamtskala Lesen; PISA-Schwerpunkt: Lesekompetenzen)

Vergleichsstudien den Modernitätsrückstand des nunmehr gesamtdeutschen Schulsystems offenbaren, sind im Jahr 2000 nahezu dieselben wie zu Beginn der 60er Jahre" (vgl. van Ackerens, 2002, S. 172 f., zitiert nach Herrlitz, 2005, S. 244). Das „Programme for International Student Assessment" (PISA), auf die sich das eben genannte Zitat bezog, ist die im Drei-Jahres-Rhythmus stattfindende internationale Schulleistungsstudie der „Organisation for Economic Cooperation and Development" (OECD). Die Studie untersucht, inwieweit Schüler/innen gegen Ende ihrer Pflichtschulzeit die Kenntnisse und Fähigkeiten für eine volle Teilhabe an der Wissensgesellschaft erworben haben.

Da es im Anschluss an die erste PISA-Erhebung im Jahr 2000, wie zuvor im Zitat erwähnt, für diese Arbeit wesentliche Darstellung der Konsequenzen ständiger Selektion der Schüler/innen in Deutschland und dementsprechend starke Reaktionen auf diese Ergebnisse gab, soll an dieser Stelle kurz jeder Erhebungszeitraum und deren für den vorliegenden Text wichtige Erkenntnisse sowie die hervorgerufenen Reaktionen beschrieben werden.

Die Ergebnisse der PISA-Studie im Jahr 2000 riefen unterschiedlichsten Aktionismus hervor. Marianne Demmer beschrieb ihren Eindruck darüber im Juni 2002 wie folgt: „Statt systematischer Arbeit an zukunftsfähigen Konzepten kaschiert hektischer Aktionismus die weit verbreitete Ratlosigkeit und Reformunfähigkeit. Es wird an Symptomen kuriert, aber die Frage, was grundsätzlich falsch läuft, wird nicht gestellt" (Vorwort der PISA- Broschüre der GEW[19]). Doch sie hält dem entgegen, dass die GEW sich in der vergangenen Zukunft für folgenden Wunsch einsetzte: „Im Zentrum aller schulpolitischen und pädagogischen Bemühungen sollen das individuelle Lernen und die individuelle Entwicklung von Kindern und Jugendlichen stehen. Unterstützen, beraten und anspornen statt sortieren,

---

[19] http://www.gew.de/Binaries/Binary34599/pisa_broschuere.pdf

aussondern und entmutigen – dies ist die Erfolgsbotschaft der internationalen PISA-Gewinner"[18].

Im Jahr 2000 waren diese internationalen PISA-Gewinner Finnland, Kanada und Neuseeland im Teilleistungsbereich Lesen (siehe Abb. 22), der den Schwerpunkt der Erhebung 2000 darstellte. Einen Überblick über die Schwerpunkte der jeweiligen Erhebungszeiträume ist in der nachstehenden Tabelle[20] zu erkennen, welche die zeitliche Abfolge und die geplanten Schwerpunktsetzungen für PISA 2000 bis PISA 2015 zeigt:

Erhebungsjahr	Erhebungsbereiche	Selbsteinschätzung der SchülerInnen	
2000	**Lesekompetenz** Mathematik Naturwissenschaften	*Lernansätze, Leseengagement*	
2003	Lesekompetenz **Mathematik** Naturwissenschaften Problemlösen	*Lernansätze, Einstellung zur Mathematik*	
2006	Lesekompetenz Mathematik **Naturwissenschaften**	*Lernansätze, Einstellung zu den Naturwissenschaften*	
2009	**Lesekompetenz** Mathematik Naturwissenschaften	*Noch festzulegen*	*+ Entwicklung eines neuen Bereichs in jeder Erhebung*
2012	Lesekompetenz **Mathematik** Naturwissenschaften	*Noch festzulegen*	
2015	Lesekompetenz Mathematik **Naturwissenschaften**	*Noch festzulegen*	

Auf Grund des Schwerpunkts Lesen im Jahr 2000 wird in der Grafik 23 (Abb. 23) der internationale Vergleich der prozentualen Anteile der Schüler/innen vertiefend dargestellt, die über den Kompetenzbereich 1 verfügten im Vergleich zu den Schülern/innen, welche auch im fünften Kompetenzbereich erfolgreich getestet werden konnten.

---

[20] http://www.oecd.org/dataoecd/58/62/38390057.pdf

Inklusion

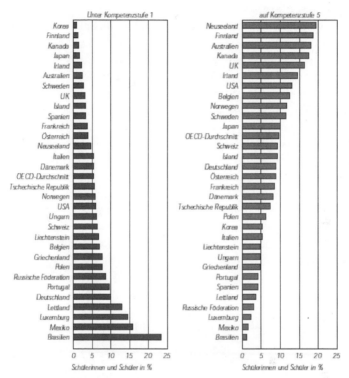

Abb. 23: PISA 2000- Prozentualer Anteil von SchülerInnen unter Kompetenzstufe 1und auf Kompetenzstufe 5: Gesamtskala Lesen

Dabei ist zu erkennen, dass Finnland einen geringen Anteil an Schülern/innen im Kompetenzbereich 1 und einen hohe Anzahl an Schülern im fünften Kompetenzbereich angerechnet bekommen hat. Inhaltlich wurde im Kompetenzbereich Lesen getestet, ob „Jugendliche aus einem Text Aussagen, Absichten und formale Struktur herausfiltern können. [...] Die Leistungen der 15-Jährigen werden fünf Kompetenzstufen zugeordnet. Die „Experten" (Stufe 5) erschließen Informationen aus unbekannten und komplexen Texten, machen sich unvertraute Themen zu Eigen und bewerten

Hypothesen kritisch. Wer Stufe 1 erreicht, kann lediglich die Hauptgedanken eines Textes über ein bereits bekanntes Thema begreifen und ist in der Lage, konkreten Hinweisen auf einfache Verbindungen zwischen gelesenen Informationen und Alltagswissen zu folgen"[18]. Die erhobenen Werte der Lesekompetenz der deutschen Schüler/innen liegen unter dem OECD-Mittelwert. „Etwa 20 Prozent des hiesigen Altersjahrgangs erreichen gerade oder nicht einmal die Elementarstufe. […] Die Schere zwischen den Jugendlichen mit guten und schlechten Leistungen geht stark auseinander. Die erhobenen Lesefähigkeiten gehen weiter auseinander als in jedem anderen Land. Wer aus einem bildungsfernen Elternhaus kommt, kann diesen Nachteil nur selten aufholen" [18]. Und in Deutschland gaben prozentual gesehen, mehr Kinder als in jedem anderen teilnehmendem Land an, dass sie nicht zum Vergnügen lesen würden (siehe Abb. 24). In Finnland trafen prozentual am wenigsten Kinder, im Vergleich zu den anderen Ländern betrachtet, diese Aussage.

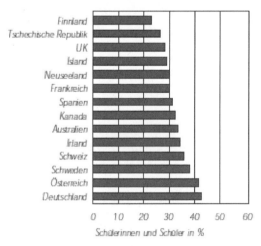

Abb. 24: PISA 2000 - Prozentualer Anteil von SchülerInnen, die angeben, sie würden nicht zum Vergnügen lesen

Inklusion 193

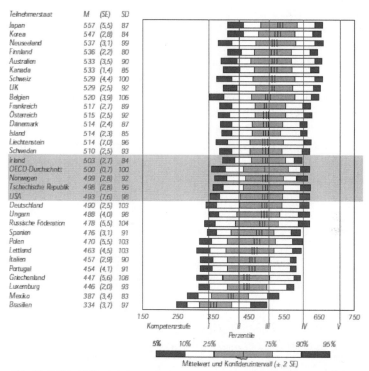

Abb.25: PISA 2000 - Mathematikleistungen im internationalen Vergleich (Testleistungen der SchülerInnen in den Teilnehmerstaaten: Gesamtskala Mathematik)

Im Bereich Mathematik waren die PISA-Sieger Korea, Japan, Neuseeland und an vierter Stelle das nun schon häufiger zitierte Finnland (siehe Abb. 25).

Die erhobenen Leistungswerte der deutschen Jugendlichen befanden sich im unteren Teil des Mittelfeldes im Ländervergleich. Jedoch wurde ein Viertel dieser 15-Jährigen als „Risikogruppe" eingestuft, was bedeutet, dass diese sich unter oder auf der Kompetenzstufe 1 sammelten. „Ihre mathematische Grundbildung reicht demnach nur bedingt aus, um eine Berufsausbildung erfolgreich abzuschließen. Die Spitzengruppe derjenigen, die alle Aufgaben vollständig löste, ist in Deutschland äußerst klein"[18] (siehe Abb. 25).

Auch in den naturwissenschaftlichen Fragestellungen lagen die Leistungsergebnisse der Schüler/innen aus Korea, Japan und Finnland wieder ganz vorn. Die in Deutschland lebenden Schüler/innen erreichten Leistungen unterhalb des internationalen Durchschnittswertes (siehe Abb. 26), denn viele Jugendliche verfügten über die ersten Kompetenzbereiche und nur wenige erreichten auch die oberen Kompetenzstufen (vgl. Anm.[18]).

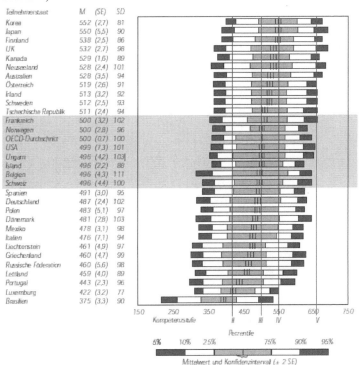

Abb. 26 PISA 2000 – Naturwissenschaften im internationalen Vergleich (Testleistungen der SchülerInnen in den Teilnehmerstaaten: Gesamtskala Naturwissenschaft)

Insgesamt werden die Ergebnisse als erkenntnisgewinnend angesehen, denn laut GEW ist PISA „die erste internationale Schulleistungsstudie, deren methodischer Ansatz in der Fachwelt im Grundsatz nicht umstritten ist. Denn die Reflexion der eigenen Grenzen und deren schrittweise Überwindung ist Teil des PISA-Projekts. Letzteres wiederum eröffnet auch für die Lehrerschaft und die Gewerkschaften die Möglichkeit der aktiven Einflussnahme auf Untersuchungsziele und Untersuchungsdesign" so Marianne Demmer in dem Vorwort der GEW-Broschüre über PISA 2000[18]. Wichtige Erkenntnisse können dabei sein, dass ein Kind aus einer Akademikerfamilie in Deutschland eine viermal größere Chance hat, das Abitur zu erreichen, als ein Kind aus einem Facharbeiterhaushalt – selbst bei ähnlichen kognitiven Fähigkeiten (vgl. Anm.[18]).

Trotz der Erkenntnisse aus den PISA-Studien ist bemerkenswert, dass in allen Bundesländern die Politik der Homogenisierung weiter verfolgt und sogar verstärkt wird, obwohl die PISA-Befunde einen kritischen Denkprozess nahe legt. Jedoch wurden als Reaktion unterschiedliche Standards erarbeitet, Zugangsregelungen zum Gymnasium im Anschluss an die Grundschule wurden verschärft (vgl. Ratzki, 2007, S. 22). und wiederrum der Übergang zur Universität wurde erschwert durch verschiedene Zulassungsbeschränkungen. „Außerdem zeigt sich eine erschreckende Zunahme von Sitzenbleibern und Überweisungen zur Sonderschule" (Ratzki, 2007, S. 22). In den Schulen liegt der Fokus noch stärker auf Leistung als in den Jahren vor den Diskussionen bezüglich der PISA-Ergebnisse.

Die veröffentlichten Ergebnisse lassen dem Eindruck von Thoma und Rehle (2009) sowie Häberlein-Klumpner (2009) nach, dem nur zuzustimmen ist, ein inzwischen vertrautes Ritual erkennen, in dem alle für Bildung Verantwortlichen oder sich für kompetent Erachtenden in Deutschland unmittelbar in Hochspannung versetzt sind und ein Wortgefecht um die besseren Bildungsargumente eröffnen, aus vielfach ideologisch untermauerten Perspektiven. Die Folgen dieses zweckgerichteten Vorgehens mit dem ausschließlichen Ziel einer besseren Schulleistung sind verheerend: blinder Reformeifer, Forderungen nach mehr Leistungskontrolle, mehr und frühzeitigere Notengebung, noch früher ansetzende Selektion, gedrängtere Schulzeiten und überprüfbare Bildungsstandards, ganz nach dem Motto „Mehr-desselben-Lösung", welche nach dem Grundsatz „zweimal so viel ist doppelt so gut" eine bessere Ökonomisierung unseren Bildungssystems versprechen. Bei dieser *Pädagogik der Effizienz* (siehe Anhand D; Weiteres unter 1.3) ist die Gefahr sehr groß zwei wesentliche Aspekte zu übersehen, zum einen die Bildung selbst und zum anderen das Subjekt der Bildung, nämlich das Kind. Thoma und Rehle (2009) sehen die Integrationsbewegung als merklich stockend an, da die Pädagogik der Effizienz und die damit verbundene Selektion (nicht nur der Kinder mit Behinderungen) keine Möglichkeiten mehr für eine kindorientierte Pädagogik eröffnen, ganz zugunsten des bildungsentfremdenden Effizienzgedankens, womit wir wieder bei dem zunehmenden Selektionsgedanken wären.

3.1.4.3.1   Soziale Ausgrenzung

„'Man kann aufzeigen, dass sich Schüler gleicher sozialer Herkunft und gleicher kognitiver Kompetenz deutlich besser entwickeln, wenn sie nach der vierten Klasse in ein Gymnasium gehen, als Schüler mit gleichen Voraussetzungen, gleicher Sozialschicht, die in eine Hauptschule kommen.' [so] Professor Klaus-Jürgen Tillmann, Mitglied des deutschen PISA-Konsortiums "(GEW[18]). Dies zeigt sich auf verschiedenen Ebenen. So sind in Deutschland die Unterschiede in der Lesekompetenz von Jugendlichen aus höheren und niedrigeren Sozialschichten im Vergleich zu den anderen Teilnehmerländern am größten (siehe Abb. 27).

Inklusion

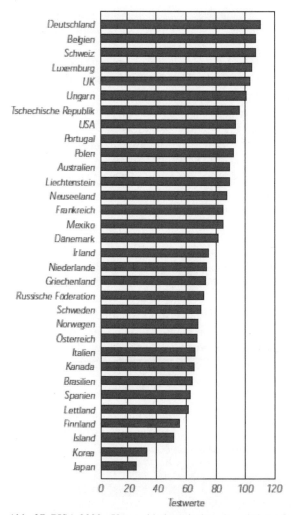

Abb. 27: PISA 2000 - Unterschiede zwischen der mittleren Lesekompetenz von 15-Jährigen aus Familien des oberen und unteren Viertels der Sozialstruktur (höchster Sozialstatus [HISEI] von Vater und Mutter)

Und „offensichtlich gelingt es in Deutschland nicht so wie in anderen Ländern, die schwachen Schülerinnen und Schüler zu fördern" (OECD-PISA 2000, zitiert nach GEW[18]). Denn gerade bei den leistungsschwächsten Schüler/innengruppen sind die Unterschiede zwischen den Geschlechtern besonders stark wahrzunehmen. Mädchen haben gegenüber den Jungen einen deutlichen Vorsprung bei der Lesekompetenz und sind besonders Leistungsstark im Wissensbereich Biologie. Jungen hingegen sind leistungsstärker im Bereich Mathematik, Physik und Chemie. Auffällig ist, dass die mathematischen Fähigkeiten nur eine geringe Bedeutung für das Selbstkonzept vieler Mädchen hat (vgl. GEW[18]). Dies lässt einen Zusammenhang mit dem Interesse und den Leistungen der Mädchen im Fach Mathematik vermuten.

Eine interessante Annahme hinsichtlich des engen Zusammenhangs von sozialer Herkunft und Schulbesuch hat Franz-Michael Konrad vorgestellt: Dass der enge Zusammenhang in den neuen Bundesländern nicht in der auffälligen Weise gegeben ist, wie in den Ländern der alten Bundesrepublik dürfte „weniger ein Effekt der Schule selbst als vielmehr der ausgeglichenen Sozialstruktur der Bevölkerung sein. Sollte diese Vermutung zutreffen, dürfte sich mit der heterogener werdenden Sozialstruktur in den neuen Bundesländern auch im Blick auf die soziale Selektivität des Schulwesens langfristig eine Angleichung der Verhältnisse in Ost und West ergeben" (2007, S. 116).

3.1.4.3.2   Frontalunterricht

Der Frontalunterrrricht als Form der lehrerzentrierten Wissensvermittlung fördert die eigenen Analyse-, Kombinations- und Bewertungsleistungen der Jugendlichen zu wenig, denn Frontalunterricht schließt selbstständiges und handlungsorientiertes Lernen weitgehend aus (vgl. GEW[18]).

Inklusion

Daraus wird auch die im internationalen Vergleich schlecht ausgefallenen deutschen Leistungen im Reflektieren und Bewerten resultieren (siehe oben unter „Lesekompetenzen"; Abb. 28).

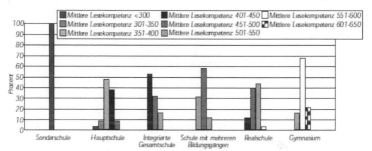

Abb. 28: PISA 2000 - Schulen nach Schulform und mittlerer Lesekompetenz der 15-Jährigen (in %)

„Im ‚fragend-entwickelnden Unterricht' können Lehrkräfte sehr schlecht mit Schülerbeiträgen umgehen, die über das Thema hinausführen: Sie stören oft das Unterrichtskonzept" (Deutscher PISA-Koordinator Jürgen Baumert, zitiert nach GEW[18]).

„Wer jedoch die Aussicht hat, ‚lebenslang lernen' zu sollen, muss das eigenständige Tun frühzeitig erleben und einüben. Die Lehrerzentrierung der Wissensvermittlung erzeugt blinde Flecken: Der Blick für die heterogene Zusammensetzung einer Klasse geht leicht verloren. Die individuellen Schwächen und Stärken der Kinder und Jugendlichen spielen keine große Rolle. Darunter leidet die Diagnosefähigkeit der Pädagogen. So urteilt Professor Klaus-Jürgen Tillmann, Mitglied des deutschen PISA-Konsortiums: ‚Wenn Lehrkräfte den gleichen Frontalunterricht, den sie vor 35 machen, auch vor 20 Schülern halten, darf man nicht auf Verbesserung hoffen'" (GEW[18]). Doch wie unter Punkt 1.1.3 schon erläutert, soll an dieser Stelle trotz heutiger Erkenntnisse nochmals betont werden, dass die Errungenschaft des

Frontalunterrichts in der Neuzeit, im 16. -18. Jahrhundert, von nachhaltiger Bedeutung war.

3.1.4.3.3 Segregationen durch das aufgegliederte Schulsystem und deren Folgen

„Das gegliederte Schulwesen der Bundesrepublik erhebt den Anspruch, ‚begabungsgerecht' zu sein. Die PISA-Studie zeigt, wie unhaltbar diese politisch motivierte Mär ist. Wenn bereits nach der vierten Klasse die Weichen für die Bildungskarriere gestellt werden, bleibt Kindern aus sozial benachteiligten Familien kaum Zeit zum Aufholen. Die Konzentration von jungen Menschen mit Lern- und Lebensproblemen in Haupt- und Sonderschulen oder auch in Gesamtschulen wirkt nicht leistungsfördernd: Das Milieu ist anregungsärmer, die Erwartungshaltung der Lehrkräfte geringer, die Schüler und Schülerinnen demotivieren sich gegenseitig"[18], resümiert die GEW (siehe Abb. 28 & 29).

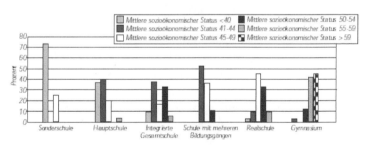

Abb. 29: PISA 2000 - Schulen nach Schulform und mittlerer Sozialschicht (in %)

Der Bildungsforscher Professor Klaus Klemm bestätigte diesen Eindruck mit folgenden Worten: „Das Abschieben von Heranwachsenden in ein anregungsärmeres Milieu [...] bremst deren Entwicklungspotenzial"[18].

Inklusion

Zudem konnte hinsichtlich der Separation der Kinder auch gezeigt werden, dass die Zusammenführung der, dem Schulunterricht angepassten, leistungsstarken Kinder nicht zwangsläufig zu Höchstleistungen führt. „Integrierte Systeme haben teilweise fast doppelt so viele junge Menschen in den höchsten Kompetenzstufen wie Deutschland"[18], erläuterte Marianne Demmer den Vergleich des Segregationsmodells mit dem der Integration.

Die international auffallende Leistungsbandbreite unter den deutschen Schülern kann auch „auf die polarisierende Wirkung des gegliederten Schulsystems mit seinem oben (Gymnasium) und ‚unten (Hauptschule) zurückgeführt" werden (Konrad, 2007, S. 122). Zu vermuten ist, dass deshalb die Hauptschule *als Restschule* auch oft als sozialer Brennpunkt wahrgenommen wird.

Im deutschen Kontext äußert sich die Segregation auch dadurch, dass von den deutschen PISA-Testteilnehmer/innenn etwa jede sechste erst die achte Klasse erreicht hatte (siehe Abb. 30).

Land	Dauer der Pflichtschulzeit von ... Jahren	5, 6, 7 oder 8	9	10	11, 12 oder 13
Finnland	7 – 16	11,2	88,8	–	–
Schweiz	6 – 15 bzw. 7 – 16	20,6	65,2	14,0	0,2
Deutschland	6 –18	15,9	60,5	23,5	0,1
Österreich	6 – 15	5,0	46,3	48,6	0,0
Frankreich	6 – 16	7,4	36,5	53,3	2,7
UK	4 bzw. 5 –16	–	0,0	33,7	66,3
OECD-Durchschnitt	in der Regel 6 – 16	5,6	37,1	48,9	8,4

15-Jährige aus Klassenstufe ... (in %)

Abb. 30 PISA 2000 - 15-Jährige nach Land, Dauer der Pflichtschulzeit und Klassenstufe

(In der PISA-Erhebung 2003 haben 23,1 Prozent der Fünfzehnjährigen im Laufe ihrer Schulzeit schon mindestens einmal eine Klasse wiederholt [Prenzel et al., 2004].) Es gibt überdurchschnittlich viele Schüler, die nicht altersgemäß in die nächste Klasse versetzt werden oder/und schon zum Zeitpunkt der Einschulung zurückgestellt wurden. „Das Wissen, schlechte oder schwierige Schüler an die nächst tiefere Klasse oder Schulart abgeben zu können, wirkt sich auf das Selbstverständnis mancher Lehrkräfte verheerend aus: Selektion wird zum Schutzmechanismus. Nach dem Motto: Abschieben statt Fördern"[18].

Ebenso kann sich dieses Vorgehen hypothesengemäß negativ auf das Selbstkonzept des Schülers auswirken und dessen Bildungskarriere beeinträchtigen. Das Selbstwertkonzept kann weiterhin geschwächt werden durch die Reaktionen seitens der Gesellschaft, welche für die Zurückstufung im Allgemeinen die hauptsächliche Ursache in der Unfähigkeit des Schülers sieht.

Dabei konnte der Bildungsforscher Klaus Klemm in einer Studie zu den Ausgaben für Klassenwiederholungen in Deutschland von 2009[21] aufzeigen, dass Klassenwiederholungen weder bei den *sitzengebliebenen* Schülern zu einer Verbesserung ihrer kognitiven Entwicklung führen, noch profitieren die im ursprünglichen Klassenverband verbliebenen Schülerinnen von diesem Instrument (vgl. Klemm[19]). Der gegenteilige Effekt wird provoziert: „Das Abschieben von Heranwachsenden in ein anregungsärmeres Milieu [...] bremst deren Entwicklungspotenzial" (Klemm, zitiert nach GEW[18]). Franz-Michael Konrad zitiert weitere Experten, welche die in Deutschland besonders hoch liegende Quote an Schulversagern damit erklären, „dass das gegliederte Schulwesen förmlich dazu einlädt, Schüler abzuschieben, sie nach unten ‚durchzureichen', wie es salopp heißt, statt sie zu fördern" (2007, S. 122). Verschiedene Untersuchungen zu Sitzenbleiben, Sonderschulüberweisung und Zurückstellung vom Schulbesuch stellen Roßbach und Tietze (1996, S. 23 ff.) in ihrem Werk dar.

---

[21] http://www.bertelsmann-stiftung.de/cps/rde/xbcr/SID-D5CD83C8-8627E2B9/bst/xcms_bst_dms_29361_29362_2.pdf

Inklusion

Zusammenfassend für die Erkenntnisse der PISA-Erhebung im Jahr 2000 soll die GEW-Vorsitzende Eva-Maria Stange zitiert werden: „Wenn unser Schulwesen vor allem an der besonderen Förderung der Schwachen scheitert und in der Spitze nur Mittelmaß erreicht, dann muss gefragt werden, ob wir uns ein solches Schulsystem noch länger leisten können"[11].

Diesen Eindruck bestätigend können auch die Ergebnisse der PISA-Studie 2003 bei Prenzel et al. (2004) nachgelesen werden. In diesem zweiten Durchlauf waren die mathematischen Fähigkeiten von besonderem Interesse.

Während der PISA-Erhebung 2006 wurden erstmals die Naturwissenschaftenkenntnisse detaillierter erforscht, weshalb der jeweilige Schwerpunktbereich nicht mit den Ergebnissen der Jahre zuvor verglichen werden darf. Abschließend können in den drei folgenden Tabellen nochmals die *Siegerländer* bei den jeweiligen Teilbereichen verglichen werden. Wobei wieder Finnland bei allen drei Kompetenzbereichen unter den ersten zwei *Siegernationen* vorzufinden ist (führende Spitze im Naturwissenschaftsbereich und im Wissenschaftsgebiet der Mathematik), gefolgt von Korea mit zweifacher Nennung unter diesen und auch Japan befindet sich im Bereich Naturwissenschaften auf dem dritten Rang:

Grundbildung Naturwissenschaften

Länder, deren Mittelwert statistisch signifikant **höher** ist als der der Deutschsprachigen Gemeinschaft		Länder, deren Mittelwert statistisch nicht von dem der Deutschsprachigen Gemeinschaft unterscheidet		Länder, deren Mittelwert statistisch signifikant **niedriger** ist als der der Deutschsprachigen Gemeinschaft	
Finnland	563	Niederlande	529	Ungarn	504
Kanada	534	Korea	522	Schweden	503
Japan	531	**DG***	**516**	**OECD**	**500**
Neuseeland	530	Deutschland	516	Polen	498
Fläm. Gem.	**529**	GB	515	Dänemark	496
Australien	527	Tschech. Rep.	513	Frankreich	495
		Schweiz	512	Island	491
		Österreich	511	USA	489
		Irland	508	Slowak. Rep	488
				Spanien	488
				Norwegen	487
				Luxemburg	486
				Frz. Gem.	**486**
				Italien	475
				Portugal	474
				Griechenland	473
		*) Deutschsprachige Gemeinschaft		Türkei	424
				Mexiko	410

Abb. 31a: PISA 2006 - Erreichte Punktwerte (Schwerpunkt Naturwissenschaften)

Inklusion

Lesekompetenz

Länder, deren Mittelwert statistisch signifikant **höher** ist als der der Deutschsprachigen Gemeinschaft		Länder, deren Mittelwert statistisch nicht von dem der Deutschsprachigen Gemeinschaft unterscheidet		Länder, deren Mittelwert statistisch signifikant **niedriger** ist als der der Deutschsprachigen Gemeinschaft	
Korea	556	Polen	508	Island	484
Finnland	547	Schweden	507	Norwegen	484
Kanada	527	Niederlande	507	Tschech. Rep.	483
Fläm. Gem.	**522**	Schweiz	499	Ungarn	482
Neuseeland	521	**DG***	**499**	Luxemburg	479
Irland	517	Japan	498	**Frz. Gem.**	**473**
Australien	513	GB	495	Portugal	472
		Deutschland	495	Italien	469
		Dänemark	494	Slowak. Rep.	466
		OECD	**492**	Spanien	461
		Österreich	490	Griechenland	460
		Frankreich	488	Türlei	447
		*) Deutschsprachige Gemeinschaft		Mexiko	410
				USA	-

Abb. 31b: PISA 2006 - Erreichte Punktwerte (Schwerpunkt Naturwissenschaften)

Grundbildung Mathematik

Länder, deren Mittelwert statistisch signifikant **höher** ist als der der Deutschsprachigen Gemeinschaft		Länder, deren Mittelwert statistisch nicht von dem der Deutschsprachigen Gemeinschaft unterscheidet		Länder, deren Mittelwert statistisch signifikant **niedriger** ist als der der Deutschsprachigen Gem.	
Finnland	548	Japan	523	Schweden	502
Korea	547	Neuseeland	522	Irland	501
Fläm. Gem.	**543**	Australien	520	**OECD**	**498**
Niederlande	531	**DG***	**514**	Frankreich	496
Schweiz	530	Dänemark	513	GB	495
Kanada	527	Tschech. Rep.	510	Polen	495
		Island	506	Solwak. Rep.	492
		Österreich	505	Ungarn	491
		Deutschland	505	**Frz. Gem.**	**490**
				Luxemburg	490
				Norwegen	490
				Spanien	480
				USA	**474**
				Portugal	466
				Italien	462
				Griechenland	459
		*) Deutschsprachige Gemeinschaft		Türkei	424
				Mexiko	408

Abb. 31c: PISA 2006 - Erreichte Punktwerte (Schwerpunkt Naturwissenschaften)

Im Jahr 2009 standen wieder die Lesekompetenzen im Fokus der besonderen Aufmerksamkeit, wodurch eine detaillierte Auswertung des Schwerpunktgebiets erstmal möglich und von öffentlichem Interesse sein wird.

3.1.4.3.4 Untersuchungen an der Laborschule Bielfeld

„Lernen mit anderen auszukommen, die anders sind – so anders wie man selbst" (Hentig, 1984, S. 582, zitiert nach Demmer-Dieckmann, 2001, S. 24). Dieses ausdrucksstarke Zitat von Hartmut von Hentig beschreibt, mit welcher Perspektive er das besondere reformpädagogische Profil der Laborschule Bielefeld entworfen hat. Die bewusste Abkehr von der pädagogischen Praxis an Regelschulen (vgl. Watermann & Stanat, 2005, S. 285) sowie von dem Weg des in Nordrhein-Westfalen üblichen Umgangs mit Integrationsklassen (vgl. Demmer-Dieckmann, S. 24). Diese Schule stellt den Prototypen einer teilautonomen Schule dar, da die Autonomie aufgrund der staatlichen Verankerung und Vorgaben an sich schon begrenzt ist (vgl. Watermann & Stanat, S. 285). Der erfahrungsorientierte Ansatz in den Bereichen des fachlichen und überfachlichen Lernens macht die Schule zu einem Haus des Lebens und Lernens. Die Unterschiede zwischen den Kindern werden als große Chance gesehen, welche die Schule als Bereicherung und pädagogischen Gelegenheit bewusst bejaht. Als Schule ohne Aussonderung hat sie den eigen gestellten Anspruch, der Heterogenität aller Schüler gerecht werden zu wollen. 1974 wurde die Laborschule zusammen mit dem benachbarten Oberstufen-Kolleg nach den Vorstellungen Hentigs gegründet, deren wissenschaftliche Leitung er für die ersten dreizehn Jahre innehatte. Ihr Name rührt von der Idee, dass sie als Universitätsschule als ein Laboratorium für die Erziehungswissenschaften funktioniert. „Eine Schule, an der Fehler erlaubt sind, weil sie weiterführen" (Demmer-Dieckmann, S. 24). Sie ist als Angebots- sowie Ganztagsschule organisiert und kann als radikale Gesamtschule bezeichnet werden, „weil sie die Kinder ohne jegliche äußere Leistungsdifferenzierung [von der Vorschule bis] zu den möglichen Abschlüssen der Sekundarstufe I führt" (Demmer-Dieckmann, S. 25). Es gibt einen Aufnahmeschlüssel, der am Bildungsgang der Eltern orientiert ist, damit sicher gestellt ist, dass alle gesellschaftlichen Schichten in einer der Stadt Bielefeld circa gleichgestellten Verteilung vorhanden sind. Somit befinden sich in jeder Stammgruppe mehrere Schüler mit belasteten Lebenswegen (vgl. Demmer-Dieckmann, S. 24 ff.; vgl. Watermann & Stanat, 2005, S. 285 ff.).

Der organisatorische Tagesablauf wird in der Abb. 32 angedeutet.

Das pädagogische Konzept ist sehr ausgefeilt und umfangreich, die Eckpunkte können in folgender Zusammenfassung nachverfolgt werden:

- „Lerngruppen mit 20 Schülerinnen und Schülern, die vom dritten bis zehnten Jahrgang ohne äußere Leistungsdifferenzierung zusammenbleiben
- Orientierung an den Fähigkeiten und Stärken der einzelnen Schülerinnen und Schüler
- gemeinsame und differenzierte Lernangebote
- Handlungs-, Produkt- und Projektorientierung
- Offenheit und Raum für Eigeninteressen der Schülerinnen und Schüler
- das Ganztagsangebot für Primar- und Sekundarstufe I (das in den letzten
  Jahren eingeschränkt werden musste)
- die Gestaltung eines sanfteren Übergangs von der Primar- zur Sekundarstufe I
- konsequentes Gesamtschulkonzept: keine äußere Fachleistungsdifferenzierung
- keine Zensuren bis zum Ende des neunten Jahrgangs, sondern Lernberichte für alle Schülerinnen und Schüler, kein Kind bzw. Jugendlicher muss ein Jahr wiederholen
- die Lebens- und Erfahrungsräume an der Schule
- fünf Praktika in außerschulischen Einrichtungen mit unterschiedlicher Zielsetzung,

Inklusion

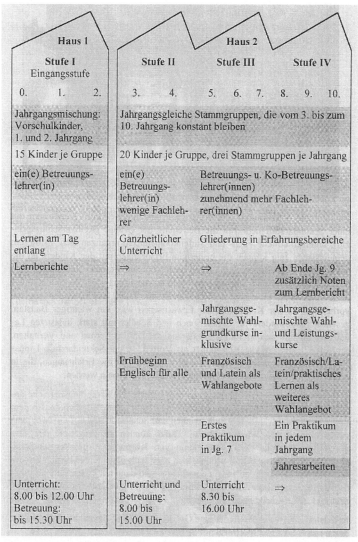

Abb. 32: Die Laborschule: Ein Haus des Lebens und Lernens in zwei Häusern

- jährliche Gruppenfahrten, im neunten Jahrgang ein dreiwöchiger Aufenthalt in einer Familie im Ausland
- der Verzicht auf spezielle Integrationsklassen (mit fünf oder sechs Schülerinnen und Schülern mit Förderbedarf), stattdessen der Einbezug aller Stammgruppen der Schule in die integrative Konzeption: in der Regel ein oder zwei Schülerinnen oder Schüler mit besonderem Betreuungs- und Förderbedarf pro Stammgruppe unterrichtet
- unterrichtliche Zusammenarbeit von Regelschullehrerinnen und –lehrern mit Sonderpädagoginnen und -pädagogen in festgelegten Schwerpunkt Jahrgängen, die sich aus der Stufung der Laborschule ergeben
- sonderpädagogische Beratung" (Demmer-Dieckmann, 2001, S. 41).

Und das ausführliche Programm kann Demmer-Dieckmann & Struck (2001) sowie bei Döpp, Hansen & Kleinspel (1996) und darüber hinaus bei Watermann, Thurn, Tillmann und Stanat (2005) nachgelesen werden. Insgesamt ist festzustellen, dass die Schilderungen dem Konzept der inklusiven Pädagogik entsprechen, wenn man den Darstellungen unter 3.2 folgt.

Bei all diesen Darstellungen ist jedoch wichtig, dass die Laborschule als Versuchsschule, nicht als Schulversuch, in Europa ein einmaliges Modell ist (vgl. Demmer-Dieckmann, 2001, S. 24). Denn sie hat den zusätzlichen Auftrag, neue Wege des Lernens und Lehrens zu entwickeln, Modelle umzusetzen und zu evaluieren, um sie auf die Tauglichkeit und Übertragbarkeit für Regelschulen im Bildungswesen zu erproben. Deshalb erfolgt eine kontinuierliche Selbstevaluation in Form des Lehrer-Forscher-Konzepts, ein Konzept der Handlungs- bzw. Aktionsforschung. Das besondere Merkmal dieser Form der Evaluation liegt darin, dass sie von den Fragen des Lehrers ausgehen, die Probleme der Klassengemeinschaft innerhalb der Klasse erforschen, die Betroffenen die Forschung leiten, qualitative, wie auch quantitative Daten berücksichtigt werden, jedoch verstärkt den Interaktionsprozess fokussieren und somit die Kluft zwischen Theorie und Praxis schließen (vgl. Wilhelm, Bintinger, & Eichelberger, 2002, S. 196). Präzise formulierte dies Heinz von Förster wie folgt: „Laßt den Lehrer, der wissen soll, zum Forscher werden, der wissen möchte!" (Knauer, 2000, S. 3).

Trotz dieser internen Evaluation wünschte die Schule die Evaluation mit dem PISA-Intrumentarium, welche vom Max-Planck-Institut für Bildungsforschung in Berlin durchgeführt werden sollte, um zu ermitteln, wie die Laborschule im Vergleich zu den anderen Schulen im nationalen und internationalen Kontext dasteht (vgl. Groeben, 2005, S. 35 f.). Zumal sich das Konzept der Schule auch teilweise an den Gesamtschulen Skandinaviens orientiert (vgl. Watermann & Stanat, 2005, S. 286). Somit konnte im Rahmen von PISA 2000 ein internationaler Vergleich, auch mit den skandinavischen Vorbildern, angestellt werden.

Dabei wurde herausgearbeitet, dass die demokratiepädagogischen Bemühungen der Schule bei ihren Schülern überdurchschnittliche Werte in Bezug auf soziale und gerechtigkeitsbezogene Orientierungen sowie bei egalitären Einstellungen erzielen durch deutlich geringere individualistische und aggressive soziale Orientierungen, jedoch einer erheblich höheren Bereitschaft zu sozialem Engagement und einer deutlich stärker ausgeprägten Neigung zur Verantwortungsübernahme. Ebenso gut gefördert wurde der Bereich der interpersonalen Kompetenzen und gerechtigkeitsbezogenen Orientierung. Überraschend war das Ergebnis, dass die Befunde der Laborschule in ihrer Tendenz auf ein niedriges akademisches Selbstkonzept bei ihren Schülern hinweisen im Vergleich zu Schülern im Regelschulwesen, obwohl der individualisierende Unterricht und die individuelle Bezugsnormorientierung der Fachlehrer zu einer Stützung des Selbstkonzepts beitragen sollten. Auch gibt es spezifische Schwächen im Bereich der Mathematik, was von der Schule auch erwartet wurde. Es wäre interessant zu untersuchen, ob es einen Zusammenhang zwischen dem Pädagogikkonzept und den Ergebnissen in dem Bereich Mathematik gibt. Denn ebenfalls in der seit mehreren Jahren auch sehr innovativen Grundschule im Blumenviertel in Berlin lagen die evaluierten Mathematikleistungen als einzige, trotz Verbesserung, im Jahr 2007 um 50,6 % unterhalb des regionalen Druchschnitts, jedoch trotzdem um 34,4 % überhalb des landesweiten Durchschnitts[22]. Diese Erscheinung kann jedoch auch reiner Zufall sein.

Die Laborschule setzt jedoch Maßstäbe in den aus der Sicht der Laborschule besonders relevanten Aspekten, wie Sozialklima, demokratische Kompetenzen und Wertorientierung. Im Bereich Lesen und in den Naturwissenschaften erreicht die Laborschule das Leistungsniveau vergleichbarer Regelschulen. Das Ziel eine Schule für alle zu sein, hat einen zentralen Stellenwert in der Laborschule. Die Schülerschaft soll im Querschnitt der Zusammensetzung der Bevölkerung entsprechen, speziell hinsichtlich der sozialen Herkunft. Dies entspricht der Grundideen der skandinavischen Gesamtschulen, die als Orientierungshilfe dienen, „in denen es deutlich besser gelingt als in Deutschland, soziale Disparitäten im schulischen Erfolg auszugleichen (Baumers & Schumer, 2001a; OECD, 2000, zitiert nach Watermann & Stanat, 2005, S. 292). Jedoch kann dies nur bedingt umgesetzt werden, da die Sozialstruktur der Schülerschaft tendenziell eher mit der im Regelschulwesen an Gymnasien verglichen werden kann, als mit Gesamtschulen in Nordrhein-Westfalen. Dabei ist zu erläutern, dass die Entkoppelung der erzielten Lernstände von Merkmalen der sozialen Herkunft ohne Zweifel zu den

---

[22] http://www.grundschule-im-blumenviertel.de/index.php?option=com_content&view=article&id=63:immer-wieder-innehalten-genau-schauen-und-verbessern&catid=38:evaluation&Itemid=70

schwierigsten Aufgaben einer Schule gehört. Schulen sind entwicklungsfördernde Einrichtungen, welche *intra*individuelle Veränderungen fördern sollten, und zwar für Kinder aus allen sozialen Schichten in ähnlicher Weise. „In diesem Fall wirken sie auch disparitätsmindern, indem sie eine weitere Öffnung der sozialen Schere verhindern" (Watermann & Stanat, S. 292). Jedoch ist es außerordentlich schwierig, *inter*individuelle Unterschiede, welche im familiären und anderen außerschulischen Kontexten entstanden sind, innerhalb der Schule zu verringern, wie alle Befunde aus der Entwicklungspsychologie und Pädagogischen Psychologie zeigen. Denn interindividuelle Differenzen tendieren dazu, in Abhängigkeit von der individuell unterschiedlichen Auswahl und Nutzung von Lerngelegenheiten im Laufe der Lebenszeit eher größer als kleiner zu werden. Deshalb ist in der Schule schon viel erreicht, wenn es gelingt, systematisch den Mindeststandard im unteren Leistungsbereich zu sichern und zugleich im oberen Leistungsbereich gut zu fördern. Denn bereits dieses Ziel wird zusätzliche Anstrengungen und Investitionen für schwächere Schüler erfordern (vgl. Watermann & Stanat, S. 292 f.).

So ähnlich zeigt sich dieses strukturell verankerte Problem auch in den Ergebnissen der Laborschule. In der untersuchten Kohorte erwies sich der Zusammenhang zwischen dem sozioökonomischen Hintergrund und den Leistungen der Kinder als ähnlich eng wie in anderen integrierenden Gesamtschulen des Bundeslandes. Da die sprachliche Auseinandersetzung und Ausbildung stark im Mittelpunkt steht und vielfältige Angebote über den sprachlichen Austausch in der Laborschule angeboten werden, kann der Aspekt der Sprache auch verantwortlich dafür sein, dass sich Schüler/innen in Abhängigkeit von ihrer sozialen Herkunft unterschiedlich gut entwickeln. Zumal die Ausbildung sprachlicher Kompetenzen in höherem Maße durch das familiäre Umfeld bestimmt wird als der Erwerb von Wissen und Fähigkeiten in Bereichen, in denen die Schule eher ein Vermittlungsmonopol besitzt. Dieser Aspekt wäre von Bedeutung für Schüler mit Deutsch als Zweitsprache, sofern der Eindruck zutrifft, dass der Erfolg der Kinder in der Laborschule mehr noch als in anderen Schulen von der Fähigkeit abhängt, schriftlich und mündlich zu kommunizieren. Dies könnte zu einer Verstärkung sozialer Disparitäten führen. Deshalb müsste sich die Schule vermutlich noch stärker auch die sprachliche Förderung von Schülern/innen aus bildungsfernen Familien konzentrieren.

Ebenso stoßen die schulischen Bemühungen offenbar an ihre Grenzen in Bezug auf geschlechtsstereotype Muster. „Allgemein weisen die Ergebnisse zu den Geschlechtsdifferenzen darauf hin, dass die Bemühungen der Laborschule, die Mädchen zu stärken, relativ erfolgreich sind" (Watermann & Stanat, S. 293). Weshalb es umso überraschender erscheint, dass trotz der besseren Leistungen der Mädchen in Mathematik erhebliche Geschlechtsunterschiede zu Gunsten der Jungen hinsichtlich des mathematischen Selbstkonzepts sowie dem Interesse für Mathematik zu beobachten sind, was wie angedeutet, jedoch nicht mit der Ausbildung der Laborschule begründete werden kann (vgl. Watermann & Stanat).

Abschließend ist festzuhalten, dass „die umfassende Beobachtung von Bildungsergebnissen [...] wichtig [ist], um die Unterrichtsqualität langfristig sichern und verbessern zu können", so das BMBF[5].

3.1.4.4 Ausrufung des Inklusionskonzepts

Diese und weitere Beobachtungen werden dazu beigetragen haben, dass wichtige Konferenzen stattgefunden haben, die den Gedanken der inklusiven Pädagogik ausriefen. Um auf verschiedene bedeutende Konferenzen zurückzublicken, soll das Jahr 1989 genannt werden, in dem sich die UN auf ein Übereinkommen über die Rechte des Kindes einigte. Vier Jahre später wurden die Standardregeln der UN über die Chancengleichheit für Menschen mit Behinderungen mit folgenden Worten herausgegeben: „Das Prinzip der Gleichberechtigung impliziert, dass die Bedürfnisse einer jeden Person gleich wichtig sind und dass diese Bedürfnisse zur Grundlage für die Planung von Gesellschaften gemacht werden müssen und dass alle Ressourcen so genutzt werden müssen, dass jeder Person die gleichen Möglichkeiten zur Teilhabe gewährt werden" (UN Standartregeln, 1993, zitiert nach Vojtová, 2006, S. 65). Darin kann man erkennen, dass zur Erreichung einer individuellen Zufriedenheit ein Umdenken und Umstrukturieren der Gesellschaft gefordert wird. Dies bedeutet, dass marginalisierte Personen kein Problem mehr für die Gesellschaft darstellen sollten, sondern die vorliegende Gesellschaftsform als problematisch wahrgenommen und zur Veränderung aufgerufen wird. Dieses wiederum hat direkte Auswirkungen auf alle Bildungseinrichtungen, die auch um solch eine optimale Bedürfnisbefriedung des Einzelnen bemüht sein sollen und somit umgewandelt werden müssen, weg vom ausschließlichen Leistungsstreben in Kombination mit der Orientierung an einer fremdbestimmt festgelegten Norm.

Dieses Übertragen des Inklusionsgedanken auf die Institution Schule fand mit einem bewusst gewählten theoretischen Hintergrund in Nordamerika statt. Denn Kanada gilt als ein Geburtsland der Inklusiven Schule. 1991 erschien dort, herausgegeben von Gordon Porter und Diane Richler, das Grundwerk "Changing Canadian Schools: Perspectives on Disability and Inclusion". Gleichzeitig erschien das Buch auch auf Französisch unter dem Titel "Réformer les écoles canadiennes: Perspectives sur le handicap et l'intégration" (Porter & Richler, 1991b). ‚Inclusion' ist im kanadischen Französisch einfach mit ‚intégration' übersetzt worden. Vor der Salamanca-Konferenz verwendeten die Protagonisten der Inklusion üblicherweise die beiden Wörter synonym nebeneinander (vgl. Sander, 2002, S.2).

Die Abgrenzung der Inklusion als neues pädagogisches Modell stellte die Salamanca-Erklärung der UNESCO im Jahr 1994 mit folgendem Ideal vor: „Regelschulen mit dieser inklusiven Orientierung…bieten der Mehrheit der Kinder eine effektive Bildung und verbessern die Effizienz und letztendlich die Kosteneffektivität des ganzen Bildungssystems" (UNESCO, 1994). Lebensqualität als solche wird von der UNESCO als Grundkriterium festgelegt und die Empfehlungen der UNESCO wurden zur Inspiration und zum Hintergrund für die Bildungspolitik sowohl der EU-Länder als auch der EU- Beitrittskandidaten (vgl. Vojtová et al., 2006, S. 71).

„Spätestens nach der Erklärung von Salamanca, die auf der UNESCO-Weltkonferenz als »Pädagogik für besondere Bedürfnisse: Zugang und Qualität« 1994 unter Beteiligung der Bundesregierung abgegeben wurde, hätte die deutsche Politik zumindest den Forderungsgehalt der Erklärung verbreiten und eine Debatte über die pädagogischen, bildungs- und gesellschaftspolitischen Implikationen des Inklusionskonzeptes initiieren müssen. In dem von der Bundesrepublik mit unterzeichnetem UNESCO-Dokument wurden alle Regierungen aufgefordert, ihre Schulsysteme so zu verbessern, dass Bildung für alle in inklusiven Schulen verwirklicht wird, die niemanden ausschließen, sondern alle einbeziehen, und mit einer Pädagogik für besondere Bedürfnisse sowohl Kindern mit Behinderungen als auch allen anderen in Anerkennung ihrer Verschiedenheit gerecht werden" (Schumann, 2009, S. 51).

Den trotzdem bis heute vorherrschenden Kontrast kann man wie folgt festhalten: „Konnte die UNESCO-Erklärung noch als ein unverbindliches Dokument angesehen werden, verpflichteten sich Bund und Länder mit der Ratifizierung der

UN-Kinderrechtskonvention im gleichen Jahr völkerrechtlich darauf, die Würde des Kindes und seine Subjektstellung in das Zentrum ihrer Politik zu rücken. Doch im Widerspruch dazu geht das Schulsystem bis heute mit seinen tiefgreifenden Selektionsmechanismen von den Interessen der Institutionen aus und verstößt damit fortgesetzt gegen den völkerrechtlichen Anspruch, vom Kind aus zu denken" (Schumann, 2009, S.52).

Was sich, wie oben erwähnt, schon beim Übersetzen des Buches ins Französische von Porter und Richler (1991) schon andeutete, war einer von vielen Stolpersteinen auf dem Weg zur Inklusion: das fehlerhafte Übersetzen des Dokuments über die Salamanca-Konferenz ins Deutsche von der Übersetzerin Petra Flieger (1996) im Auftrag der Österreichischen UNESCO Kommission. Sie setzte „Inclusion" mit „Inegration" gleich, wodurch das verhängnisvolle Gleichstellen beider Konzepte ihren Anfang nahm (vgl. UNESCO, 1994 und Österreichische UNESCO Kommisssion, 1996). Somit kam es zu dem Kuriosum, dass in dem Dokument, welches international als die „Inklusions-Charta" bezeichnet wird (Karagiannis u.a. 1996, S. 13, zitiert nach Sander, 2002, S. 2) in deutscher Übersetzung das Wort Inklusion nicht enthält. Seitdem ist eine Anspielung auf den Übersetzungsfehler sehr beliebt, wie z. B. „Es ist dringend an der Zeit, diesen gesellschaftspolitischen Ansatz [der inclusion] in Deutschland nicht nur besser bekannt zu machen, sondern auch an seine praktische Umsetzung zu gehen: Inklusion endlich mit K zu schreiben" (Polzin, 2006, S. 4).

Andere Fachleute sind der Meinung, das englische Wort beizubehalten um dem Salamanca-Statement gerecht zu werden (vgl. Hausotter 2000, S. 43). Weitere Kritiker sind der Überzeugung, dass „Inklusion als Weiterentwicklung des integrativen Pädagogikkonzepts" (Häberlein-Klumpner, 2009, S. 59) zu verstehen ist. Weiterhin stellt Ramona Häberlein-Klumpner, was nicht unkritisch zu betrachten ist, dar: „Es wird suggeriert, eine Segregation wäre für eine integrative Wirkung vonnöten. In Anbetracht der verhängnisvollen Darstellung des

Terminus Integration, welche ihren Widerspruch impliziert, erscheint es angebracht, den Terminus der Inklusion zu verwenden, um signifikante Missverständnisse im Fortgang der Arbeit auszuschließen. ‚Der Begriff [Integration] zerfällt durch den Widerspruch von Theorie und Praxis'. Erzmann bringt mit dieser Aussage das Problem auf den Punkt: es wird mittlerweile alles, was mit ‚Behinderten' in der Regelschule zu tun hat, mit Integration tituliert" (S. 68). Zugespitzt kann es aber auch zu dem Phänomen kommen, dass in einem Buch mit dem Titel: „Alle sind verschieden- Auf dem Weg zur Inklusion in der Schule" (Schöler, 2009) lediglich in der Einleitung erwähnt wird, dass „die UN-Konvention für die Rechte von Menschen mit Behinderung […] 2008 in Kraft getreten [ist]. Daraus ergibt sich die Verpflichtung der Länder, ein inklusives Schulsystem für alle Heranwachsenden zu schaffen" (S. 9). Weiterhin wird in dem genannten Buch jedoch ausschließlich das Konzept der Integration genannt und erklärt. Scheinbar ist die Autorin der Meinung, dass durch gelungene Integration bereits Inklusion stattfindet und findet eine unterschiedliche Definierung beider Konzepte unnötig, denn beide beinhalten scheinbar die Idee der „Schule für alle". Durch solche Veröffentlichungen wird die diffuse Unklarheit und fragliche Mehrdeutigkeit des Inklusionskonzepts bedauerlicher Weise geschürt und die Unwissenheit gegenüber Inklusiver Pädagogik unter der anvisierten Leserschaft, also bei Menschen mit besonderen Bedürfnissen, Eltern, Lehrern/innen und Schüler/innen verbreitet. Über die unpräzise Verwendung des Terminus Inklusion gäbe es noch weitere Kuriositäten zu berichten, z. B. der gescheiterte Versuch ‚full inclusion' als Begriff für die vollwertige Inklusionspädagogik einzuführen (vgl. Sander, 2002, S. 4), jedoch soll diese Problematik innerhalb dieser Arbeit mit den Worten von Alfred Sander geschlossen werden: „Wer mit Inklusion nichts anderes sagen will als mit Integration im deutschen fachsprachlichen Sinn, der sollte weiterhin

'Integration' sagen und auf das Wort Inklusion verzichten" (S. 3 f.).

In der Charta von Luxemburg von 1996 wird die Idee der „Schule für alle und jeden" bestätigt. Sie entstand zwei Jahre nach der Salamanca-Erklärung und stellt eine Ergebniszusammenstellung des Aktionsprogramms Helios dar, das von 1993 bis 1996 europaweit durchgeführt wurde. Somit sind ihre Ergebnisse für den europäischen Raum ebenso sehr interessant gewesen (vgl. Sander, 2002). „Die Charta von Luxemburg geht nicht über die Salamanca-Erklärung hinaus. Sie will hauptsächlich zur Verbesserung und Verbreitung der Integration behinderter Kinder und Jugendlicher beitragen, aber sie verkündet nicht das Richtziel der Einbeziehung aller anderen Kinder mit besonderen pädagogischen Bedürfnissen in einen veränderten, inklusiven Unterricht" (Sander, S. 8).

Dass Bildung auch nachhaltig Auswirkungen auf die Lebensqualität hat, zeigt sich darin, dass wissenschaftlich bewiesen werden konnte, dass Bildung von vorrangiger Bedeutung für eine erfolgreiche Integration in anderen Lebensbereichen ist (Toward Equalisation of Opportunities for Disabled People, 1996). Im Jahr 2001 wird von der WHO (S. 17, zitiert nach Vojtová et al., 2006) festgestellt, dass das Ziel der Normalisierung langsam durch die Idee der Lebensqualität und der vollen Teilhabe an gesellschaftlichen Aktivitäten ersetzt wird.

Wichtige praktische und politische Erweiterungen gibt es in Amerika von Seiten Linda Darling-Hammond, welche im Abschnitt 3.2 zur Geltung kommen.

15 Jahre nach der Salamanca-Konferenz von 1994 wurde im Oktober 2009 wieder vor dem symbolträchtigen Hintergrund von Salamanca eine Konferenz abgehalten, dieses mal mit dem Motto „Return to Salamanca: Confronting the Gap: Rights, Rhetoric, Reality?" (Barow, 2010). Zum Gegenstand der Diskussion wurde die Veröffentlichung „Better Education for All: When We're Included Too. A

Global report" (zitiert nach Barow), da dieser Bericht auf der Konferenz präsentiert wurde und erschreckend deutlich machte, dass Bildung als Grundlage für soziale Integration noch immer keine Selbstverständlichkeit für Kinder mit Behinderungen ist. Denn im internationalen Kontext wurden ernüchternde Zahlen aus dem genannten Bericht vorgestellt: „Nach Schätzungen der Unesco besuchen weltweit 77 Millionen Kinder keine Schule, davon weisen mindestens 25 Millionen eine Behinderung auf. Nur rund fünf Prozent aller behinderten Kinder beenden die Schule mit einem Abschluss" (zitiert nach Barow). Die Kanadierin Diane Richler betonte eine von ihr wahrgenommene zunehmende Unterstützung inklusiver Bildung „auf allen Ebenen". Sie sieht aber zugleich die begrenzten Erfolge bei der praktischen Umsetzung und verweist ebenso auf bestehende Hindernisse in Form der fehlenden politischen Zielführung, den allgemeinen Mangel an Unterstützung und Ressourcen sowie in den Vorurteilen der Öffentlichkeit und in der unzureichenden Vernetzung beteiligter Institutionen. Als allgemeine Chance wird Artikel 24 der Behindertenrechtskonvention gesehen (nachzulesen auf der Internetseite des Sozialverband Deutschlands[25]). Aus fachlicher Perspektive waren viele der in Salamanca dargestellten Sachverhalte bereits bekannt. Unter wissenschaftlichem Gesichtspunkt ist die Frage zu stellen, ob der Verzicht der Veranstalter auf ein „Call for papers" eine vertiefende Auseinandersetzung nicht geradezu verhindert hat. Eine Reflektion über die Möglichkeiten und Grenzen international-vergleichender (Sonder-)Pädagogik fand kaum statt (vgl. Barow), wäre meiner Ansicht nach jedoch dringend nötig gewesen, da dies eine ernstzunehmende Blockade darstellen kann. Insbesondere der Kernbegriff „Inklusion" blieb es auf der Konferenz laut Barow zum Teil ungenau und die Abgrenzung zur „Integration" unpräzise. Auch wurden die Ergebnisse empirischer Forschung für Barows Verständnis zu

---

[25] http://www.sovd.de/1465.0.html

Fragen inklusiver Bildung nicht in ausreichendem Maße diskutiert, wobei relevant wäre, welchen Pool an Studien es derzeit schon gibt. Barow kritisierte auch, dass Fragen der Qualität von Unterricht vernachlässigt wurden. Somit lag die Bedeutung der Konferenz in Salamanca in Barows Augen eher auf der Ebene des gegenseitigen Austauschs und der internationalen Solidarität (vgl. Barow).

3.1.4.5 Jüngste Entwicklungen hinsichtlich des Inklusionsmodells

Jüngste Entwicklungen zeigen, dass in vielen Lebensbereichen auch in Deutschland vermehrt von „Inklusion" gesprochen wird und versucht wird, das dahinter stehende Konzept zu erfassen und zu debattieren, so z. B. auf dem Fachtag „Menschenrechte inklusive!" im August 2010 in Lüneburg mit der Fragestellung „Teilhabe von Kindern und Jugendlichen in Bildung und Erziehung verwirklichen- (wie) ist inklusive Praxis in bestehenden Strukturen möglich?"[26] mit Annedore Prengel, die auch innerhalb dieser Arbeit im zuvorigen Teil zitiert wurde, des Weiteren im Juli 2010 in Dorsten bei einem Vortrag mit dem Ausruf: "Inklusion jetzt! Wie alle Kinder vom gemeinsamen Lernen profitieren können"[27] von Hans Wocken. Und an der Freien Hochschule Mannheim wurde im Juni 2010 der Dialog zur Umsetzung der UN-Konvention über die Rechte von Menschen mit Behinderung gesucht mit dem Titel: „Mannheimer Bildungsgespräche 2010: Inklusion - Welche Schule für ALLE

---

[26] http://www.eine-schule-fuer-alle.info/downloads/13-62-507/fachtag_12Juni10_menschenrechte_inklusive-1.pdf
[27] http://www.eine-schule-fuer-alle.info/Termine/)

Kinder?"[28]. Ebenfalls im Juni gab es eine internationale Fachtagung zum Thema „Bildung konsequent inklusiv"[29] und den 15. Weltkongress von Inclusion International in Berlin, unter der Schirmherrschaft des damaligen Bundespräsidenten Horst Köhler[30]. Auch fand ein bundesweiter Kongress an der Universität Köln im März 2010 zum Thema „Eine Schule für alle. Vielfalt leben!"[31] statt und ebenfalls im Juni wieder in Dorsten erfolgte eine Konferenz mit dem Thema „Auf dem Weg zur inklusiven Schulen – Die UN-Behindertenrechtskonvention und ihre Umsetzung"[32] sowie am 5. Mai ein bundesweiter Aktionstag zur Gleichstellung von Menschen mit Behinderung unter dem Motto "Inklusion- Dabei sein. Von Anfang an"[33] stattfand, um nur einige wenige thematischen Auseinandersetzungen zu nennen.

Weiterhin gibt es seit 2006 die online erscheinende Fachzeitschrift „Zeitschrift für Inklusion"[34], deren Artikel für jeden vollständig und uneingeschränkt zugänglich sind. Auf diese Zeitschrift verweist auch die innovative Digitale Volltextbibliothek „bidok", deren Name für „behinderung-inklusion-dokumentation" steht und ein Internet-Projekt zum Thema der integrativen/ inklusiven Pädagogik und Disability Studies am Institut für Erziehungswissenschaften der Universität Innsbruck ist[35]. Bidok wiederum ist Partner bei dem multinationalen EU-Projekt "New Paths to Inclusion", deren Ursprung in Berlin gelegt wurde. „Hauptziel des EU-

---

[28] http://www.freie-hochschule-mannheim.de/front_content.php?idcat=33Y=2010&m=6&d=16&do=show_event&id=549&cal_id=1&language=german
[29] http://www.kinderwelten.net/news.php
[30] http://www.inclusion2010.de/master.php
[31] http://www.eine-schule-fuer-alle.info/kongress-2010/
[32] http://www.eine-schule-fuer-alle.info/Termine/
[33] http://diegesellschafter.de/aktion/5mai/aktionsfinder.php
[34] http://www.inklusion-online.net/index.php/inklusion
[35] http://bidok.uibk.ac.at/ueberuns/index.html

Projektes ‚Neue Wege zur Inklusion' ist es, neueste Entwicklungen und Erfahrungen im Bereich der ‚Personenzentrierten Planung', im deutschsprachigen Raum als ‚Persönliche Zukunftsplanung' bezeichnet, in die europäische Praxis zu übertragen und zu verankern"[36]. Somit wird versucht das Modell der Inklusion in weitere Lebensbereiche des Menschen zu transferieren.

Im Freizeitbereich von Kindern war das Thema in Form einer Ausstellung mit dem Slogan „Alle anders anders- Vom Reichtum des Andersseins"[37] im Labyrinth, einem Kindermuseum in der Mitte Berlins, zu finden. Die Mitmach-Ausstellung für Kinder im Alter von 4 bis 11 Jahren fand vom Frühjahr 2009 bis Herbst 2010 statt und setzte auf die Themenschwerpunkte hinsichtlich der Alltäglichkeit des Andersseins, der Sehbehinderung sowie Gehörlosigkeit und der Thematik „Alt und Jung".

Erstmalig im August 2009 wurde der „Jakob Muth-Preis für inklusive Schulen" an drei Schulen im Raum Deutschland vergeben. „Der Jakob Muth-Preis - benannt nach dem Bochumer Professor Jakob Muth (1927-93), der sich intensiv für eine gemeinsame Erziehung behinderter und nicht behinderter Kinder einsetzte - will den Gedanken des inklusiven Unterrichts in Deutschland vorantreiben"[39] verkündet die Bertelsmann-Stiftung als eine der Projektträger/innen. Es hatten sich 144 Schulen beworben, die sich auf dem Weg zur inklusiven Schule befinden. Jährlich soll dieser Preis verliehen werden, unabhängig von der Schulform oder dem Träger. Angeregt wurde dies durch die UN-Behindertenrechtskonvention, die am 26. März 2009 ratifiziert wurde. Welche Länder weltweit diese Konventionen unterschrieben und ratifiziert haben, kann der Map of Signatures

---

[36] http://www.personcentredplanning.eu/files/short_info_newpaths_de.pdf
[37] http://www.kindermuseum-labyrinth.de/
[37] http://www.un.org/disabilities/documents/maps/enablemap.jpg

and Ratifications - as at September 05th[37] entnommen werden. „Sie verpflichtet Deutschland, Veränderungen hin zu einer Schule für alle einzuleiten und sie verpflichtet die Schulen, sich dieser Aufgabe zu stellen"[39], so Karin Evers-Meyer, Behindertenbeauftragte und ebenfalls Projektträgerin, ebenso wie die Deutsche UNESCO-Kommission. Walter Hirche, Präsident der Deutschen UNESCO-Kommission, bekräftigt: „Die UNESCO-Weltkonferenz der Bildungsminister im November 2008 hat klar Position bezogen: Bildungssysteme müssen inklusiv gestaltet werden. Deutschland ist hier im internationalen Vergleich noch nicht weit genug: Bisher erhalten nur 15 Prozent aller behinderten Kinder die Möglichkeit, gemeinsam mit nicht behinderten Kindern zur Schule zu gehen. Wir brauchen inklusive Schulen, die […] flexibel auf die Bedürfnisse aller Kinder eingehen"[39].

Angeregt wurde das Projekt von dem demonstrativen Zeichen seitens der UN-Behindertenkonvention, welche seit Anfang 2009 auch in Deutschland in Artikel 24 in Verbindung mit Artikel 4 Absatz 2 ein inklusives Schulsystem fordert: „Die Bundesländer sind nach der UN-Behindertenrechtskonvention verpflichtet, die volle Verwirklichung des Rechts behinderter Menschen auf Bildung im Rahmen eines inklusiven Bildungssystems zügig und mit aller Kraft anzustreben" (UN-Behindertenrechtskonvention, Artikel 4 Absatz 2 in Verbindung mit Artikel 24, zitiert nach Aichele, 2010, S. 18). Die Bertelsmann-Stiftung definiert dies als „eine ‚Schule für alle', in der Kinder mit und ohne Behinderung wohnortnah und gemeinsam gemäß ihrer individuellen Bedürfnisse unterrichtet werden"[39]. Demnach sollen mit dem Jakob Muth-Preis „diese positiven Beispiele bekannt gemacht und dadurch andere Schulen ermutigt werden. Der Preis kann auch dazu beitragen, die ‚Akzeptanz von Behinderung' und

---

[39] http://www.bertelsmann-stiftung.de/cps/rde/xchg/SID-2AFC513B-2A5E396D/bst/hs.xsl/nachrichten_97424.htm

Inklusion 225

das Bild einer ‚normalen Schule' zu verändern. Im Endeffekt würde das bedeuten: Jede Schule respektiert die Verschiedenheit aller Kinder und praktiziert besondere Förderung der Verschiedenen in der Gemeinsamkeit. Damit würde jede ‚normale' Schule eine fördernde Schule für alle Kinder"[40].

Karin Evers-Meyer resümierte: „Die hohe Qualität und Anzahl der Bewerbungen hat uns sehr positiv überrascht. Sie beweisen, dass gemeinsamer Unterricht von behinderten und nicht behinderten Kindern in Deutschland möglich ist"[39].

Auf der Fachtagung „Eine Schule für Alle! Schülerinnen und Schüler auf dem Weg zur Inklusion" vom 12.-14. November 2009 in Offenbach wurde von 380 Teilnehmern die Offenbacher Erklärung abgegeben, welche die Forderungen der Inklusionspädagogik präzisieren (siehe Anhang G). Ein ähnliches Positionspapier zur inklusiven Pädagogik wurde vom Verband der Sonderpädagogik auf der Hauptversammlung im Oktober 2009 in Osnabrück verabschiedet und im März 2010 aktualisiert und veröffentlicht[41]. Ein Jahr nach der Verabschiedung dieses Statements gab der Verband ein „Handlungskonzept Inklusive Bildung auf der Grundlage des vds-Positionspapiers"[42] heraus, worin er die Umsetzungsmöglichkeiten einer inklusiven Pädagogik gezielt benennt.

Am Ende des Jahres 2010 konnten aktuellste Zahlen über den Status Quo des separierenden und integrativen Bildungssystems sowie die Herausforderungen inklusiver Bildung in Deutschland unter der Leitung von Klaus Klemm

---

[40] http://www.bertelsmann-stiftung.de/cps/rde/xchg/SID-41B430C7-83982BA2/bst/hs.xsl/91621_91646.htm
[41] http://www.verband-sonderpaedagogik.de/con/cms/upload/pdf/schardt/Positionen_neu/Positionspapier_inklusives_Bildungssystem_-_verabschiedet.pdf
[42] http://www.verband-sonderpaedagogik.de/con/cms/upload/pdf/schardt/Positionen_neu/Handlungskonzept_zur_Umsetzung_eines_inklusiven_Bildungssystems_-_Stand_01-10-2010.pdf

und der Bertelsmann Stiftung herausgegeben werden. Dies verdeutlicht die bundesweiten Unterschiede, wobei die Tendenz wahrzunehmen ist, dass die neuen Bundesländer in größerem Umfang die Integration umsetzen, als die alten Bundesländer dies bisher konnten. Insgesamt wird die Integration (hier als angestrebte Inklusion formuliert) in allen Bundesländern besser im Grundschulbereich abgedeckt, als im der Sekundarstufenbereich I (siehe Abb. 37 & 38).

Abb. 37: Die Förderquote in Primar- und Sekundarstufe im Bundesländervergleich- unterteilt in Exklusions- und Inklusionsquote 2008/2009. (Die Balken geben den Anteil der Schüler mit Förderbedarf an allen Schülern an.)

Inklusion

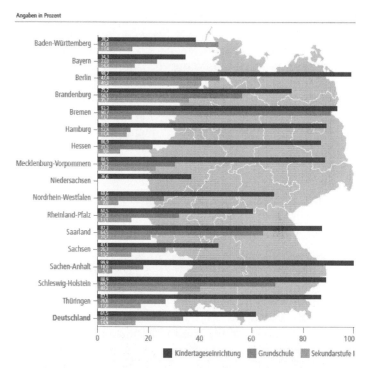

Abb. 38: Inklusionsanteile in den Bundesländern nach bildungsbiographischen Stationen (2008/2009)
Anmerkung: Die Inklusionsanteile wurden für die Grundschule und die Sekundarstufe I ohne die Schüler des Förderschwerpunktes Geistige Entwicklung berechnet, für den es keine stufenspezifische Ausdifferenzierung der entsprechenden Daten gibt. In Niedersachsen werden die Daten nicht schularten- und schulstufenspezifisch ausgewiesen. Inklusionsanteile geben den Anteil der Schüler mit Förderbedarf, die inklusiv unterrichtet werden, an allen Schülern mit Förderbedarf an.

In diesem Sinne soll abschließend die Titelüberschrift vom März 2010 der Zeitschrift „Die Gesellschafter.de, eine kostenlose Initiative der Aktion Mensch, nochmals wie in der Einleitung dieser Arbeit, zitiert werden: „2010 – das Jahr der Inklusion. Ein vor einem Jahr fast unbekannter Begriff beginnt, die Gesellschaft zu verändern" (Schmitz, 2010, S. 1).

3.2 Beschreibung des Inklusionskonzepts

> *„Inklusiv denken bedeutet, bis an die Wurzel unsers Denkens, unserer Gestaltung von Bildung und unserer Weltkonstruktion nach Elementen zu graben, die es uns ermöglichen zu einer Überwindung der defizitären Sichtweise von Mensch zu finden"*
> (Dreher, 1998, Wilhelm, M., Bintinger, G. & Eichelberger, H., 2002, S. 19).

Da zuvor die Begebenheiten der Salamanca-Konferenz geschildert wurden, wird nun die ursprüngliche Umschreibung des Inklusionskonzepts seitens der UNESCO im Jahr 1994 (siehe 3.1.3.4) zitiert:

> "Special needs education incorporates the proven principles of sound pedagogy from which all children may benefit. It assumes that human differences are normal and that learning must accordingly be adapted to the needs of the child rather than the child fitted to preordained assumptions regarding the pace and nature of the learning process. A child-centred pedagogy is beneficial to all students and, as a consequence, to society as a whole. Experience has demonstrated that it can substantially reduce the drop-out and repetition that are so much a part of many education systems while ensuring higher average levels of achievement. A child-centred pedagogy can help to avoid the waste of resoures and the shattering of hopes that is all too frequently a consequence of poor quality instruction and a 'one size fits all' mentality towards education. Child-centred schools are, more over, the training ground for a people-oriented society that respects both the differences and the dignity of all human beings" (UNESCO,1994, S. 7).

Im Folgenden handelt es sich um die ursprünglich unbedachte Übersetzung mit dem Begriff „Integration" der Österreichischen UNESCO Kommission, wobei jedoch das Inklusionsmodell ausgerufen werden sollte. „Sie [‚die Inklusive Pädagogik,] geht davon aus, dass menschliche Unterschiede normal sind, dass das Lernen daher an die Bedürfnisse des Kindes angepasst werden muss und sich nicht umgekehrt das Kind nach vorbestimmten Annahmen über das Tempo und die Art des Lernprozesses richten soll. Eine kindzentrierte Pädagogik ist für alle Kinder und in der Folge für die gesamte Gesellschaft von Nutzen. Erfahrungen haben gezeigt, dass sie Drop-Out- und Wiederholungsraten, die ein wesentlicher Bestandteil vieler Schulsysteme sind, deutlich reduzieren kann und dass gleichzeitig ein höherer Leistungsdurchschnitt gesichert wird. Eine kindzentrierte Pädagogik kann helfen, die Vergeudung von Ressourcen und die Zerstörung von Hoffnungen zu vermeiden […]. Darüber hinaus sind kindgerechte Schulen der Übungsbereich für eine Gesellschaft, die sich am Menschen orientiert und sowohl die Unterschiede als auch die Würde aller Menschen respektiert" (Österreichische UNESCO Kommission, 1996, S. 7).

Im Sinne von Linda Darling-Hammond geht Inklusion, wie sie es in ihrem Buch „The Right to Learn" (1997) erläutert, von einer individuellen Norm aus und richtet sich daher im Leistungs- und Förderungsspektrum nach dem individuellen Potential. Somit ist jeder Schüler förderungsbedürftig. Die Schule erhält ein neues System, welches das Lehrer/innenkollegium stärker als Team verknüpft. Schüler/innen, Eltern und Lehrer/innen arbeiten miteinander und erhalten zu gleichen Teilen ein Mitspracherecht bei schulinternen Entscheidungen.

Die Klassen haben eine sehr heterogene Struktur, damit das Lernen voneinander und gegenseitiges Unterstützen begünstigt wird. Mit dieser heterogenen Struktur ist neben dem Alter und Geschlecht eine generelle Vielfalt gemeint, dem Sinn einer „Schule für Alle" eindeutig entsprechend. So umschrieb auch die Salamanca-Erklärung diesen wichtigen Aspekt: "The guiding principle that informs this Framework is that schools accommodate all children regardless of their physical, intellectual, social, emotional, linguistic, or other conditions. This should include disabled and gifted children, street and working children, children from remote or nomadic populations, children from linguistic, ethnic or cultural minorities and children from other disadvantaged or marginalized areas or groups" (Salamanca Statement, 1994, p. 6).

Der Schüler hat wöchentliche Planungsstunden mit seinem Lehrer, der den individuellen Projektverlauf ressourcenorientiert unterstützt und begleitet. Die Projekte gestalten sich nach der Idee des Vermonter Portfolios. Sie unterstützen die Idee der „,multi-level instruction' (Perner, 1997, S. 78 f), Unterricht auf mehreren Niveaus" (Sander, 2002, S. 8). Die Unterrichtstunden sind kompetenzenorientiert, fächerübergreifend und mit nach Bedarf angepasster Unterrichtslänge.

Auf Grund dieser Ansätze kommt es zu einer Wertschätzung der Vielfätigkeit (Vojtová et al., 2006) und einer Chancengerechtigkeit (Häberlein-Klumpner, 2007) innerhalb der pädagogischen Inklusion.

Erst diese Form von Schule kann das von Darling-Hammond erwünschte „Recht auf Bildung" (Buchtitel von 1997) für alle Kinder einlösen, welches auch Piaget in seinem gleichnamigen Essay von 1973 verlangt.. Ebenso wahrt die Inklusion die benötigte Lebensqualität (Vojtová et al., 2006) eines jeden Menschen und ermöglicht die Teilhabe an der Gemeinschaft (Häberlein-Klumpner, 2007).

Im Konkreten bedeutet dies nach den Erfahrungen von Linda Darling- Hammond, dass Lernende sowie der individuelle Lernprozess im Zentrum stehen. Es wird eine individuelle Förderung in einer vielfältigen Gemeinschaft mit kompetenter Unterstützung ermöglicht, welche ressourcenorientiert anstatt defizitorientiert ist. Das Erlernen von Kompetenzen und Fähigkeiten, insbesondere „intellectual, practical, and social competences" (Darling-Hammond, 1997, S. 2) steht noch weit vor dem Faktenlernen im Vordergrund. Die authentic pedagogy umschreibt sie mit „instruction focused on active learning in real-world context that calls for higher-order thinking, consideration of alternatives, use of core ideas and modes of inquiry in a discipline" (Darling-Hammond, S. 108).

Sehr stark arbeitet Darling-Hammond die Zusammenarbeit zwischen Schüler- Lehrer/innen- Eltern heraus. Alle drei Parteien sollen zu gleichen Anteilen demokratisches Mitsprache- und Entscheidungsrecht bei schulorganisatorischen Fragen erhalten. Jedoch ist ihr bewusst, dass es in vielen anderen Punkten eine von oben delegierte schulpolitischen Entscheidungsinstanz gibt, deren Vorgaben eingehalten werden müssen. Deshalb argumentiert sie auch, dass die politische Ebene in Bildungsfragen zu erst eine ernstzunehmende Reform erfahren muss, damit die inklusive Pädagogik Einzug halten und angewendet werden kann. Besonders interessant sind ihre Schilderungen der verschiedenen Schulmodelle, die sie initiiert, gegründet oder begleitet hat. Sie stellt den finanziellen Aufwand dar, den sie mit dem einer allgemeinen Regelschule vergleicht und als ähnlich kostspielig errechnet, auf jeden Fall nicht als teurer. Aber die neuen Schulformen sind wesentlich effektiver in der qualitativen Ausbildung, da sie verhältnismäßig mehr Schüler hervorbringen, die anschließend eine weiterführende Schule besuchen können, im Vergleich zu Regelschulen. Denn die qualitativen Standards wurden in den innovativen Schulen angehoben im Austausch mit der Drosselung von Standardisierung. Jedoch müssen die Lehrer/innenausbildungen in Deutschland, wie auch im amerikanischen Kontext, komplett umgestellt werden, da Darling-Hammond die amerikansiche Ausbildungsform zu der Zeit der Buchveröffentlichung als erheblich kontraproduktiv darstellt. Sie schätzt eine angemessene sowie breitgefächerte Ausbildung sowie kontinuierliche Weiterbildung des

Lehrenden als notwendig ein: „Teachers learn just as their students do: by studying, doing, and reflecting; by collaborating with other teachers; by looking closly at students and their work; and by sharing what they see" (Darling-Hammond, S. 319).

Da der aktive Lernprozess vom Schüler selber ausgehen muss, sind die Lehrer/innen eher Unterstützer, als Wissensvermittler. Daraus resultiert, dass eine gute Beziehung zwischen dem Schüler und dem Lehrer sehr wichtig ist: „A positive human relationship between a student and teacher constributes to student learning because the student`s desire to earn the respect and praise of favorite teacher can be a powerful source of social motivation" Braddock & McPartland, zitiert nach Darling-Hammond, S. 122). Daraus bestärkt sollen die Schüler in inklusiven Schulen neue Wege gehen und etwas riskieren dürfen um unabhängig zu denken (vgl. Darling- Hammond, 1997). Jedoch sei an dieser Stelle angemerkt, dass aus der neuen Rolle des Lehrers auch ein Verlust der Selbstdarstellung, Machtausübung und Relevanz der Lehrer/innenfigur bedeutet. Dies ist ein konsequentenreicher Aspekt, der die Umsetzung des Modells stark aufhalten kann. Denn das Berufsbild des Lehrers würde sich sehr stark verändern und es sind wesentlich andere Fähigkeiten erforderlich. Dies könnte gestützt werden von der veränderten Ausbildung, welche auch darauf eingehen sollte, dass die Lehrer/innen durch fest im Wochenplan verankerte Planungsstunden aktiv in einem Team zusammen arbeiten können und keine Einzelkämpfer mehr sein müssen oder können (zur Visualisierung: Traditioneller Stundenplan Abb. 33 & Inklusionsstundenplan Abb. 34).

rechte Seite: Abb. 33a & 33b: Traditional School Sample Schedules

Teacher Schedule

	Monday	Tuesday	Wednesd.	Thursday	Friday
8:05 A.M. 8:47 A.M.	Planning	Planning	Planning	Planning	Planning
8:51 A.M. 9:33 A.M.	Class	Class	Class	Class	Class
9:37 A.M. 10:23 A.M.	Duty	Duty	Duty	Duty	Duty
10:27 A.M. 11:09 A.M.	Class	Class	Class	Class	Class
11:13 A.M. 11:55 A.M.	Lunch	Lunch	Lunch	Lunch	Lunch
11:59 A.M. 12:41 P.M.	Class	Class	Class	Class	Class
12:45 P.M. 1:27 P.M.	Class	Class	Class	Class	Class
1:31 P.M. 2:13 P.M.	Class	Class	Class	Class	Class

Student Schedule

	Monday	Tuesday	Wednesd.	Thursday	Friday
8:05 A.M. 8:47 A.M.	Class	Class	Class	Class	Class
8:51 A.M. 9:33 A.M.	Class	Class	Class	Class	Class
9:37 A.M. 10:23 A.M.	Class	Class	Class	Class	Class
10:27 A.M. 11:09 A.M.	Class	Class	Class	Class	Class
11:13 A.M. 11:55 A.M.	Lunch	Lunch	Lunch	Lunch	Lunch
11:59 A.M. 12:41 P.M.	Class	Class	Class	Class	Class
12:45 P.M. 1:27 P.M.	Class	Class	Class	Class	Class
1:31 P.M. 2:13 P.M.	Class	Class	Class	Class	Class

Teacher Schedule

	Monday	Tuesday	Wednesd.	Thursday	Friday
8:00 A.M. – 9:00 A.M.	Planning	Planning	Planning	Planning	Advisory
9:00 A.M. – 10:45 A.M.	Class	Humanities team meeting	Class	Class	Class
10:45 A.M. – 1:00 P.M.	Class		Class		Class
		11:30 A.M. House meeting (2 times a month)		11:30 A.M. Meetings, planning, lunch	
1:00 P.M. – 1:45 P.M.	Lunch	Class	Lunch	Class	Staff meeting
1:45 P.M. – 3:00 P.M.	Advisory		Advisory		
3:00 P.M. – 4:00 P.M.	Staff meeting				

Student Schedule

	Monday	Tuesday	Wednesd	Thursday	Friday
8:00 A.M. – 9:00 A.M.	Spanish	Spanish	Spanish	Spanish	Advisory
9:00 A.M. – 11:00 A.M.	Humanities	Community service 9:00 A.M. – 12:00 noon	Humanities	Humanities	Humanities
11:00 A.M. – 1:00 P.M.	Math/ science		Math/ science		Math/ science
		Gym/ lunch		Gym/ lunch	

Inklusion 235

1:00 P.M. 1:45 P.M.	Lunch	Class	Lunch	Class	Free
1:45 P.M. 3:00 P.M.	Advisory		Advisory		

linke Seite und oben: Abb. 34a & 34b: [Redesigned] Central Park East Secondary School Sample Schedules

Für alle beteiligten Personen im aktiven Bildungsprozess formuliert Darling-Hammond demnach ein „Teaching and Learning for Understanding" (Darling-Hammond, 1997, S. 107), was sie auch mit der Zielstellung „teaching for understanding and diversity" beschreibt. Deren Schwerpunkte liegen im aktiven, tiefgreifenden Lernen; der Betonung authentischer Leistungen, der Aufmerksamkeit auf die individuelle Entwicklung, einer Wertschätzung von Vielfalt, den Möglichkeiten der Zusammenarbeit, einer gemeinsame Perspektive auf die Schule, den Sozialstrukturen sowie der Verbindung von der Schule zur Familie und dem sozialen Netzwerk (vgl. Darling-Hammond, S. 107). Somit betreffen ihre Eckpfeiler psychologische Komponenten sowie die sozialen Bereiche jedes Einzelnen. Das wird begünstigt durch den Aufbau der Schule, der einem Netzsystem gleicht. Jeder kann mit jedem zusammenarbeiten. Dadurch erhalten die konträren *Welten* der kollektivistischen Sichtweise mit der individualistischen Perspektive Einzug in dasselbe Gebäude. Das enge Zusammenarbeiten ermöglicht eine individuellere Förderung. Denn jedes Kind wird individuell betrachtet auf seinem persönlichen Weg der Entwicklung. Dazu bekommt es längere Unterrichtseinheiten und verschiedene Räumlichkeiten als Rahmenbedingen. In wöchentlichen Planungsstunden kann es die eigenen Projekte (z.B. in Form des Vermont´s portfolio system, vgl. Darling Hammond, S. 117; siehe 2.1.4.5.8) hinsichtlich der eigenen Fähigkeiten planen und differenzieren. Die Umsetzung kann es in Zusammenarbeit mit den Mitschülern kreieren. Die Bewertung erfolgt in Form von Präsentationen von einem Komitee der beteiligten

Lehrer/innen und der Mitschüler. Dabei erhält der Schüler die Möglichkeit im Anschluss an abgegebene Hinweise die Ausarbeitung zu intensivieren, bis eine abschließende Bewertung erfolgt. Auch bei der Bewertung geht es um die Nutzung der individuellen Potentiale und Fähigkeiten in Bezug auf das Endergebnis des Projektes. Somit kann es für das eine Kind eine hohe Leistung sein, ein Interview in einem Wasserkraftwerk zum Thema Wasseraufbereitung vorzubereiten, durchzuführen und anschließend einen wissenschaftlichen Artikel darüber zu verfassen. Ein anderes Kind setzt sich zu diesem Thema mit den chemischen Abläufen auseinander und entwickelt verschiedene Experimente dazu. Der Lehrer begleitet den Prozess und kann bei Bedarf Anregungen geben. Der Austausch beider fiktiven Schüler vervollständigt das System in Form des kollektivistischen Wirkens. Dabei sind die individuellen Ressourcen von vorrangiger Bedeutung und eventuelle persönliche *Schwachstellen* (im Sinne des abzulegenden Leistungsdenkens) absolut unrelevant.

Ein wesentlicher Anhaltspunkt ist die Elternarbeit, welche wesentlich aktiver gefordert und mit einbezogen wird. Dies kann ebenso ein zu Komplikationen führender Sachverhalt sein. Denn bisher wurde Schule im deutschen Raum als sehr autonom arbeitend etabliert, weshalb wahrscheinlich auch viele Eltern eine Zeit der Umgewöhnung benötigen und sie eventuell auch überfordert sein können mit der Erwartung, sich aktiv in das Schulleben einzubringen und offen zu sein für die Anregungen der Schule.

Als grundlegendes Denkmodell für die Inklusion kann der ökosystemische-konstruktivistische Ansatz nach Häberlein-Klumpner angedacht werden, da dieser ohne Ordnung schaffen zu müssen eine Vielfalt und Komplexität des pädagogischen Handelns impliziert. Eine detaillierte Abhandlung des Ansatzes ist bei Häberlein-Klumpner (2009, S. 46 f.) zu finden. Wenn man diese ökosystemische Sicht in die pädagogische Wissenschaft integriert, ändert sich dadurch die Vorstellung darüber, wie Erziehung zu sein hat. „Sie ist dann eine intentionale Fremdsteuerung in einer anregenden Umwelt, mit dem Ziel die autopoitischen [selbsterhaltenden/ selbstschaffenden] Kräfte im Individuum anzuregen und zur Entfaltung bringen zu können" (Häberlein-Klumpner, S. 47). Somit wird die schulische Erziehung als Technik und auch als Kunst angesehen, weil eine durch Fremdsteuerung (seitens des Lehrers) angepeilte Selbststeuerung des Schülers nicht direkt zu beeinflussen ist. Denn Lernen kann generell nur stattfinden, wenn eine emotionale Stabilität zwischen dem Schüler und dem Erzieher besteht (vgl. Häberlein-Klumpner, S. 47).

Im weiteren Verlauf der Beschreibung des Inklusionskonzeptes möchte ich auf die für mich neuwertigen, besonders innovativen Aspekte des Modells eingehen.

Zum einen ist es die willkommene, gleichwertige Pluralität, welche Sander als „Anerkennung der Normalität der Verschiedenheit" (2004a, S. 17) beschreibt. Die schon erwähnten Vorzüge, welche von Linda Darling-Hammond beschrieben wurden: Der bedeutend bessere Erfolge hinsichtlich der erfolgreichen Schulabgänger mit Abschlüssen, die für eine höhere Ausbildung qualifizieren und das bei gleichen Kosten für restrukturierte Schulen (vgl. Darling-Hammond, 1997, S. 262f). Dass die Kinder besser qualifiziert sind, hängt damit zusammen, dass an den individuellen Lernausgangslagen angeknüpft wird, es wenig zu Über- und Unterforderung kommt sowie vielseitiger ausgebildet wird (vgl. Prengel, 2007).

Der Schulalltag ist geprägt durch „extracurricular acitvities", wie zum Beispiel „drama, debate, Model Congress, or the school newspaper" (Darling-Hammond, S. 116), welche die „authentic performance" fördern sollen. Die Teilnahme an diesen Aktivitäten ist interessanterweise höher korreliert mit dem akademischem Erfolg (National Center for Education Statistics, 1995) und ein besserer Prädiktor für späteren Lebenserfolg als der Notendurchschnitt, der Abschluss oder standartisierte Testergebnisse (Skager & Braskamp, 1996, zitiert nach vgl. Darling-Hammond, S. 116).

Zudem wird das „Readiness-Modell" abgebaut, welches davon ausgeht, dass „je mehr ein Kind anders, also problematisch, schwächer, geminderter, defizitärer ist, desto weniger kann es integriert werden" (Boban & Hinz, 2006) da in der Integrationspädagogik die „qualitativen Probleme bei reduzierten Ressourcen und mit zunehmender konzeptioneller Verflachung noch verstärkt werden" (Boban & Hinz). Denn im Gegensatz dazu steht beim inklusiven Konzept im Vordergrund, „dass die Kinder eine Haltung der Selbstachtung und der Annerkennung der Anderen erlernen" (Prengel, 2007).

Zudem sind besonders die Möglichkeiten des aktiven Kompetenzerwerbs hervorzuheben, anstatt hauptsächlich das separierte theoretische Fachwissen als passiver Betrachter des Ganzen auswendig lernen zu müssen ohne zu verstehen mit welchem Ziel dies mit einem geschieht. Darüber hinaus kann die Bestärkung der Potenziale und das konstruktives Umgehen mit „Defiziten" mit diesem Modell verwirklicht werden. Schüler können eigene Projekte entwickeln und somit mit mehr Intensität lernen und fachübergreifend Zusammenhänge erkennen. Ich finde den Aspekt des „kreativ-sein-Könnens" sehr fortschrittlich, da dies ein Signal für mich ist, dass es wirklich einen Raum für eigenständiges, zeitungebundenes Denken gibt. Das Denken auf Umwegen wird zugelassen und deshalb werden auch Fehler erlaubt. Der individuelle Weg beim Kreieren von Ideen, beim Problemlösen oder beim eigenen Positionieren zu gegebenen Sachverhalten wird in der inklusiven Pädagogik gefördert und wertgeschätzt. Ganz im Gegensatz zu dem bis jetzt noch vorherrschenden Unterrichtsziel, dass alle Schüler/innen den/dem vorgegebenen gleichen gedanklichen Weg (ver-)folgen. Denn erst durch kreative Ansätze können sehr innovative Ideen natürlich auch von Schülern/innen entwickelt werden. Dabei sollte man bedenken, dass die meisten Ideenkonstrukte auf dem Weg zu einer innovativen Idee meistens nicht verwertbar sind und als fehlerhaft zu verbuchen, es genügt aber einen wesentlichen innovativen Ansatz zu finden unter hunderten von

Überlegungen oder Erfindungen. So soll an dieser Stelle Mihaly Csikszentmihalyi genannt werden, welcher auch durch seine dreißig jährige Arbeit über Kreativität dieses innovative Denken als das Ergebnis einer komplexen Interaktion zwischen dem Menschen und seiner Umwelt innerhalb seiner Zeitspanne versteht. Zudem benötigt Kreativität das sensible Publikum, welches die Ergebnisse anerkennend würdigt (Csikszentmihalyi, 2010). Auch Piaget schlug vor, dass der Mensch dazu erzogen werden sollte, innovativ sein zu können und erfinderisch zu denken, sich der Subjektivität des eigenen Verstandes bewusst zu sein (vgl. 1983). Als Beispiel für eine virtuelle kreative innovative Idee kann der Begründer Mark Zuckerberg als Erfinder des Internetportals Facebook und deshalb jüngster Selfmade-Milliardär genannt werden. Mit seiner Idee hat er es vielen Menschen weltweit ermöglicht virtuellen Kontakt herzustellen, ins digitale Gespräch zu kommen oder Bekannte wiederzufinden, die eigenen Erlebnisse und Gedanken mit weit entfernten Menschen auch visuell zu teilen. „Giving people the power to share and make the world more open and connected"[43]. Dass diese Form der Plattform auch kritisch betrachtet werden kann, soll an dieser Stelle nicht diskutiert werden.

Zusätzlich zu einem Raum, der Kreativität zulässt, sollte, wie in der inklusiven Pädagogik angedacht, jedem Kind das Recht auf optimale Unterstützung zustehen, um eine optimale Entwicklung der Kompetenzen, Fähigkeiten und Individualität zu erreichen, möglichst verankert in einer Gesellschaft, die Vielfalt und Verschiedenheit wertschätzt. Zumindestens ist die inklusiv arbeitende Schule ein System für jedes Individuum, das auf Basis der Chancengerechtigkeit für eine Teilnahme an der Gesellschaft sorgt und Kinder mit Gedanken und dem Anspruch des inklusiven Konzepts vertraut macht.

---

[43] http://www.facebook.com/facebook

Parallel dazu wird die Prozessorientierung anstatt Ergebnisorientierung verfolgt, was einen reflektierteren Lernprozess ermöglicht. Auch die Präsentation des selbst erarbeiteten Portfolios ermöglicht eine individuumsbezognere Evaluation. Da auch die Lehrer/innen vernetzt im Team zusammenarbeiten können und müssen, ist auch in diesem Netzwerk eine Evaluation der Lehrer/innen möglich, was bis jetzt durch den Einzelkämpferstatus und damit verbundenen unrealistischen Momentaufnehmen bei einer Evaluation einzelner Unterrichtsstunden nicht erreichbar ist.

Zudem Erwähnung fnden kann, dass im ursprünglichen Sinne der Evolutionstheorie alle Individuen zusammen mehr Möglichkeiten nutzen könnten auf Grund der Verschiedenheit und auch Gemeinsamkeiten, als es für Individuen oder separierte Gruppen möglich ist. Um es mit klassischen Worten zusammenzufassen: „Das Ganze aber ist, wie bereits Aristoteles lehrte, mehr als die Summe seiner Teile" (Schischkoff, S. 211).

3.3 Abgrenzung der Inklusionspädagogik zu den anderen Modellen

„Vom Defekt zur Vielfalt"
(Häberlin-Klumpner, 2009, S. 50)

Das Inklusionskonzept kann eine Überwindung des Urteils der international vergleichenden Schulleistungsforschung bedeuten, welches besagte, dass „die Bemühungen um schulische Bildung und Erziehung zu einem ungleichmäßig verteilten Erfolg für die Gesellschaftsmitglieder führen (vgl. Bourdieu & Passeron, 2009), bei dem sich Unterschiede entlang bestimmter, bildungssystemfremder Differenzkategorien zeigen" (Wenning, 2007, S. 146). Der Aspekt, dass Heterogenität unter den Schüler/innen nicht nur auf Grund von unterschiedlicher Leistungsfähigkeit und Anstrengungsbereitschaft entsteht, wie im Punkt 2.3 angesprochen und in den oben genannten Schulleistungsvergleichen erläutert, sondern auch durch vom Schulkontext unabhängigen Strukturen, ist dramatisch. Jedoch ist das Anliegen des Inklusiven Konzepts nicht, nur gegen diesen Punkt anzugehen. Es ist ein Umdenken in Bezug auf Gesellschaft, Verständnis von Kindern und Kindheit sowie Aufgabe und Zielsetzung von Bildung und stellvertretend dafür deren Institutionen notwendig. Denn Inklusion lebt von Vielfalt. Zum einen konzentriert sie sich auf die Individualität in ihrer Einzigartigkeit und ihren Potentialen sowie auf das Zusammenspiel vieler Individuen in der Gruppe, die beim Zusammenwirken mehr als die Summe ihrer Einzelteile hervorrufen.

Auch Rolf Werning grenzt das Modell der Inklusion von den bisherigen Konzepten eindeutig ab, da die Idee der *Schule für Alle* auch für ihn eine fundamentale Neuorientierung der schulpädagogischen Tradition erfordert, „weil sich nicht ausschließlich das (Schul-) Kind an Anforderungen von Schule anpassen muss. Eine Schule könnte den Anspruch einer Schule für Alle nur erfüllen, indem der Individualität jeden Schülers entsprochen wird, eine Pädagogik der Vielfalt, bzw. eine Inklusive Pädagogik angewandt wird" (1995, S. 35, zitiert nach Häberlein-Klumpner, 2009, S. 13). Dies bedeutet eine Öffnung für Mädchen und Jungen in der Form der Koedukation (siehe 1.5), für Kinder unterschiedlicher Herkunft gemäß der Interkulturellen Pädagogik sowie für Behinderte und Nichtbehinderte im Sinne der Integrativen Pädagogik (vgl. Werning, S. 35, zitiert nach Häberlein-Klumpner, S. 13).

Um Inklusion von Exklusion zu unterscheiden sollen die zusammenfassenden soziologisch-systemtheoretischen Äußerungen von Wolf Bloemers beschrieben werden: 'Exklusion' – als Gegenbegriff von Inklusion beinhaltet eine strukturell schwache Sozialposition, ein Ausgeschlossensein von lokalen Berechtigungen und ist somit vornehmlich als ein Machtlosigkeit anzeigender Terminus zu verstehen.

‚Inklusion' bedeutet demzufolge das Gegenteil von ‚Exklusion', also eine strukturell starke Stellung, ein Einbezogensein in die Kommunikation aller gesellschaftlichen Funktionssysteme und die Berechtigung zu Teilhabe an ihnen und ihren Gütern, also eine grundsätzliche soziale Zugehörigkeit und plurale Einbettung in alle Funktionskontexte (vgl. 2006, S. 121).

Nachfolgend ist noch mal der Kerngedanke der Exklusion in den Kontrast mit einer darauf folgenden tiefgreifenden Erläuterung des Konzeptes der Inklusion gestellt: "Exclusion in schools sows the seeds of social discontent and discrimination. Education is a human rights issue and persons with disabilities should be part of schools, which should modify their operations to include all students. This is the message that was clearly articulated at the 1994 UNESCO World Conference on Special Educational Needs" (Karagiannis, Stainback & Stainback, 1996, S. 3).

„Inclusion (engl.) = Einbeziehung; dieser Begriff ergibt sich aus der Auffassung, dass eine Gesellschaft aus Individuen bestehen, die sich alle mehr oder weniger unterscheiden. Um dieser Tatsache gerecht zu werden, muss die Gesellschaft dafür Sorge tragen, dass der Zugang aller Bürger zu Institutionen und Dienstleistungen unter Berücksichtigung ihrer individuellen Möglichkeiten ermöglicht wird. Das Prinzip der Integration strebt die Eingliederung behinderter Menschen in die bestehende Gesellschaft an; Inklusion dagegen will die Veränderung bestehender Strukturen und Auffassungen dahingehend, dass die Unterschiedlichkeit des einzelnen Menschen die Normalität ist. Mensch soll die Unterstützung und Hilfe erhalten, die er für die Teilhabe am gesellschaftlichen Leben benötigt" (Lexikon Wissenswertes zur Erwachsenenbildung, 1998). In der Erläuterung des Inklusionsbegriffs wurde sich stärker auf die gelleschaftliche Dimension konzentriert, jedoch eine gute Gegenüberstellung zum Integrationskonzept formuliert.

Inklusion

Eine bildliche Darstellung zur Unterscheidung der vier Konzepte Exklusion, Segregation, Integration und Inklusion ist in den oben schon erläuterten vier verschiedenen Abbildungen (Abb. 15-18) am Ende der Arbeit zu finden.

Andreas Hinz, der sich in den letzten Jahren intensiv mit dem neuen Konzept auseinandersetzt, bezeichnet Inklusion „als theoretischen Reflex eines geschärften Focus angesichts einer konzeptionell verflachten und zunehmend problematischen Praxisentwicklung" von Integration (Hinz 2000 b, 230, zitiert nach Sander, 2002).

Bei der GEW-Tagung im Jahr 2005 wurden diese Erkenntnisse wie folgt zusammengefasst und festgehalten: „Der Begriff ‚Inclusion' hat sich im zurückliegenden Jahrzehnt im englischen Sprachraum - ja, fast weltweit - als neue Strategie für gesellschaftliche Prozesse einen Namen gemacht. Besonderes Gewicht erlangt dieses Vorgehen für Menschen mit Behinderungen. Nach solchen Internationalismen wie Segregation und Integration steht Inklusion also für einen weiteren qualitativen Sprung. Es ist dringend an der Zeit, diesen gesellschaftspolitischen Ansatz in Deutschland nicht nur besser bekannt zu machen, sondern auch an seine praktische Umsetzung zu gehen: Inklusion endlich mit K zu schreiben" (Polzin, 2006, S. 4).

Auch seitens der Sonderpädagogik erwächst ein Bewusstsein dafür, dass die Kritikpunkt der Integration (siehe 2.5) bei der Inklusion nicht eintreten können, da die Inklusion eine andere Ausgangslage vertritt: Der Fokus liegt auf der Klasse als System, nicht auf dem einzelnen Kind mit Förderbedarf. Somit werden die Lehr- und Lernbedingungen nicht auf ein Kind mit speziellem Förderbedarf bezogen, sondern immer auf alle Beteiligten der Klasse, weshalb sie diese Bedingungen so gestalten werden, dass sie den Bedürfnissen aller Klassenmitglieder entsprechen. Dabei werden Leistungsunterschiede nicht nivelliert, sonder es werden Möglichkeiten ergriffen, die eine Leistungsförderung und Persönlichkeitsentwicklung aller Schüler/innen sichern, zum Beispiel mit Hilfe des Zwei-KlassenLehrer/innen-Systems unter Verwendung des Team-Teaching eines Sonderpädagogen und Grundschullehrers. Zudem ist auch eindeutig, dass im Unterschied zur Integration (wiederum Verweis auf 2.5), die Sichtweise der Einbeziehung einer Gruppe Geschädigter in eine Gruppe nicht Geschädigter für die Inklusion absolut inakzeptabel ist. Denn es geht ihr nicht um die Zusammenführung von Personen und Gruppen, sondern um eine generelle Anerkennung von Individualität in Gemeinsamkeit. (vgl. Stähling, 2006, zitiert nach Horsch, U. & Schulze, T., 2008, S. 16 ff.).

Die Abgrenzung zum Integrationskonzept wird von Boban und Hinz präzisiert: „Während die ältere Integrationspädagogik meistens von einer Zwei-Gruppen-Theorie ausgeht - es gibt nichtbehinderte und behinderte Kinder -, postuliert das neue Inklusionskonzept eine "systemische Sichtweise, die in Klassen der allgemeinen Schule *eine* heterogene Lerngruppe vorfindet, die aus diversen Mehrheiten und Minderheiten besteht – unter sprachlichen, ethnischen, religiösen, sozialen, lebensweltlichen, geschlechterrollen – , behinderungsbezogenen und anderen Gesichtspunkten" (2000, S. 133). Es folgt eine tabellarische Aufschlüsselung des Vergleichs zwischen der Praxis der Integration und der Praxis der Inklusion nach den Vorstellungen von Hinz (2002, S. 359):

Praxis der Integration
• Eingliederung von Kindern mit bestimmten Bedarfen in die allgemeine Schule
• Differenziertes System je nach Schädigung Zwei-Gruppen-   Theorie (behindert / nichtbehindert)
• Aufnahme von behinderten Kindern
• Individuumszentrierter Ansatz
• Fixierung auf die institutionelle Ebene
• Ressourcen für Kinder mit Etikettierung

- Spezielle Förderung für behinderte Kinder
- Individuelle Curricula für einzelne
- Förderpläne für behinderte Kinder
- Anliegen und Auftrag der Sonderpädagogik und Sonderpädagogen
- Sonderpädagogen als Unterstützung für Kinder mit sonderpädagogischem Förderbedarf
- Ausweitung von Sonderpädagogik in die Schulpädagogik hinein
- Kombination von (unveränderter) Schul- und Sonderpädagogik
- Kontrolle durch ExpertInnen

Praxis der Inklusion

- Leben und Lernen für alle Kinder in der allgemeinen Schule
- Umfassendes System für alle
- Theorie einer heterogenen Gruppe (viele Minderheiten und Mehrheiten)
- Veränderung des Selbstverständnisses der Schule
- Systemischer Ansatz
- Beachtung der emotionalen, sozialen und unterrichtlichen Ebenen
- Ressourcen für Systeme (Schule)
- Gemeinsames und individuelles Lernen für alle
- Ein individualisiertes Curriculum für alle
- Gemeinsame Reflexion und Planung aller Beteiligter
- Anliegen und Auftrag der Schulpädagogik und Schulpädagogen
- Sonderpädagogen als Unterstützung für Klassenlehrer, Klassen und Schulen
- Veränderung von Sonderpädagogik und Schulpädagogik
- Synthese von (veränderter) Schul- und Sonderpädagogik
- Kollegiales Problemlösen im Team

Diese Gegenüberstellung ermöglicht das Herauslesen der direkten Unterschiede auf sehr präzise Art. Es wird zum Beispiel deutlich, dass ein Konzept der Inklusion auf verschiedenen, vernetzten Ebenen **alle** Beteiligten beachtet und inkludiert. Das Integrationsmodell verharrt auf der institutionellen Ebene und legt den Förderschwerpunkt bei Kindern, welche unter „behindert" kategorisiert werden.

Zusätzlich soll das Inklusionskonzept an dieser Stelle mit der ‚Pädagogik der Vielfalt' abgeglichen werden, die seit 1993 von verschiedenen deutschen Autoren/innen dargestellt wird.

Die Ähnlichkeit der Ansätze zwischen Inklusiver Pädagogik, die sich als optimierte und erweiterte Integrationspädagogik versteht, und *Pädagogik der Vielfalt* ist nicht zu übersehen. Beide wurden von Integrationspädagogen/innen entwickelt, beide wollen die unechte Dichotomie behindert/nichtbehindert aufbrechen und sie aufgehen lassen in der Wahrnehmung der realen Vielfalt und Heterogenität, die in jeder Schulklasse herrscht: nämlich durch unterschiedliche "Geschlechterrollen, sprachliche und kulturelle Hintergründe, religiöse und weltanschauliche Überzeugungen, Familienstrukturen, soziale Lagen sowie Fähigkeiten und Einschränkungen" (Hinz 2000 a, 126). Hinz (2000) sieht übrigens keine völlige Übereinstimmung zwischen *Pädagogik der Vielfalt* und *Inklusiver Pädagogik*. Die seit 1993 verkündete Pädagogik der Vielfalt zeigt aber jedenfalls, dass das Integrationskonzept nicht erst durch die Salamanca-Konferenz von 1994 auf weitere Gruppen von Kindern mit besonderen pädagogischen Bedürfnissen übertragen wurde (Sander 2002). Jedoch sehe ich die ursprünglichen Texte über die Pädagogik der Vielfalt als sehr gewinnbringende Gedankenansätze an, welche ihren eigenen Ursprung hatte, jedoch vom Kerngedanken das Konzept der Inklusiven Pädagogik anstrebten. Dies sehe ich darin bestätigt, dass die Begründer der Pädagogik der Vielfalt das heutige Inklusionsmodell begrifflich und inhaltlich für eigene

Abhandlungen verwenden. Denn prinzipiell kann die Sehnsucht nach einer Veränderung in eine bestimmte Richtung oder einfach die Entwicklung von etwas innovativem parallel von verschiedenen Initiatoren unabhängig voneinander entworfen werden. Im Sinne der Inklusion ist es strebenswert, sich auszutauschen und gemeinsam für die gleiche/ähnliche Idee einzusetzen. Zudem angenommen werden kann, dass generell jeder Mensch sein eigenes Verständnis von den verschiedensten Konzepten hat, so zum Beispiel auch von Inklusion. Denn jede Person hat ihre individuellen Erfahrungen bezüglich eines Konzepts. Dies kann man vergleichen mit einem Schattenriss, der sich bei jedem neuen Abbild der Grundfigur (als plastisches Beispiel ein „Pferd") ein wenig schärfer skizzieren lässt oder auch eine größere Bandbreite für mögliche Formen zulässt. Da jeder Mensch die Grundfigur in einer anderen Abfolge, in anderen Kontexten und mit einer individuellen Interpretation erlebt, ergibt sich eine individuelle Bewertung eines Konzepts. Zudem ist hinsichtlich dieser Überzeugung der Prozess von Bedeutung, nicht das Endresultat. Somit verstehe ich Inklusion auch als Weg, nicht als endgültiges Ziel, welches es hier zu skizzieren gilt.

Hinsichtlich der tragenden pädagogischen Leitkategorien der Integration sind laut Annedore Prengel signifikante Veränderungen im Bildungswesen der Regelschulen unter Einbeziehung der sonderpädagogischen Einrichtungen nicht zu umgehen. Die Konsequenzen einer Integration für eine Regelschule wären zweifelsfrei ein Abschiednehmen von der Fiktion der *homogenen Jahrgangsklassen*. Das zieldifferente Lernen als Lernart, welche die Unterschiedlichkeit der kindlichen Lernausgangslagen akzeptiert, fordert ihr Tribut, denn solche Akzeptanz der Lernausgangslagen von Kindern mit Behinderungen steht im Zusammenhang mit einer Akzeptanz gegenüber allen Kindern mit ihren vielfältigen Besonderheiten. Die Kultur einer Pädagogik der Vielfalt beziehungsweise der Inklusion könnte sich so durch Lernformen entfalten, begleitet von weiteren, gravierenden Veränderungen der Regelschule, wie zuvor unter 3.2 beschrieben (vgl. 1995, S. 139 f., zitiert nach Häberlein-Klumpner, 2009, S. 60).

Das von Preuss-Lausitz und Prengel entwickelte Konzept einer *Pädagogik der Vielfalt* (wie oben erwähnt: von Prengel erstmalig erschienen 1993, hier verwendet in der 3. Auflage von 2006; siehe Hinz, 2000a), welches vom Grundgedanken der Inklusiven Pädagogik entspricht, „bringt wichtige Impulse in die Diskussion" (Häberlein-Klumpner, S. 70).

In anderen pädagogischen Theorien ist die Diskussion der Vielfalt der Schüler/innen höchstens ein Randthema gewesen. Die feministische Pädagogik, die interkulturelle Pädagogik oder auch die integrative Pädagogik setzten sich jeweils für das Recht auf Verschiedenheit *ihrer* Minderheit ein. Gemeinsam ist ihnen, dass ihre Mitglieder in Gegenüberstellung mit dem bürgerlichen Subjekt Erfahrungen der Etikettierung erlebt haben. (Haberlein-Klumpner, S. 70)

Die „Pädagogik der Vielfalt setzt ebenso wie Diversity Education (Banks, 2004) die Selektionsfunktion außer Kraft. Vielmehr ist sie nur möglich unter der Voraussetzung, dass die Leistungshierarchie anerkannt wird" (Prengel, 2007). Damit macht Annedore Prengel darauf aufmerksam, dass strukturell gegebene Hierarchien nicht verleugnet werden sollten, sondern eine Reflektion und ein Bewusstsein darüber notwendig ist, um in ihnen trotzdem selbstbestimmt leben zu können. Denn dadurch sei eine Chancengleichheit möglich: „Im Interesse der Chancengleichheit sollte Diversity Education hierarchische Strukturen anerkennen, um zu lehren in ihnen zu bestehen. Nur um den Preis des Verzichts auf Chancengleichheit könnte die Pädagogik der Vielfalt die Anerkennung von Hierarchien verweigern." (Prengel, 2007). Dies verstehe ich so, dass jeder mit seinen Fähigkeiten und Möglichkeiten anerkannt wird und mit diesen als ein Teil der Gesellschaft mitwirken kann. Jener Aspekt bedeutet, dass jeder die Chance erhält, zu erfahren, an der Gesellschaft teilzuhaben. Durch die Anerkennung der

Differenzen muss auch nicht jeder das Gleiche leisten, sondern jeder nach seinem Potenzial. Dadurch entsteht die Chancengleichheit in Verbindung mit einem Bewusstsein über die menschliche Vielfalt, welche eine entsprechende Pädagogik benötigt. Diese benötigt nach Prengel auch gewisse Strukturen, damit ein vielfältiges Wirken eines jeden Individuums in den Institutionen und entsprechend organisierten Strukturen möglich ist: „Vielfalt wird immer nur erlebbar unter der Bedingung von Begrenzungen und Strukturierungen. Gelingende Offenheit hat Struktur. Jeder Kindergarten, jede Schule, jedes Jugendzentrum kann nur in einem begrenzten Maß den potentiell unendlichen Heterogenitätsdimensionen gerecht werden. Vielfalt begrenzende Curriculare und prozedurale Strukturen sollen also transparent gemacht werden, denn letztendlich sind es diese, die Vielfalt zu allererst ermöglichen" (2007).

Bei den dem Inklusionskonzept ähnlichen *Diversity Studies* liegt die Betonung stärker darauf, dass Verschiedenheit gleichrangig zu betrachten ist mit Gleichheit. Es geht demnach um das „Dilemma zwischen Inklusion als Unterschiedslosigkeit und der Inklusion als dem Feiern der Unterschiede" (Johnstone, 2006a, S. 56). Für ein plastisches Verständnis kann das Universelle Design stehen, das ursprünglich aus der Architektur stammende Prinzip, Alltagsgegenstände für alle Menschen in gleichem Maße nutzbar zu machen. Ursprünglich stand dabei das barrierefreie Gestalten von Gebäuden, wurde aber ausgedehnt auf kleinere Gebrauchsgegenstände, wie zum Beispiel eine Schere, die von Linkshändern, Kindern wie auch Rechtshändern und Erwachsenen genutzt werden kann. Laut einer Homepage[44] einer Medienagentur für universelles Design sehen die Vertreter dieser Agentur ihren Anspruch beim universellen Design darin die „technischen Produkte und Dienstleistungen an den Bedürfnissen aller auszurichten. Universelles Design

---

[44] http://www.universelles-design.com/

meint barrierefreies Design, eben Design für die Zukunft"[34]. Ebenso gibt es eine Initiative der Aktion Mensch für ein barrierefreies Internet „Einfach für Alle"[45]. Die Arbeitsgruppe „Universelles Design" des Forschungsinstituts Technologie und Behinderung[46] beschäftigt sich außerdem „mit der Fragestellung, inwieweit allgemeine Produkte und Dienstleistungen so gestaltet werden können, daß sie ohne weitere Anpassung für die größtmögliche Zahl unterschiedlicher Anwender direkt genutzt werden können"[47].

Der parallel existierende Begriff der *Disability Studies* wurde von Tervooren dafür ausgewiesen, dass sie eine Aufmerksamkeit für den Körper in seiner Verletzlichkeit legen. Die Thematik der Behinderung wird als sozial hergestellter Prozess konzipiert, der Normalität und Behinderung als Teile des gleichen Systems darstellt, welche stets aufeinander angewiesen sind (vgl. 2001, S. 213, zitiert nach Schönwiese, 2005, S. 53). Die Analyse der gesellschaftlichen Funktion von Behinderung ist nach Schönwiese eine der wesentlichen Fragen, die für die Disability Studies leitend sein sollte (vgl. S. 55).

Parallelen zu der inklusiven Pädagogik sind in dem innovativen Unterrichtsfach *Glück* zu finden. Darin werden die Ziele verfolgt, die Seele und den Körper in Einklang zu bringen sowie die Persönlichkeit zu stärken. Angeregt wurde es durch den vom Bildungsrat in Auftrag gegebenen Bildungsplan von Hartmut von Hentig: „Jeden Bildungsplan wird man zukünftig daran messen, ob ihm zugrunde liegende Vorstellung und die von ihm veranlassten Maßnahmen geeignet sind, in der gegenwärtigen Welt

- die Zuversicht junger Menschen, ihr Selbstbewusstsein und ihre Verständigungsbereitschaft zu erhöhen, […]

---

[45] http://www.einfach-fuer-alle.de/
[46] http://ftb-esv.de/punides.html
[47] http://www.fernuni-hagen.de/FTB/new/ftb/unides/doc/abud-d.htm

Inklusion

- sie Freude am Lernen und an guter Leistung empfinden zu lassen,
- ihnen Unterschiede verständlich zu machen und die Notwendigkeit, diese unterschiedlich zu behandeln: die einen zu bejahen, die anderen auszugleichen.

Dies alles sollte in Formen geschehen, die auch den Lehrerinnen und Lehrern, Erzieherinnen und Erziehern bekömmlich sind" (zitiert nach Fritz-Schubert, 2008, S. 25).

Eine im Land Nordrhein-Westfalen durchgeführte Studie zeigte im Jahr 2004 in fast 100 Schulen bei über 2400 Kindern im Alter von 9-14 Jahren die Auswirkungen von Schulängsten. Der damit verbundene Einfluss auf das Wohlbefinden der Kinder konnte bestätigt werden. Denn die Möglichkeit des Schulversagens gehört zu den größten Ängsten der Kinder, da sie mit 22 % noch vor der Angst vor einem Krieg (18 %) und den Ängsten vor dem Tod oder der Krankheit von Familienangehörigen (12 %) rangiert. Mit zunehmendem Alter der Kinder steigen deren Ängste noch deutlich an. In der vierten Klasse hat jedes 16. Kind Angst vor der Schule, in der 7. Klasse fast jedes dritte. Dies wurde vom LBS-Kinderbaromether Deutschland 2007 bestätigt (vgl. Fritz-Schubert, 2008, S. 28 f.). Wenn dies als Wirkung der Schule festgestellt werden muss, sollte der Leistungsdruck und nicht verstärkt werden, sondern ein andersartiges Konzept Schule entwickelt und umgesetzt werden.

Das eingeführte Unterrichtsfach „Glück" baut darauf auf, dass die Schule nicht nur der Lebenszufriedenheit, also der kognitiven, rationalen Betrachtung von Glücksempfindung Raum geben sollte, sondern wegen seiner besonderen Bedeutung auch den affektiven Bereich des längerfristigen Wohlbefindens das Lebensglück einbeziehen sollte (vgl. Fritz-Schubert, S. 48 f.). Dies erfährt in konzentrierter Form im dafür erschaffenen Unterrichtsfach seine Möglichkeit. „Es beschreibt dann die Unterstützung des Einzelnen und der Gemeinschaft beim Streben nach Glück" (Fritz-Schubert, S. 49).

Auch der Erziehungsaspekt wird dabei bedacht, wobei sich Fritz-Schubert auf die Aussage Rolf Arnolds stützt, der in seinem Buch „Aberglaube Disziplin" schrieb: „Nachhaltige Erziehung kann nur gelingen, wenn wir uns in Erziehungsdialogen präsenter, zugewandter, prinzipiell ermutigender sowie grundsätzlich selbstreflexiv zu bewegen lernen. […] Es geht in der systemischen Erziehung nicht um die Wahrung von Prinzipien, sondern um die Eröffnung neuer Wege für den Selbstausdruck der sich suchenden ausprobierenden und entpuppenden Identität" (zitiert nach Fritz-Schubert, S. 163 f.).

Die derzeitige Brisanz dieses Themas verdeutlicht folgender Ausspruch: „Wie groß muss die Sehnsucht danach sein in einem Land, in dem das Fach Glück eine solche Welle auslöst" (Fritz-Schubert). Doch kann es nicht eine mögliche Form des Eingangs der Inklusion in die Schule in Form eines Unterrichtsfachs sein, welches all die in der Inklusion angedachten Spielräume für den einzelnen Schüler wenigstens im kleinsten Rahmen öffnet?

Einer interessante, hier aber nicht weiter erläuterte Gegenüberstellung der Konzepte „Integration – Inklusion – Partizipation" kann bei Bora (1999, S. 58 ff.) nachgegangen werden. Ebenso wird Inklusion mit dem Modell der Selbstbestimmung und dem Begriff „Empowerment", stehend für „Selbst-Bemächtigung" verglichen bei Theunissen (2009). Eine Abgrenzung sowie Parallelen zum Begriff der Reggio-Pädagogik (vgl. 2007) können bei Sabine Jobst nachvollzogen werden.

3.4 Studien und Gesetzeslagen zum Inklusionsgedanken

Der „Auftrag der Schule ist es, alle wertvollen Anlagen der Schülerinnen und Schüler zur vollen Entfaltung zu bringen und ihnen ein Höchstmaß an Urteilskraft, gründliches Wissen und Können zu vermitteln. Ziel muss die Heranbildung von Persönlichkeiten sein, welche fähig sind, der Ideologie des Nationalsozialismus und allen anderen zur Gewaltherrschaft strebenden politischen Lehren entschieden entgegenzutreten sowie das staatliche und gesellschaftliche Leben [...] zu gestalten. Diese Persönlichkeiten müssen sich der Verantwortung gegenüber der Allgemeinheit bewusst sein und ihre Handlung muss bestimmt werden von der Annerkennung der Gleichberechtigung aller Menschen. [...] Die Schülerinnen und Schüler sollen lernen, für sich und gemeinsam mit anderen zu lernen und Leistungen zu erbringen sowie ein aktives soziales Handeln zu entwickeln" (Senatsverwaltung für Bildung, Wissenschaft und Forschung: Schulgesetz Land Berlin, 2010[48])

In Bezug auf die Forschung resümiert Simone Seitz: „Integrative/ inklusive Didaktik kann mittlerweile auf umfassende Praxiserfahrungen und wissenschaftliche Begleitforschung zurückgreifen. Die positive Wirksamkeit Gemeinsamen Unterrichts für alle Kinder gilt inzwischen als unzweifelhaft belegt" (2005, S. 13. f). Sie versucht jedoch die Tatsache, dass es bisher sehr wenig didaktische Untersuchungen dazu gibt, zu verändern mit Hilfe einer eigenen Untersuchung, bei der sie sich auch auf methodischer Ebene stark an dem Inklusionsgedanken zu orientieren: „In der inklusiven Schule muss sich nicht das Kind als ‚integrationsfähig' beweisen, um Aufnahme zu finden. Vielmehr muss sich umgekehrt die Schule als inklusionsfähig erweisen, um für das Kind eine passende lernförderliche Umgebung anzubieten. Demnach wird hier für die lernbereichsdidaktische Lehr-/ Lernforschung [‚welche sie in ihrer Untersuchung vertritt und verwendet] postuliert, dass sich nicht die Kinder als ‚fähig' zur Teilnahme an Erhebungen mit spezifischen Erhebungsinstrumenten erweisen müssen, sondern sich die empirische Lehr- und Lernforschung als inklusionsfähig erweisen muss, indem sie Forschungsdesigns

---

[48] http://www.berlin.de/imperia/md/content/sen-bildung/rechtsvorsch riften/schulgesetz.pdf?start&ts=1286546155&file=schulgesetz.pdf

generiert, die kein Kind ausschließen und damit inklusive Qualität haben" (S. 9).

Als zu erreichendes gemeinsames Ideal aller Völker gelten die Menschenrechte, somit ist der Artikel 26 zum Thema Bildung richtungsweisend: Absatz 2 „Die Bildung muß auf die volle Entfaltung der menschlichen Persönlichkeit und auf die Stärkung der Achtung vor den Menschenrechten und Grundfreiheiten gerichtet sein. Sie muß zu Verständnis, Toleranz und Freundschaft zwischen allen Nationen und allen rassischen oder religiösen Gruppen beitragen und der Tätigkeit der Vereinten Nationen für die Wahrung des Friedens förderlich sein" (Allgemeine Erklärung der Menschenrechte, Die Beauftrage der Bundesregierung für die Belange behinderter Menschen, 2002, sowie verfügbar unter: www.amnesty.de[49]). „Aber der humanistische Gedanke (mit dem Ziel, Individuen zur Selbstmächtigkeit zu befähigen, die allerdings ebenso die Sorge für andere konkrete Individuen umfasst), der in den Menschenrechten verankert ist, bedeutet durch seine bloße Existenz nicht schon, dass sie Realität sind. Es bedürfe dem Einsatz Einzelner und Mehrerer für ihre Erhaltung und konkrete Realisierung" (Häberlein-Klumpner, 2009, S. 49). Obwohl die Menschrechte als auch die Inklusive Pädagogik als Ideale gelten, sollte jeder Einzelne sich an deren Umsetzung beteiligen, in dem Maße, wie es in den jeweiligen Möglichkeiten steht. Verbunden mit dem Wunsch, dass die allgemein gültigen Rechte gegenüber der eigenen Person eingehalten werden, ist es angemessen sich für die Umsetzung dieser auch in Bezug auf andere Personen einzusetzen.

Beim Berufseinstieg wird ebenso eine Integration aller Menschen erhofft, jedoch findet diese meist durch Ausgrenzung statt, wodurch Betroffene in eine Gruppe mit segregierten, marginalisierten Personen integriert werden. Laut dem Jahresbericht der Bundesarbeitsgemeinschaft der

---

[49] http://www.amnesty.de/umleitung/1899/deu07/001?lang=de%26mimetype%3dtext%2fhtml

Integrationsämter und Hauptfürsorgestellen „betrifft die berufliche Ausgrenzung überproportional Personen, die als nicht so leistungsfähig gelten [...]. So sind Menschen mit Behinderung in der Regel doppelt so lange arbeitslos wie Menschen ohne Behinderung" (zitiert nach Doose, 2006, S. 78). Somit kann man im Zusammenhang mit Inklusion von einer fatalen Inklusion von Menschen mit Behinderungen in diese allgemeine berufliche Segregation breiter Bevölkerungsschichten sprechen. Auch gegen dieses Dilemma ist der Weg der unterstützenden Beschäftigung ein wirkungsvoller Lösungsweg. International und Deutschlandweit konnte eindrucksvoll nachgewiesen werden, dass mit individueller Berufsplanung und intensiven Unterstützungsphasen, also ähnlichen Ansätzen wie in der inklusiven Pädagogik, auch Menschen mit Behinderungen mit einem höheren Unterstützungsbedarf erfolgreich in den allgemeinen Arbeitsmarkt integriert werden konnten. Die passgenaue Vermittlung sowie die intensive Unterstützung am Anfang zahlen sich aus, da nicht allein die Anzahl der Vermittlungen ausschlaggebend ist, sondern vor allem deren Nachhaltigkeit, die das Kosten-Nutzen-Verhältnis bestimmen. Denn im Regelfall geht es bei der Vermittlung von „vermittlungsschwierigen Fällen" nur um die Statistik, wie viele überhaupt vermittelt werden konnten. Da dies auch Auswirkungen darauf hat, dass die vermittelten Personen, wenn sie auch nur für wenige Monate beschäftigt werden, trotzdem aber aus dem Zuständigkeitsbereich und den dazugehörigen offiziellen Zahlen herausfallen. Zudem werden die neuen, verbesserten gesetzlichen Möglichkeiten selten im Sinne einer stärkeren Förderung der beruflichen Integration umgesetzt, angehalten durch „Verwaltungshandeln" (Doose, 2006, S. 79). „Das gegliederte System von Verwaltungszuständigkeiten und unterschiedlichen Fördertöpfen führt bei knappen Mitteln zu einer Tendenz bei den Leistungsträgern, sich möglichst als nicht zuständig zu deklarieren und möglichst wenig aus dem eigenen Fördertopf auszugeben, auch wenn die dauerhafte berufliche Segregation insgesamt viel teurer kommt. Dies führt zu einer Verantwortungslosigkeit im Einzelfall, weil sich scheinbar keiner für die entsprechende Finanzierung der objektiv notwenigen Fördermaßnahmen verantwortlich fühlt" (Doose, S. 80).

Hinzu kommt, dass diverse Behörden, so auch das Integrationsamt, die Agentur für Arbeit, die überörtliche Sozialhilfeträger oder die Deutsche Rentenversicherung auf unterschiedlichen Systemlogiken basieren und von mitunter konträren Interessen gesteuert werden. Trotz diverser sich dem entgegenstellender Bemühungen Seitens des Gesetzgebers und der Bundesarbeitsgmeinschaft für Rehabilitation hat sich eine Kultur der gegenseitigen Abgrenzung entwickelt, welche mitunter Formen einer „gepflegten Feindschaft" (Doose, S. 80) annimmt.

Darauf aufbauend gibt es wenige Bemühungen eine Integration in den allgemeinen Arbeitsmarkt zu ermöglichen. Verstärkt wird die vorgegebene Orientierung zur Integration mit der Vermittlung in Werkstätten für behinderte Menschen (WfbM) umgesetzt. Diese weist deshalb seit Jahren eine stabile Wachstumsrate auf. Bis zum September 2006 wurden über 227.000 Menschen mit Behinderungen in Deutschland in Werkstätten für behinderte Menschen beschäftigt. Bis 2010 wurde seit 2003 ein jährliches Wachstum prognostiziert, der in der realen Entwicklung bis 2006 deutlich übertroffen wurde. Laut Stefan Doose (2008, S. 81) gibt es massive institutionelle Interessen am Weiterbestehen und Ausbau des traditionellen Systems der außerbetrieblichen Berufsvorbereitung und Ausbildung der WfbM. Auf der einen Seite wollen Einrichtungsträger ihre etablierten Maßnahmen sichern, auch um die Arbeitsplätze der eigenen Angestellten zu sichern. Zum anderen gibt es regional teils so gut eingespielte Verbindungen zwischen Leistungsträgern und einzelnen Einrichtungen, dass neue integrative Maßnahmen als Konkurrenz und Infragestellung der eigenen Arbeit erlebt werden. So war zum Beispiel die Bundesagentur für Arbeit gegen den Aufbau der

Integrationsfachdienste und für den Ausbau der eigenen Schwerbehindertenvermittlung. Darüber hinaus sind besonders Werkstätten für behinderte Menschen als Auffangbecken für Menschen mit Behinderung und einem hohen Unterstützungsbedarf für die Bundesagentur für Arbeit lukrativ, da diese Personen somit nach zwei Jahren aus ihrer Förderzuständigkeit verschwinden und daraufhin nicht mehr in der Arbeitslosenstatistik auftauchen. Auf der anderen Seite wollen WfbM ihre Leistungsträger nicht durch die Vermittlung auf den allgemeinen Arbeitsmarkt verlieren und auch keine Verluste bei den Platzzahlen provozieren (vgl. Burtscher & Ginnold, zitiert nach vgl. Doose, 2006, S. 81). Und letztendlich gibt es vielerorts gar keine entsprechenden integrativen Angebote. Somit ist die Integration durch Ausgrenzung immer noch das gängige Modell (Doose, S. 82).

Emmy Werner und Ruth Smith (2001) untersuchten innerhalb der Resilienzforschung die Ursachen für die unerwartet positive Entwicklung von Kindern, welche aus einer starken psychischen Widerstandfähigkeit resultieren muss, da diese Kinder in sehr schwierigen Verhältnissen aufwuchsen. Sie fanden heraus, dass eine Reihe von Faktoren des familiären oder sozialen Umfeldes die Kinder so stark positiv beeinflusste, dass die anfängliche Risikobelastung keinerlei negative Konsequenzen für das weitere Leben der Kinder hatte. Diese starke gefühlsmäßige Bindung war zu Bezugspersonen vorhanden, die ihnen wertschätzend, vertrauens- und respektvoll begegneten. Ebenso positiv fielen das soziale Netzwerk in Form der Familie, der Schule und des Freundeskreises ins Gewicht. Die Bezugspersonen übernahmen nicht nur Beratungsfunktion, sondern dienten als Vorbild mit Modellcharakter für die eigenen Beziehungsmuster. Die Ergebnisse von Werner und Smith sowie anderer Resilienzforschern verdeutlichen, dass die Ressourcen neben den Erfahrungen mit sich selbst auch aus den Bezügen des sozialen Umfeldes resultieren. Somit ist es von Bedeutung, dass Jugendliche frühzeitig lernen, sich selbst und anderen zu vertrauen, sich auf die Stärken zu konzentrieren. Denn dann können sie zunehmend sicherer werden, müssen weniger Stress erleiden und im Bedarfsfall können sie Problemlösungs- bzw. Konfliktlösungsstrategien entwickeln. Somit sollte neben der Familie und dem sozialen Umfeld auch die Schule unterstützend und fördernd auf das einzelne Kind wirken. Darüber hinaus kann die Schule auf Grund ihrer in sich stabilen Struktur und Organisation auch unterstützend und begleitend auf das familiäre Umfeld und die Peergroup einwirken.

Anhand des nächsten Beispiels kann gezeigt werden, dass die Suche nach Individualität und individueller Betreuung von vorrangiger Bedeutung ist. Denn das Beispiel der virtuellen Schule zeigt, dass hierdurch auch für die schwierigsten Schüler/innen und schwierigsten Bedingungen der Unterricht, wenn auch ausschließlich im Internet, stattfinden kann. „Die Schüler aus aller Welt der Bochumer Web-Individualschule loggen sich mit einem Passwort in das Schulnetz ein, um dann in der „second-life-school" individuelle auf sie zugeschnittene Aufgaben, Lückentexte oder andere komplexe Sachverhalte zu erhalten und zu bearbeiten. Bei Schuleintritt werden mediale Interessen, aber auch die emotionale Befindlichkeit des Schülers abgefragt und analysiert" (Fritz-Schubert, 2008, S. 42). Dadurch wird eine auf ihn zugeschnittene Problemgestaltung möglich. Die erste reale Begegnung zwischen den Beteiligten findet meist erst bei der Abschlussprüfung statt. Hinter diesem Aspekt steht natürlich eine gewisse Dramatik hinsichtlich der sozialen Kompetenzen, welche komplett unerfahren bleiben bei diesem Schulkonzept und somit eine Vereinsamung provozieren. Denn es sollte auch der bewusste Auftrag einer Bildungsinstitution sein, diese Kompetenzen zu fördern. In der inklusiven Pädagogik wird darauf deshalb auch ein besonderer Schwerpunkt gelegt, noch stärker, als es bis jetzt in den Bildungseinrichtungen der Fall ist, da Lehrer/innen und

Schüler/innen eher zu funktionieren haben, als dass sie eine Beziehung zueinander eingehen sollen.

Das Inklusionsmodell bewirkt eine Abwendung vom Toleranz-Modell, das besagt, dass die Duldung stets nur der aktive Akt dessen ist, der einen anderen erduldet. Dieser wird damit passiv zum Objekt, das nach Maßgabe des ihm überlegenen Dulders platziert wird (Vojtová et al., 2006, S. 44).

Die „Internationale[n] Aktivitäten auf dem Gebiet der Bildung führen zu einer Aufhebung der Unterschiede in der Bildung in verschiedenen Ländern" (Vojtová et al., 2006, S. 78), was das Inklusionskonzept in sich schon begrüßen würde.

In der pädagogischen Wissenschaft kann eine Veränderung zu einem multidisziplinären Fokus auf den Bildungsprozess beobachtet werden, welcher die Menschen aus der Perspektive des gesamten Lebens beeinflusst. Ein Fokus auf die individuelle Entwicklung innerhalb der Bildung verstärkt die Bedeutung der psychologischen Theorien und Schlussfolgerungen (vgl. Heward, 2003). Somit ist die Kindheitsphase als wichtige Inspiration zu sehen: „Die Impulse von psychologischen Theorien und Reformpädagogik-Theorien führten zu einer Wahrnehmung der Kindheit als Lebensphase, die respektiert werden muss, wenn die gesamte Persönlichkeitsentwicklung von Menschen als Individuen keinen schweren Schaden nehmen soll" (Prucha, 2001; Singule, 1992, zitiert nach Vojtová et al. 2006, S. 79).

Weitere das Konzept der Inklusion unterstützende Studien stellt Linda Darling-Hammond vor. So erwähnt sie eine Studie, die ähnlich zu Piagets Ansatz über die individuellen Geschwindigkeit des Lernens besagt, dass keine Vorgabe gegeben werden sollte, sondern lediglich eine Anregung und Unterstützung beim Lernprozess sowie die Möglichkeiten des schüler/innenzentrierten Lernens eingeräumt werden sollte, für einen bestmöglichen Lernprozess (vgl. Darling-Hammond, 1997, S. 121 ff.). Dazu kann nochmals die Studie genannt werden, welche herausstellte, dass die außerschulischen Aktivitäten bessere

Prädiktoren für späteren Lebenserfolg sind als die Schulnoten (vgl. Darling-Hammond, S. 116). Auch die Dokumentationsfilme „Klassenleben" (Siegert, 2005), „Sein und Haben" (Philibert, 2002) sowie die verschiendenen Filme von Reinhard Kahl (2006a, 2006b, 2006c, 2006d, 2007, 2008, 2009a, 2009b, 2010a, 2010b) können anschaulich anhand der Praxiserfahrungen zeigen, dass innerhalb inklusiv arbeitender Schulen sehr verschiedene Kinder ihre individuellen Erfahrungen austauschen können, individuellen Lernstrategien gemäß lernen und auch intrapersonell verschiedene Seiten ausleben. Die Lehrer/innen stellen hohe Anforderungen, bewerten ausgewählte Leistungen streng und qualifiziert jedes Kind hinsichtlich elementarer Kulturtechnik individuell. Über den Film „Klassenleben" gibt es ein Filmheft des bpb (2005) sowie ein Buch über die Berliner Schule, welche im Fokus des Dokumentarfilms steht: „Das Fläming Modell. Gemeinsamer Unterricht für behinderte und nichtbehinderte Kinder an der Grundschule" (1988). Dieses Buch ist durch seine Herausgeber der Projektgruppe Integrationsversuch von besonderem Interesse. Ein wichtiger Meilenstein steht mit dieser Schule in Verbindung, nämlich die Schule mit der ersten Integationsklasse im deutschsprachigen Raum: „Zum ersten Mal wird eine Vorklasse mit drei körperbehinderten und zwölf nicht körperbehinderten Kindern eingerichtet"[50].

Welche theoretischen Bedingungen für die Entwicklung einer Schulklasse laut Sharan und Sharan (1988) notwendig sind, um sie zum offenen sozialen System anzuregen, soll im Folgenden aufgezählt werden: Zum einen muss die Klasse eine möglichst hohe Flexibilität aufweisen. Und die Anregungen sollten in Form von Interaktionen in einem breitem Rahmen stattfinden, hinzukommend sollten Lernenden mitentscheidend können über Inhalte und Arbeitsformen. Durch das aktive Beteiligen der Lernenden

---

[50] http://www.flaeming-gs.cidsnet.de/125flae.htm

sind diese „in erster Linie durch motivationale Faktoren (Interesse), nicht durch Zwang bestimmt" (1993, S.66, zitiert nach Perrez, Huber & Geißler, 2006, S. 388).

In einer längsschnittlichen dreijährigen Vergleichsstudie in 50 Modellkindergärten (play kindergarten) und 50 Vorklassen (academic kindergarten) in Nordrhein-Westfalen zu Beginn der 70er Jahre wurde anhand einer Stichprobe von 600 Kindern die kurzfristige Wirkung der kognitiven Förderung im letzten Vorschuljahr der beiden Einrichtungsarten verglichen. Da kurzfristige Effekte während dieser Zeit rechnerisch berücksichtigt wurden, können die signifikanten Unterschiede zwischen den beiden Teilstichproben weitgehend auf unterschiedliche Förderungs- und Anregungseinflüsse während des letzten Vorschuljahres zurückgeführt werden. Aber interessant ist, dass das Gesamtergebnis weniger durch die statistischen signifikanten Unterschiede als durch das Nichtauftreten von Unterschieden charakterisiert wurde. „In der großen Mehrzahl der angewendeten Testverfahren zeigte sich nämlich kein überzufälliger Förderungsunterschied" (Winkelmann, Halländer, Scmerkotte & Schmalohr, 1977, S. 357). Die bemerkenswerte Gleichartigkeit der Förderungswirkung auf die kognitiven Bereiche des Kindergartens ohne spezifische Vorschule und der Vorklasse im Stil einer Schulklasse mit Unterrichteinheiten konnte noch stärker bestätigt werden beim Vergleich der beiden Einrichtungsarten hinsichtlich der längerfristigen Wirkungen. Denn am Anfang des 2. Schuljahres waren die wenigen und sehr geringen Förderungsvorsprünge der Vorklassenkinder gegenüber den Modellkindergartenkindern, welche sich auch ausschließlich auf das Lesen beziehen, vollständig aufgehoben. Die Kindergartenkinder waren ihrer Vergleichsgruppe in der Bewältigung der typischen schulischen Lerninhalte Lesen, Schreiben und Rechnen offensichtlich nicht unterlegen. Es wurde herausgefunden, dass der mathematische Bereich in den weitergeführten Klassen der ehemaligen Vorklassenkinder weniger Beachtung geschenkt wurde, weshalb sich ein signifikanter relativer Vorteil für die ehemaligen Kindergartenkinder ergab. Diese Ergebnisse sprechen für eine konstante Evaluation der Bildungseinrichtungen, um deren Bildungsqualität als immerwährender Prozess zu erhöhen. Dass die Kinder auch ohne spezifische vorschulische Förderung die Anforderungen der ersten Schuljahre bewältigten, steht in meinen Augen für einen natürlichen Wissensdurst der Kinder, den es mehr zu unterstützen gilt, als ihnen ausgearbeitetes Wissen vorzusetzen. Trotzdem sollte bedacht werden, dass beide Einrichtungstypen mit Sozialpädagoginnen besetzt waren, was auch eine Ursache für die ähnlichen Ergebnisse sein kann (vgl. Winkelmann et al., 1977). Andererseits konnten dieser Studie als Langzeiteffekte bessere soziale und emotionale Kompetenzen, bessere kognitive Leistungen bei Testungen im Bereich Lesen, Mathematik und weiterer Fächer, exzellente Resultate im Bereich Kreativität, Auswirkungen auf den Intelligenzquotienten sowie auf den mündlichen Ausdruck der ehemaligen Modellkindergartenkinder gegenüber den Vorklassenkindern entnommen werden: „At the age of ten, children who had attended play kindergartens were better adjusted socially and emotionally in school; were more cognitively advanced in reading, mathematics and other subjects tested; and excellent in creativity, intelligence, ‚industry', and oral expression" (Ewert & Braun, 1987; Tieze, 1987, Winkelmann et al., 1979, zitiert nach Darling-Hammond, 1997).

Der Anspruch von Darling-Hammond (1997), dass die Schüler/innen neue Wege gehen und etwas riskieren dürfen, um unabhängig zu denken, wird erweitert dadurch, dass dies nur in einer guten Stimmung, einer positiven Lebenslage, frei von Ängsten und Scham, möglich ist (vgl. Wild, Hofer & Pekrum, 2006, S. 210). Zudem „fühlen sich [Schüler/innen] umso wohler, je mehr der Unterricht durch starke Schülerorientierung, hohe Motivationsqualität und dezidierte Anleitung zu selbstreguliertem Denken und Arbeiten gekennzeichnet ist" (Wild et al., S. 212). Diese Motivationsqualität kann somit sogar der intrinsischen Motivation entsprechen, da „(intrinsische Motivation entsteht, wenn) grundlegende Bedürfnisse nach dem Erleben von Autonomie, Kompetenz und sozialer Eingebundenheit befriedigt werden" (Wild et al., S. 213) angelehnt an die Selbstbestimmungstheorie nach Deci und Ryan (zitiert nach Wild et al., S. 217). „Nur dort, wo [die basic needs] erfüllt werden, kann die natürliche Tendenz zur Aneignung neuer Kenntnisse und Fähigkeiten voll zum Tragen kommen. Bei einer anhaltenden Frustration dieser basic needs ist dagegen mit einer Stagnation in (Teilen) der Persönlichkeitsentwicklung zu rechnen, die unter anderem in Entfremdungsgefühlen, einer ‚fragmentierten' Identität oder im Extremfall sogar in psychischen Störungen zum Ausdruck kommen kann. Insofern ist die Erfüllung der grundlegenden Bedürfnisse langfristig gesehen eine wichtige Bedingung für Wachstum, seelisches Gleichgewicht und persönliche Reife" (zitiert nach Wild et al., S. 217).

Statistisch untermauert werden können obige Theorien durch die Arbeit von Schiefele und Schreyer, denn „der Metaanalyse von U. Schiefele und Schreyer (1994) zufolge ist die intrinsische Lernmotivation konsistent positiv mit Schul- und Studienleistungen korreliert (im Durchschnitt mit r= .23)" (zitiert nach Wild et al., S. 217).

Generell sollte mit dem Motivationsbegriff im Schulkontext vorsichtig umgegangen werden, da die „Motivation" im Schulsystem auch mit „innerem Zwang" gleichgesetzt werden kann (vgl. Osterkamp, 1976, S. 342 ff., Holzkamp, 1983, S. 412 ff., zitiert nach Holzkamp, 1995, S. 447). „Das Motivieren anderer Menschen wäre in dieser Sicht gleichbedeutend damit, sie dazu zu bringen, freiwillig zu tun, was sie tun sollen" (Holzkamp, 1995, S. 447). Unter der zuvor erwähnten „intrinsischen Motivation" werden laut Holzkamp

Lernprozesse verstanden, welche ohne außengesetzte Verstärkung „im überkommenen SR-theoretischen Sinne" (1995, S. 72) zustande kommen, „bei denen mithin die ‚Motivation' zu einer Lernaktivität auf irgendeine Weise in dieser selbst liegen müsse" (Holzkamp, S. 72). Davon grenzt Holzkamp das „expansiv begründetet Lernen" trennscharf ab, denn „expansiv begründetes Lernen bedeutet ja gerade *nicht* Lernen um ‚seiner selbst', sondern Lernen um der mit dem Eindringen in den Gegenstand erreichbaren Erweiterung der Verfügung/Lebensqualität willen. Damit im Zusammenhang geht es in expansiv begründeten Lernhandlungen eben nicht um die Rückbeziehung des Lernens auf einen bloß individuellen ‚Spaß an der Sache' o.ä., sondern um die Überwindung meiner Isolation in Richtung auf die mit dem lernenden Gegenstandsaufschluß erreichbare Realisierung verallgemeinerter gesellschaftlicher Handlungsmöglichkeiten in meinem subjektiven Erleben" (Holzkamp, 1995, S. 191). Im Gegensatz zur „intrinsischen Motivation" steht die „extrinsische Motivation", als der Antrieb zu Lernaktivitäten aufgrund außengesetzter Verstärkungen.

Das Fähigkeitsselbstkonzept wird laut Attributionstheorie hinsichtlich der sozialen Bezugsnorm oder der individuellen Bezugsnorm ausgebildet. Wenn ein Vergleich mit der sozialen Bezugsnorm stattfindet, werden die Leistungsunterschiede zurückgeführt auf stabile interne Ursachen. Diese Kausalattribution kann bedeutend für die Lernmotivation sein. Denn ein Schüler dessen Benotung seiner vollbrachten Leistungen seinem Verständnis nach von äußeren Faktoren abhängen, bekommt anzunehmend weniger Selbstzweifel, kann sich aber auch weniger motiviert fühlen zum Lernen, da der Erfolg darüber ja augenscheinlich nicht in seiner Wirkungsgewalt liegt. Demnach kann der Bezug zur individuellen Norm die Leistungsmotivation steigern, da ein erlebter Misserfolg eher auf instabile Ursachen wie geringe Anstrengung zurückgeführt wird, was sich jedoch ungünstig auf das Selbstwertgefühl auswirken kann (vgl. Wild et al.,

2006, S. 226). Es erscheint am günstigsten für das Selbstwerterleben und die Leistungsmotivation des Kindes zu sein, wenn Erfolgserlebnisse internal attribuiert werden und negative Erlebnisse external, da ich davon ausgehe, dass positive Erlebnisse motivierend wirken, im Sinne von bestärkend. Die inklusive Pädagogik kann dieses unterstützen, in dem sie durch ihre Unterrichtsorganisation dem Schüler das Gefühl der Selbstwirksamkeit vermittelt und versucht hauptsächlich bestärkend und ressourcenorientiert zu wirken.

Bedeutend ist die Fähigkeit zur Selbstregulation und die Ausbildung akademischer Selbstkonzepte, da sie wichtige Prädiktoren leistungsthematischen Verhaltens, zum Beispiel Anstrengungsbereitschaft, Persistenz oder Fächerwahlen sind und damit auch von Lernzuwachs (vgl. Helmke, 1992, zitiert nach Watermann & Stanat, 2005, S. 291). Zusätzlich werden positive Selbstkonzepte, und das unabhängig von ihrer leistungsförderlichen Rolle, als Indikatoren einer positiven psychosozialen Entwicklung betrachtet und gelten deshalb als eigenständige pädagogische Zielbereiche (Harter, 1998, zitiert nach Watermann & Stanat, 2005, S. 291).

Zudem zeigt die „Stage-Environment-Fit-Theorie" von Eccles und Kollegen (zitiert nach Wild et al., S. 235) die verschlechterte Passung zwischen Bedürfnissen und Kontextbedingungen, besonders in der Beziehung zwischen Lehrer/innen und Schüler/innen für eine generell ungünstige Lernsituation sorgen. Auch hierin zeigt sich, dass es ein den wissenschaftlichen Erkenntnissen angemessenes Vorhaben der Inklusionspädagogik ist, sich auch auf ein intensives Lehrer/innen-Schüler/innen-Verhältnis zu konzentrieren und sich um ein angenehmes, bedürfnisorientiertes Lernklima zu bemühen.

Als weiterer nachgewiesener Effekt soll der Bezugsgruppeneffekt & Etikettierungsprozess erwähnt werden, der begründen kann, warum „Schüler mit gleich guter Ausgangsfähigkeiten in Förderschulen schlechtere Leistungen [erzielen] als in Regelschulen"(Haeberlin, Bless, Moser & Klaghofer,

1990; Tent, Witt, Zschocke-Lieberum & Bürger, 1991 zitiert nach Wild et al. S. 227), was hinzukommend mit einer schlechten berufliche Perspektive sowie dem nachteiligen Effekt auf die Kompetenzentwicklung einhergeht (vgl. Haeberlin, Bless, Moser & Klaghofer, 1990; Tent, Witt, Zschocke-Lieberum & Bürger, 1991 zitiert nach Wild et al. S. 227).

Interessant ist ebenso, dass „durchgeführte Arbeiten erwartungsgemäß [zeigen], dass in Klassen, in denen Lehrer ihre Rückmeldung stärker auf Basis einer individuellen Bezugsnorm formulieren, die durchschnittliche Leistungsbereitschaft höher ist als in Klassen, in denen Lehrer mit einer Präferenz für soziale Vergleiche unterrichten" (Rheinberg, 1989; Rheinberg & Krug, 2005, zitiert nach Wild et al., S. 229).

Hinzukommt, „dass Lerner mit einer ausgeprägten und stabilen Lernzielorientierung bessere Leistungen und wesentlich höhere Wissenszuwächse aufweisen als Schüler mit Leistungszielorientierung" (Köller, 1999, zitiert nach Wild et al., 2006, S. 215). Dies würde demnach die Prozessorientierung der Inklusionspädagogik bestärken.

Im internationalen Kontext kann betont werden, dass „Deutschland [...] mit seinem "pädagogischen Sonderweg" unter zweifachem Druck [steht]: sein Schulsystem wird nicht nur durch den UN-Sonderbeauftragten für das Recht auf Bildung, Vernor Munoz, als diskriminierend kritisiert. Die Bildungsreformen unserer europäischen Nachbarn zeigen auch, dass Gemeinsamer Unterricht in allgemeinen Schulen für alle Kinder mit Erfolg umgesetzt werden kann."[27] „Dass es anders geht, zeigen z.B. Spanien, Italien und die skandinavischen Länder - hier besuchen fast alle Schüler mit sonderpädagogischem Förderbedarf allgemeine Schulen, in Großbritannien sind es über 60 Prozent."[26]

Im Kontext der immer schnelllebigeren Veränderungen im deutschsprachigen Raum, passt folgendes Zitat darüber, dass „eine Reihe von Autoren (Corbett; Corker; Wendell) [...] dargelegt [haben], dass die erhöhte Geschwindigkeit des Lebens auf der Nordhalbkugel eine Zunahme von Behinderungsfällen geschaffen hat. Wenn das, was als „normal" betrachtet wird, hohem Druck ausgesetzt und zu erhöhter Produktivität getrieben wird, führt das dazu, dass mehr Menschen durch Stress, Erschöpfung und Ängste behindert werden." (Vojtová et al., 2006, S. 62).

Mit ihrer Studie über schwedische Schulen und dem darin gelebten Umgang mit Schülern/innen mit Beeinträchtigungen stellt Eva Hjörne die skandinavische Perspektive zum Thema „*Excluding for Inclusion? Negotiating school careers and identities in pupil welfare settings in the Swedish school.*" dar. Interessanterweise werden die Konzepte der Exklusion, Segregation, Integration und Inklusion mit einbezogen und somit wird auch ein sehr kritischer Blick von einer Dozentin der Universität Göteborg auf das schwedische System geworfen (vgl. Hjörne, 2004).

3.5 Diskussionsaspekte der Inklusion

Im Folgenden sollen die wesentlich erscheinenden Diskussionspunkte einzeln aufgegliedert und besprochen werden. Mitunter sind es favorisierte Themenschwerpunkte, welche im jeweiligen Abschnitt detaillierter erläutert werden sollen. Als erstes soll der Inklusionsgedanke in Bildungseinrichtungen transferiert dargestellt werden.

Die Heterogenität der Menschen ist von Natur aus gegeben und wird somit jedem Individuum gerecht. Christian Gotthilf Salzmann (1744-1811) fand dafür einen entsprechenden Vergleich: „Endlich vergrößern Erzieher bei ihren Zöglingen oft die Zahl der Untugenden, indem sie die Eigenheiten derselben dazu rechnen. Wenn man in einer Erziehungsanstalt die Stiefel sämtlicher Zöglinge nach einem Leisten wollte machen lassen, so würde es sich finden, dass sie nur für die wenigsten passten und den übrigen entweder zu groß oder zu klein wären. Und was wäre nun in diesem Falle wohl zu tun? Die Füße, für welche die Stiefel nicht passen, für fehlerhaft erklären? An den Füßen einiger Zöglinge etwas abschneiden, an anderen etwas hinzusetzen? Ihr lacht? Ihr wollt wissen, was ich mit dieser sonderbaren Frage wolle? Ich will es gleich sagen. So wie jeder Knabe seine Form des Fußes hat, so hat auch jeder seinen Charakter und seine eigenen Talente" (Link, 2007, S. 17f).

Jedoch soll hinzugefügt werden, dass der pädagogische Kontext, über den Salzmann spricht, wesentlicher komplexer ist. Dieses Zitat zielt sehr genau auf die Normorientierung in der Schule an, wobei die Frage im Raum steht, was die optimale Norm darstellen soll? Ist es eine generelle Norm oder setzt der Lehrer sie je nach Leistungsdurchschnitt der jeweiligen Klasse an? Stellt wirklich der Schüler mit einer sehr guten Endbewertung von 1,0 das Leistungsziel dieses existierenden Schulsystems dar? Denn eine Klassenarbeit, in der mehr Schüler/innen als erwartet eine sehr gute Leistung vollbracht haben, hatte, den Richtlinien nach, einen zu geringen Anspruch. Das würde bedeuten, dass bei einer Notengebung von eins bis sechs ein Schüler mit befriedigender Leistung der Schüler ist, auf den das derzeitige Schulsystem mit samt dem Leistungsprinzip, der Notengebung und dem Anspruchsniveau zugeschnitten ist. Alle weiteren Schüler/innen müssten dem Anschein nach unter die Bezeichnung „Schüler/innen mit mehr Förderbedarf" fallen, die Grenzen nach oben und unten sind dabei offen. Und wenn ein Kind in eine Allgemeine Regelschule eingeschult wird, erhält es auf Antrag und Einstufung eines Integrationsstatus, in den meisten Fällen wirklich eine separate Begünstigung oder einen Ausgleich (je nach Perspektive wird der entsprechende Begriff bevorzugt). Aber wo sind die Grenzen für dieses Urteil zu ziehen? Und wer erlaubt sich dieses zu entscheiden und somit für eine Klassifizierung aller Kinder zu sorgen? Und bereitet dieses Schulsystem mit einem ausgerichteten Leistungsniveau von befriedend optimal auf den Konkurrenzkampf

Inklusion

nach der Schule vor? (Eine mögliche Beantwortung wird im folgenden Punkt dargestellt.)

3.5.1 Der inklusive Prozess in Bildungseinrichtungen

Inklusion im pädagogischen Kontext kann verstanden werden als „ein niemals endender Prozess, in dem Kinder und Erwachsene mit Behinderung eine Chance bekommen, in vollem Umfang an allen Gemeinschaftsaktivitäten teilzunehmen, die auch nicht-behinderten Menschen offen stehen. Inklusion bedeutet, Kinder mit Behinderung in der Schule zu erziehen, die sie besuchen würden, wenn sie keine Behinderung hätten" (UNESCO-Dokumentation, 1997, zitiert nach Polzin, 2006, S. 5). Nach dem oben (3.1.1) erarbeiteten Verständnis von Inklusion, ist es wichtig hinzuzufügen, dass auch der umgekehrte Schluss möglich sein sollte: auch *nicht-behinderte* Menschen sollten alle Angebote wahrnehmen können, da innerhalb der Inklusion nicht mehr klassifiziert wird in Behindert oder Nicht-Behindert. Gerade dieser Aspekt ist sehr spannend für das Verdeutlichen von „Vielfältigkeit" im inklusiven Raum: Es sollte für einen Schüler möglich sein innerhalb des Unterrichts Brailleschrift, Gebärdensprache oder zum Beispiel Schreiben mit dem Fuß erlernen zu können, unabhängig davon, ob es für ihn einen alltäglichen Nutzen hat.
Wie angedeutet, hat sich im Zuge der Integration zwar das Schüler/innenklientel verändert, jedoch nicht unbedingt die Unterrichtsmethoden im adäquaten Maße. Dieser Gefahr sollte man sich beim Einzug der Inklusion bewusst sein: „Es ist naiv zu glauben, dass allein eine Vergrößerung der Heterogenität sich positiv auswirkt, wenn sonst am Unterricht nichts verändert wird" (Tillmann, 2007, S. 16). Weshalb bei der Umsetzung der Inklusion die Vernetzung aller Beteiligten und ein Übereinkommen auf ähnliche Prinzipien von wesentlicher Bedeutung ist. Um sich in einer Bildungsinstitution dem Inklusionskonzept anzunähern und

den Ist-Zustand mit dem Soll-Zustand (als Vision einer gelungenen Inklusionspädagogik) angleichen zu können gibt es den Index für Inklusion. Dieser wurde von Tony Booth und Mel Ainscow im Jahr 2002 veröffentlicht und von Ines Boban und Andreas Hinz 2003 in das Deutsche übersetzt. Es gibt auch eine weitere Fassung für Kindertagesstätten und ähnlichen Institutionen in deutscher Sprache, neben dem ursprünglich an Schulen ausgerichteten Index. Neben einem Phasenmodell mit zeitlicher Strukturierung enthält dieser vielfältige inhaltliche Impulse, welche in drei Dimensionen differenziert sind und unterteilt in sechs Bereiche, aufgegliedert in 44 Indikatoren und schließlich ausgebreitet in 560 Fragen auf etwa 50 Seiten um zur Evaluierung der momentanen Praxis auch zu möglichen nächsten Schritten Anregungen bieten zu können (vgl. Internetseite Inklusionspädagogik.de[51]).

Innerhalb eines Unterrichtsgeschehens führen heterogen zusammengesetzte Klassen laut Helmke und Weinert (1997) zu Leistungsvorteilen bei leistungsstarken und bei leistungsschwachen Kindern, wenn sich die Lehrkräfte auf diese Heterogenität didaktisch bewusst einstellen damit unterschiedlich leistungsfähige Schüler/innen ihre je spezifischen Anknüpfungspunkte finden lassen. „Denn die Möglichkeiten des Menschen, zu lernen, beruhen nicht auf der ‚Einschleusung von Fremdwissen in ein System, sondern auf der Mobilisation von Prozessen, die dem lernenden System selbst inhärent sind, zu seinem eigenen kognitiven Bereich gehören' und auf diesen aufbauend die ‚Koevaluation von erfahrungsbildenden Systemen' ermöglichen" (Jantsch, 1982, S. 269, zitiert nach Störmer & Vojtová, 2006, S. 62). Das bedeutet, „Erziehung wäre folglich aufzufassen als die Tätigkeit von Personen, die die konstruierende Aneignung der in der aktiven Auseinandersetzung mit der Realität gewonnen

---

[51] http://www.inklusionspaedagogik.de/content/blogcategory/ 19/58/lang,de/

Erfahrung von Menschen zunächst einmal als selbstverständlichen Prozess des Lernens anerkennen, wie auch Prozesse dieser Art initiieren, vermitteln, unterstützen, absichern bzw. Menschen zu dieser Auseinandersetzung herausfordern" (Störmer & Vojtová, S. 37). Wenn dieser Aspekt umgesetzt werden kann, könnte es auch positive Konsequenzen auf weitere Lebensbereiche beinhalten und somit einer Form von Intervention gleich kommen: „Das Ziel von Intervention im Verständnis von „Inclusion Studies" kann darin gesetzt werden, Selbstbestimmungsprozesse im Allgemeinen zu ermöglichen, zu unterstützen und abzusichern. …wie es Menschen in spezifischen Situationen möglich werden kann, subjektiv wichtige Erkenntnisse gewinnen zu können. Erkenntnisse lassen sich jedoch nur gewinnen, wenn es Menschen möglich ist, sich zu den verschiedensten Tatbeständen in Beziehung setzen und handelnden Einfluss nehmen und gewinnen zu können" (Störmer & Vojtová, S. 32f).

Einen interessanten Aspekt bringt Sander vor, welcher den Ursprung der Inklusionsausrufung mit den realisierten sowie visionären Zielen abgleicht: „Zwischen dem heute schon Realisierbaren einerseits und dem Richtziel für längerfristige Entwicklungen andererseits muss meines Erachtens konsequent unterschieden werden. Eine solche Unterscheidung fehlt auch in der Salamanca-Erklärung, die bei aller Inklusions-Betonung Sonderschulen und Sonderklassen für einige wenige behinderte Kinder weiterhin zulassen will (Aktionsrahmen Art. 8, 9, 21; siehe Salamanca-Statement 1994, S. 12 u. 18 bzw. Salamanca-Erklärung 1996, S. 17 und 21). Die Salamanca-Erklärung war eben ein Kompromisspapier, das für die Delegierten von 92 Regierungen und 25 internationalen Organisationen zustimmungsfähig sein musste. Sie hat ihren historischen Stellenwert, sie sollte meines Erachtens heute aber nicht mehr als aktuelle Magna Charta der Inklusions-Bewegung gehandelt werden" (Sander, 2002, S. 5f).

In dieser Form gibt es auch entscheidende Veränderungen in einigen Bildungseinrichtungen. Anhand der Schilderungen wird deutlich, dass es wirklich wichtig ist, auch während des sich vollziehenden Prozesses Veränderungen zu reflektieren. So wird über die positive Veränderungen der Rolle des Sonderpädagogen in verschiedenen Schulen berichtet, um daraus Anregungen für weitere sich verändernde Schulen ziehen zu können: „Die Regelschullehrpersonen werden dabei von sonderpädagogischen Fachkräften und bei Bedarf von weiteren Fachkräften unterstützt. In den Schulen von New Brunswick, die unter Gordon Porter den Schritt ‚from integration to inclusion' bereits vollzogen haben (Perner 1997, 75), hat sich dadurch die Sonderpädagogenfunktion erheblich geändert: Die ehemaligen ‚special educators' sind jetzt in den Regelschulen als ‚method and resource teachers' tätig (Perner 1997, 76), wörtlich Methoden- und RessourcenLehrer/innen, bei Hinz (2000 a, 128f) M&R-Lehrer/innen genannt. Die M&R-Lehrkräfte arbeiten in der Klasse für alle Schüler und Schülerinnen mit, sie erweitern das Methoden-Repertoire des Unterrichts, sie kennen besondere Lehr-, Lern- und Arbeitsmittel und wissen erforderlichenfalls sie zu besorgen, sie kennen auch außerschulische Hilfsdienste, die im Bedarfsfall herangezogen werden können. Nach Hinz (2000, S. 128) verkörpern die M&R-Lehrpersonen geradezu „die Neudefinition der Sonderpädagogenrolle" im künftigen Schulwesen. Nach den kanadischen Erfahrungen ist die vielfältige Unterstützung der Regelschullehrpersonen eine der wichtigsten Komponenten erfolgreicher schulischer Inklusion (Perner, 1997, 75). "Teacher Support" war ja auch eins der Hauptthemen auf dieser Tagung" (Sander, 2002, 8).

Nach meinem Verständnis ist innerhalb des Bildungssystems die Veränderung des Schulsystems von vorrangiger Bedeutung, da ich überzeugt bin, dass das Inklusionskonzept sich nicht auf das bisherige traditionell verankerte Schulsystem stülpen lässt. Durch die komplette Neustrukturierung von Schule kann ein neues Bild von

Schulalltag, Lernen, Vernetzung der Schule sowie Erziehung und Bildung entworfen und mit der Zeit manifestiert werden. Trotz des Versuchs in Form der Integration einen neuen Zugang zu sonderpädagogischen Maßnahmen zu entwickeln, gibt es folgende Urteile: „Denn trotz der formal bestehenden Gleichheit im Schulsystem ist empirisch gut belegt, dass der Bildungserfolg innerhalb des deutschen Schulsystems nach wie vor von der sozialen Herkunft der Eltern abhängt" (Baumert & Schümer, 2001, zitiert nach Cortina, 2006). Meiner Ansicht folgt es auch einem logischen Schluss, dass bei einer Konzentration auf das Vollziehen gleichen Wissens, gleicher Handlungen und Lernziele sowie der Herausarbeitung der Defizite des Einzelnen die Bewertung eine Korrelation mit der sozialen Herkunft und dem sozialen Stand in der Klasse, der wiederum mit dem Selbstwert korreliert, stattfindet. Obwohl es auch im derzeitigen stärker um das Vermitteln von Methoden gehen sollte, kann ich dies aus meinen Erfahrungen nicht bestätigen, sondern habe hauptsächlich die traditionelle Vermittlung von Wissen innerhalb der Klassenräume vorgefunden. Dadurch wurde meiner Einsicht nach auch hautsächlich das abgefragte Wissen bewertet unter Verwendung der ausschließlichen Defizitperspektive.

Die Vorstellung des Aufbaus einer Klassenarbeit kann meinen Gedanken präzisieren. Der Lehrer hat wahrscheinlich im Frontalunterricht vom Lehrplan vorgegebene Inhalte vermittelt und die Schüler/innen aufgefordert, diese bis zu einem gewissen Testtag auswendig zu lernen. Die Klassenarbeit fragt die Inhalte ab. Wenn viele über die gegebenen Inhalte hinausgehenden Zusammenhänge erfragt werden, kommen Variablen wie Allgemeinbildung, soziale Stellung, kultureller Hintergrund mit hinzu. Aber letztendlich wird bei der Bewertung durch eine Punktevergabe ausschließlich defizitorientiert gewertet. Zum einen werden nur nach ganz gezielten Antworten gesucht. Wer alle weiß, hat die Erwartungen sehr gut erfüllt. Alles andere wird als fehlendes oder fehlerhaftes Wissen bewertet. Das bedeutet, dass vor allem das nicht erbrachte Wissen die Notengebung entscheidet. Denn nicht erfragtes Wissen kommt überhaupt nicht zur Geltung und kann auch nicht ausgleichend wirken.

Wenn der individuelle Aufbau von Kompetenzen bewertet werden sollte, dann sind die vorhandenen Fähigkeiten, sozialen Verhältnisse oder Vorkenntnisse nicht entscheidend bei der Bewertung. Ausschließlich der Kompetenzzuwachs, zweitrangig verbunden mit einem Wissenszuwachs, ist für das Lernen auch im weiteren Lebensverlauf meiner Ansicht nach von Bedeutung.

Zudem lernt jeder Statistiker zu Anfang seiner Ausbildung, dass Noten im statistischen Sinne nicht haltbar sind, da sie als Ziffern ein ordinalskaliertes Merkmal darstellen, weil sie mit feststehenden Kategorien von sehr gut bis ungenügend verbunden sind. Daher ist die Transformation auf das Intervallskalenniveau nicht zulässig, da der Betrag der Unterschiede zwischen zwei Noten in den meisten Fällen nicht eindeutig festgelegt ist. Jedoch verwendet man bei der Berechnung eines Klassendurchschnitts die Kriterien, als ob es sich bei der Notenskala um eine Intervallskala handeln würde. Es wäre zumindest bei der Interpretation solcher Durchschnitte ein Verweis auf diese statistisch unsaubere Berechnung notwenig, den ich persönlich jedoch bis zum Zeitpunkt meiner Statistikausbildung im Studium nirgendwo erfahren habe. Einen tieferen Einblick in die Thematik der Notenvergabe kann das Buch von Grünig, Kaiser, Kreitz, Rauschenberger und Rinninsland geben, unter dem Titel „Leistung und Kontrolle. Die Entwicklung von Zensurengebung und Leistungsmessung in der Schule" (1999).

Mit der ständigen Bekanntgabe des Zensurenspiegels kommt eine vermittelte Notwendigkeit eines Vergleichs hinzu: Zensuren werden im abstrakten Sinne vergeben, nicht dafür, was man kann, sondern ob man das, was man kann, besser kann als die jeweiligen Mitschüler. [...] Zensuren führen also zwangsläufig zu Konkurrenz, denn einer kann nur ‚gut' sein, wenn die anderen ‚schlechter' sind" (Ulmann, 2003, S. 172 f.).

Einen provozierten Zusammenhang zwischen Leistungsbewertung und dem sozio-ökonomischen oder eventuellem Migrations- Hintergrund sehe ich durch die z-Variable *Hausaufgaben* hergestellt. Denn Familien, welche mehr Möglichkeiten der Unterstützung ihres Schulkindes bei den Hausaufgaben haben, können eine bessere Notengebung auf die Hausaufgabenleistung bewirken, unabhängig von den eigentlichen Kompetenzen des Kindes. Deshalb sollten im derzeitigen Schulsystem Hausaufgaben als selbstständig zu lösende Aufgaben im Schulalltag integriert werden, wie es im Berliner Schulgesetz angedacht ist: „Die außerunterrichtliche Förderung und Betreuung umfasst neben der Beaufsichtigung während der Mittagspause insbesondere vertiefende Übungen, Hausaufgabenbetreuung, Arbeitsgemeinschaften und Neigungsgruppen" (Schulgesetz für das Land Berlin, 2010, S. 25 f.[52]) Und „an Ganztagsschulen und im Rahmen der verlässlichen Halbtagsgrundschule gehört auch die außerunterrichtliche Betreuung zu den verbindlichen Veranstaltungen der Schule, soweit die Teilnahme daran nicht freiwillig ist (Schulgesetz für das Land Berlin, S. 46[49]). Und im Modell der Inklusionspädagogik sollten diese Aufgaben durch die verstärkte Förderung des Selbstständigkeit auch vom Schüler allein zu lösen sein und möglichst auch innerhalb der Schulzeit. Unter ähnlichen Betrachtungspunkten kann die Freizeitgestaltung gefasst werden, weshalb aus der Inklusionsperspektive sehr stark für eine Ganztagsschule plädiert werden kann, in der für alle Kinder ein umfangreiches Nachmittagsangebot geschaffen wird, in dem sich jedes Kind optimal entfalten kann. Doch sollte besonders in dem Konzept der Ganztagsschule darauf geachtet werden, dass bewusst Zeitfenster geschaffen werden, in denen für die Kinder keine Benotung stattfindet.

---

[52] http://www.berlin.de/imperia/md/content/sen-bildung/rechtsvorschriften/schulgesetz.pdf

Auch aus amerikanischem Kontext kann Linda Darling-Hammond (1997) darüber berichten, dass die traditionellen Unterrichtsmethoden oft nicht den Bedürfnissen und kognitiven Möglichkeiten der Kinder entsprechen und deshalb mögliche Überforderung [sowie Unterforderung] der physischen Möglichkeiten für junge Schulkinder in Kauf genommen wird. Unterstützend können bei DiPrete, Gelman, Zheng und McCormick die amerikanischen Missstände bezüglich der ethischen und rassistischen „racial segregation is the standard" (2008, S. 1) Dimensionen sowie dem Zusammenhang des sozialen Kapitals und der sozialen Integration und weiteres dazu nachgelesen werden. Da unter 1.3 auch die Arbeiten von Cornelia Kristen zum Thema ethnische Segregation im Schulkontext in Deutschland vorgestellt wurden, ist nun die Arbeit von Helmuth Schweitzer insofern interessant, dass er die interkulturelle Erziehung ethnischer Minderheiten in Deutschland und den USA vergleicht (vgl. 1994).

Wie wenig lernerzentriert das derzeitige Schulsystem ist, zeigt folgendes Urteil: „Die Schulkarriere hängt in einem nicht unerheblichen Maße von Entscheidungen ab, die Eltern und beratende Lehrer/innen treffen. Die Schüler sind daran mitunter gar nicht oder nur marginal beteiligt" (Cortina, 2006, S.498).

Vertiefend sollen an dieser Stelle die möglichen Kriterien eines inklusiv strukturierten Unterrichts aufgezählt werden, nachdem sie im Punkt 3.2 vom Grundgedanken hergeleitet wurden. Das Lernen auf individuellen Wegen und auf Basis von individuellen Umständen der Schüler erfordert flexible Strategien. Die fachübergreifende Vernetzung der Wissensbereiche kann mit dem Vermonter Portfolio (vgl. Darling-Hammond, S. 117 und S. 244) gut umgesetzt werden. Ein ähnliches Verfahren gibt es derzeit schon in der Hochbegabtenförderung. Weiterhin liegt die Konzentration auf eine aktiv geführte Teamarbeit der Angestellten (Abb. 35 - traditionelle Schule & Abb. 36 - inklusive Schule), sowie ein

Arbeiten im Unterricht in längeren Arbeitsphasen. Sehr innovativ ist dabei das Ausbleiben der Schulklingel, wie ich es in einer inklusiv arbeitenden Schule schon beobachten konnte. Denn dies kann dem Kind in seinen individuellen Lernphasen am ehesten gerecht werden. Der Unterricht sollte „multidisciplinar" durchgeführt werden auf der Ebene der Materialien, der vermittelten Theorien sowie der Durchführung von Übungen (vgl. Darling-Hammond, S. 131). Die optimalerweise kleinen Schulen (vgl. Darling-Hammond, S. 136) sollten kleine Gruppen oder kleineren Klassen (vgl. Darling-Hammond, S. 272) beherbergen, welche altersgemischt sein sollten. Den Berichten von Ainscow zufolge ist das inklusive Arbeiten auch in sehr großen Gruppen möglich, da von der Grundphilosophie schon das selbstständige Arbeiten ausgebildet wird und das Arbeiten allein sowie in der Gruppe je nach Bedürfnis stattfindet und nicht nach Vorgabe.

278   Inklusion

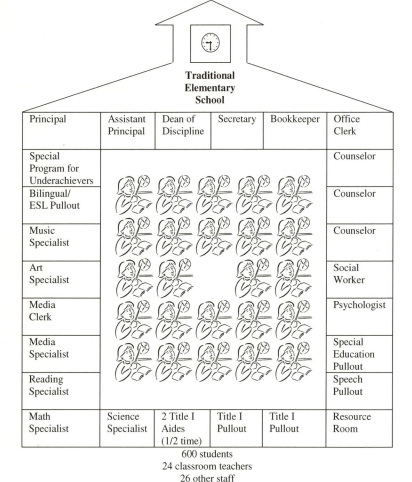

Abb. 35: Traditional Elementary School Structures Compared

rechte Seite: Abb. 36: Redesigned Elementary School Structures Compared

Inklusion

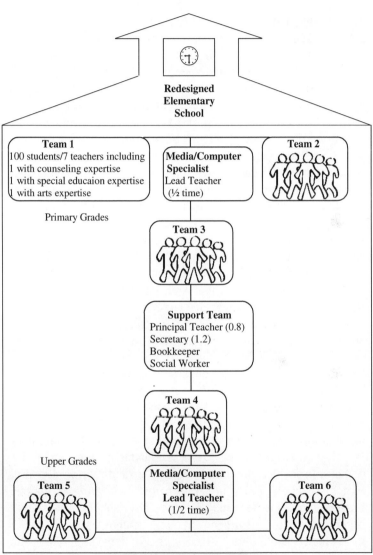

Die kontinuierliche Evaluation sollte zwischen Schüler/innen und Lehrer/innen innerhalb der wöchentlichen Planungsstunden erfolgen sowie innerhalb des Lehrer/innenkollegiums, um den Dialog aufrecht zu erhalten und das Optimum aktiv anzuvisieren.

Auch Hinz sieht in der engeren Zusammenarbeit einen der drei wichtigen Eckpunkte, die er wie folgt beschreibt: Zur Praxis der Inklusion gehört das ernsthafte gemeinsame Diskutieren pädagogischer Probleme im Lehrer/innenteam, das Erstellen eines individualisierten Curriculum für jedes Kinder in jeder Klasse sowie das zur Verfügung stellen der erforderlichen Ressourcen personelle, materieller und finanzieller Art und der Vermeidung jeglicher Etikettierungen einzelner Schüler/innen (vgl. Hinz, 2000b, S. 235). Da die Beachtung des individuellen Lehrplans mit adäquaten methodischen und didaktischen Mitteln erst ein inklusives pädagogischen Arbeiten ermöglicht, wurde unter 1.1 die Entwicklung von Schule und sich daraus erschließend unter Punkt 2.1 die Entwicklung der Unterrichtsmethoden erläutert. Denn aus der Weiterentwicklung des Systems Schule konnten auch individualisierende Unterrichtsmethoden hervorgehen und den Weg für individuelle Curricula ebnen.

In den schon angesprochenen kontinuierlichen Planungsstunden kann außerdem auch die enge Beziehung zwischen Schüler/innen und Lehrer/innen (vgl. Darling-Hammond, 1997, S. 177) gepflegt werden. Auch das frequentielle Treffen mit den Eltern ist zur Unterstützung aller Beteiligten ein wichtiger Aspekt. Dadurch wird auch das demokratische Verständnis von Schule deutlich, da alle drei Parteien, Schüler/innen und Eltern und Lehrer/innen, gleiche Entscheidungsanteile und Rechte bei schulinternen und organisatorischen Fragen haben. Durch diese starke individuelle Einbindung kommt es zu dem Ziel, dass alle lernen, alle lehren, alle planen. Zumal der Abstand zwischen diesen Schritten minimiert werden soll (vgl. S. 179).

Im Fazit sei nochmals zusammengefasst, durch welche Faktoren die Inklusive Bildung in Deutschland wahrnehmbar erschwert wird:
„1. Dreigliedriges Regelschulsystem mit früher Selektion,
2. Starre curriculare Vorgaben, insbesondere in der Sekundarstufe I,
3. Starres System der Leistungsbewertung, die an der Lerngruppe und nicht am individuellen Lernfortschritt gemessen wird,
4. Unzuverlässige Halbtags-Regelschule,
5. Hohe Klassenfrequenzen in Regelschulen,
6. Eine Lehrerbildung, die bereits mit dem Beginn des Studiums trennt für eine Tätigkeit an Regel- oder an Sonderschulen."[53]

3.5.2 Förderdiagnostik

Man könnte vermuten, dass in einer Pädagogik, in denen Kinder nicht mehr kategorisiert werden sollen, keine Diagnostik mehr benötigt werden würde. Zumal „Diagnostik [...] in der Pädagogik seit jeher eine selektive Funktion[hat], denn mit ihrer Hilfe wurden und werden die administrativen Zuordnungen von Kindern zu verschiedenen (Sonder-) Schulformen und –klassen vorgenommen" (Boban & Hinz, 1998, S. 151).

Jedoch scheint auch in diesem Pädagogikkonzept „Diagnostik als unentbehrliche Orientierungs-, Entscheidungs- und Evaluationshilfe im Dienste der multidimensionalen Aufgabenstellung der Inklusionsförderung" (Ondracek & Störmer, 2006) zu funktionieren.

Im inklusiven Sinne dient Förderdiagnostik jedem Individuum zur besseren Unterstützung für den Einzelnen im

---

[53] Verfügbar unter: http://www.bertelsmann-stiftung.de/bst/de/trash/artikel_91803.htm [20.10.2010]

Lernprozess. Somit werden Diagnostik und Intervention als unterstützende Hilfsmittel für die individuelle Bezugsnormorientierung herangezogen, also nicht mit den eher symptom-, störungs- bzw. defizitorientierten klassischen Testmethoden (vgl. Ondracek & Störmer, S. 40).

Denn „das diagnostische Etikett ist bei lernbehinderten, sprachbehinderten und verhaltensgestörten Schülern/innen eine unnötige Diskriminierung. Weder die Eltern noch die Öffentlichkeit bezeichnet diese Schüler/innen als behindert. All diese Schüler/innen gehören nicht in die Sonderschule, sondern in allgemeine Schulen… Wie müssen anfangen, das Anderssein dieser Kinder ohne diagnostische Stigmatisierung zu akzeptieren" (Wocken, 1996, S. 36, zitiert nach Demmer-Dieckmann, 2001, S. 43). Der gedankliche Ansatz von Wocken ist nachvollziehbar, jedoch finde ich es im Sinne des inklusiven Konzepts problematisch diagnostische Stigmatisierung zu kritisieren und sie im gleichen Atemzug zu vollziehen. Sicherlich muss konkretisiert werden, wovon man spricht, jedoch schätze ich persönlich die Formulierung *des Andersseins dieser Kinder* als inhaltlichen Widerspruch zu seiner Aussage ein. Noch radikaler ist die Aussage: „Der Begriff „Förderung" sagt wie der Begriff „Behandlung" aus, dass bei den Kindern etwas nicht in Ordnung ist, was richtig gestellt werden kann" (Vojtová et al., 2006, S. 58), welche ich absolut nachvollziehen kann und deren Kritik ich mich anschließe.

Mit dem Inklusionskonzept übereinstimmender ist die nachfolgende Beschreibung der Wirkungsbereich der Förderdiagnostik: „Die Diagnostik der Inklusionsförderung ergänzt und erweitert (…) um pädagogische-didaktische Inhalte, Ziele und Prozesse. Sie ist handlungs- und zukunftsorientiert und versucht Förderungs-, Bildungs- und Alltagsweltperspektiven bzw. Lösungsstrategien für den zu betreuenden Menschen und seine soziale Umwelt aufzuzeigen, bzw. mit ihm gemeinsam zu erfassen… [Förderdiagnostik]

- untersucht die Problemsituation, exkludierende Bedingungen und beeinträchtigte Erziehungs- und Lernprozesse,
- findet unter der Mitwirkung der beteiligten Fachpersonen statt, und bezieht sowohl die von Exklusion bedrohte Person als auch ihre soziale Umwelt mit ein, im interdisziplinären Diskurs werden diagnostische Informationen ausgetauscht und zusammengefügt,
- macht vor allem qualitative Aussagen, quantifizierende Daten haben ergänzenden Charakter,
- entwickelt Arbeitshypothesen, die aus der Arbeit mit dem von Exklusion bedrohten Menschen entstehen und vorläufig sind. Ihre Präzisierung erfolgt durch Abklärungen und Überprüfungen im Lauf des diagnostischen Prozesses. Sie stellen notwendige Grundlagen für die Gestaltung von Inklusionsförderung dar,
- ist ressourcenorientiert, indem sie nicht die Defizite beschreibt, sondern Entwicklungsmöglichkeiten betont. In den inklusionsrelevanten Untersuchungen werden sowohl Umwelt- wie Personressourcen berücksichtigt,
- dient als Grundlage für die Förderplanung – die diagnostischen Ergebnisse ermöglichen Empfehlungen für ein Inklusion unterstützendes Angebot,
- weist Verwendungsflexibilität auf, indem sie als „Eingangsdiagnostik" am Ende des Förderprozesses einsetzbar ist" (Ondracek & Störmer, 2006, S. 39 f).

Durch die dialogische Methoden, zum Beispiel der Schüler/innen-Umwelt–Analyse in der geschilderten Förderdiagnostik kann der Mensch als reflexives Subjekt im Zentrum stehen (Mutzeck, 2004, S. 10).

Es sollte jedoch darauf hingewiesen werden, dass innerhalb der Sonderpädagogik auch schon vor der

Entwicklung des Inklusionskonzepts von Förderdiagnostik gesprochen wurde. Dies wurde als bedeutende Weiterentwicklung der Sonderpädagogik aufgrund des Paradigmenwechseln von der „Sonderschulbedürftigkeit" zur „Feststellung des sonderpädagogischen Förderbedarfs" verstanden, angeregt durch die Empfehlung der Konferenz der Kultusminister der Länder der Bundesrepublik Deutschland von 1994 (vgl. Mutzeck, S.13). Jedoch wurde innerhalb dieses Kontext das Konzept der Förderdiagnostik sehr kritisch betrachten, da zum Beispiel verstanden wurde, als „eine einseitig auf Bravheit und Gehorsam oder quantitative Rezeptionsleistung ausgerichtete Förderung. Es kann sogar gefragt werden, ob nicht alles Fördern – so wohlgemeint es auch intendiert sein mag – stets die Gefahr eines Machens, eines Manipulierens in sich birgt und somit auch die entsprechende Diagnostik in dem Sinne deformieren kann, den sie gerade vermeiden will" (Bach, 2004, S. 22). Deshalb ist auch zu verstehen, warum „Die Idee der so genannten Förderdiagnostik [...] von Kobi 1977 in kritischer Distanzierung zur so genannten Einweisungsdiagnostik in 28 Thesen dargestellt" (Schlee, 2004, S. 29) wurde. Denn die Sonderpädagogik hält über Jahrzehnte fest an vergeblichen Lösungsversuchen einer unangemessenen Problemauffassung. Um die eingangs erwähnte Begrüßung des notwendigen Paradigmenwechsels an dieser Stelle nochmals aufzugreifen, kann bezüglich der beschriebenen Missstände hinsichtlich der *Förder*diagnostik in der Sonderpädagogik folgendes festgehalten werden: „An dieser Sichtweise hat sich bis heute nichts geändert. Daher ist es unangemessen, von einem Paradigmenwechsel in der sonderpädagogischen Diagnostik zu sprechen" (Schlee, S. 33). Ein möglicher Lösungsversuch könnte darin liegen, dass die Diagnostik dem sonderpädagogischen Handeln nicht mehr **vorgeordnet** werden darf, sondern sich sowohl logisch als auch zeitlich sonderpädagogischen Didaktiken, Therapien und Förderkonzepten **nachzuordnen** hat. Dadurch kann das bisherige Verhältnis von Pädagogik und Diagnostik vom Kopf auf die Füße gestellt werden (vgl. Schlee, S. 33).

Dementsprechend ist es notwendig ein neues Konzept der Förderdiagnostik zu verfolgen, wie es oben von Ondracek und Störmer (2006) beschrieben wird, um ein zusätzliches unterstützendes Instrument hinzuziehen zu können, um die individuellen Ressourcen gezielter stärken zu können.

Die Möglichkeit vorhandene Ressourcen aufzugreifen und zu stärken, zeigt sich in der Kind-Umfeld-Analyse. Diese wurde im Saarland in der Mitte der 80er Jahre entwickelt von Hilde Schmidt und Alfred Sander für Regelschulen, in denen Einzelintegration von Kindern mit erschwerten Lebenswegen stattgefunden hat. Sie sollte dem Ziel dienen alle vorhandenen Umfeldkräfte für die Förderung des Kindes zu mobilisieren. Bei jeder Befragung und jeder Diagnostik wurden alle Beteiligten aktiviert, wodurch eine gemeinsame Verbesserung in den Handlungsbedingungen des Kindes angestrebt wurde und dies möglichst in allen Lebensbereichen. Das Konzept ähnelt der Kontextanalyse, welche in den USA weitgehend verbreitet ist. „Dort hat man entdeckt, dass sich ohnehin um behinderte Kinder herum soziale Netzwerke herausbilden, auch ohne professionelle Unterstützung. Mit der Kontextanalyse versucht man diese Netzwerke professionell gestützt förderlich anzureichern" (Boban & Hinz 1998, Lüple & Voß 1993, zitiert nach Carle, 2001, S. 4). Von der traditionellen sonderpädagogischen Förderdiagnostik kann dies wie folgt abgetrennt werden: „Nicht mehr die rasterhaft-festschreibende Sichtweise des Defizitären, des Subjektiv-Negativen ist gefragt (Ahrbeck, 1993), sondern die systemisch orientierte Bestimmung dessen, welche Hilfe zu leisten ist und wie sie zu initiieren ist" (Baulig, 1999, zitiert nach Carle, S. 5). Bei der Kind-Umfeld-Analyse werden das Kind, die Eltern und Lehrpersonen sowie weitere Bezugspersonen als zur Analyse zugehörige Personen verstanden. Es werden die Handlungsbedingungen des Kindes in seinen Bezugsfeldern erhoben, welche nicht anamnestisch rückwärtsgewandt interpretiert werden, sondern worin konkrete Verbesserungen gesucht und vereinbart werden. Jedoch soll das Kind nicht von allen Seiten her therapiert werden, sondern es sollen seine Entwicklungsbedingungen in den Umfeldern aufgegriffen und verbessert werden (vgl. Carle, 2001).

3.5.3 Übertragbarkeit auf die Gesellschaft - Inklusions-Exklusions-Debatte

„Inklusive Bildung ist nicht nur ein Merkmal einer demokratischen Gesellschaft, sie ist grundlegend dafür"
(Lipsky & Gartner, 2000, zitiert nach Vojtová, Bloemers & Johnstone, 2006, S. 15).

Dass die Lebensqualität jeden Individuums von den historischen sowie den aktuellen gesellschaftlichen Zuständen abhängt, hat der geschichtliche Überblick durch verschiedene Kulturen und Zeitepochen vielfältig darlegen können. Auch Günther Adolph fasst diesen Zusammenhang folgender Maßen auf: „Ein ‚behinderter' Mensch lebt in Bezug auf seine Anerkennung zum Menschsein in Unsicherheit, denn um seine Lebensform als eine humane zu definieren, ist von historisch-gesellschaftlichen Einstellungen und Meinungen abhängig" (vgl. 1990, S. 65, zitiert nach Häberlein-Klumpner, 2007, S. 26). Rückblickend schreibt Prengel in diesem Sinne: „Die inferiorisierenden Zuschreibungen gegen Behinderte trafen im Laufe ihrer wechselhaften Historie unterschiedliche Gruppen von Menschen. Sie richteten sich gegen Menschen mit körperlichen Beeinträchtigungen einschließlich der Sinnesschädigungen, gegen geistig Behinderte und gegen die sozial Verachteten der ärmsten Bevölkerungsschichten, die seit jeher den größten Teil der Schulversagerinnen und Schulversager stellen" (2006). Dass der aktuelle Bezug dieses Rückblicks von brennender Bedeutung ist, wird anhand folgender Worte deutlich: „Wie wir die am meisten marginalisierten Mitglieder

der Gesellschaft behandeln, definiert, in wie weit wir uns eine inklusive Gesellschaft nennen können" (Johnstone, 2006b, S. 47). Es wird zunehmend deutlich, wie wichtig das inklusive Konzept für die Gesellschaft sein sollte.

Denn als neue qualitative Stufe beschreibt Sander den Inklusionsgedanken als Teil der gesellschaftlichen Norm wie folgt: „'Vielfalt als Normalfall' (Wilhelm & Bintinger, 2001, S. 45): Inklusion wird überall zur Selbstverständlichkeit, der Begriff Inklusion kann daher in einer ferneren Zukunft vergessen werden" (2004b, S. 243.).

Aus aktueller Sicht gesehen, befindet sich trotz Demokratiegedanken die deutsche Umgangsweise mit marginalisierten Gruppen noch weit entfernt davon.

Ebenso stellt Günther Adolph fest, „dass ablehnende Haltungen gegenüber Menschen mit Behinderungen weit zu überwiegen scheinen [, wie man anhand des historischen Abrisses in Kapitel 2. nachvollziehen kann,] und keinesfalls für die Gegenwart als überwunden gelten dürfte: 'Man denke in diesem Zusammenhang an die eigene jüngste Geschichte oder an die immer noch heftig geführte Euthanasie-Diskussion im Hinblick auf behinderte Menschen. Die Sichtweise und Einstellung, mit der in einer bestimmten historischen und kulturellen Situation an den behinderten Menschen herangegangen wird, bedingt in einer zentralen Weise auch die Art des Umgangs mit ihm, die Bereitstellung von Entfaltungs- und Lebenschancen einschließlich der zugestandenen[...] pädagogischen Bemühungen und Hilfen'" (vgl. Adolph, 1990, S. 36, zitiert nach Häberlein-Klumpner, 2007, S. 26).

Jedoch ist es auch denkbar, dass eine nach dem Inklusionskonzept funktionierende Gesellschaft vielleicht nie in Vollständigkeit erreicht werden kann, der Weg dahin, jedoch schon ein großes Ziel sein kann. Denn es würde das Bemühen darum deutlich machen und es würde eine Verbesserung der Lebensqualität für jeden einzelnen schon spürbar machen. Es ist ja auch fraglich, ob in Deutschland zur Zeit für jeden Mitbürger das Leben spürbar nach demokratischen Richtlinien funktioniert, oder ob es sich nicht eher um ein grobes Orientieren an demokratischem Gedankengut handelt.

Ein Hinwenden der Gesellschaftsnorm zum Inklusionsmodell würde schon bedeuten, genetische Beratungsstellen und sämtliche Formen der DNA-Diagnostik als Entscheidungskriterium gegen ein Leben mit einer möglichen Einschränkung oder Behinderung kritisch zu hinterfragen. Jedoch nicht nur aus dem Standpunkt der Mediziner und Eltern, die dies zu entscheiden haben, sondern noch viel stärker aus der Sicht eines jeden Mitmenschen, der eine Gesellschaftsform mitträgt, verantwortet und unterstützt, die solche Gedanken nachvollziehbar lassen werden: Kann ich einem „benachteiligten", eventuell behinderten und somit in dieser Leistungsgesellschaft als geschwächt angesehenem Kind ein Leben zumuten, mit der Perspektive die geforderte Norm niemals erreichen zu können aber sich immer daran messen zu müssen? (Siehe 1.5).

In diese Diskussion soll aber noch der Aspekt hineingegeben werden, dass ein Streben nach Leistung auch in einer inklusiven Gesellschaftsform möglich ist. Im Endeffekt ist ein wirksameres, effektiveres Leistungsstreben möglich, da jedes Kind von Anfang an ressourcenorientiert gefördert wurde und somit bestärkte Potenziale in die Gesellschaft zurückgeben kann. Und das wäre für jeden Einzelnen der Fall und nicht nur für eine bestimmte Elitegruppe, die den Absprung aus der grauen Masse schafft. Denn schließlich muss in der derzeitig existierenden Gesellschaftsform auch die unterdrückte marginalisierte Personengruppe mit getragen werden, wenn für sie kein Platz im gesellschaftlichen Leben eingeräumt wird oder nur „im günstigsten Fall für den Betroffenen" zum Beispiel in separierten „Arbeitsstätten für Behinderte". Jedoch wurde dieser Weg von denen, die sie mit tragen müssen, in der vorliegenden Form unterstützt.

„Eine kindzentrierte Pädagogik ist für alle Kinder und in der Folge für die gesamte Gesellschaft von Nutzen.

Erfahrungen haben gezeigt, dass sie Drop-Out- und Wiederholungsraten, die ein wesentlicher Bestandteil vieler Schulsysteme sind, deutlich reduzieren kann und dass gleichzeitig ein höherer Leistungsdurchschnitt gesichert wird." (Österreichische UNESCO Kommission, 1996, S. 7).

Ebenso steckt in der Inklusiven Sichtweise ein neues Verständnis von Erziehung, da die bestehenden hierarchischen Verhältnisse und Privilegien in der Ressourcenverteilung nicht mehr reproduziert werden könnten (vgl. Erzmann, 2003, S. 37, zitiert nach Häberlein-Klumpner, 2009, S. 71). Zudem übernimmt Inklusive Pädagogik zentrale Werte der Erziehung. Preuss-Lausitz erfasst dies folgendermaßen: „Verantwortungsgefühl für die Natur [...] die Anerkennung des Abweichenden als bereichernd die Intoleranz gegenüber der Intoleranz und die Toleranz gegenüber dem Fremden; die Friedensfähigkeit als persönliche Haltung in Konflikten und als politische Orientierung; das Aushalten der Spannung von Individualität (der eigenen Freiheit nach Wahl) und der sozialen Verantwortung"(1988, S. 415, zitiert nach Häberlein-Klumpner, 2009, S. 70), was ich oben schon im persönlichen Zusammenhang geschildert habe (siehe 1.4).

Zudem soll Erziehung „nicht in der Anpassung an bestehende gesellschaftliche Verhältnisse" gesehen werden, denn „anstatt Schüler zur vorauseilenden Übernahme des Leistungsprinzips zu bringen und sie so an die Leistungsgesellschaft anzupassen, könnte die Schule ihre Aufgaben auch darin sehen, junge Menschen zu ichstarken Persönlichkeiten mit Selbstvertrauen und Lebensmut heranzubilden, die dem späteren Leistungsdruck standhalten" (vgl. Sacher, 1994 S. 221, zitiert nach Häberlein-Klumpner, 2009, S. 39).

Obwohl oben schon einmal verkürzt zitiert, soll nachfolgende Zitation nochmals betonen, dass Inklusion sich als neue Form des gesellschaftlichen Miteinanders versteht: „Der Begriff ‚Inclusion' hat sich im zurückliegenden Jahrzehnt im englischen Sprachraum – ja, fast weltweit – als neue Strategie für gesellschaftliche Prozesse einen Namen gemacht. Besonderes Gewicht erlangt dieses Vorgehen für Menschen mit Behinderungen. Nach solchen Internationalismen wie Segregation und Integration steht Inklusion also für einen weiteren qualitativen Sprung. Es ist dringend an der Zeit, diesen gesellschaftspolitischen Ansatz in Deutschland nicht nur besser bekannt zu machen, sondern auch an seine praktische Umsetzung zu gehen: Inklusion endlich mit K zu schreiben" (Polzin, 2006, S. 4)

Ich möchte der Aussage „Wie wir die am meisten marginalisierten Mitglieder der Gesellschaft behandeln, definiert, in wie weit wir uns eine inklusive Gesellschaft nennen können" (Vojtová et al., 2006, S. 47) in vollem Maße zustimmen. Mir ist bewusst, dass in einer inklusiven Gesellschaft die Betonung der Vielfalt, Verschiedenartigkeit, Individualität sowie auch der Gemeinsamkeiten mit Aufmerksamkeit reflektiert wird und als Chance gesehen werden sollte, jedoch ist meiner Ansicht nach, das Ausbauen dieser Kriterien nur schwer mit dem gesellschaftlichen Konkurrenzkampf in der derzeitigen kapitalistischen Orientierung in der westlichen Welt vereinbar. Zudem finde ich wenig Betonung auf Gemeinsamkeiten in der Gesellschaft vor.

Laut Prengel (2007) soll die Gesellschaft auch auf die Realität nach der Schule vorbereiten. Diese Aufgabe könnte sie nach den Richtlinien der Menschenrechtsverordnung auch im Sinne aller in der Gesellschaft vorhandenen Menschen ausführen, wenn sich das Gedankengut der in der Gesellschaft befindenden Menschen mehr nach inklusiven Prinzipien orienteren würde, wodurch neue Generationen mit sozialeren Einstellungen entstehen könnten.

Doch der Umkehrschluss, dass die Schule auch den Bildungsauftrag hat, auf das Leben nach der Schulzeit in der vorhandenen Gesellschaft vorzubereiten, ist ein großer Kritikpunkt der Inklusionsgegner bzw. Reformgegner an der Inklusion, da der Kontrast der geförderten Solidarität in der Schule (siehe das Beispiel der Laborschule) und der

Inklusion

Arbeitswelt innerhalb der Gesellschaft zu groß sein würde um diesem Bildungsauftrag noch zu entsprechen. Bei einer möglichst langen Bestärkung des Selbstkonzepts eines Kindes und der Betonung seiner Ressourcen könnte dass Kind eventuell auch besser dem in der Schule und in der Arbeitswelt vorherrschendem Existenzkampf standhalten und sich konstruktiv in die Gesellschaft einfinden. Auch Häberlein-Klumpner ist der Ansicht, dass das Leistungsprinzip der Gesellschaft nicht auf die Schule übertragen werden sollte (vgl. 2009). Schließlich hat die Schule auch den Erziehungsauftrag die Persönlichkeitsentwicklung von Kindern und Jugendlichen zu fördern, wie es auch im Grundgesetz verankert ist.

Vielleicht ist es möglich, dass inklusive Schulen Menschen mit solidarischerem Verständnis hervorbringen kann, welche einen neuen gesellschaftlichen Umgang pflegen (siehe 3.1.3.3.4; vgl. Watermann & Störmer, 2005, S. 285 ff.) und den alten ablösen können. Denn die derzeitige Inklusion von Menschen mit Behinderungen in eine Welt der Arbeitslosigkeit ist wohl nicht ausbauwert: „Menschen mit Behinderung sind in der Regel doppelt so lange arbeitslos wie Menschen ohne Behinderung... Es gibt eine fatale Inklusion von Menschen mit Behinderungen in diese allgemeine berufliche Segregation breiter Bevölkerungsschichten... Die neuen gesetzlichen Möglichkeiten werden selten durch Verwaltungshandeln im Sinne einer stärkeren Förderung der beruflichen Integration umgesetzt. Das gegliederte System von Verwaltungszuständigkeiten und unterschiedlichen Fördertöpfen führt bei knappen Mitteln zu einer Tendenz bei den Leistungsträgern, sich möglichst als nicht zuständig zu deklarieren und möglichst wenig aus dem eigenen Fördertopf auszugeben, auch wenn die dauerhafte berufliche Segregation insgesamt viel teurer kommt" (Doose, 2006).

Ebenso ist die derzeitige Umgangsform mit Pränataldiagnostik (siehe 1.5) ein Ausdruck gesellschaftlicher Sensibilität für die Aussonderung und dem Streben nach

Bestehen müssen. Denn die Tendenz der Medizin zur optimalen Versorgung und dem daraus entstandenen Versuch der Minimierung jeglicher Defekte verletzt rigoros die Ehrung der Vielfalt der Menschheit. Eventuell ist diese Form der radikalen Eugenik, der Abbruch einer Schwangerschaft aufgrund der Wahrscheinlichkeit einer vermutlich schwereren Behinderungsart, ein Ausdruck der kritischen Gesellschaft über Andersartigkeit, ohne sich darüber bewusst zu sein, dass jedes Mitglied der Gesellschaft interindividuell verschieden ist. Auch Monika Schumann sieht bei allen Bemühungen um Inklusion einen blinden Fleck, in Form der Ausklammerung der pränatalen Phase, „in der heute aber zunehmend die Weichen für existentielle Ausgrenzungsprozesse gestellt werden" (Schumann, 2000, S. 34). Sie argumentiert mit dem Anstieg der pränatalen Untersuchungen von 15.000 auf 80.000 pro Jahr im Zeitraum zwischen 1977 bis 1992 (vgl. S. 34), was auch im Sinne einer komplikationsfreien Schwangerschaft zubefürworten ist, für Frauen, die die medizinische Betreuung und Sicherheit wünschen. Jedoch ist es erstaunlich, dass mit Zunahme der Zeit, vor allem in dem letzten Jahrzehnt eine feindiagnostische Untersuchung so gut wie zur Standarduntersuchung geworden ist, bei der hauptsächlich nach der Wahrscheinlichkeit bestimmter genetischer Veranlagungen, (sogenannter Chromosomen*störungen*) geschaut wird (zum Beispiel mit Hilfe der Nackentransparenzmessung[54]), weil der Katalog für eine „Risikoschwangerschaft" mittlerweile sehr umfangreich geworden ist und somit sehr viele Schwangerschaften auch bei erblichen Vorbelastungen in Form von Erkrankungen oder Ähnlichem als Kategorisierungsorientierung dienen. „Die Zahl der Risikoschwangerschaften nimmt seit Jahren zu; bereits 1993 wurde bei 70 v. H. aller Schwangerschaften mindestens ein Risiko festgestellt"(Willenbring, 1998, S. 13, zitiert nach Schumann, S. 34). Und dies hat meist radikale Folgen: „In

---

[54] http://www.praenatalediagnostik.info/ctopic51.html

etwa 97 v. H. aller Fälle, in denen ein Kind während der Schwangerschaft auf genetische Erkrankungen untersucht wird, kann die befürchtete Erkrankung ausgeschlossen werden...In den vergleichsweise wenigen Fällen, in denen eine schwerwiegende genetische Erkrankung des Kindes diagnostiziert wird, entscheiden sich allerdings rund 90 v. H. der Frauen für einen Schwangerschaftsabbruch" (Willenring, S. 12). Jedoch möchte ich das auf keinen Fall verurteilen oder jemanden zu einer gedanklichen Rechtfertigung gegenüber solchen Urteils bewegen, mein Einwand soll lediglich auf die Bandbreite des segregierenden Gedankens, in Bezug auf Behinderung oder Anderssein, und der tiefen Verankerung dieses abwertenden Gedankengangs in unserer Gesellschaft hinweisen. Und damit soll auch die weite Tragweite einer Veränderung hin zu einer Gesellschaft mit inklusivem Gedankengut verdeutlicht werden.

Zudem ist die Kategorisierung in der Medizin sowie deren statistischen Überprüfung auch in vielen weiteren Wissenschaftbereichen (Biologie, Psychologie, pädagogische Diagnostik, Soziologie) stark vertreten. Ebenso die Kategorisierungssystem ICD-10 oder ICIDH-2 sollte im Sinne der Würdigung der Vielfalt und des Bewusstsein über kulturelle Gegebenheiten kritisch hinterfragt werden. Jedoch soll dies keine Verurteilung bedeuten, wenn jemand das Bedürfnis hat, sich danach orientieren zu wollen, um eigene Sicherheit im Umgang mit der Vielfältigkeit zu erlangen. So können im Sinne der Kind-Umfeld-Analyse (siehe 3.5.2) für jedes Kind die Entwicklungsbedingungen verbessert werden. Dafür ist aber eine indidivuelle Analyse notwendig, Kategorisierungssysteme können dabei Hilfestellungen bieten. Jedoch sollte der unreflektierte Umgang nicht unkritisiert wahrgenommen werden, wenn zum Beispiel in der medizinischen Aufklärung und Auseinandersetzung werdende Eltern über den Aspekt eines *behinderten* Kindes informiert werden.

Auch aus der medizinischen Perspektive betrachtet und Anstoß an der Umsetzung der WHO-ICF-Klassifikation und deren Verweis auf Lücken in der gesellschaftlichen Praxis nehmend, geht Greve (2009) dem gesellschaftlichen Dialog nach, durch was dieser so strukturiert wurde, dass er zur Segregation neigt. Was die Widersprüche zwischen Integration und Segregation vertieft hat und weiteres erläutert er in seiner Publikation „Das Dilemma der sozialen Ökologie".

Ebenso in die Gesellschaft verankert muss das Phänomen der Forderung nach Integration und Teilhabe an der Gesellschaft im Kontrast mit der Wahrung eigener Kulturen gesehen werden, wie es in Bezug auf das Lehren der Gebärdensprache sehr konträr diskutiert wird (siehe 1.2). Jeder Mensch sollte unabhängig von belasteten Lebenswegen, die Möglichkeit, zum Beispiel in der Schulzeit, erhalten, sich mit verschiedenen Formen des Lebens und der Kommunikation auseinandersetzten zu dürfen. Denn somit kann eine Kultur der gebärdensprachsprechenden Menschen aufrechterhalten werden, aber jeder Mensch kann sich darin wieder finden, wenn er dies möchte. Somit kann man nicht von einem Ausschluss sprechen sondern einer Form der Vielfalt des Lebens. Diese kann für viele Menschen auch ein Aspekt der Gemeinsamkeit sein, wenn sie individuell das Bedürfnis oder die Notwenigkeit darin haben, diese Sprache zu sprechen. Ähnlich kann man meine Auffassung über das universelle Design (siehe 3.3) darauf transferieren.

Die große Herausforderung liegt meiner Meinung nach darin, die Spannung zwischen Individualität und der Gesellschaftsnorm auszuhalten. „Pädagogik der Vielfalt mit widersprüchlichen Zielen: Beachtung der Menschenwürde und Freiheit sowie Qualifizierung für ein Leben in der Gesellschaft, in der tendenziell Leistungshierarchien die alten Standeshierarchien abgelöst haben. Es gilt diesen Spannungsbogen auszuhalten, besser gesagt, auszugestalten und das kann in der heterogenen Lerngruppe gelingen" (Prengel, 2007).

Und weitergedacht steht dann die Frage aus, inwieweit die Gesellschaftsnorm im Schulkontext eine Tragweite haben sollte. Eine mögliche Antwort gibt Hans Rauschenberger in seinem Werk „Erzieherisches Denken und Handeln. Gesellschaftliche Entwicklungen in ihrer Wirkung auf Schule und Unterricht" (1999). Kann diese Gesellschaftsnorm durch eine Generation, die mit inklusiven Werten vertraut ist, die vorherige Gesellschaftsnorm ablösen und verändern? Zumal zu bedenken ist, dass es aus historischen Situationen heraus im deutschen Kontext mitunter sehr schwierig ist, von Individualität weiter zur Gemeinschaft im positiven Sinne vorzudringen. Denn bis vor kurzem war das Thema Nationalstolz noch sehr stark vorbelastet und findet erst durch den Sport in den letzten Jahren neue Wege sich zu definieren, ohne dabei Parallelen zwischen dem abzulehnenden Nationalsozialismus und dem im sportlichen Sinne verstandenen Nationalstolz zu provozieren. Jedoch ist der Nationalstolz ein Punkt der Gemeinsamkeit aller deutschen Bürger, welcher auch wegen genannten Gründen negativ vorbelastet ist. Weitere Ausführungen über die „Selbstidentifikation des Menschen mit seiner Nation" (2006, S. 84) ist bei Alaois Hahns zu finden.

Einen interessanten Zusammenhang zwischen dem wirtschaftlichen Wettbewerb und den Folgen auf Inklusion und Exklusion erläutert Richard Münch (2009) am Beispiel der Wohlfahrtsstaaten in seinem Werk. Er argumentiert, dass der globale wirtschaftliche Wettbewerb zum Abbau sozialer Sicherheit, zur Zunahme sozialer Ungleichheit und zu politischen Spannungen führt. Er prognostiziert, dass der globale Wettbewerb durch eine wachsende internationale Arbeitsteilung entschärft wird, wodurch die transnationale Dimension von Solidarität und Gerechtigkeit gewinnen. Parallel werden in Zukunft nicht mehr die Gruppenzugehörigkeit sondern die individuellen Fähigkeiten über Inklusion oder Exklusion des Individuums entscheiden. Deshalb gibt er die Aussicht darauf, dass in Zukunft keine

Konzentration mehr auf den Schutz des Individuums vor unwägbaren Risiken stattfindet, sondern auf die Befähigung zu deren Bewältigung.

Sirje Priimägi stellt gegenüber der derzeitigen Arbeitsmarktentwicklung fest, dass auf einem Arbeitsmark mit knappen Arbeitsplätzen und mit Anspruch auf Flexibilität und auf Risikobereitschaft das Solidaritätsgefühl nicht gerade besonders hoch geschätzt wird. Sie zieht die Shell-Studie von 1997 heran, die auf ähnliche Widersprüche in der Lebenserkenntnis der jungen Leute hindeutet, da die Bestrebungen, anderen Menschen zu helfen und Rücksicht auf andere zu nehmen hoch eingeschätzt wird, demgegenüber jedoch das größte Problem der realen oder der potentiellen Arbeitslosigkeit steht. Demnach steht auch die Pädagogik vor dem Dilemma zu entscheiden, ob die Schule, die Eltern und die Gesellschaft die Charakterstärke oder die Flexibilität, also die Fähigkeit, sich anzupassen und sich schnell zu verändern, als Erziehungsauftrag wahrnehmen soll (vgl. Priimägi, 2001, S. 133). „Der letzte Weg würde zur Devalvation [(Abwertung)] der Persönlichkeit und zu Charakterschwäche führen. Die Fragmentierung der Werte bringt eine Loslösung von traditionellen Bedingungen (der Familie, der örtlichen Gemeinschaft, der Kirche) mit sich, und auch die moderne Arbeitsmarktsituation bietet für die Menschen keine Chance für eine innerliche Integration. Die Ziele ‚ich muss das schaffen, ich muss das erledigen' sollen nicht unbedingt auf interner Motivation beruhen, sondern werden von außen, durch externe Motivation gesteuert" (Priimägi, S. 134).

Ich finde bemerkenswert, dass bei der Thematisierung von gesellschaftlichen Zusammenhängen das Wirken von Inklusion und Exklusion beschrieben wird (vgl. Merten & Scherr, 2004), wobei jedoch nie von Segregation, selten von Separation, meist von Exklusion als Gegenspieler zur Inklusion gesprochen wird. Die Konzentration auf das Individuum in diesem Spannungsfeld nimmt Cornelia Bohn (2006) in ihren Ausführungen vor. Einen ähnlichen Fokus legt

Rudolf Stichweh in seinen Studien zur Gesellschaftstheorie, wobei er zwischen Leistungsrollen, Publikumsrollen sowie der Möglichkeit einer Nichtberücksichtigung und des Ausschlusses von Personen aus sozialen Systemen, in Form von einer Exklusion, unterscheidet.

3.5.4 Hierarchievorgaben

Direkt im Zusammenhang mit den gesellschaftlichen Strukturen steht der Umgang mit Hierarchien. Dabei geht es um die Vernetzung des Individuums in verschiedene soziale Teilbereiche, wobei einige mehr von Hierarchien geprägt sind als andere (vgl. Häberlein-Klumpner, 2009). Ähnlich wie bei der oben erläuterten Spannung zwischen Individualität und Gesellschaftsnorm gilt es auch hier das Spannungsfeld gekonnt zu überbrücken. Denn durch die Komplexität der Gesellschaftsstruktur und durch die sachliche und zeitliche Differenzierung der Rollen ist es wichtig zu lernen, solche vorgegebenen Sozialordnungen auszuhalten und in den jeweiligen Konstellationen den Reibungen, Konflikten, wechselnden Anforderungen und Anschlussmöglichkeiten gerecht zu werden. „Das erfordert eine zunehmende Reflexion auf die eigene Identität, die nun als etwas der Gesellschaft Gegenüberstehendes und nicht in ihr Aufgehobenes wahrgenommen wird. Damit treten Bewusstseinssysteme und Sozialsysteme immer stärker auseinander" (Farzin, 2006, S. 29).

Zumeist muss man eingestehen, dass die partielle Hierarchieanerkennung, die unter der Oberfläche wirksam ist, nicht thematisiert wird (vgl. Prengel, 2007). Dabei ist der Gedankenanstoß von Annedore Prengel ein wirkungsvolles Entgegengehen: Der „Wunsch nach Gleichheit soll durch die Anerkennung der anderen als ebenbürtig in ihrem Anderssein erfüllt werden und nicht durch eine Assimilation an die Werte der in der Hierarchie Überlegenen" (Prengel, 2007). Jedoch muss man beachten, dass Prengel auch einräumt: „Hierarchie kann aber nicht vollständig abgebaut oder negiert werden" (Prengel, 2007). Wobei zum einen das Abbauen und zum anderen das Negieren auf entgegengesetzten Seiten stattfinden und es wichtig ist, die Hierarchien transparent werden zu lassen und durch eine starke Vernetzung aller Beteiligter im System für alle ein Mitspracherecht einzuräumen. Somit kann der folgende Zustand angestrebt werden: Dann kann die „Akzeptanz von Hierarchie partiell, vorläufig und mit Wunsch nach Vergrößerung der Freiheiten für Verschiedenheit" (Prengel, 2007) sein.

3.5.5 Fließender Übergang versus Revolution

Bei dem Diskurs über die Art und Weise des Weges, ob eine Etablierung des Inklusionskonzeptes als fließender Übergang oder doch in Form einer Revolution passieren müsste, zeigt folgendes Zitat, dass die bisherigen Angliederungen verschiedenster Reformen an das alte System wenig Erfolg hinsichtlich einer Erneuerung aufzeigen konnten: „Wenn die pädagogischen Ziele in Gewohnheiten eingebunden sind, ist die Übernahme neuen pädagogisch-psychologischen Wissens höchst unwahrscheinlich, wie in Untersuchungen zur Problematik der Erweiterung bzw. Revision von Alltagstheorien oder naiven Verhaltenstheorien durch wissenschaftliche Theorien nachgewiesen wurde" (Wahl, Weinert & Huber, 1997).

Zudem sollte der Weg nicht wieder zu einer weiteren Angliederung führen: Das „Ziel ist nicht eine homogenisierende Anpassung an bestehende Systeme einer sozialen Gesellschaft – im Sinne des alten Integrations-modells – sondern die grundsätzliche Einbeziehung aller Individuen so wie sie sind, und damit auch zugleich eine strukturelle Umgestaltung des Gemeinschaft dahingehend, dass für alle Individuen Teilnahme, Teilhabe und Mitgestaltung erfolgen kann. Insofern ist Inklusion ein radikales Postulat" (Bloemers, 2006, S. 21). Somit ist dem Verständnis von Häberlein-Klumpner (2009), dass die Inklusion als eine Weiterentwicklung der Integration sein sollte, um die fehlerhaften Grundzüge des alten Integrationsmodells auszumerzen und eine neuen Weg zu einer optimierteren Integration zu finden, zu widersprechen.

Jedoch vertrete ich die Anschauung, dass der Weg zur Inklusion prozessorientiert sein sollte, da das Optimum von absoluter Inklusion nicht erreicht werden kann. Meiner Erkenntnis nach kann jedoch der Weg auf das Optimum zur Umsetzung der Grundzüge des Inklusionskonzeptes begünstigen, weshalb der Weg das Ziel sein sollte. Dementsprechend argumentiert auch Menzel: „Inklusion ist eine Frage des Bewusstseins und der Einstellung. Gesetzliche Vorlagen sind nicht der Motor der Veränderung von Einstellungen. Sie können hilfreiche Rahmenbedingungen dafür sein. Aber wichtiger ist das, was die Köpfe der Menschen bewegt. Wenn der Begriff der „Normalität" ins Wanken gerät, ist schon einiges erreicht" (2006, S. 71).

Wie schon oben erwähnt, ist Linda Darling-Hammond überzeugt, dass sich vorerst die Politik um ein Schüler/innenzentriertes Lernen bemühen muss (vgl. Darling-Hammond, 1997), um eine auch ihrer Meinung nach radikale Umwälzung vollziehen zu können. Für den deutschen Kontext transferiert es Sander sehr nachvollziehbar: „In Deutschland fällt die Aufgabe, die inklusive Schule auszubreiten, den Bildungsministerien der 16 Bundesländer zu. Vermutlich wird sich ein großer Teil der Länder damit erst befassen, wenn die ständige Konferenz der Bildungs- bzw. Kultusminister, die KMK, das Thema auf ihre Tagesordnung setzt. Seltener gehen solche bildungspolitischen Initiativen vom Bund oder von der Bund-Länder-Kommission für Bildungsplanung und Forschungsförderung aus. Unserer Demokratie stünde es gut an, wenn bildungspolitische Initiativen für inklusive Schulen öfter auch von den gewählten Volksvertretungen, von den Parlamenten ausgingen" (2002).

Durch die bildungspolitischen Entscheidungen sollte die theoretische und praktische Ausbildung der Lehrer/innen und Sonderpädagogen/innen auf Hochschulebene nach inklusiven Prinzipien gestaltet und mit entsprechenden Inhalten gefüllt werden. Jedoch müssen schon die Schüler darüber aufgeklärt werden, dass sich das Bild des Lehrers und den benötigten Voraussetzungen für das Berufbild erheblich unterscheiden, zu dem, was ihnen vorgelebt wurde. So erfasst es auch Alfred Sander: „Wichtig erscheint mir, schon die Abiturienten und Abiturientinnen bei ihrer Berufswahl über die neue Lehrerrolle in inklusiven Schulen zu informieren, damit sie nicht die in ihrer Schulzeit erlebte Lehrerrolle für die einzig mögliche halten und fortsetzen wollen. Dafür müssten z. B. die Berufsinformationsblätter der Bundesanstalt für Arbeit entsprechend geändert werden" (2002).

Die Sonderschulen können geschlossen werden und die Sonderschulpädagogen werden in den inklusiven Schulen, als Teammitglieder benötigt, eingestellt. Aber auch die Lehrerorganisationen, Fachverbände und Gewerkschaften sollten mitwirken bei dieser Umstrukturierung. Die GEW orientiert sich seit einiger Zeit auch schon in die inklusive Richtung. Doch Sander beschreibt auch hier sehr gut die deutsche Vorgehensweise: „Nach meiner Wahrnehmung hat sich noch keine bzw. keiner von ihnen mit der inklusiven Schule näher befasst. Die bildungspolitischen Vorstellungen der Gewerkschaft Erziehung und Wissenschaft (GEW) scheinen der Inklusionsidee noch am nächsten zu stehen. Das im Frühjahr 2001 beschlossene neue GEW-Konzept "Eine Schule für alle" bezieht "auch Behinderte, Ausländerkinder, Lernschwächere und besonders Begabte" ausdrücklich ein (Loewe, 2001, 18). Erfahrungsgemäß werden die konkurrierenden Verbände in ihren Reaktionen diesem Konzept aber nicht zustimmen. In der deutschen Bildungspolitik sind die Verbände und Organisationen insgesamt machtvoller im Blockieren als im Entwickeln.

Doch beim Aufbau inklusiver Schulen müssen verstärkt die Eltern informiert und mit dem neuen Bild von Schule vertraut gemacht werden. Denn wenn dies gut gelingt, kann eventuell auch ein Zugang für Erziehungsmethoden mit einem Verständnis von Kindheit nach Inklusionskonzept gefunden werden. Dann kann den Kindern auf mehreren Ebenen ihnen gerechter begegnet werden. Und vielleicht kann daraus in nicht allzu ferner Zukunft eine Gesellschaft erwachsen, die nach Umgangsformen des Inkusionsmodells strebt.

Aber der erste Schritt ist trotzdem noch zu gehen: das Inklusionskonzept als eigenständiges Modell unabhängig von dem stagnierten Integrationsgedanken zu beschreiben und in die Öffentlichkeit zu tragen, um politische, gesellschaftliche und private Diskussionen zu eröffnen und auf eine Reaktion in Form von Bewegung zu hoffen.

3.5.6 Gleiche Chancen für Ungleiche

Es ist unangemessen, beim Übergang von Integration zu Inklusion von der „Gleichstellung" von Behinderten und Nicht-Behinderten zu sprechen, weil dadurch selbst bei der Erläuterung von *Inklusion im europäischen Kontext* Menschen kategorisiert werden (vgl. Decroix, 2006, S. 39) und die Erläuterungen dem Anspruch des inklusiven Grundgedanken nicht mehr gerecht werden können.

Chancengerechtigkeit ist als Gleichwertigkeit der Würde aller Menschen und der allgemeingültigen Möglichkeit/Chance, dass jeder im Rahmen seiner Fähigkeit in der Gesellschaft wirken kann ohne Diskriminierung, denn gewünscht ist die Anerkennung des einzelnen Individuums, zu werten. Die Menschen mit den verschiedensten Fähigkeiten, sowie Menschen mit belasteten Lebenswegen oder besonderen Ansprüchen aufgrund ihrer Persönlichkeit und ihres Weges zu respektieren und wertzuschätzen kann eine Bereicherung darstellen.. Eine ähnliche Perspektive konnte bei den Schülern der Laborschule festgestellt werden, da sie zum Beispiel in „deutlich höherem Maße bereit [sind], Zuwanderern gleiche Rechte und Chancen, wie sie Deutsche haben, einzuräumen" (Watermann & Stanat, 2005, S. 288). Diese Bereitschaft gilt sowohl für die allgemeine demokratische Rechte, wie zum Beispiel das Wahlrecht, als auch für das Recht einer kulturellen Eigenständigkeit. Zudem tendieren die Schüler der Laborschule in erheblich geringerem Maße dazu, auf strukturelle Ungerechtigkeit mit Verantwortungsabwehr zu reagieren als vergleichbare Schüler in den Regelschulen Nordrhein- Westfalens (vgl. Watermann & Stanat, S. 288).

Es liegt dann auch nahe, diese Anerkennung des Andersseins meines Gegenübers als grundlegendes Einverständnis empfinden zu können, ohne sich abgrenzen zu müssen.

Jedoch sollte im Kontext der Inklusion vorsichtig mit dem Begriff der Chancengleichheit sowie Chancengerechtigkeit umgegangen werden. Die Diskussion der Chancengleichheit überbetont die Gleichheit und vernachlässigt die Reflexion über die Heterogenität oder auch Vielfalt, weshalb man heute zum Beispiel nicht mehr von Chancengleichheit, sondern von Chancengerechtigkeit spricht (vgl. Prengel, 2006, S. 20 ff.). Denn es kann keine und soll auch keine Gleichheit hergestellt werden und es ist im Sinne von Gerechtigkeit auch kein Optimum in jedem Bereich herstellbar.

Olga Graumann äußert sich gegen die Möglichkeit einer Herstellung von Chancengleichheit über das Schulwesen: „Schulen können wenig tun, um die außerschulischen Unterschiede durch schulische Beeinflussung zu beseitigen, Chancengleichheit ist unter den gegenwärtigen gesamtgesellschaftlichen Bedingungen nicht zu realisieren" (2002, S. 89).

Aber „durch die Bildung können sich behinderte Menschen ihren Fähigkeiten nach bestmöglich entwickeln, um gesellschaftlich verantwortliche und provokative Rollen in der

Gesellschaft einzunehmen. Daher ist Chancengleichheit einer der Eckpfeiler der gesamten Politik der Chancengleichheit für Erfolge in der Schulbildung" (vgl. Daniels, 1998; Humphreys, 1998; Tholander, 2002 zitiert nach Vojtová et al., 2006, S. 66). Konkret bedeutet dies, dass „Das Inklusionskonzept in der Bildung […] verbunden [ist] mit effektivem Unterrichten, was nicht nur gleichen Zugang bedeutet, sondern eine Bewegung zu einer Gleichheit in den Resultaten durch gleiche Behandlung" (Johnstone, 2005). Aber es bleibt eine „Begrenzung durch Angebot an Material, tageszeitlicher Rhythmus, Möglichkeiten der Pädagogen, der Spagat zwischen gesellschaftlichen Konventionen und Individualität" (Prengel, 2007).

Persönliche Stellungnahme

„Inklusive Pädagogik als Desiderat"
(Häberlein-Klumpner, 2009, S. 69)

Trotz des Versuchs der unpositionierten Darstellung verschiedener Aspekte dieser Arbeit ist mir bewusst, dass meine Aussage durch meine Erfahrungen und mein Verständnis über Segregation, Integration und schließlich der Inklusion geprägt sind. Deshalb möchte ich an dieser Stelle meine Perspektive und Einstellung klar umreißen.

Seit über einem Jahrzehnt bin ich in verschiedensten Bereichen der Sonderpädagogik verwurzelt. Um an dieser Stelle das altlastige Kategoriensystem wieder einmal zu strapazieren: ich habe mich verstärkt im Bereich der Hörgeschädigtenpädagogik weitergebildet, in Form von Hospitationen, Praktika, besuchten Referaten, Vorlesungen und Konferenzen, Exkursionen, verschiedenen Formen der Betreuungsarbeit und einer längeren Zeit in der Schulpsychologie – wenn nicht die wissenschaftliche Theoriedarstellung im Zentrum stand, konnte eine gute Kombination aus Praxisanteil verbunden mit wissenschaftlicher Reflektion ermöglicht werden.

Die Chance eines Erasmusstudiums in Spanien ermöglichte mir zusätzlich die Gelegenheit, eine andere Perspektive einzunehmen innerhalb des dortigen Studiums der „educació especial", sprich Sonderpädagogik aus katalanischer und castellianischer Sicht. Dabei hatte ich erste Berührungspunkte mit der Inklusiven Pädagogik, die mich nach intensiver Erarbeitung der vielseitigen Wesensmerkmale als visionäre Variante der Pädagogik begeisterte. Denn in den letzten Jahren der theoretischen Auseinandersetzung und praktischen Erfahrungen innerhalb der Integrationspädagogik sind mir zunehmend unvereinbare Widersprüche als unüberwindbar im Integrationskonzept erschienen.

Persönliche Stellungnahme

Im Laufe des vertiefenden Studiums der Inklusionspädagogik aus deutscher Sicht bin ich immer mehr zu der Überzeugung gelangt, dass es sich im Grunde um eine gesellschaftskritische Positionierung für ein Leben handelt, was geprägt ist von der Wertschätzung der Vielfalt und praktizierten Solidarität. Zudem betrifft der Diskurs ‚Inklusion – Exklusion' alle Mitglieder der Gesellschaft, egal in welche Richtung oder in welchem Grad sie sich als marginalisiert empfinden. Auch ich konnte und musste verschiedene Erfahrungen dahingehend machen, an eigene Grenzen zu stoßen und habe es mitunter als förderlich empfunden und natürlich zeitweise auch als sehr hinderlich. Doch der Umgang mit Grenzen ist für mich ein Schlüsselpunkt für den generellen Umgang mit dem Leben geworden. Was bedeuten die vorgegebenen Grenzen für mich? Wodurch sind Grenzen für mich entstanden? Kann ich sie als Herausforderung sehen?

Auf der anderen Seite bin ich eine begeisterte und stolze Schwester und leidenschaftliche zweifache Mutter, was mich faszinieren lässt für die Themen: frühkindliche Entwicklung, Kindheit, pädagogische Psychologie sowie Förderung und Unterstützung der Individualität eines Kindes mit dem Hintergrund einer abzulehnenden Leistungsgesellschaft. Dieser Leistungsvergleich setzt meinem Verständnis nach jedoch schon im Kindergarten ein. Der schützende Wirkungsbereich wird also schon in diesem Moment unterbrochen.

Ich würde mich gern als Anwältin des Kindes verstehen, eigentlich eines jeden Menschenkindes, weshalb ich mich für die Bekanntmachung, Etablierung und Umsetzung des Inklusionskonzeptes einsetzen möchte. Da ich davon überzeugt bin, dass das Inklusionsmodell eine wohlgemeinte, ressourcenorientierte Basis für jedes Kind darstellen kann, auch durch ihr kontinuierliches Bestreben den Unterstützungsprozess individuell anzugleichen und fortlaufend zu optimieren.

Hinsichtlich der Terminologie von *Menschen mit Beeinträchtigungen* ergeben sich verschiedene Formulierungsmöglichkeiten. Ich möchte an dieser Stelle erklären, dass ich mir nicht sicher bin, ob und ab wann ‚*eine Beeinträchtigung*', ‚*ein belasteter Lebensweg*' und ‚*besondere Ansprüche/ Bedürfnisse*' als angemessene Beschreibung für einen Menschen einen Sinn ergeben, oder ob sie nicht eigentlich bei jedem Einzelnen eine Berechtigung erfahren?

Resolut gesehen, empfinde ich alle Menschen als wunderbar einmalig, mit Stärken und auch mit persönlichen Grenzen, die durch den Vergleich mit anderen oder durch das nicht-erreichen gesteckter Ziele häufig als Schwächen ausgelegt werden. Doch ist ein *grenzenlos* anzustreben? Ist es nicht sehr stark kontextabhängig, wann sich bestimmte Merkmalen und Fähigkeiten als Stärken oder in Anbetracht eines bestimmten Ziels als Schwächen herauskristallisieren? Ich bin überzeugt, dass das Erkennen und Respektieren der eigenen persönlichen Grenzen eine wahrhafte Stärke ist. Es erfordert meiner Erfahrung nach die meiste Kraft, sehr viel Selbsterfahrung und auch Kenntnis darüber, wie man andere Ressourcen erreichen und nutzen kann, um trotzdem das gesteckte Ziel zu erreichen.

Und auch in diesem Sinne umschreibt das Wort *behindert*, meiner Ansicht nach, dass man auf dem direkten Weg zu seinem gesteckten Ziel durch die Reaktionen der Mitmenschen gehindert werden kann. Jedoch wurde die *Behinderung* in der Vergangeheit zu stark als diskriminierendes Argument zur Rechtfertigung der Kategoriesierung und Segregation verwendet, weshalb ich diesen Begriff weiterhin als Personenbeschreibung ablehne. Denn meiner Erkenntnis nach ist die Gesellschaft stärker behindernd, als man durch körperliche oder seelische Einschränkungen an seinem Weg gehindert werden kann. Eigentlich erkenne ich in der Vielfalt der Möglichkeiten und Mitmenschen die Option sich anderer Ressourcen zu bedienen, um seine gesteckten Ziele zu erreichen. Doch inwieweit diese erkämpft werden müssen, weil benötigte Ressourcen nicht bereitgestellt werden wollen, ist für mich eine Frage des gesellschaftlichen Umgangs miteinander.

Somit spiegelt sich meine Perspektive darin wieder, dass ich besonders die Form des Umgangs mit eigenen Grenzen und Ressourcen im Wechselspiel als die eigentliche Bereicherung für andere und eigene Weiterentwicklungsmöglichkeit eines jeden Menschen erfahren habe. Doch auch aus der eigenen Erfahrung ist mir bewusst, dass gerade der Umgang mit eigenen Grenzen ein extrem schmerzhafter, radikaler und anstrengender Weg ist, weshalb es jeder verdient hat, auf seinem persönlichen Weg unterstützt zu werden. Doch deshalb belasse ich es auch bei den zuvor gewählten Formulierungen, die diese Dramatik zum Teil mit einschließen. Denn ich möchte niemandem die Schwere des eigenen Lebensweges absprechen – im Gegenteil, ich empfinde gerade dies als absolut anerkennenswert!

Weiterhin schätze ich unsere Gesellschaft hinsichtlich des Umgangs miteinander als erkrankt ein, besonders in hierarchisch bestimmten Strukturen, und setze mich dafür ein, dass wir die kommenden Generation mit dem Angebot eines Gedankengutes auf ihren Weg senden können, das den Einzelnen wertschätzt und ihm einen wertvollen Platz, gefühlt in der Mitte der Gesellschaft, geben kann.

Jedoch schätze ich es auch als sehr anspruchsvoll ein, möglichst allen Mitmenschen ohne Verurteilung zu begegnen. Daraus ergibt sich für mich die herausfordernde Position der Lehrpersonen, da diese auch einen Teil der Verantwortung aktiv übernehmen muss, dafür, dass jedes Kind ihres Umfeldes einen geschützten Raum des Respekts und der vielfältigen Möglichkeiten erfahren kann. Denn meine Vermutung ist es, dass der schon heutzutage angedachte individualisierte Lenrprozess in einer solidarischen Gruppe daran scheitert, dass dies einen längeren Lernprozess, einen größeren Wirkungsraum für das Kind, die empathischen Fähigkeiten der

Lehrperson und den Willen der Zurücknahme des eigenen Wirkungsbereich des Pädagogen beinhaltet. Deshalb plädiere ich für eine adäquatere Ausbildung aller Bezugspersonen in Bildungseinrichtungen.

Nach dem Prinzip der Vielfalt hoffe ich, dass jeder Leser in dieser Arbeit für sich interessante Aspekte beim Blick auf die verschiedenen Pädagogikkonzepte und deren Verwurzelungen sowie Vernetzungen finden kann.

Ausblick

Der geschichtliche Aufriss der Entwicklung von Schule, Unterrichtsmethodik und dem Werdegang des Umgangs mit Behinderung, des Kampfes um die Rechte von Menschen mit besonderen Ansprüchen seitens der Sonderpädagogik hin zur Entwicklung des Inklusionskonzepts hat eine auf vielen Ebenen tief verwurzelte Tradition im Umgang mit Heterogenität in der Gesellschaft und im Bildungswesen verdeutlicht.

Aber immer wieder war und ist wahrzunehmen, dass in diesen Prozessen Missstände provoziert werden, die eine Weiterentwicklung der Thematik über Heterogenität und Wertschätzung von Vielfalt erfordert.

Darüber hinaus konnte aufgezeigt werden, dass eine Veränderung des Schulsystems eng verwoben ist mit Umgestaltungsprozessen innerhalb der Gesellschaft unter Einbeziehung all ihrer Mitglieder.

Speziell für die praktische sowie theoretische Pädagogik konnte herausgearbeitet werden, dass es eine revolutionäre und überfällige Errungenschaft der Integration war, Kinder mit belasteten Lebenswegen in den allgemeinen Schulformen aufzunehmen. Jedoch ist die Stellung der Sonderpädagogen und ihren Institutionen fast unangefochten bestehen geblieben. Es ist aber eine allgemeine Stagnation des Integrationsprozesses wahrzunehmen, der die Missstände in der praktischen Umsetzbarkeit betont. Ein Abbau der Sonderschulen trifft weiterhin auf starke Widerstände, nicht nur von den Sonderpädagogen, die um ihre berufliche Existenz bangen und welche mitunter auch gegenüber dem Integrationskonzept skeptisch eingestellt sind. In inklusiven Schulen werden sie im Kollegium und von *allen* Kindern auf Grund ihrer Erfahrungen und ihres Wissens jedoch ebenso benötigt. Obwohl nach dem inklusiven Konzept die Sonderpädagogen und Lehrer nicht mehr separat und die

Sonderschullehrer nicht nach Behinderungskategorien abgetrennt voneinander ausgebildet werden würden. Zumal ein separater, hochdifferenziert und lückenlos abgestufter Auf- und Ausbau des Sonderschulwesens eine grundsätzliche Veränderungen in der Erziehung und Bildung behinderter Menschen unnötig erscheinen lässt und wenig Raum und Sinn für die Finanzierung paralleler integrativer Schulformen bereit stellt (vgl. Thoma & Kopp, 2007, S. 174).

Internationale Bewegungen im Sinne der Befürwortung, mitunter sogar Wertschätzung, einer zu berücksichtigenden Heterogenität der Menschen riefen das Inklusionsmodell aus. Nach anfänglichen Startschwierigkeiten wurde dies auch innerhalb Deutschlands wahrgenommen und auf Grund von zum Beispiel der UN-Behindertenkonvention wird versucht eine Umsetzung anzustreben und eventuell auch zu erzwingen. Denn es wird immer stärker deutlich, dass besonders im deutschen Sprachraum ein Ablegen des segregativen Vorgehens schwer fällt und durch Verankerung der Separation von marginalisierten Personengruppen in den verschiedensten Ebenen ein stark vernetzter Grundzug innerhalb des gesellschaftlichen Miteinanders beinhaltet. Als weitere wesentliche Ursachen für das Beharrungsvermögen des deutschen Förderschulsystems gegenüber Inklusiver Bildung für alle Kinder wird die überkommene Gesetzgebung und das komplizierte Finanzierungssystem mit den verschiedenen Verantwortlichkeiten auf Kreis-, Landes- und Bundesebene angesehen.

Das Inklusionskonzept kann auf den damals exotischen Vorstellungen der Reformpädagogen und der Auseinandersetzung mit den theoretischen Ausarbeitungen des Integrationskonzeptes im deutschen Kontext aufbauen. Jedoch ist das Inklusionsmodell als eigenständiges Konzept zu etablieren. Denn verstärkt in den letzten Jahren gibt es durch internationale Vergleiche ein erschrecktes Erwachen und Bewusstsein für eine notwenige Veränderung des Status quo. Dieses provozierte die Tendenz dazu, eine Reform nach der

Ausblick

anderen zu versuchen, gekoppelt mit versteckten Sparmaßnahmen. Es muss nicht expliziet darauf hingewiesen werden, dass diese *Reförmchen* auf politischer Ebene entschieden wurden, unter Berücksichtigung willkommener finanzieller Konsequenzen. Zudem sollte dies eine weitere „nostalgische Schulstrukturdebatte" (Bös, zitiert nach Heyer, Preuss-Lausitz & Sack, 2003, S. 317) verhindern.

Darüber hinaus hat das Inklusionskonzept von Grund auf ein komplett differentes Verständnis von Kindheit und Individualität, als es in der deutschen Geschichte gelebt und für angebracht und *normgerecht* empfunden wurde. Auch das Wirtschaftssystem in Zusammenarbeit mit der Leistungsgesellschaft bietet nur einen vergifteten Nährboden für Inklusionsgedanken.

Mit dem Anliegen, dem Einzelnen möglichst gerecht werden zu wollen und das allgemeingültige weltweite Menschenrecht auf Teilhabe an der Gesellschaft als ein wertvolles Mitglied dieser umzusetzen, ist es mehr als lohnenswert das Inklusionsmodell zu verbreiten und für die Umsetzung zu kämpfen, verbunden mit der Hoffnung einen fruchtbareren Nährboden für die kommenden Generationen vorzubereiten.

Denn ein wesentlicher Grundzug ist bei der Inklusion zu beachten: sie versucht durch die kontinuierliche Optimierung der Prozesse sich selber treu zu bleiben. Der Weg ist das Ziel und mein Versuch war es, mit dieser Arbeit die Richtung des Weges ein wenig zu spezifizieren. Auch wenn es ein (und bezüglich dieser Arbeit „mein") individueller Weg ist, sich an diese Thematik heranzuarbeiten.

Als mögliche weitere Schritte können die zusammengetragenen anstehenden Aspekte der Umstrukturierungen, welche im Punkt 3.5.5 geschildert wurden, in ihrer Umsetzbarkeit überprüft werden.

Um nicht nur mein Resümee der Ausarbeitung der verschiedenen Pädagogikkonzepte zu formulieren, möchte ich an dieser Stelle nochmals verschiedene Autoren ihren Standpunkt vertreten lassen.

So wurden der Aussage Häberlein-Klumpners nach durch den Paradigmenwechsel von Segregation über Integration zur Inklusion im pädagogischen Entwicklungsdenken erste Schritte hin zu einer Inklusiven Pädagogik gegangen. Segregative Denkmodelle wurden überdacht, wenn es auch nicht zu einer konsequenten Veränderung des Grundverständnisses führte, eher gewann die Pädagogik der Segregation wieder an Einfluss und bringt viele Integrationsbewegungen, auch in der Praxis, zum Erlahmen. Daher kann man generell noch nicht von einem vollzogenen Paradigmenwechsel und Umdenken sprechen, jedoch ist zu beobachten, dass bei den heutigen Gesprächen und Niederschriften der pädagogischen Wissenschaftler eher grundverschiedene Ansichten darüber vorliegen, ob sie für die Integration, beziehungsweise stärker positioniert, für die Inklusion oder die Segregation plädieren (vgl. 2009, S. 62 f.).

Doch in allen drei Variationen bleibt die generelle Struktur der deutschen Schullandschaft sehr stark in ihren Wurzeln verharrend. „Nach dem deutschen PISA-Abschneiden ist der Veränderungswille zwar erwacht, man vermeidet aber die pädagogischen Grundlagen des deutschen Schulsystems zur Disposition zu stellen" (Häberlein-Klumpner, 2009, S. 63). Denn im Sinne von Thoma Pius müsste einer Inklusionsdiskussion eine Debatte „über die basalen selektiven Strukturen unseres Schulsystems vorangestellt werden, nämlich über die Vielzahl der verborgenen selektiven Mechanismen, die auf alle Beteiligten einwirken" (zitiert nach Häberlein-Klumpner, S. 69). Und wie vielfältig und diskriminierend diese immer noch wirken, ist auch noch in der Umsetzung der Integrationspädagogik wahrzunehmen.

Deshalb ist eine breite Wahrnehmungsveränderung im Umgang mit Heterogenität von Nöten: „Die Inklusive Pädagogik kann aber nicht im Alleingang realisiert werden.

Ausblick

Sie ist nur zu vollziehen, wenn ein Welt- bzw. Menschbild unabhängig von der Produktivität gesehen wird. Dieses Bild soll das bisherige, das Menschen an Produktivität misst und Individuen deshalb dann als defizitär abwertet, ablösen" (Häberlein-Klumpner, 2009, S. 70).

Wenn dies nun als absolut illusionär erscheint, beantwortet Erzmann die Frage nach dem Nutzen eines utopischen idealisierten Entwurfs einer Schule für alle mit einer Inklusiven Pädagogik der Vielfalt mit folgenden Worten: „Gewiss handelt es sich bei den generellen Bestimmungen des Konzepts um Zielvorstellungen, die niemand in optimaler Form realisieren kann, schon deshalb nicht, weil ihre Konkretisierung geschichtlichem Wandel unterliegt. Aber der Charakter der Zielbestimmung, dass sie nämlich idealisierte Vorentwürfe darstellen, entwertet sie nicht in ihrer Bedeutung als Orientierung für konkrete Anfänge hier und jetzt" (2003, S. 37, zitiert nach Häberlein-Klumpner, 2009, S. 71).

Doch die Umarbeitung der früheren Theorien und Neubewertung früherer Fakten ist schlussfolgernd ein wahrhaft revolutionärer Vorgang, der selten von einem einzelnen Menschen und niemals von heute auf morgen zu Ende geführt werden kann (vgl. Erzmann, 2003, S. 21, zitiert nach vgl. Häberlein-Klumpner, 2009, S. 62). Und im Sinne des Flow-Erlebens, benannt von Mihaly Csikszentmihalyi (2006), sind es die kleinen Schritte, die beim Erreichen für ein Glücksgefühl sorgen, nicht erst das Fernziel. „Der Weg wird zum Ziel" (Fritz-Schubert, 2008, S. 39).

So ist Eberwein vom Voranschreiten der Bewegung überzeugt. Die bereits stattgefundene Bewusstseinsveränderung gegenüber Integration bedeutet und prognostiziert seiner Erkenntnis nach in naher Zukunft ein Ende des Sonderschulwesens. Für die Allgemeine Pädagogik hieße dies ab sofort „die Aufgabe, Zuständigkeit und Verantwortung für soziale Randgruppen zu übernehmen, die von ihr jahrzehntelang ausgegrenzt wurden. Ziel muss die Überwindung der Trennung von Allgemeiner Pädagogik und

Sonderpädagogik in Theorie und Praxis sein" (Eberwein, 2001, S. 13, zitiert nach Häberlein-Klumpner, 2009, S. 62). Dies wäre somit ein neues, sehr ernstzunehmendes Feld für Sonderpädagogen.

Mit meinen obigen Aussagen oft übereinstimmend sehe ich folgendes Fazit: „Wie weit diese neue Lernkultur [Suche nach einer neuen Definition des Verhältnisses von Lehren und Lernen] schon verbreitet ist und wie viel Altes in Neuem weiterlebt, weiß freilich niemand und das ist auch nicht möglich zu klären, denn es handelt sich ja nicht um ein bestimmtes Programm, sondern eher um eine Suchbewegung, die an vielen Orten stattfindet, die viele Gesichter zeigt und letztlich auch nicht ganz neu ist, sondern oft Vorläuferkonzepte in der Reformpädagogik hat. Aber man kann sicher sagen, dass diese Suchbewegung in den letzten dreißig Jahren an Breite und Tiefe gewonnen hat und professioneller vorangetrieben wird" (Winter, 2007, S. 35).

Im Hinblick auf die wachsende Anzahl der Kinder mit erhöhtem Förderbedarf aus diversen Gründen (diagnostiziert als hochbegabt, gehörlos, …), welche nicht in das vorhandene Schulsystem passen, forderte Negt schon 1994 im Hinblick auf die Strukturen des Schulwesens eine „Zweite Bildungsreform"(S. 2, zitiert nach Häberlein-Klumpner, S. 60).

Ich bin ähnlicher Meinung wie Horsch und Schulze in folgender Aussage: Aufgrund der Widersprüche innerhalb der Integrationsumsetzung „plädieren die Inklusionstheoretiker für die Etablierung des neuen Begriffs, dessen pädagogischer Anspruch deutlicher herausgearbeitet werden muss" (2008, S. 15). Und auch mir erscheint wichtig, dass man die weit verbreitete „'Schrägstrichbezeichnung' Integration/Inklusion" (Schumann, 2009, S. 51). überwindet, damit nicht mehr „der falsche Rückschluss gezogen werden könnte und tatsächlich auch gezogen [wurde], Inklusion sei mehr oder weniger dasselbe wie Integration und bezöge sich ausschließlich auf die Belange von Menschen mit Behinderungen" (Schumann, S. 51).

Ausblick

Der Ausblick soll auch für noch zu klärende Fragen in der weitergehenden Forschung offen sein. Zum einen steht es im Raum, wie es zu bewerten ist, dass selbst in der inklusiven Laborschule Bielefeld eingeräumt werden muss, dass auch dort bei einzelnen Schülern/innen „die Lehrer zu der Einschätzung kommen, dass die räumliche Offenheit des Großraumkonzepts, die vielfältige Freiheit des Laborschulgeländes sowie ein offenes Unterrichtskonzept manchen Schülern zu wenig Sicherheit, Halt und Orientierung bieten beziehungsweise ihnen in ihrer Entwicklung nicht förderlich sind. Kinder, die über viele Jahre eine besonders enge Führung brauchen, die kaum innere Grenzen entwickeln oder weglaufen" (Demmer-Dieckmann, 2001, S 42). Die beschriebenen Kinder können auch in der Laborschule nur schlecht beschult werden. Dieses ist ein sehr einsichtig reflektiertes Eingeständnis, welches jedoch den Erkenntnissen aus Summerhill entspricht. Denn an dieser Schule durchgeführte Studien besagen, dass das Schulsystem von Summerhill ohne Lehrer/innenautorität für das extrovertierte Kind besser geeignet ist, jedoch für den introvertierten, akademischen Lernenden eine weniger positive Umgebung darstellt (vgl. Bernstein, 1968; vgl. Croall, 1983). Eine interessante Aussage Helbigs (vgl. 2010) lautet, dass im Diskurs über die Möglichkeit, dass Kinder nicht für das Inklusionskonzept geeignet sein könnten, es natürlich sein kann, dass ein Kind, welches eine starke Verweigerungshaltung zeigt, es auch in einer Inklusionsschule schwer haben kann. Vielleicht kann es die Ansage „Setzt dich *jetzt* hin und mache *diese* Aufgaben in der vorgegeben Zeit!" gut akzeptieren, wenn es die Beziehung zu dem Lehrer und die Person des Lehrers einer Regelschule mit Frontalunterricht ankzeptieren kann. Wenn dieses Akzeptieren jedoch nicht gelingt, „hat es das Kind in dieser Schule vermutlich noch schwerer!" (Helbig, 2010).

Zum andern wurde im Punkt 1.2 die Frage aufgeworfen, wie sich der Eindruck der Notwendigkeit einer

Umschulung eines Kindes mit belastetem Lebensweg auf die in der ursprünglichen Klassengemeinschaft zurückgebliebenen Kinder auswirkt. Der Beantwortung dieser Frage könnte in einer empirischen Arbeit nachgegangen werden.

Auch die in 3.1.4.3 aufgeworfene Hypothese nach einem Zusammenhang der evaluierten Mathematikleistungen mit dem Pädagogikkonzept in den inklusiv arbeitenden Reformschulen könnte überprüft werden.

Inwieweit ist Inklusion wirklich ein Optimum für jeden oder doch auch nur zeitgeprägt? Ich denke, dass sich viele damals zukunftsweisende Ansätze schon in der Reformbewegung und auch dem ursprünglichen Integrationskonzept verfolgen lassen, jedoch konnte meiner Ansicht nach der Weg der Segregation von Schülern/innen mit belasteten Lebenswegen auf Grund seiner historischen Verwurzlung nicht verlassen werden. Dieses Thema der Inklusion überdauerte demnach schon eine lange Zeit und besaß schon seit Anbeginn „brennende" Aktualität. Deshalb finde ich es bemerkenswert, dass die Inklusionspädagogik auf die Diversität als Vielfalt der Unterschiede und Gemeinsamkeiten adäquat eingehen kann und somit eine angemesseren Möglichkeit findet im Umgang mit Individualität in der *Gruppe*, wodurch auch die Konzentration auf Gemeinsamkeiten Bedeutung erhält. Zudem muss sie nicht auf die Homogenisierung der Lerngruppe zurückgreifen, um ein Zusammenleben und –lernen zu ermöglichen.

Seit den 80er Jahren wurde damals noch von vereinzelten Pädagogen schon die inklusive Pädagogik angestrebt, aber jüngste Entscheidungen, zum Beispiel in Form des Bachelorstudienganges, trotz Protest der Betroffenen, zeigen, dass selbst im Bereich der Wissenschaft und Theorie, bei der Umsetzung in die Praxis scheinbar andere Erkenntnisse zählen, als die sachlogischen und die im Sinne der betreffenden Personengruppe nahe liegenden. Wenn dies schon schwer fällt, wie kann dann das Verständnis von Kindheit neu entwickelt werden, da dieser zunehmend durch gesellschaftliche Prozesse geprägt und beeinflusst (vgl. Olk, 2003, S. 111) auch mit einer gesellschaftlichen Veränderung direkt zusammenhängt.

Und wie kann der Kompromiss zwischen Vorgaben gegenüber dem Kind und Unterstützung im Finden des eigenen Weges im Sinne der Inklusion gelingen? Die Theorie für Institutionen ist ebenso wie die Gesellschaftskritik der Inklusion im Diskurs, jedoch sind auch die Erziehungsfragen im Zusammenhang mit der Auffassung von Kindheit ein interessantes zu erforschendes weiteres Feld. Zudem wird das Kind schließlich geprägt unter anderem von der Schulkultur, sowie dem Elternhaus. Auf welche Weise können beide noch mehr als Team zusammenarbeiten?

Wie kann der zu erwartende Protest der Sonderpädagogik in das Konstruktive auf praktischer Ebene umgewandelt werden? Denn ein großer Widerstand seitens der Sonderpädagogen kann erwartet werden, da es diesen auch schon aus genannten, beruflichen Existenzgründen und Fragen der Überzeugung bei der Integrationsbewegung gab. „Und aus [dem] Gedanken [der Inklusionspädagogik] folgt letztlich die Selbstauflösung der Sonderpädagogik bzw. ihr Aufgehen in einer Allgemeinen Pädagogik, Wie Eberwein & Knauer (2002a) oder Feuser (2002) dies seit langem fordern" (Katzenbach,2005, S. 86).

Auf dem langen und sicherlich auch beschwerlichen Weg zur Einführung der Forderungen seitens der Inklusion ist es tröstlich, dass die Durchsetzung der Integrationspädagogik 1990 auch noch als Illusion verstanden wurde: „Das utopische Element des Integrationsgedanken tritt zutage, wenn dieser mit der realen Funktion des Schulsystems konfrontiert wird. [...] Die Einschränkungen beruhen auf den Funktionen, die das Schulsystem zur Erhaltung von Macht- und Besitzverteilung und zu deren Legitimierung innehat. Damit ist sowohl die politische Durchsetzungsfähigkeit angesprochen, wie auch die als selbstverständlich verinnerlichten Vorstellungen von Schule bei Eltern und LehrerInnen" (Reiser, 1990, S. 301 f.).

Und doch ist es zukunftsweisend, Inklusion als Weg zum Leben ohne Aussonderung, als bewusster und gewollter gesellschaftlicher Umgang mit vielfältiger Verschiedenheit weiter zu verfolgen.

Wichtig ist, Behinderung nicht zu tabuisieren, sondern selbstverständlich zu thematisieren. Jedoch in der Form, dass jeder die Situation kennt, an seine Grenzen zu stoßen, wir nicht in allen Bereichen den eigenen oder anderen Erwartungen entsprechen können oder wollen, „Dass es irrelevant ist, was wir vermögen, wenn wir auf einem bestimmten Gebiet nichts ‚leisten' können (z.b. chinesisch lesen, arabisch sprechen, Trompete spielen, Witze erzählen u.v.a.m.)" (Boban, 1992, S. 109). Wir müssen die Akzeptanz des Soseins und Ermöglichung von Veränderung anstreben, wobei wir unter Umständen Stagnation und Regression in der Entwicklung von Menschen verkraften, ertragen, aushalten und zugleich Entwicklungsperspektiven aufrechterhalten müssen. Denn in unserem eigenen Wirkungsbereich erfahren wir, wie selbstverständlich es ist, dass Fortschritte auch mit Rückschritten einhergehen können und wie wir zugleich mächtig sind, das Machbare zu tun und ohnmächtig dem Nichtbeeinflussbaren gegenüber. Weiterhin sollten wir Autonomie des Individuums fördern und komplette oder immerwährende Abhängigkeit erkennen. Anstrebenswert ist eine Balance aus bekömmlicher Abhängigkeit und Unabhängigkeit (vgl. Boban, S. 109 f.).

Um im Sinne der in dieser Arbeit häufig zitierten GEW[55] auch abschließend zu plädieren, sollte die Bundesrepublik Deutschland ein frühkindliches Bildungssystem aufbauen, das individuelles Lernen in das Zentrum von Schule stellen, da die individuelle Förderung, nicht die Auslese, die Leistungen steigert. Das Bildungswesen sollte als Ganztagsangebot umstrukturiert werden. Es ist jedoch zu beachten, dass neben der Quantität auch eine höhere

---

[55] http://www.gew.de/Binaries/Binary34599/pisa_broschuere.pdf

Qualität im Schulwesen, zum Beispiel bessere Lehr- und Lernbedingungen, auch höhere Bildungsinvestitionen voraussetzt. Die Lehrkräfte sollen eine Mitverantwortung für das Lernergebnis und die einzelnen Schüler/innenleistungen übernehmen. Und auch weitere Weichenstellungen sind vor Ort möglich, wobei nicht alle Veränderungen zusätzliches Geld kosten. Die innerschulischen Akteure, also die Schulleitung, Lehrkräfte, Schüler/innen und Eltern sind gemeinsame Träger der Qualitätsentwicklung und sollen gemeinsam Teilhabe erfahren. Und schließlich soll das Verständnis der Schulkultur sich um Chancengleichheit bemühen.

Zudem droht „das Argument, dass Inklusive Pädagogik in einer sehr heterogenen Schulklasse unter anderem die Leistungsdurchschnitte heben kann, […] überhört zu werden, weil es nicht in die von der Weltwirtschaft geprägte Mentalität der Meinungsführer passt. Inklusive Pädagogik ist insofern unzeitgemäß, und sie mag Vielen, die von der einseitigen Qualitätsoffensive fasziniert sind, geradezu abwegig erscheinen. Aus integrativer Sicht ist Inklusive Pädagogik aber eine notwendige antizyklische Bewegung, notwendig für die Entwicklung einer zugleich humanen und qualitätvollen Schule" (Sander, 2002, S. 12).

Es wäre ein unterstützendes Hilfsmittel, wenn in verschiedenen Schulen mit unterschiedlichen Konzepten der Prozess der Inklusion evaluiert werden könnte, um die vielfältigen Formen der möglichen Wege als Varianten für andere Interessierte zu skizzieren. Zudem ist eine Anerkennung dieser Bemühungen im Sinne des „Jakob Muth-Preis für inklusive Schulen" (siehe 3.1.4.5) bestärkend und fördert die Verbreitung. Insgesamt sollte das Thema Erziehung und Pädagogik sowie gesellschaftskritische Bedenken öffentlich thematisiert werden. Die Einzelschulen sollten gestärkt werden und aktiv begleitet. Die Lehrer/innenausbildung sollte angepasst werden und vor allem darauf hingewiesen werden, dass die Rolle des Lehrers von der aktiven in eine passive verwandelt wird, was wiederum andere Personen ansprechen könnte, sich für diesen Beruf zu interessieren. Auch die Sonderpädagogen sollten als aktive Begleiter mit ins Team geholt werden. Und besonders die Teamfähigkeit sollte im Zentrum der Ausbildung aller im Bildungssystem tätigen Personen stehen. Auch das Führen des Dialogs zwischen Schulteam, Schüler/innen und Eltern muss ausgebildet werden. Zudem wäre die Würdigung von schulischen Leistungen im Sinne von einer ressourcen- und prozessorientierten Perspektive notwendig. Ebenso sollte das zwangsweise Sitzenbleiben als ineffektive Form individueller Förderung abgeschafft werden.

Das Ende dieser Arbeit möchte ich mit Marquards Worten schließen:

„Es gibt keine vernünftige Alternative
zur inklusiven Erziehung!" (2006, S. 3).

Literaturverzeichnis

Adorno, T. (1971). *Erziehung zur Mündigkeit*. Frankfurt a. M.: Suhrkamp.
Aebli, H. (1970). *Psychologische Didaktik. Didaktische Auswertung der Psychologie von Jean Piaget*. Stuttgart: Klett.
Aichele, V. (2010). Das Recht auf inklusive Bildung gemäß Artikel 24 der UN-Behindertenrechtskonvention: Inhalt und Wirkung. In A. Hinz, I. Körner & U. Niehoff (Hrsg.). *Auf dem Weg zur Schule für alle. Barrieren überwinden – inklusive Pädagogik entwickeln* (S. 11-25). Marburg: Lebenshilfe-Verlag.
Allmendiger, J. (2010). Bitte nicht so brav! Interview von Oliver Gehrs und Robert Reick mit der Soziologin Jutta Allmendiger. In *fluter*, (36), 5-9.
Anton, G. (1999). Integrative Pädagogik – Überlegungen zu einer normativen Grundlegung. In N. Myschker & M. Ortmann. (Hrsg.). *Integrative Schulpädagogik. Grundlagen, Theorie und Praxis* (S. 26-36). Stuttgart: Kohlhammer.
Apel, H. J. & Grunder, H.-U. (Hrsg.). (1995). *Texte zur Schulpädagogik - Selbstverständnis, Entstehung und Schwerpunkte schulpädagogischen Denkens*. Weinheim: Juventa.
Apel, H.-J. (2000). Verständlich unterrichten – Chaos vermeiden. Unterrichtsmethode als strukturierende Lernhilfe. In Seibert. N.(Hrsg.). *Unterrichtsmethoden kontrovers* (S. 139-158). Bad Heilbrunn: Obb.
Aschersleben, K. (1985). *Moderner Frontalunterricht – Neubegründung einer umstrittenen Unterrichtsmethode*. Frankfurt am Main: Peter Lang.
Aschersleben, K. (1999). *Frontalunterricht – klassisch und modern. Eine Einführung*. Neuwied: Luchterhand.
Bach, H. (2004). Bemerkungen zum Begriff der Förderdiagnostik. In W. Mutzeck & P. Jogschies.

(Hrsg.). *Neue Entwicklungen in der Förderdiagnostik – Grundlagen und praktische Umsetzungen* (S. 23-38). Weinheim: Beltz.

Barow, T. (2010). Globale Konferenz über inklusive Bildung in Salamanca. *Zeitschrift für Inklusion*, 1. Verfügbar unter: http://www.inklusion-online.net/index.php/inklusion/article/view/45/52 [20.10.2010]

Becker, H. (1954). Die verwaltete Schule. In Link, J- W. (2005). *Schule in Bewegung. Eine pädagogische Zeitreise mit Texten von Rochow bis Klafki.* Bad Heilbrunn: Klinkhardt. Zuerst in Merkur- Deutsche Zeitschrift für europäisches Denken 8.

Behinderte. (2000) In *Brockhaus-Enzyklopädie; in 24 Bd.-19., völlig neubearb. Aufl.* (Band 3, S. 35). Mannheim: Brockhaus.

Behinderte. (1997). In *Das große illustrierte Lexikon : 70000 Sichwörter, 3000 Abbildungen, 170 Übersichtstabellen, 100 Schwerpunktthemen, 1000 Seiten kompaktes Wissen von A - Z. - Genehmigte Sonderausg.*(Band 1, S. 103). München: Orbis-Verlag.

Bernstein, E. (1968). *Summerhill: A Follow-up Study of its Students*. Journal of Humanistic Psychology 8 (2), 123-136.

Biewer, G. (2001). *Vom Integrationsmodell für Behinderte zur Schule für alle Kinder*. Berlin: Luchterhand.

Bildung. (2000) In *Brockhaus-Enzyklopädie; in 24 Bd.-19., völlig neubearb. Aufl.* (Band 3, S. 313). Mannheim: Brockhaus.

Bildung. (1997). In *Das große illustrierte Lexikon : 70000 Sichwörter, 3000 Abbildungen, 170 Übersichtstabellen, 100 Schwerpunktthemen, 1000 Seiten kompaktes Wissen von A - Z. - Genehmigte Sonderausg.* (Band 1, S. 116). München: Orbis-Verlag.

Bischof-Köhler, D. (1990). Frau und Karriere in psychobiologischer Sicht. In *Zeitschrift für Arbeits- und Oganisationspsychologie*, 34 (8), 17-28.

Bleidick, U. (1992). *Einführung in die Behindertenpädagogik. Allgemeine Theorie der Behindertenpädagogik.* Stuttgart: Kohlhammer-Urban.

Bloemers, W. (2006). Vielfalt als Wert – Das Gesellschaftsmodell der Inklusion. In W. Bloemers, & V.Hajkova. (Hrsg.). *Richtung Inklusion in Europa* (S. 117-124). Berlin: Frank & Timme.

Boban, I. (1992). Die Integration schwerst-, anders- und nichtbehinderter Kinder – eine Frage des Selbstverständnisses. In A. Hinz (Hrsg.). *Schwerstbehinderte Kinder in Integrationsklassen. Bericht über eine Fachtagung* (S. 109-125). Marburg: Lebenshilfe.

Boban, I. & Hinz, A. (1998). Diagnostik für Integrative Pädagogik. In H. Eberwein & S. Knauer (Hrsg.). *Handbuch Lernprozesse verstehen. Wege einer neuen (sonder-) pädagogischen Diagnostik* (S. 151- 164). Weinheim: Beltz.

Boban, I. & Hinz, A. (2000): Förderpläne - für integrative Erziehung überflüssig!? Aber was dann?? In W. Mutzeck (Hrsg.). *Förderplanung. Grundlagen - Methoden - Alternativen* . (S.131-144). Weinheim: Deutscher Studien Verlag.

Boban, I. & Hinz, A. (2004). Gemeinsamer Unterricht im Dialog. Vorstellungen nach 25 Jahren Integrationsentwicklung. Weinheim: Beltz.

Boban, I. & Hinz, A. (2006). Schulentwicklung mit dem Index für Inklusion. In: GEW BERLIN (Hrsg.). *Von der Integration zur Inklusion* (S. 43-51). Berlin: 80er Raster.

Böhm, W. (2004). *Geschichte der Pädagogik - Von Platon bis zur Gegenwart.* München: C.H. Beck.

Bohn, C. (2006). *Inklusion, Exklusion und die Person.* Konstanz: UVK.
Bönsch, M. (2000). *Variable Lernwege – Ein Lehrbuch der Unterrichtsmethoden.* Paderborn: Ferdinand Schöningh.
Bora, A. (1999). *Differenzierung und Inklusion. Partizipative Öffentlichkeit im Rechtssystem modernen Gesellschaften.* Baden-Baden: Nomos.
Bos, W., Bonsen, M., Baumert, J., Prenzel, M., Selter, C. & Walther, G. (Hrsg.). (2008). *TIMSS 2007. Mathematische und naturwissenschaftliche Kompetenzen von Grundschulkindern in Deutschland im internationalen Vergleich.* Münster: Waxmann.
bpb (Hrsg.). (2005). *Filmheft- Klassenleben.* Halle: dmv druck.
Bruner, J. S. (1980). *Der Prozeß der Erziehung.* Berlin: Schwann.
Brügelmann, H. (2002) Heterogenität, Integration, Differenzierung: Empirische Befunde – pädagogische Perspektiven. In F. Heinzel & A. Prengel (Hrsg.). *Heterogenität, Integration und Differenzierung in der Primarstufe.* Jahrbuch Grundschulforschung 6. Opladen.
Buchen, H., Horster, L. & Rolff, H.-G. (Hrsg.). (2007). *Heterogenität und Schulentwicklung.* Stuttgart: Raabe.
Bundschuh, K. (1995). *Heilpädagogische Psychologie.* München: Reinhardt.
Carle, U. (2001). Kind-Umfeld-Analyse als Werkzeug für die Unterrichtsplanung. Verfügbar unter: http://www.ganztaegig-lernen.org/media/material/kindumfeldanalyse.pdf [20.10.2010]
Comenius, J. A. (1985). Große Didaktik - die vollständige Kunst, alle Menschen alles zu lehren. In A. Flitner (Hrsg.) *Johann Amos Comenius.* Stuttgart: Klett-Cotta.

Comenius, J. A. (1904). *Pädagogische Schriften. Erster Band: Große Unterrichtslehre.* Langensalza: Beyer.
Conrad-Martius, H. (1955). *Utopien der Menschenzüchtung: der Sozialdarwinismus und seine Folgen.* München. Kösel.
Cortina, K. S. (2006). Psychologie der Lernumwelt. In A. Krapp, & B. Weidenmann. (Hrsg.). *Pädagogische Psychologie* (S. 477-524). Weinheim: Beltz.
Croall, J. (1984). *Neill of Summerhill – the permanent rebel.* London: Ark paperbacks.
Csikszentmihalyi, M. (2006). Flow - der Weg zum Glück: der Entdecker des Flow-Prinzips erklärt seine Lebensphilosophie. Freiburg: Herder.
Csikszentmihalyi, M. (2010). *Kreativität: Wie Sie das Unmögliche schaffen und Ihre Grenzen überwinden.* Stuttgart: Klett-Cotta.
Darling-Hammond, L. (1997). *The Right to Learn.* San Francisco: Jossey-Bass.
Decroix, K. (2006). Kommentar zu Vielfalt und Verschiedenheit als Wert. In W. Bautz, J. Harms, S. Ulbricht-Thiede, (Hrsg.). *Europäische Anregungen zu Sozialer Inklusion* (S. 37-42). Berlin: Frank & Timme.
Demmer-Dieckmann, I. & Struck, B. (Hrsg.). (2001). *Gemeinsamkeit und Vielfalt. Pädagogik und Didaktik einer Schule ohne Aussonderung.* Weinheim: Juventa.
Demmer-Dieckmann, I. (2001a). Das Konzept der Integrativen Pädagogik an der Laborschule. In I. Demmer-Dieckmann & B. Struck (Hrsg.). *Gemeinsamkeit und Vielfalt. Pädagogik und Didaktik einer Schule ohne Aussonderung* (S. 24- 44). Weinheim: Juventa.
Demmer-Dieckmann, I. (2001b). Porträts an der Laborschule. Die Beschreibung des individuellen Entwicklungs- und Lernstandarts. In I. Demmer-Dieckmann & B. Struck (Hrsg.). *Gemeinsamkeit und Vielfalt. Pädagogik und Didaktik einer Schule ohne Aussonderung* (S. 99-112). Weinheim: Juventa.

Demmer-Dieckmann, I. (2005). *Wie reformiert sich eine Reformschule? Eine Studie zur Schulentwicklung an der Laborschule Bielefeld*. Bad Heilbrunn: Julius Klinkhardt.

Deppe- Wolfinger, H. (2004). Integrationskultur – am Anfang oder am Ende? In Schnell, I. & Sander, A. *Inklusive Pädagogik* (S. 23-40). Bad Heilbrunn: Klinkhardt.

Deppe-Wolfinger, H. (1993). Die gesellschaftliche Dimension der Integration. In P. Gehrmann & B. Hüwe. (Hrsg.). *Forschungsprofile der Integration von Behinderten Bochumer Symposium 1992* (S. 13-21). Essen: Neue Dt. Schule.

Die Beauftrage der Bundesregierung für die Belange behinderter Menschen. (2002). *alle inklusive! Die neue UN-Konvention. Übereinkommen über die Rechte von Menschen mit Behinderungen*. Bonn: Druckerei des Bundesministeriums für Arbeit und Soziales.

DiPrete, T. A., Gelman, A., Teitler, J., Zheng, T. & McCormick, T. (2008). *Segregation in Social Networks based on Acquaintanceship and Trust. Berlin*: Social Science Research Center Berlin.

Doose, S. (2006). Von der schulischen Integration in die berufliche Segregation? Stand und Perspektiven der beruflichen Integration von Menschen mit Lernschwierigkeiten. In GEW BERLIN (Hrsg.). *Von der Integration zur Inklusion* (S. 78-84). Berlin: 80er Raster.

Döpp, W., Hansen, S. & Kleinspel, K. (1996). *Eine Schule für alle Kinder. Die Laborschule im Spiegel von Bildungsbiographien*. Weinheim: Beltz.

Dumke, D. (1991). Integrativer Unterricht: eine neue Lehrmethode?. In D. Dumke (Hrsg.). *Integrativer Unterricht. Gemeinsames Lernen von Behinderten und*

Nichtbehinderten (S. 33-56). Weinheim: Deutscher Studien Verlag.

Dumke, D. & Schäfer, G. (1993). *Entwicklung behinderter und nichtbehinderter Schüler in Integrationsklassen. Einstellungen, soziale Beziehungen, Persönlichketismerkmale und Schulleistungen.* Weinheim: Deutscher Studien Verlag.

Dünnhaupt. G. (1991). Wolfgang Ratke (1571-1635). In *Personalbibliographien zu den Drucken des Barock*, Bd. 5, Stuttgart: Hiersemann.

Dupius, G. & Kerkhoff, W. (Hrsg.) (1992). *Enzyklopädie der Sonderpädagogik, Heilpädagogik und ihrer Nachbargebiete.* Berlin : Ed. Marhold im Wiss.-Verl. Spiess.

Eberwein, H. (1998). Zum Selbstverständnis sowie zum Stellenwert von Sonder- und Integrationspädagogik – Perspektiven zur Veränderung und Weiterentwicklung. In GEW.(Hrsg.). *Das Verhältnis von Sonder- und Integrationspädagogik. 20 Jahre Integration in Berlin* (S. 4-10). Berlin: Eigendruck.

Einsiedler, W. (2001). Schulpädagogik – Unterricht und Erziehung in der Schule. In L. Roth, (Hrsg.). *Pädagogik. Handbuch für Studium und Praxis.* München: Ehrenwirth.

Ewert, O. M., & Braun, M. (1978). Ergebnisse und Probleme verschulischer Förderung. In: *Strukturförderung im Bildungswesen des Landes Nordrhein-Westfalen. Eine Schriftreihe des Kultusministers: Vol.34. Modellversuch Vorklasse in NW-Sbschlussbericht.* Köln: Greven.

Farzin, S. (2006). *Inklusion / Exklusion.* Bielefeld: transcript.

Fengler, J. (1990). Einführung: Der systematische Ort der Heilpädagogischen Psychologie. In J. Fengler & G. Jansen (Hrsg.). *Handbuch der Heilpädagogischen Psychologie.* Stuttgart: Kohlhammer, S. 17-20.

Fngler, J. & Jansen, G. (1990). Vorwort. In In J. Fengler & G. Jansen (Hrsg.). *Handbuch der Heilpädagogischen Psychologie*. Stuttgart: Kohlhammer, S. 13-16.
Feuser, G. (1989). Allgemeine integrative Pädagogik und entwicklungslogische Didaktik. *Behindertenpädagogik, 28,* 4-48.
Feuser, G. (1995). *Behinderte Kinder und Jugendliche zwischen Integation und Aussonderung*. Darmstadt: Wissenschaftliche Buchgesellschaft.
Fink, F. (2010). *Die Regelschule muss diesen Namen verdienen. Neue Caritas, 12,* 21-25.
Flieger, P. (1996). Anmerkung zur deutschen Übersetzung. In Österreichische UNESCO Kommission (Hrsg.). *Die Salamanca Erklärung und der Aktionsrahmen zur Pädagogik für besondere Bedürfnisse* (S. 2) .Linz: Domino.
Friedrichs, J. (1995). *Stadtsoziologie*. Opladen: Leske + Budrich.
Fritz-Schubert, E. (2008). *Schulfach Glück – Wie ein neues Fach die Schule verändert*. Freiburg: Herder.
Fromm, E. (2005). *Die Pathologie der Normalität. Zur Wissenschaft vom Menschen*. München: Ullstein.
Furth, H. G. (1983). *Piaget für Lehrer*. Frankfurt am Main: Ullstein.
Furth, H. G. & Wachs, H. (1978). *Denken geht zur Schule. Piagets Theorie in der Praxis*. Weinheim: Beltz.
Gerspach, M. (2000). *Einführung in pädagogisches Denken und Handeln*. Stuttgart: Kohlhammer.
GEW.(Hrsg.). *Das Verhältnis von Sonder- und Integrationspädagogik. 20 Jahre Integration in Berlin*. Berlin: Eigendruck.
Gibb, S., Fergusson, D., Horwood, L. (2008). Effects of Single-Sex and Coeducational Schooling on the Gender Gap in Educational Achievement. *Australian Journal of Education, 52* (3), 301-317.

Graumann, O. (2002). *Gemeinsamer Unterricht in heterogenen Gruppen. Von lernbehindert bis hochbegabt.* Bad Heilbrunn: Klinkhardt.
Greve, J. (2009). *Das Dilemma der sozialen Ökologie.* Frankfurt am Main: Peter Lang.
Groeben, A. von der (2005). Die Bielefelder Laborschule – ein Portrait. In R. Watermann, S. Thurn & K.-L. Tillmann. (Hrsg.). *Die Laborschule im Spiegel ihrer PISA-Ergebnisse – Pädagogisch-didaktische Konzepte und empirische Evaluation reformpädagogischer Praxis* (S. 25-36). Weinheim: Juventa.
Gröschke, D. (2005). *Psychologische Grundlagen für Sozial- und Heilpädagogik. Ein Lehrbuch zur Orientierung für Heil-, Sonder- und Sozialpädagogen.* Bad Heilbrunn: Klinkhardt.
Groeneveld, I. (2008, July). *Number of books at home as indicator of family backgroundin PIRLS 2001.* Poster presented at the International Congress of Psychology, Berlin.
Grünig,B., Kaiser, G., Kreitz, R., Rauschenberger, H. & Rinninsland, K. (1999). *Leistung und Kontrolle. Die Entwicklung von Zensurengebung und Leistungsmessung in der Schule.* Weinheim: Juventa.
Häberlein-Klumpner, R. (2009). *Inklusive Pädagogik.* Frankfurt am Main: Peter Lang.
Hahn, A. (2006). Theoretische Ansätze zu Inklusion und Exklusion. In C. Bohn & A. Hahn (Hrsg.). *Annali di Sociologia – Soziologisches Jahrbuch* (S. 67-88). Berlin: Duncker & Humbolt.
Hansen, G. & Spetsmann-Kunkel (2008). *Integration und Segregation. Ein Spannungsverhältnis.* Münster: Waxmann.
Hausotter, A. (2000): Integration und Inclusion – Europa macht sich auf den Weg. In M. Hans & A. Ginnold (Hrsg.). *Integration von Menschen mit Behinderung –*

Entwicklungen in Europa (S. 43-83). Neuwied: Luchterhand.
Heimlich, U. (1999). Integrationspädagogik. In K. Bundschuh, U. Heimlich, & R. Krawitz, (Hrsg.). *Wörterbuch Heilpädagogik* (S. 149-153). Bad Heilbrunn: Klinkhardt.
Heinrich, M & Meyer, H. (2007).Direkte Instruktion oder Offener Unterricht? Überlegungen zu einem integrativen Konzept anstatt unproduktiver Polarisierung. In M. Heinrich, & U. Prexl-Krausz, (Hrsg.). *Eigene Lernwege – Quo vadis? Eine Spurensuche nach „neuen Lernformen" in Schulpraxis und LehrerInnenbildung* (S.13-34). Berlin: Lit.
Heinrich, M. & Prexl-Krausz, U. (Hrsg.). (2007). *Eigenen Lernwege – Quo vadis? Eine Spurensuche nah „neuen Lernformen" in Schulpraxis und LehrerInnenbildung.* Berlin: Lit.
Helbig, J. (2010, Oktober). *Vortrag der Schulleiterin auf der Informationsveranstaltung der Grundschule im Blumenviertel am 28.10.2010.*
Helmke, A. & Weinert, F. E. (1997). Bedingungsfaktoren schulischer Leistungen. In F. E. Weinert (Hrsg.), *Psychologie des Unterrichts und der Schule* (Enzyklopädie der Psychologie, Pädagogische Psychologie, Bd. 3, S. 71-176). Göttingen: Hogrefe.
Herbart, H. F. (1806). *Allgemeine Pädagogik - aus dem Zweck der Erziehung abgeleitet.* Göttingen: Röwer.
Herrlitz, H.-G., Hopf, W., Titze, H. & Cloer, E. (2005). *Deutsche Schulgeschichte von 1800 bis zur Gegenwart – Eine Einführung.* Weinheim: Juventa.
Heward, W. (2003). *Exceptional Children.* New Jersey: Merill Prentice Hall.
Heyer, P., Preuss-Lausitz, U. & Sack, L. (2003). Statt eines Nachworts: Aufruf zum Handeln. In P. Heyer, L. Sack & U. Preuss-Lausitz (Hrsg.). *Länger gemeinsam*

lernen. Positionen – Forschungsergebnisse – Beispiele (S. 317-320). Frankfurt am Main: Grundschulverband.
Hinrichs, W. (2009). Das Gegenwärtige Selbstverständnis der Erziehungswissenschaft und die schulpaktischen Studien. Siegen: Uniprint Universität Siegen.
Hinz, A. (1993). *Heterogenität in der Schule. Integration – Interkulturelle Erziehung – Koedukation.* Hamburg: Curio.
Hinz, A. (1997). Inclusive Education in Germany: The Example of Hamburg. In *The European Electronic Journal on Inclusive Education in Europe 1.* Verfügbar unter: http://www3.uva.es/inclusion/texts/hinz01.htm [20.10.2010].
Hinz, A. (2000a). Pädagogik der Vielfalt - Pädagogik einer Grundschule für alle. Überarbeitete Fassung eines Vortrags auf dem nli-Forum 2000: *"Sonderpädagogische Förderung in der Grundschule - Erste Erfahrungen aus Regionalen Integrationskonzepten (RIK)"* am 30. Juni 2000 in Osnabrück. Verfügbar unter: http://bidok.uibk.ac.at/library/hinz-vielfalt.html [20.10.2010].
Hinz, A. (2000b). Vom halbvollen und halbleeren Glas der Integration – Gemeinsame Erziehung in der Bundesrepublik Deutschland. In: M. Hans & A. Ginnold (Hrsg.). *Integration von Menschen mit Behinderung – Entwicklungen in Europa* (S. 230-237). Neuwied: Luchterhand.
Hinz, A. (2002). Von der Integration zur Inklusion – terminologisches Spiel oder konzeptionelle Weiterentwicklung? *Zeitschrift für Heilpädagogik, 53,* 354-361.
Hinz, A. (2003). Inklusion – mehr als nur ein neues Wort?! *Lernende Schule 6, 23,* 15-17.
Hinz, A. (2005). Segregation-Integration-Inklusion. *Die Grundschulzeitschrift, 188,* 4. Seelze: Kallmeyer.

Hinz, A. (2006). Segregation – Integration – Inklusion. Zur Entwicklung der Gemeinsamen Erziehung. In GEW BERLIN (Hrsg.). *Von der Integration zur Inklusion* (S. 43-51). Berlin: 80er Raster.

Hinz, A., Katzenbach, D., Rauer, W., Schuck, K. D., Wocken, H. & Wudtke, H.(1998). Die Entwicklung der Kinder in der Integrativen Grundschule. Hamburg: Hamburger Buchwerkstatt.

Hinz, A., Körner, I. & Niehoff, U. (Hrsg.) (2010). *Auf dem Weg zur Schule für alle. Barrieren überwinden – inklusive Pädagogik entwickeln*. Marburg: Lebenshilfe-Verlag.

Hjörne, E. (2004). *Excluding for Inclusion? Negotiating school careers and identities in pupil welfare settings in the Swedish school*. Göteborg: Acta Universitatis Gothoburgensis.

Holzkamp, K. (1995). Lernen. Subjektwissenschaftliche Grundlegung. Frankfurt/ Main: Campus.

Horsch, U. & Schulze, T. (2008). Inklusion – eine aktuelle Diskussion in der Sonderpädagogik. In H. Jacobs. (Hrsg.). *Eine Schule für Hörgeschädigte auf dem Weg zur Inklusion. Außenklasssen – Erprobung neuer Formen der Beschulung Hörgeschädigter* (S. 8-24). Heidelberg: Median.

Hübner, P. (2001). Schulpolitische und gesellschaftliche Probleme der Integration von Kindern und Jugendlichen mit Behinderungen. In H. Eberwein (Hrsg.). (2001). *Einführung in die Integrationspädagogik* (S. 38-57). Weinheim: Beltz.

Ianes, D. (2009). *Die besondere Normalität – Inklusion von SchülerInnen mit Behinderung*. München: Reinhardt.

Inclusion. (1998). In Gesellschaft Erwachsenenbildung und Behinderung e.V. Deutschland (Hrsg.). *Lexikon - Wissenswertes zur Erwachsenenbildung: fragen - nachschlagen - anwenden; 750 Definitionen zur*

Erwachsenenbildung unter besonderer Berücksichtigung von geistiger Behinderung. Neuwied: Luchterhand.

Integration. (2000) In *Brockhaus-Enzyklopädie; in 24 Bd.-19., völlig neubearb. Aufl.* (Band 10, S. 552). Mannheim: Brockhaus.

Jobst, S. (2007). *Inklusive Reggio-Pädagogik.* Bochum: Projekt-Verlag.

Johnstone, D. (2005). *From integration to inclusion.* Social Policy Conference, Liverpool: Centre for Local Policy Studies.

Johnstone, D. (2006a). Inklusive Gemeinschaften bilden – Eine Herausforderung für uns alle. In: Bautz, W., Hamrs, J. & Ulbricht-Thiede, S. *Europäische Anregungen zur Sozialen Inklusion* (S. 53-60). Berlin: Frank & Timme.

Johnstone, D. (2006b). Von der Segregation zur Inklusion. In V. Vojtová, W. Bloemers, D. Johnstone, *Pädagogische Wurzeln der Inklusion* (S. 47-64). Berlin: Frank & Timme.

Kahl, R. (Regie). (2006a). *Auf den Anfang kommt es an: erster Blick auf die PISA-Sieger Finnland, Schweden und Kanada* [Film]. Hamburg: Pädagogische Beiträge Verlag.

Kahl, R. (Regie). (2006b). *Die Entdeckung der frühen Jahre* [Film]. Deutschland: Archiv der Zukunft.

Kahl, R. (Regie). (2006c). *Kinder* [Film]. Hamburg: Pädagogische Beiträge Verlag.

Kahl, R. (Regie). (2006d). *Treibhäuser der Zukunft. Wie in Detuschland Schulen gelingen* [Film]. Deutschland: Archiv der Zukunft.

Kahl, R. (Regie). (2007). *Wir können auch anders. Filme vom Kongress „Treibhäuser & Co." 21.-23. September in Hamburg* [Film]. Weinheim: Beltz & Gelberg.

Kahl, R. (Regie). (2008). *Treibhäuser & Co.: 11. Kngress der Schulerneuerer, 2. bis 5. Oktober am Bodensee* [Film]. Weinheim: Beltz & Gelberg.

Kahl, R. (Regie). (2009a). *Spitze – am Wendekreis der Pädagogik. Warum Schulen in Skandinavien gelingen* [Film]. Weinheim: Beltz & Gelberg.

Kahl, R. (Regie). (2009b). *Eine Schule, die gelingt: Enja Riegel und die Helene-Lange-Schule* [Film]. Weinheim: Beltz.

Kahl, R. (Regie). (2010a). *Auf der Suche nach der Schule der Zukunft* [Film]. Weinheim: Beltz & Gelberg.

Kahl, R. (Regie). (2010b). *Spielen, Leben, Lernen* [Film]. Hamburg: Pädagogische Beiträge Verlag.

Kammann, C. (2001). *Integrations-, Kooperations- und Sonderschulklassen aus der Sicht ihrer SchülerInnen mit und ohne Behinderungen. Eine vergleichende Evaluationsstudie auf der Grundlage konsekutiver Interviews.* Berlin: Logos.

Karagiannis, A., Stainback, W. & Stainback, S. (1996): Rationale for Inclusive Schooling. In Stainback, W. & Stainback, S.. (Hrsg.). *Inclusion. A Guide for Educators* (S. 3-15). Baltimore: Brookes,

Katzenbach, D. (2005). Braucht die Integrationspädagogik sonderpädagogische Kompetenz? In U. Geiling & A. Hinz (Hrsg.). *Integrationspädagogik im Diskurs – auf dem Weg zu einer inklusiven Pädagogik?* (S. 86-89). Bad Heilbrunn: Klinkhardt.

Kiper, H. (2001). *Einführung in die Schulpädagogik –Von der Antike bis zur Gegenwart.* Weinheim: Beltz.

Klippert, H. (2000). *Pädagogische Schulentwicklung. Planungs- und Arbeitshilfen zur Förderung einer neuen Lernkultur.* Weinheim: Beltz.

Klemm, K. (2010). *Gemeinsam lernen. Inklusion leben. Status Quo und Herausforderungen*

inklusiver Bildung in Deutschland. Eigendruck: Bertelsmann Stiftung.
Klüssendorf, A. (2000). Mit den integrativen Regelklassen zurück zu den Anfängen der Integrationsbewegung? In J. Schwohl (Hrsg.). *Integration am Scheideweg: Anmerkungen zu Innovation integrativen Unterrichts* (S. 11-23). Hamburg: Hamburger Buchwerkstatt.
Knauer, S. (2000). Qualifizierung für integrativen Unterricht. Unveröffentlichte Dissertation, Freie Universität Berlin.
Kobi, E. (1993). *Grundfragen der Heilpädagogik. Eine Einführung in heilpädagogisches Denken*. Bern: Paul Haupt Verlag.
Koeduktion. (2000) In *Brockhaus-Enzyklopädie; in 24 Bd.- 19., völlig neubearb. Aufl.* (Band 12, S. 136). Mannheim: Brockhaus.
Kohler, R. (2009). *Piaget und die Pädagogik. Eine histographische Analyse*. Bad Heilbrunn: Klinkhardt.
Konrad, F.-M. (2007). *Geschichte der Schule*. München: C.H.Beck.
Kristen, C. (2005). *School Choice and Ethnic School Segregation – Primary School Selection in Germany*. Münster: Waxmann.
Kristen, C. (2006). *Ethnische Diskriminierung im deutschen Schulsystem? Theoretische Überlegungen und empirische Ergebnisse*. Berlin: Social Science Research Center Berlin.
Langenfeld, C. (2001). *Integration und kulturelle Identität zugewanderter Minderheiten*. Tübingen: Mohr Siebeck.
Lernen Fördern. (Hrsg.). (2009). *Teilhabe ist Zukunft. Berufliche Integration junger Menschen mit Behinderung*. Freiburg: Lambertus.
Liebermeister, K. & Hcohuth, M. (1999). *Seperation und Integration. Die Geschichte des Unterrichts für behinderte Kinder*. München: Juventa.

Lill, G. (Hrsg.). (1996). *Alle zusammen ist noch lange nicht gemeinsam: kritische Rückschau auf 15 Jahre Integration und der Blick nach vorn.* Berlin: FIPP.
Link, E. (2000). *Eine Schule für alle?* Frankfurt am Main: Peter Lang.
Link, J.-W. (2005). *Schule in Bewegung. Eine pädagogische Zeitreise mit Texten von Rochow bis Klafki.* Bad Heilbrunn: Klinkhardt.
Lipsky, D. & Gartner, A. (2000). Inclusive Education: a requirement of democratic society. In H. Daniels & P. Garner. *Inclusive Educatioin.* London: Kogan Page.
Lück, H. E. (2002). *Geschichter der Psychologie – Strömungen, Schulen, Entwicklungen.* Stuttgart: Kohlhammer.
Maturana, H. R. & Varela, F. J. (2009). *Der Baum der Erkenntnis. Die biologsichen Wurzeln des menschlichen Erkennens.* Frankfurt am Main: Fischer.
Marburger, H. (2009). *SGB IX - Rehabilitation und Teilhabe behinderter Menschen: Vorschriften und Verordnungen.* Regensburg : Walhalla.
Marquard, M. (2006). Vorwort. In GEW BERLIN (Hrsg.). *Von der Integration zur Inklusion* (S. 3). Berlin: 80er Raster.
Maslow, A. H. (1990). *Psychologie des Seins. Ein Entwurf.* Frankfurt am Main: Fischer.
Meister, H. (1998). Vielfalt der Methoden für eine Pädagogik der Vielfalt. In A. Sander, A. Hildeschmidt & I. Schnell. *Integrationsentwicklungen. Gemeinsamer Unterricht für behinderte und nicht-behinderte Kinder und Jugendliche im Saarland. 1994 bis 1998* (S. 57 – 92). St. Ingbert: Röhrig.
Melero, M. (2000). Ideologie, Vielfalt und Kultur. Vom Homo sapiens sapiens zum Homo amantis. Eine Verpflichtung zum Handeln. In *Behinderte in Familie, Schule und Gesellschaft, 4* (5), 11-34.

Menck, P. (1993). *Geschichte der Erziehung.* Donauwörth: Auer.
Menzel, C. (2006). Wann ist es endlich normal, verschieden zu sein? In GEW BERLIN (Hrsg.). *Von der Integration zur Inklusion* (S. 96-71). Berlin: 80er Raster.
Merten, R. & Scherr, A. (Hrsg.). (2004). Inklusion und Exklusion in der Sozialen Arbeit. Wiesbaden: VS.
Merz-Atalik, K. (2001). *Interkulturelle Pädagogik in Integrationsklassen.* Opladen: Leske Budrich.
Möckel, A. (2007). *Geschichte der Heilpädagogik.* Stuttgart: Klett-Cotta Verlag.
Müller, T. (2008). *Innere Armut: Kinder und Jugendliche zwischen Mangel und Überfluss.* Wiesbaden: VS-Verlag.
Münch, R. (2009). *Das Regime des liberalen Kapitalismus. Inklusion und Exklusion im neuen Wohlfahrtsstaat.* Frankfurt am Main: Campus.
Muth, J. (1982). *Behinderte in allgemeinen Schulen.* Essen: Neue-Deutsche-Schule-Verlagsgesellschaft.
Mutzeck, W. (2004). Grundlegende Aspekte der Diagnostik in der Förderpädagogik. In W.
Mutzeck, W. & Jogschies, P. (Hrsg.). *Neue Entwicklungen in der Förderdiagnostik – Grundlagen und praktische Umsetzungen* (S. 10- 20). Weinheim: Beltz.
Oerter, R. & Montada, L. (2002). *Entwicklungspsychologie.* Weinheim: Beltz.
Olk, T. (2003). Kindheit im Wandel. Eine neue Sicht auf Kindheit und Kinder und ihre Konsequenzen für die Kindheitsforschung. In A. Prengel (Hrsg.). *Im Interesse von Kindern? Forschungs- und Handlungsperspektiven in Pädagogik und Kinderpolitik* (S. 103-121). Weinheim: Juventa.
Ondracek, P. & Störmer, N. (2006). *Diagnostik und Planung.* Berlin: Frank & Timme.

Österreichische UNESCO Kommission (Hrsg.). (1996). *Die Salamanca Erklärung und der Aktionsrahmen zur Pädagogik für besondere Bedürfnisse.* Linz: Domino.
Pädagogik. (2000) In *Brockhaus-Enzyklopädie; in 24 Bd.-19., völlig neubearb. Aufl.* (Band 16, S. 419). Mannheim: Brockhaus.
Pädagogik. (2001). In *Das Fremdwörterlexikon.* (S. 714). Mannheim: Dudenverlag.
Pädagogik. (1997). In *Das große illustrierte Lexikon : 70000 Sichwörter, 3000 Abbildungen, 170 Übersichtstabellen, 100 Schwerpunktthemen, 1000 Seiten kompaktes Wissen von A - Z. - Genehmigte Sonderausg.*(Band 2, S. 663). München : Orbis-Verlag.
Perrez, M., Huber, G. L. & Geißler, K. A. (2006). Psycholgie der pädagogischen Interaktion. In A. Krapp & B. Weidenmann. (Hrsg.). *Pädagogische Psychologie.* Weinheim: Beltz Verlag.
Pestalozzi, J. H. (1893). Brief an einen Freund über seinen Aufenthalt in Stans. In F. Mann, (Hrsg.), *J. H. Pestalozzis Ausgewählte Werke.* (Band 3, S. 68-94). Langensalza: Hermann Beyer & Söhne.
Philibert, N. (Regie). (2002). Sein und Haben [Film]. Berlin: Absolut Medien.
Piaget, J. (1975). *Das Recht auf Erziehung und Die Zukunft unseres Bildungssystems. Zwei Essays.* München: Piper.
Piaget, J. (1983). *Sprechen und Denken des Kindes.* Frankfurt am Main: Ullstein.
Piaget, J. & Inhelder, B. (1998). *Die Psychologie des Kindes.* München: Klett- Cotta.
Picht, G. (1965). Die deutsche Bildungskatastrophe. München: dtv. In Link, J.-W.(2005). *Schule in Bewegung. Eine pädagogische Zeitreise mit Texten von Rochow bis Klafki* (S. 21-23). Bad Heilbrunn: Klinkhardt.

Pijl, S. J., Meijer, C. J. W., Hegarty, S. (Hrsg.) (1997)
Inclusive Education, A Global Agenda, London:
Routledge.
Pius, T. & Kopp, B. (2007). Zur Etablierung ökosystemischer
Denktraditionen: Integration als Entwicklungsaufgabe
für Schulen. In P. Helbig (Hrsg.). *Problemkinder als
Herausforderung: neue Perspektiven für die
Grundschule* (S. 172-183). Bad Heilbrunn: Klinkhardt.
Polzin, G. (2006). Grußwort anlässlich der Fachtagung „Von
der Integration zur Inklusion – Kinder und Jugendliche
mit Behinderungen gehören auch in der Schule dazu"
am 12. November 2005 in Berlin. In GEW BERLIN
(Hrsg.). *Von der Integration zur Inklusion* (S. 4-5).
Berlin: 80er Raster.
Porter, G. L. & Richler, D. (Hrsg.). (1991a). *Changing
Canadian Schools. Perspectives on Disability and
Inclusion*. North York: Institut Roeher.
Porter, G. L. & Richler, D. (Hrsg.). (1991b). *Réformer les
écoles canadiennes: Perspectives sur le handicap et
l'intégration*. North York: Institut Roeher.
Prengel, A. (1995). *Pädagogik der Vielfalt. Verschiedenheit
und Gleichberechtigung in interkultureller,
feministischer und integrativer Pädagogik.*
Wiesbaden: VS.
Prengel, A. (1999). *Vielfalt durch gute Ordnung im
Anfangsunterricht.* Opladen: Leske + Budrich.
Prengel, A. (2006). *Pädagogik der Vielfalt. Verschiedenheit
und Gleichberechtigung in interkultureller,
feministischer und integrativer Pädagogik.*
Wiesbaden: VS.
Prengel, A. (2007). Diversity Education – Grundlagen und
Probleme der Pädagogik der Vielfalt. In G. Krell
(Hrsg.). *Diversity studies –Grundlagen und
disziplinäre Ansätze* (S. 49- 67). Berlin: Campus
Verlag.

Prenzel, M., Baumert, J., Blum, W., Lehmann, R., Leutner, D., Neubrand, M., Pekrun, R., Rolff, H.-G., Rost, J. & Schiefele, U. (Hrsg.). (2004). *PISA 2003. Der Bildungsstand der Jugendlichen in Deutschland – Ergebnisse des zweiten internationalen Vergleichs.* Münster: Waxmann.

Priimägi, A. (2001). Wertewandel bei den Jugendlichen: Fragmentierung oder Integration? In A. Liimets (Hrsg.). *Integration als Problem in der Erziehungswissenschaft* (S. 129-134). Frankfurt am Main: Peter Lang.

Projektgruppe Integrationsversuch (Hrsg.) (1988). *Das Fläming Modell. Gemeinsamer Unterricht für behinderte und nichtbehinderte Kinder an der Grundschule.* Weinheim: Beltz.

Randoll, D. (1991). *Lernbehinderte in der Schule. Integration oder Segregation?* Frankfurt am Main: Böhlau.

Ratzki, A. (2007). Heterogenität in der Schule –Chance oder Risiko? – Zur deutschen Situation und ein Blick in ausgewählte Länder. In H. Buchen, L. Horster, & H.-G. Rolff, (Hrsg.). *Heterogenität und Schulentwicklung* (S 21-36). Stuttgart: Raabe.

Rauschenberger, H. (1999). *Erzieherisches Denken und Handeln. Gesellschaftliche Entwicklungen in ihrer Wirkung auf Schule und Unterricht.* Weinheim: Juventa.

Reiser, H. (1990). Überlegungen zur Bedeutung des Integrationsgedankens für die Zukunft der Sonderpädagogik. In H. Deppe-Eolfinger, A. Prengel & H. Reiser (Hrsg.). *Integrative Pädagogik in der Grundschule.* Weinheim: Juventa.

Richter, D. (Hrsg). (2000). *Methoden der Unterrichtsinterpretation – Qualitative Analysen einer Sachunterrichtsstunde im Vergleich.* Weinheim: Juventa.

Riedo, D. (2000). „Ich war früher ein sehr schlechter Schüler...". Bern: Haupt.
Rolff, H.- G. (1997). *Sozialisation und Auslese durch die Schule*. Weinheim: Juventa.
Ross, D. (2008). Was Eltern wollen. In H. Eberwein & J. Mand (Hrsg.). (2008). *Integration konkret. Begründungen, didaktische Konzepte, inklusive Praxis* (S. 59-74). Bad Heilbrunn: Klinkhardt.
Roßbach, H.-G. & Tietze, W. (1996). *Schullaufbahnen in der Primarstufe. Eine empirische Untersuchung zu Integration und Segregation von Grundschülern.* Münster: Waxmann.
Rückriem, G., Wiese, K. & Zeuch, I. – Arbeitsgruppe Pädagogisches Museum (1981). *Hilfe Schule: Ein Bilder-Lese-Buch über Schule und Alltag. Von der Armenschule zur Gesamtschule 1827 bis heute.* Berlin: Elefanten Press.
Sander, A. (2002). Von der integrativen zur inklusiven Bildung – Internationaler Stand und Konsequenzen für die sonderpädagogische Förderung in Deutschland. In Hausotter, Boppel, Meschenmoser (Hrsg.). *Perspektiven Sonderpädagogischer Förderung in Deutschland. Dokumentation der Nationalen Fachtagung vom 14.-16. November 2001 in Schwerin* (S. 143 – 164). Middelfart: European Agency.
Sander, A. (2004a). Inklusive Pädagogik verwirklichen – zur Begründung des Themas. In I. Schnell, & A. Sander, *Inklusive Pädagogik* (S. 11-22). Bad Heilbrunn: Klinkhardt.
Sander, A. (2004b). Konzepte einer Inklusiven Pädagogik. In *Zeitschrift für Heilpädagogik* (5), 240-244.
Sander, A. (2006). *Interdisziplinarität in einer inklusiven Pädagogik.* Vortrag im Rahmen des ANCE-Symposiums in Luxemburg am 12. Oktober 2006. Verfügbar unter: http://www.ance.lu/index.php?option=com_content&v

iew=article&id=83:profdr-a-sander-interdisziplinaritaet-in-einer-inklusiven-paedagogik&catid=31:online-dokutheik&Itemid=36 [20.10.2010].

Schischkoff, G. (Hrsg.). (1982). *Philosophisches Wörterbuch*. Stuttgart: Kröner.

Schlee, J. (2004). Lösungsversuche als Problem. Zur Vergeblichkeit des so genannten Förderdiagnostik. In W. Mutzeck & P. Jogschies. (Hrsg.). *Neue Entwicklungen in der Förderdiagnostik – Grundlagen und praktische Umsetzungen* (S. 21- 22). Weinheim: Beltz.

Schmidinger, E. (2007). Das Leseportfolio zur Unterstützung selbst bestimmten Lernens im offenen Unterricht. In M. Heinrich, & U. Prexl-Krausz, (Hrsg.). *Eigene Lernwege – Quo vadis? Eine Spurensuche nach „neuen Lernformen" in Schulpraxis und LehrerInnenbildung* (S.141-158). Berlin: Lit.

Schmitz, C. (2010). 2010 – das Jahr der Inklusion. Ein vor einem Jahr fast unbekannter Begriff beginnt, die Gesellschaft zu verändern. *DieGesellschafter.de, 19*, 1.

Schnell, I. (2003). *Geschichte schulischer Integration. Gemeinsames Lernen von SchülerInnen mit und ohne Behinderung in der BRD seit 1970.* Weinheim: Juventa.

Schnell, I. & Sander, A. (2004). *Inklusive Pädagogik*. Bad Heilbrunn: Klinkhardt.

Schöler, J. (2009). *Alle sind verschieden- Auf dem Weg zur Inklusion in der Schule*. Weinheim: Beltz.

Scholz, G. (2005). *Die Unterrichtsformen – Eine problemgeschichtliche Studie*. Frankfurt/ Main: Peter Lang.

Schonell, F. J., McLeod, J. & Cochrane, R. G. (Hrsg.). (1962). *The Slow Learner – Segregation or Integration.* St. Lucia: University of Queensland.
Schönwiese, V. (2005). Disability Studies und die Frage nach der Produktion von Behinderung. In Geiling, U. & Hinz, A. (Hrsg.). *Integrationspädagogik im Diskurs – Auf dem Weg zu einer inklusiven Pädagogik?* (S. 53-69). Bad Heilbrunn: Klinkhardt.
Schott, C.-E., (2010). *Trotzendorf, Valentin - Pädagoge und Theologe, Vater des protestantischen Schulwesens in Schlesien.* Kulturstiftung der deutschen Vertriebenen. Verfügbar unter: http://www.ostdeutsche-biographie.de/trotva06.htm [20.10.2010].
Schule. (2000) In *Brockhaus-Enzyklopädie; in 24 Bd.-19., völlig neubearb. Aufl.* (Band 19, S. 548). Mannheim: Brockhaus.
Schule. (1997). In *Das große illustrierte Lexikon : 70000 Sichwörter, 3000 Abbildungen, 170 Übersichtstabellen, 100 Schwerpunktthemen, 1000 Seiten kompaktes Wissen von A - Z. - Genehmigte Sonderausg.* (Band 3, S. 805). München: Orbis-Verlag.
Schulz, R. (2003). *Entlastungsmöglichkeiten für Lehrende im Berufsvorbereitungsjahr – Effekte methodischer Variationen.* Hamburg: Dr. Kovač.
Schumann, B. (2009). Inklusion statt Integration – eine Verpflichtung zum systemwechseln. Deutsche Schulverhältnisse auf dem Prüfstand des Völkerrechts. *Sonderdruck Pädagogik, 2,* 51-53.
Schumann, M. (1987). Elternorganisation. Eltern und integration –Eindrücke aus Genua und Florenz. J. Schöler, (Hrsg.). (1987). *Italienische verhältnisse – insbesondere in den schulen von Florenz* (S. 276 – 289). Berlin: Klaus Guhl.
Schumann, M. (2000). Aktuelle Entwicklungen in Biomedizin und Bioethik – Neue Herausforderungen an die

Integration(spädagogik)! In H. Hovorka & M. Sigot (Hrsg.). *Integration(spädagogik) am Prüfstand. Menschen mit Behinderungen außerhalb von Schule* (S. 33-60). Innsbruck: Studien Verlag.

Schumann. B.(2009).Inklusion statt Integration – eine Verpflichtung zum Systemwechsel. *Sonderdruck Pädagogik. (2),* 51-53.

Schweitzer, H. (1994). *Der Mythos vom interkulturellen Lernen.* Münster: Lit.

Segregation. (2000) In *Brockhaus-Enzyklopädie; in 24 Bd.- 19., völlig neubearb. Aufl.* (Band 20, S. 60). Mannheim: Brockhaus.

Segregation. (1997). In *Das große illustrierte Lexikon : 70000 Sichwörter, 3000 Abbildungen, 170 Übersichtstabellen, 100 Schwerpunktthemen, 1000 Seiten kompaktes Wissen von A - Z. - Genehmigte Sonderausg.(*Band 3, S. 818). München : Orbis.

Seitz, S. (2005). *Lehr-Lernforschung für inklusiven Sachunterricht. Forschungsmethodische Strategien zum Lernfeld Zeit.* Oldenburg: Didaktisches Zentrum.

Senatsverwaltung für Bildung, Wissenschaft und Forschung (Hrsg.). (2009a). *BildungsFahrplan.* Berlin: Okroberdruck.

Senatsverwaltung für Bildung, Wissenschaft und Forschung (Hrsg.). (2009b). *Infobrief für Eltern der 6. Klasse.* Berlin: Oktoberdruck.

Senatsverwaltung für Bildung, Wissenschaft und Forschung (Hrsg.). (2010). *Schulgesetz für das Land Berlin (Schulgesetz - SchulG).* Berlin: Eigendruck.

Sharam, S. & Shachar, H. (1988). *Language and Learning in the Cooperative Classroom.*
New York:Springer.

Siegert, H. (Regie). (2005). *Klassenleben* [Film]. Deutschland: S.U.M.O. Film.

Skager, R.W. & Braskamp, L. A. (1996). *Changes in self-ratings and life goals as related to student accomplishment in collage.* Iowa City: IA.
Skinner, B. F. (1974). *About Behaviorism.* New York: Knopf.
Speck, O. (1997). *Chaos und Autonomie in der Erziehung – Erziehungsschwierigkeiten unter moralischem Aspekt.* München: Ernst Reinhardt.
Spichel, H.-J. (1998). *Grundlagen des Gemeinsamen Unterrichts. Integration von behinderten Kindern in der Regalschule.* Mainz: Wissenschaftsverlag.
Stainback, Susan & William Stainback (Hrsg.) (1996). *Inclusion. A Guide for Educators.* Baltimore: Brookes.
Stichweh, R. (2005). *Inklusion und Exklusion. Studien zur Gesellschaftsheorie.* Bielefeld: transcript.
Störmer, N. & Vojtová, V. (2006). *Interventionen.* Berlin: Frank & Timme
Stroot, T. (2007). Powerpack Heterogenität – Gender als Beispiel für produktiven Umgang mit Vielfalt in der Schule. In H. Buchen, L. Horster, & H.-G. Rolff, (Hrsg.). *Heterogenität und Schulentwicklung* (S. 37-55). Stuttgart: Raabe.
Suhrweier, H. (1994).*Zur Psychologie Geistigbehinderter.* Eigendruck: Universität Potsdam Institut für Sonderpädagogik.
Theunissen, G. (2006). Inklusion – Schlagwort oder zukunftsweisende Perspektive? In G. Theunissen & K. Schirbort (Hrsg.). *Inklusion von Menschen mit geistiger Behinderung. Zeitgemäße Wohnformen – Soziale Netze – Unterstützungsangebote* (S. 13- 40). Stuttgart: Kohlhammer.
Theunissen, G. (2009). *Empowerment und Inklusion behinderter Menschen : eine Einführung in die Heilpädagogik und soziale Arbeit.* Freiburg: Lambertus.
Thoma, P. & Kopp, B. (2007). Zur Etablierung ökosystemischer Denktraditionen: Integration als

Entwicklungsaufgabe für Schulen. In P. Helbig, (Hrsg.). *Problemkinder als Herausforderung – Neue Perspektiven für die Grundschule* (S. 172-183). Bad Heilbrunn: Klinkhardt.

Thoma, P. & Rehle, C. (2009). Inklusivs Schule: Leben und Lernen mittendrin. Bad Heilbrunn: Klinkhardt.

Tillmann, K.-J., (2007). Lehren und Lernen in heterogenen Schülergruppen – Forschungsstand und Perspektiven. In H. Buchen, L. Horster, & H.-G. Rolff, (Hrsg.). *Heterogenität und Schulentwicklung* (S. 7-20). Stuttgart: Raabe.

Trapp, E. C. (2007). In K.-J. Tillmann. Lehren und Lernen in heterogenen Schülergruppen – Forschungsstand und Perspektiven. In H. Buchen, L. Horster, & H.-G. Rolff, (Hrsg.). *Heterogenität und Schulentwicklung*. Stuttgart: Raabe.

Tuch, A. (2003). *Zur Vereinbarkeit von Unterricht und sprachheiltherapeutischer Arbeit an der Sprachheilschule*. Norderstedt: Grin.

Ulmann, G. (2003). *Über den Umgang mit Kindern. Orientierungshilfen für den Erziehungsalltag.* Berlin: Argument.

Ulmann, G. (2002). Integration von Ausgesonderten in Regelschulen: schulkritisch oder affirmativ? *Forum Kritische Psychologie, 44*, 32 f.

UNESCO (1994). *The Salamanca-Statement on Principles, Policy and Practice in Special Needs Education.* Paris: UNESCO.

United Nations Educational, Scientific and Cultural Organisation –UNESCO (2005). *Guidelines for Inclusion: Ensuring Access to Education for All.* Paris: UNESCO:

Vojtová, V. (2006). Von der Integration zur Inklusion. In V. Vojtová, W. Bloemers, D. Johnstone (Hrsg.).

Pädagogische Wurzeln der Inklusion (S.65-100). Berlin: Frank & Timme.
Vojtová, V., Bloemers, W., Johnstone, D. (2006*).* *Pädagogische Wurzeln der Inklusion.* Berlin: Frank & Timme.
Völkel, B. (2008). *Handlungsorientierung im Geschichtsunterricht.* Schwalbach: Wochenschau Verlag.
Wahl, D., Weinert, F. E. & Huber, G. L. (1997). *Psychologie für die Schulpraxis. Ein handlungsorientiertes Lehrbuch für Lehrer.* München: Kösel.
Walter, P. (2004). *Schulische Integration Behinderter.* Wiesbaden: VS.
Wansing, G. (2005). *Teilhabe an der Gesellschaft.* Wiesbaden: VS.
Watermann, R. & Stanat, P. (2005). Schulentwicklung und multiple Zielerreichung in der Laborschule: Zusammenfassung und Diskussion der Ergebnisse. In R. Watermann, S. Thurn,
K.-L. Tillmann. (Hrsg.). *Die Laborschule im Spiegel ihrer PISA-Ergebnisse – Pädagogisch-didaktische Konzepte und empirische Evaluation reformpädagogischer Praxis* (S. 285-296). Weinheim: Juventa.
Watermann, R., Thurn, S. & Tillmann., K.-L. (Hrsg.). *Die Laborschule im Spiegel ihrer PISA-Ergebnisse – Pädagogisch-didaktische Konzepte und empirische Evaluation reformpädagogischer Praxis.* Weinheim: Juventa.
Weinberger, D. (2008). *Das Ende der Schublade. Die Macht der neuen digitalen Unordnung.* München: Hanser.
Wenning, N. (2007). Differenz und Bildung im Spannungsverhältnis –Wie die Institution Schule anders mit Heterogenität umgehen kann. In H. Buchen, L. Horster, & H.-G. Rolff, (Hrsg.). *Heterogenität und Schulentwicklung.* Stuttgart: Raabe.

Werner, E. & Smith, R. S. (2001). *Journeys from Childhood to Midlife. Risk resilience and recovery.* Ithaca; Cornell University Press,

Wild, E., Hofer, M. & Pekrum, R. (2006). Psychologie des Lernens. In: A. Krapp, & B. Weidenmann. (Hrsg.). *Pädagogische Psychologie* (S. 203-268). Weinheim: Beltz.

Wilhelm, M., Bintinger, G. & Eichelberger, H. (2002). *Eine Schule für dich und mich! Inklusiven Unterricht, Inklusive Schule gestalten. Ein Handbuch zur integrativen Lehrer/innenaus- und Weiterbildung.* Innsbruck: Studienverlag.

Winkelmann,W., Holländer, A., Schmerkkotte, H. & Schmalohr, E. (1979). *Kognitive Entwicklung und Förderung von Kindergarten und Vorklassenkindern. Bericht über eine längsschnittliche Vergleichsuntersuchung zum Modellversuch des Landes Nordrhein-Westfalen- Band 1.* Kronberg: Scriptor.

Winter, F. (2007). Neue Lernformen brauchen eine veränderte Leistungsbewertung! In M. Heinrich, & U. Prexl-Krausz, (Hrsg.). *Eigene Lernwege – Quo vadis? Eine Spurensuche nach „neuen Lernformen" in Schulpraxis und LehrerInnenbildung* (S.35-56). Berlin: Lit.

Wisotzkis, K. H. (2000). *Integration Behinderter. Modelle und Perspektiven.* Stuttgart: Kohlhammer.

Witte, W. (1988). *Einführung in die Rehabilitations-Psychologie.* Bern: Hans Huber.

Yinger, J. M. (1981). Toward a Theory of Assimilation and Dissimilation. *Ethnic and Racial Studies, 4* (3), 249.

Literaturverzeichnis

Onlineressourcen mit Verweis auf die Fußnoten innerhalb des Textes:

1. Verfügbar unter: http://www.sign-lang.uni-hamburg.de/ projekte/slex/seitendvd/konzepte/l52/l5211.htm [20.10.2010]
2. Verfügbar unter: http://www.hpd-aargau.ch/definition.html [20.10.2010]
3. Verfügbar unter: http://www.bundestag.de/dokumente/ rechtsgrundlagen/grundgesetz/gg_01.html [20.10.2010]
4. Verfügbar unter: http://ftp.iza.org/dp4026.pdf [20.10.2010]
5. Verfügbar unter: http://ftp.iza.org/dp4027.pdf [20.10.2010]
6. Verfügbar unter: http://sonderpaedagogik.bildung.hessen. de/news/1079457611.html [20.10.2010]
7. Verfügbar unter: http://www.elwela.de/recht/bilder/Arg_ Verfassungsbeschwerde_BAG.
8. Verfügbar unter: http://www.gew-berlin.de/documents_ public/ 060323 _ juel_5.pdf [20.10.2010]
9. Verfügbar unter: http://iglu.ifs-dortmund.de/assets/files/ iglu/IGLU2006_Pressekonferenz_erweitert.pdf [20.10.2010]
11. Verfügbar unter: http://timss.ifs-dortmund.de/assets/files/ TIMSS_Pressemappe_farbe.pdf [20.10.2010]
12. Verfügbar unter: http://www.bmbf.de/de/6628.php [20.10.2010]
13. Verfügbar unter: http://www.bildungsserver.de/ zeigen.html? seite=6706 [20.10.2010]
14. Verfügbar unter: http://www.bmbf.de/de/6626.php [20.10.2010]
15. Verfügbar unter: http://iglu2006.ifs-dortmund.de/hm [20.10.2010]
16. Verfügbar unter: http://iglu.ifs-dortmund.de/assets/files/ iglu/IGLU2006_Pressekonferenz_erweitert.pdf [20.10.2010]
17. Verfügbar unter: http://www.gew.de/IGLU_2006_ veroeffentlicht.html [20.10.2010]

[18.] Verfügbar unter: http://www.gew.de/IGLU-E_Deutschlands_Grundschueler_haben_gute_Lesenoten_-_aber_schlechte_Aussichten.html [20.10.2010]

[19.] Verfügbar unter: http://www.gew.de/Binaries/Binary 34599/pisa_broschuere.pdf [20.10.2010]

[20.] Verfügbar unter: http://www.oecd.org/dataoecd/58/62/38390057.pdf [20.10.2010]

[21.] Verfügbar unter: http://www.bertelsmann-stiftung.de/cps/rde/xbcr/SID-D5CD83C8-8627E2B9/bst/xcms_bst_dms_29361_29362_2.pdf [20.10.2010]

[22.] Verfügbar unter: http://www.grundschule-im-blumenviertel.de/index.php?option=com_content&view=article&id=63:immer-wieder-innehalten-genau-schauen-und-verbessern&catid=38:evaluation&Itemid=70 [20.10.2010]

[24.] Verfügbar unter: http://www.sovd.de/1465.0.html [20.10.2010]

[25.] Verfügbar unter: http://www.eine-schule-fuer-alle.info/downloads/13-62-507/fachtag_12Juni10_menschenrechte_inklusive-1.pdf [20.10.2010]

[26.] Verfügbar unter: http://www.eine-schule-fuer-alle.info/Termine/)

[27.] Verfügbar unter: http://www.freie-hochschule-mannheim.de/front_content.php? idcat=33Y=2010&m=6&d=16&do=show_event&id=549&cal_id=1&language=german [20.10.2010]

[28.] Verfügbar unter: http://www.kinderwelten.net/news.php [20.10.2010]

[29.] Verfügbar unter: http://www.inclusion2010.de/master.php [20.10.2010]

[30.] Verfügbar unter: http://www.eine-schule-fuer-alle.info/kongress-2010/ [20.10.2010]

[31.] Verfügbar unter: http://www.eine-schule-fuer-alle.info/Termine/ [20.10.2010]

Literaturverzeichnis

32. Verfügbar unter: http://diegesellschafter.de/aktion/5mai/aktionsfinder.php [20.10.2010]
33. Verfügbar unter: http://www.inklusion-online.net/index.php/inklusion [20.10.2010]
34. Verfügbar unter: http://bidok.uibk.ac.at/ueberuns/index.html [20.10.2010]
35. Verfügbar unter: http://www.personcentredplanning.eu/files/short_info_newpaths_de.pdf [20.10.2010]
36. Verfügbar unter : http://www.kindermuseum-labyrinth.de/ [20.10.2010]
37. Verfügbar unter : http://www.un.org/disabilities/documents/maps/enablemap.jpg [05.09.2010]
38. Verfügbar unter: http://www.bertelsmann-stiftung.de/cps/rde/xchg/SID-2AFC513B-2A5E396D/bst/hs.xsl/nachrichten_97424.htm [20.10.2010]
39. Verfügbar unter: http://www.bertelsmann-stiftung.de/cps/rde/xchg/SID-41B430C7-83982BA2/bst/hs.xsl/91621_91646.htm [20.10.2010]
40. Verfügbar unter: http://www.verband-sonderpaedagogik.de/con/cms/upload/pdf/schardt/Positionen_neu/Positionspapier_inklusives_Bildungssystem_-_verabschiedet.pdf [20.10.2010]
41. Verfügbar unter: http://www.verband-sonderpaedagogik.de/con/cms/upload/pdf/schardt/Positionen_neu/Handlungskonzept_zur_Umsetzung_eines_inklusiven_Bildungssystems_-_Stand_01-10-2010.pdf [20.10.2010]
42. Verfügbar unter: http://www.facebook.com/facebook
43. Verfügbar unter: http://www.universelles-design.com/ [20.10.2010]
44. Verfügbar unter: http://www.einfach-fuer-alle.de/ [20.10.2010]
45. Verfügbar unter: http://ftb-esv.de/punides.html [20.10.2010]
46. Verfügbar unter: http://www.fernuni-hagen.de/FTB/new/ftb/ unides/doc/abud-d.htm [20.10.2010]

[47] Verfügbar unter: http://www.berlin.de/imperia/md/content/sen-bildung/rechtsvorschriften/schulgesetz.pdf [20.10.2010]

[48] Verfügbar unter: http://www.amnesty.de/umleitung/1899/deu07/001?lang=de%26mime type%3dtext%2fhtml [20.10.2010]

[49] Verfügbar unter: http://www.flaeming-gs.cidsnet.de/125flae.htm [20.10.2010]

[50] Verfügbar unter: http://www.inklusionspaedagogik.de/content/blogcategory/19/58/lang,de/ [20.10.2010]

[51] Verfügbar unter: http://www.berlin.de/imperia/md/content/sen-bildung/rechtsvorschriften/schulgesetz.pdf [20.10.2010]

[52] Verfügbar unter: http://www.bertelsmann-stiftung.de/bst/de/trash/artikel_91803.htm [20.10.2010]

[53] Verfügbar unter: http://www.praenatalediagnostik.info/ctopic51.html [20.10.2010]

[54] Verfügbar unter: http://www.gew.de/Binaries/Binary34599/pisa_broschuere.pdf [20.10.2010]

Anhang A - H

Anhang A

Untertitel und deren Ergänzung der Didactica Magna (1657)

„'Die vollständige Kunst, alle Menschen alles zu lehren' oder Sichere und vorzügliche Art und Weise, in allen Gemeinden, städten und Dörfern eines jeden christlichen Landes Schulen zu errichten, in denen die gesamte Jugend beiderlei Geschlechts ohne jede Ausnahme Rasch, angenehm und gründlich in den Wissenschaften gebildet, zu guten Sitten geführt, mit Frömmigkeit erfüllt und auf diese Weise in den Jugendjahren zu allem, was für dieses und das künftige Leben nötig ist, angeleitet werden kann; worin von allem, wozu wir raten die Grundlage in der Natur der Sache selbst gezeigt, die Wahrheit durch Vergleichsbeispiele aus den mechanischen Künsten dargetan, die Reihenfolge nach Jahren, Monaten, Tagen und Stunden festgelegt und schließlich der Weg gewiesen wird, auf dem sich alles leicht und mit Sicherheit erreichen läßt.

Erstes und letztes Ziel unserer Didaktik soll es sein, die Unterrichtsweise aufzuspüren und zu erkunden, bei welcher die Lehrer weniger zu lehren brauchen, die Schüler dennoch mehr lernen; in den Schulen weniger Lärm, Überdruß und unnütze Mühe herrsche, dafür mehr Freiheit, Vergnügen und wahrhafter Fortschritt; in der Christenheit weniger Finsternis, Verwirrung und Streit, dafür mehr Licht, Ordnung, Friede und Ruhe (S. 9).

„...daß dieser Bildungsgang nicht beschwerlich sondern ganz leicht, indem nämlich täglich nur vier Stunden *auf die gemeinsamen Übungen verwandt werden sollen und zwar so, dass ein einziger Lehrer für die gleichzeitige Belehrung von hundert Schülern genügt und dabei doch zehnmal weniger Mühe hat, als man heute an jeden einzelnen zu wenden pflege (S.67).*

Erstes Problem: Wie kann ein einziger Lehrer für eine so große Schülerzahl ausreichen? Ich behaupte, es ist nicht nur möglich, dass ein Lehrer (magister) eine Gruppe von etwa hundert Schülern leitet, sondern sogar nötig, weil dies für den Lehrenden wie Lernenden weitaus am angenehmsten ist. Jeder wird ohne Zweifel mit um so größerer Lust sein Tagewerk verrichten, je zahlreicher die Schar ist, die er so vor sich erblickt…; und je eifriger er selbst ist, desto lebhafter wird er seine Schüler machen. Ebenso wird den Schülern die größere Zahl mehr Spaß machen (Freude macht es, beim Schaffen Genossen zu haben) und mehr Nutzen bringen. Sie werden sich gegenseitig anspornen und helfen, denn auch dieses Alter hat seinen Ehrgeiz.

Außerdem kann es leicht geschehen, wenn der Lehrer (doctor) nur von wenigen gehört wird, daß dies oder jenes an den Ohren aller vorübergeht; hören ihm aber viele zu, so erfasst jeder soviel er kann, und bei den nachfolgenden Wiederholungen kommt alles noch einmal zur Sprache und allen kommt alles zugut, da sich ein Geist am andern entzündet. Kurz, wie der Bäcker mit einem Teigkneten, einem Ofenheizen viele Brote bäckt, und der Ziegelbrenner viele Ziegel brennt, der Buchdrucker mit einem Schriftsatz hundert oder tausend Bücher druckt; gerade so kann ein Schulmeister (lugi magister) mit denselben wissenschaftlichen Übungen ohne besondere Mühe eine sehr große Schülerzahl zusammen mit einem Mal unterrichten. Wir sehen ja auch, dass ein einziger Stamm hinreicht, einen noch so verzweigten Baum zu

Anhang

tragen und ihm Saft zuzuführen, und dass die eine Sonne genügt, die ganze Erde zu beleben (S. 122 f.).

Wird die Sache also dergestalt eingerichtet, so genügt ebenso ein einziger Lehrer für die größte Schülerzahl, wenn er nämlich I. die Gesamtzahl der Gruppen, z. B. zu je zehn Schülern unterteilt, über jede Gruppe einen Aufseher setzt, über diese selbst wieder andere bis zuoberst; II. niemals einen allein unterrichtet, weder privat außerhalb der Schule noch während des öffentlichen Unterrichts in der Schule, sondern gleich alle zusammen. Er soll also (in der Klasse) zu niemandem besonders hingehen und nicht dulden, dass einer besonders zu ihm komme, sondern auf dem Katheder bleiben (wo er von allen gesehen und gehört werden kann) und wie die Sonne seine Strahlen über alle verbreiten. Aber alle sollen ihm Auge, Ohr und ihre Aufmerksamkeit zuwenden und alles aufnehmen, was er vorträgt, vormacht oder vorzeigt...

Die Kunst wird bloß sein, alle insgesamt und jeden einzeln so aufmerksam zu machen, daß sie glauben (wie es ja auch wirklich ist), der Mund des Lehrers sei die Quelle, von der die Bächlein der Wissenschaft zu ihm herabfließen, und daß sie sich gewöhnlich, so oft sie die Quelle sich öffnen sehen, ihren Becher der Aufmerksamkeit unterzustellen, damit nichts ungenützt vorbeifließe (S. 123).

... wenn jeder Klassenlehrer unter seinen Schülern diese wunderbare Übung auf folgende Weise einrichten wollte: In jeder Stunde ruft man, nachdem der Lehrstoff kurz dargeboten und der Sinn der Worte deutlich erklärt worden ist, einen Schüler auf, der – wie wenn er nun der Lehrer wäre – alles vom Lehrer Vorgetragene in derselben Ordnung wiederholt, die Regeln mit denselben Worten erläutert, ihre Anwendung an denselben Beispielen zeigt. Wo er sich irrt, verbessert ihn der Lehrer. Nachher wird ein anderer

aufgerufen, der dasselbe tun soll, während alle übrigen zuhören; dann noch ein dritter und vierter – so viele, bis es offensichtlich alle verstanden haben und wiedergeben und lehren können. Ich rate nicht zu einer bestimmten Reihenfolge hierbei, nur mögen die Befähigteren zuerst aufgerufen werden, damit die Langsameren, durch ihr Beispiel gestärkt, leicht nachfolgen können (S. 117)."

„[…] **Die Schul ist eine Werkstatt, in welcher die jungen Gemüter zur Tugend geformet werden, und wird abgeteilt in Classen. Der Schulmeister sitzt auf dem Lehrstuhl; die Schüler auf Bänken: jener lehrt, diese lernen. Etliches wird ihnen vorgeschrieben mit der Kreid an der Tafel. Etliche sitzen am Tische und schreiben; Er verbässert die Fehler. Etliche stehen und sagen her, was sie gelernet. Etliche schwätzen und erzeigen sich mutwillig und unfleissig: die werden gezüchtigt mir dem Bakel und der Ruhte (S. 117)**"

„**Ich versichere nicht nur, dass es möglich ist, dass ein Lehrer einer Zahl von etlichen hundert Schülern vorstehe, sondern behaupte sogar, dass es geschehen müsse, weil dies für den Lehrenden und die Lernenden bei weitem das Zweckmäßigste ist. Jener wird ohne Zweifel mir größerer Lust seine Arbeit verrichten, eine je größere Schar er vor sich sieht hat[…] und je feuriger er selbst ist, desto lebhafter wird er seine Schüler machen. Den Schülern selbst wird in gleicher Weise die größere Zahl mehr Annehmlichkeit […] und mehr Nutzen gewähren: sie werden sich gegenseitig aufmuntern und helfen, denn auch dieses Lebensalter hat seinen eigentümlichen Nacheiferungstrieb**" (S. 146)

„**…3. Wenn der Lehrer an einem höheren Orte stehende das Auge umherschweifen lässt und nicht duldet,** dass jemand etwas anderes treibe, als immer wider fest die Augen auf ihn richte [...]

5. Wenn er bisweilen seinen Vortrag (lat. Sermo, also Unerredung, Gespräch, erst später Rede. Predigt. Oder Wort!) etwa mit der Frage unterbricht: du, oder du, was habe ich eben gesagt? Wiederhole doch diesen Satz! Sag einmal, auf welchem Wege wir hierzu übergegangen sind! Und dergleichen mehr, je nach dem Standpunkt einer jeden Klasse. Wenn einer dabei betroffen wird, dass er nicht aufmerksam gewesen ist, so möge man ihn ausschelten oder gleich züchtigen; so wird der Eifer der Aufmerksamkeit im Allgemeinen geschärft werden.

6. Desgleichen, wenn du einen gefragt hast und dieser stockt, so gehe zum zweiten, dritten, zehnten, dreißigsten und verlange die Antwort, ohne die Frage zu wiederholen: alles das zu dem Zweck, dass sich alle bemühen, alles, was dem einen gesagt wird, zu beachten und zu ihrem Nutzen zu verwenden (S. 148 f.).

Comenius, J. A. (1985). Große Didaktik - die vollständige Kunst, alle Menschen alles zu lehren. In Flitner, A. (Hrsg.) *Johann Amos Comenius*. Stuttgart: Klett-Cotta.

Anhang B

**Auszug aus dem ersten Band „Große Unterrichtslehre"
der Pädagogischen Schriften (1656)**

„Bei dem so großen Verderben der Kirchen und Schulen, das wir in unserem Vaterlande vor Augen hatten [...], ergriff uns ein heftiger Schmerz und zugleich [...] kam uns die Hoffnung, die Barmherzigkeit Gottes möchte sich doch endlich wieder zu uns wenden; darum dachten wir eifrigst nach über die Mittel, wie das Verderben zu beseitigen sei. Und wir fanden keinen anderen Rat als den: wenn Gott uns für würdig erachtete, mit dem Auge der Barmherzigkeit angesehen zu werden, so müsse man vor allem der Jugend zu Hilfe kommen, so schleunig als möglich Schulen errichten und sie mit guten Büchern und einer klaren Methode ausrüsten, um auf die möglichst beste Weise die wissenschaftlichen, sittlichen, religiösen Bestrebungen auf eine richtige Bahn zu leiten. Wir machten uns also eifrig ans Werk (obgleich andere als Wetzstein dienten) und taten damals soviel an uns war, noch im Innern des Vaterlandes verborgen. Aber im folgenden Jahre 1628 (da derselbe Verfolgssturm immer stärker wütete) wurden wir alle das Vaterland zu verlassen und uns voneinander zu trennen gezwungen; ich wurde nach Polnisch-Lissa verschlagen. Und da ich, um die Verbannung zu ertragen zu können, mich der Schule zu widmen gedrängt wurde und mit solcher Beschäftigung nicht bloß oberflächlich zu befassen wünschte, fand ich darin einen neuen Sporn, das begonnene Studium der Unterrichtslehre ernstlich zu betreiben; zugleich traten damals in Deutschland mehrere bedeutende Schulmänner auf, [...] endlich erglänzte ein Strahl einer neuen (obgleich leider eiteln) Hoffnung auf Rückkehr ins Vaterland: und so kam es, dass ich meine Ansichten über Unterricht von Grund aus noch einmal aufzubauen und alles in umfassender Weise sicherer als alles früher von mir und anderen ary Anhang

Entwickelte festzustellen versuchte; bis ich mir sogar in einer gewissen Zuversichtlichkeit dies seiner ganzen Art nach neue Unternehmen eine große Unterrichtslehre oder die Kunst, alle alles zu lehren, zu nennen einfallen ließ."

Comenius, J. A. (1904). *Pädagogische Schriften. Erster Band: Große Unterrichtslehre.* Langensalza: Beyer, S. XXXVI f.

Anhang C

Die deutsche Bildungskatastrophe (1964)

„Wenden wir den Blick auf die inneren Verhältnisse unseres Landes, so zeigt sich ein Aspekt des Problems, der nicht weniger ernst zu nehmen ist. Im März 1962 veröffentlichte die Hochschule für Internationale Pädagogische Forschung im Frankfurt eine Untersuchung [...] unter dem Titel ‚Der relative Schulbesuch in den Ländern der Bundesrepublik 1952 bis 1960'. Wer würde vermuten, dass in einer Arbeit, die unter diesem harmlosen Titel eine trockene statistische Untersuchung enthält, zum ersten Mal ein Konstruktionsfehler unserer Sozialordnung aufgedeckt wurde, der sich mit den sozialpolitischen Übelständen des vorigen Jahrhundert durchaus vergleichen lässt? Dass Schulstatistik etwas mit Sozialpolitik zu tun haben soll, das will den Deutschen nur schwer in den Kopf. Unser sozialpolitisches Bewusstsein ist womöglich noch rückständiger als unser Bildungswesen. [...]
In der modernen „Leistungsgesellschaft" heißt soziale Gerechtigkeit nichts anderes als gerechte Verteilung der Bildungschancen; denn von den Bildungschancen hängen der soziale Aufstieg und die Verteilung des Einkommens ab. [...]
Der gesamte soziale Status, vor allem aber der Spielraum an persönlicher Freiheit, ist wesentlich durch die Bildungsqualifikationen definiert, die von dem Schulwesen vermittelt werden sollen. Man spricht heute gerne von der ‚mobilen' oder auch von der ‚nivellierten' Gesellschaft und
vergisst, dass in der wissenschaftlich-technischen Zivilisation ein neues Prinzip der klassenähnlichen Schichtung die Struktur der Gesellschaft wesentlich mitbestimmt. Durch das Schulsystem werden schon die zehnjährigen Kinder – und zwar in der Regel definitiv – in Leistungsgruppen eingewiesen, die durch das Berechtigungswesen einer entsprechenden

Gruppierung der sozialen Positionen zugeordnet sind. Die so geschaffene Klassifizierung
durch Bildungsqualifikationen überlagert mehr und mehr die noch fortbestehende Klassenstruktur der bisherigen industriellen Gesellschaft. [...] Die Schule ist deshalb ein sozialpolitischer Direktionsmechanismus, der die soziale Struktur stärker bestimmt als die gesamte Sozialgesetzgebung der letzten fünfzehn Jahre. [...] das eben zeigt uns die genannte Arbeit. Sie stellt mit den Methoden der vergleichenden Statistik dar, wie groß die Ungerechtigkeit unserer Sozialauslese tatsächlich ist, und zeigt zugleich, wo wir die Ursachen für diese Ungerechtigkeit zu suchen haben.
Einer der wichtigsten Maßstäbe für die Verteilung der Sozialchancen in der Bundesrepublik ist die Streuung der Schulabgänger mit mittlerer Reife, denn der soziale Status einer breiten Gruppe von Berufen ist dadurch geradezu definiert, dass sie die mittlere Reife voraussetzen. Die folgende Statistik gibt die Zahlen des Jahres 1960. [...] Abgesehen von dem aus diesen Zahlen wieder abzulesenden Rückstand der Bundesrepublik im internationalen Vergleich ergibt sich ein wahrhaft erschütternder Unterschied zwischen den verschiedenen Bundesländern. Dieser Unterschied hängt, wie die Verteilung auf die Länder zeigt, weder von der Sozialstruktur noch von der Finanzkraft der verschiedenen Bundesländer ab, sondern ergibt sich lediglich aus dem unterschiedlichen Ausbau des Schulwesens. Die Entscheidungen der Unterrichtsverwaltungen beziehungsweise der Landtage verfügen darüber, wie groß die Sozialchancen der Bevölkerung eines Bundeslandes sind. Zurzeit gibt es, wie die Statistik zeigt, je nach der Zugehörigkeit zu einem Lande in der Bundesrepublik Staatsbürger erster bis vierter Klasse. [...]"

Picht, G. (1965). Die deutsche Bildungskatastrophe. München: dtv. S. 21-23. In Link, J.-W.(2005). *Schule in Bewegung. Eine pädagogische Zeitreise mit Texten von Rochow bis Klafki.* Bad Heilbrunn: Klinkhardt. S. 64-66.

Anhang D

Pädagogik der Effizienz (2009)

„Zweckgerichtetes Denken ist das wichtigste Prinzip, auf dem z. B. auch der Sozialdarwinismus aufbaute. Die Vorstellung, dass Menschen bzw. Schüler mit Behinderungen nutzlose Glieder in unserer Gesellschaft seien, hängt mit diesem Denken zusammen. Dieses Denken verantwortet vermutlich die öhonomischen Nutzenerwägungen, die auch vor dem Sozialen nicht halt machen (Ökonomisierung des Sozialen). Eine Maximierung eines Nutzens bzw. eines Zweckes wird angestrebt. In der Pädagogik spricht man hier auch von der ‚Pädagogik der Effizienz', die, wenn sie effiziet sein will, separieren muss. Eine Separation des als abnorm definierten Symptoms bzw. der Behinderung eines Kindes soll die benötigte Homogenität und damit „Ordnung" im pädagogischen System schaffen.

Auf der Handlungsebene hat selbstverständlich zweckgerichtetes Vorgehen seine Berechtigung, denn für schnelles Agieren ist eine Reduktion der Komplexität der Umwelt notwendig. Auf der philosophischen Ebene hindert zweckgerichtetes Denken am Verstehen. Beim pädagogischen Reflektieren muss die Komplexität anerkannt und einbezogen werden. Auf eine Schulsituation übertragen hieße dies, dass der Lehrer in Spontansituationen reagiert und ein ihm schnelles und akut verfügbares (Handlungs)Repertoire nutzt, das eine kurzfristige Entlastung verspricht und dem eine ‚halb reflektierte' Theorie [...] eines linearen Ursache-Wirkungs-Zusammenhangs zugrunde liegen könnte. Eine Problematik liegt scheinbar auf der Hand: Ein Schüler verweigert, weil er faul ist. Somit ist die Position des Lehrers ‚entlastet', weil der Defekt hauptsächlich im Schüler gesehen wird. Eine solche stereotype Kausalattributierung verhindert ‚tiefere' Reflexionen. Bei den zu ergreifenden Maßnahmen am Schüler wird ein Wirkungsautomatismus zugrunde gelegt, sodass sich der Lehrer in seiner Amtsautorität sicher fühlen kann. Die gerade beschriebenen Prozesse, in denen das Denken dem medizinischen Ansatz folgt, könne der Lehrer auf ein Berufsprofil mit erlernbaren Handwerksqualitäten zurückgreifen. Leider zeigt die Realität, dass die Erziehungswirklichkeit auf Grund ihrer Komplexität nicht auf die gewünschten kontrollierten Wirkungen reduzierbar ist (vgl. Thoma, 2007, S. 15 ff.)."

Häberlein-Klumpner, R. (2009). *Inklusive Pädagogik.* Frankfurt am Main: Peter Lang, S. 45.

Anhang E

**Auszug aus dem Artikel
„Integration der Ausgesonderten in Regelschulen: schulkritisch oder affirmativ?"**

Jeder Integration muß ebenso wie jeder Aussonderung ein "Verfahren zur Feststellung von sonderpädagogischem Förderbedarf" (§ 31 VO Sonderpädagogik von Berlin[56]) vorausgehen. Der Antrag hierfür kann von den Erziehungsberechtigten, von der vorschulischen Einrichtung, von der Klassenkonferenz, vom Schulpsychologischen Dienst oder vom Kinder- und Jugendgesundheitsdienst gestellt werden und ist schriftlich zu begründen. Für jedes Kind, bei dem begründete Anhaltspunkte für das Vorliegen eines sonderpädagogischen Förderbedarfs bestehen bzw. bei dem während des Besuchs der Grundschule deutlich erkennbar wird, daß ein solcher Förderbedarf besteht, wird dann ein Förderausschuß einberufen (§ 32); der Landesschulrat entscheidet aber, welche Schule den Förderausschuß einberuft (§ 31) - dies kann eine allgemeine Schule, aber auch eine Sonderschule sein.

Dem Förderausschuß gehören an: die Erziehungsberechtigten, der Schulleiter der vom Landesschulamt benannten Schule, ein Sonderschullehrer des vermuteten Schwerpunkts sonderpädagogischer Förderung, ein Lehrer der in Betracht kommenden Schule – und wo es erforderlich scheint, auch ein Vertreter des Schulpsychologischen Dienstes (§ 33, (1)), wobei dieser beim Förderschwerpunkt "Verhalten" dem

---

[56] Da ich mich hier auf Gesetzestexte bzw. Rechtsverordnungen beziehe, den Text aber durch Zitate nicht unlesbar werden lassen will, benutze ich die entsprechenden Worte ohne besondere Kennzeichnung.

Förderausschuß stets angehört (§33 (3). (Möglicherweise, weil es keine sonderpädagogische Ausbildung hierfür gibt?)

Der Förderausschuß hat eine Kind-Umfeld-Analyse durchzuführen und ein Fördergutachten zu erstellen (§ 34). Sicher ist es ein Fortschritt, daß nicht das Kind diagnostiziert wird, sondern das Kind in seinem Umfeld analysiert werden soll. Aber: "wesentliche Grundlage" für die Feststellung des sonderpädagogischen Förderbedarfs ist das sonderpädagogische Gutachten, das der Sonderpädagoge des jeweiligen Förderschwerpunktes erstellt – und der sich u.a. zu "Grad und Art der Behinderung" äußert. Werden kognitive Einschränkungen vermutet, erhebt der Sonderpädagoge psychometrische Daten, wobei er zwei wissenschaftlich anerkannte Testverfahren durchführen muß. – Gegen dies Zwangstesten mit angeblich wissenschaftlich anerkannten Testverfahren ist (bislang erfolglos) protestiert worden. Worauf hier aber abgehoben werden sollte, ist, daß die Menschen, die die Kind-Umfeld-Analyse durchführen müssen, gar nicht umhin kommen, mindestens einen "Förderschwerpunkt" festzulegen, was, wie oben unter "Sprachproblemen" schon angedeutet wurde, letztlich doch bedeutet, das in seinem Umfeld analysierte Kind als "behindert" zu klassifizieren. Da der Sonderpädagoge dem "jeweiligen Förderschwerpunkt" "zugehört", ist davon auszugehen, daß einer der o.g. 8 Förderschwerpunkte bzw. Behinderungen als Klassifizierung heraus kommt. Sicher, es können auch mehrere sein, und es können auch andere Fördermaßnahmen vorgeschlagen werden, aber es wird auf jeden Fall ein "Gutachten" erstellt – und das Kind wird so, wenn es Probleme hat oder macht, zum "Gutachtenkind". Wichtig anzumerken ist auch, daß ein als "besonders" (verschieden seiendes) klassifiziertes Kind diesen Status behält, bis er ihm wieder aberkannt wird. (Dazu später.)

In Berlin werden jährlich bis zu 5000 Förderausschüsse eingerichtet[57]. Seit diese Möglichkeit besteht, erhöhen sich die Zahlen der sonderpädagogisch geförderten SchülerInnen ständig[58], was aber nicht bedeutet, daß immer weniger Kinder Sonderschulen besuchen, sondern daß immer mehr Kinder als "lernbehindert" bzw. "verhaltensauffällig" klassifiziert werden (vgl. Opp, 1996). *Durch die Integrationsbemühungen verringert sich also die Zahl der zunächst ausgesonderten nicht, im Gegenteil!* Dies ist insofern verständlich, weil SchülerInnen, die anerkannterweise sonderpädagogisch zu fördernde sind, für allgemeine Schulen bedeuten, entweder (personelle) Sondermittel zu bekommen – oder ein unbequemes Kind an eine Sonderschule "loszuwerden". Kinder als behindert zu klassifizieren ist der "Preis" dafür, daß Schulen dann auch nur kaum ausreichende zusätzliche "Lehrerstunden" zugestanden werden (also zusätzliche Lehrerstellen bekommen bzw. vorhandene Lehrerstellen nicht verlieren). Wird dem Kind kein sonderpädagogischer Förderbedarf zugestanden, braucht es nicht integriert zu werden, hat also auch keinen Anspruch auf Fördermittel.

Ob dem "Gutachtenkind" sonderpädagogischer Förderbedarf "zuerkannt" wird oder nicht (es also als "normal" angesehen wird), und ob es (wenn es sonderpädagogischen Förderbedarf "hat"), in eine allgemeine Schule oder in eine Sonderschule eingeschult wird, entscheidet das Landesschulamt – mit Begründung. Die Begründung gegen eine allgemeine Schule kann den o.g. gesetzlichen Haushaltsvorbehalt enthalten – oder Mangel an "Integrationsplätzen", in diesem Fall "entscheidet nach vorrangiger Berücksichtigung von Härtefällen das Los" (§35).
Nach Eberwein (1999 a, S. 3) liegt die schulische

---

[57] Unveröffentlichtes Manuskript von Wolfgang Podlesch 1999, Pädagogisches Zentrum.
[58] Von 1991-1996 um 27 % - in Berlin, vgl. Opp, 1996, S. 356.

Integrationsquote 1999 in Deutschland bei 5 % und ist im europäischen Vergleich die niedrigste[59]. Dies bedeutet, daß in Deutschland 95% der SchülerInnen mit sonderpädagogischem Förderbedarf Sonderschulen besuchen.

In Ulmann, G.(2002). Integration von Ausgesonderten in Regelschulen: schulkritisch oder affirmativ? *Forum Kritische Psychologie, 44*, 33 ff.

---

[59] Die Integrationsraten nach Eberwein a.a.O. im europäischen Vergleich: In Norwegen und Italien 100 %, in Portugal 70%, in Spanien 50%, in Schweden, Dänemark, Luxemburg, Großbrittanien und Österreich 30%.

Anhang F

Die verwaltete Schule (1954)

Die moderne Welt ist eine „verwaltete Welt" geworden (Adorno). Unsere Schule ist eine „verwaltete Schule"; während die moderne Schule, die ihre geistige Grundlegung in der Aufklärung erfuhr, zunächst noch ein Lebenszusammenhang selbstständiger Menschen war, die vom Staat nur überwacht wurde, hat sie sich immer mehr zur untersten Verwaltungshierarchie entwickelt; sie steht heute auf einer ähnlichen Stufe des Verwaltungsaufbaus wie das Finanzamt, das Arbeitsamt, die Ortspolizei und in einem deutlichen Gegensatz zur Selbstverwaltung der Ortsgemeinde. Die Lehrer entwickeln sich zu Funktionären, und die Schule ist in Gefahr, nur noch Funktionäre zu bilden. […]
Der heutige Schulmechanismus, in dem nach genauen Lehrplänen, Richtlinien und Stundentafeln Kenntnisse vermittelt und an Zensuren abgelesen werden und in dem das Fortschreiten des Kindes alljährlich abgeschnitten werden kann, ist ausweglos geworden; im offenen Gespräch müssen auch die Schulverwaltungsbeamten zugeben, dass hiermit die Erziehung zur freien Persönlichkeit unmöglich gemacht wird. Es ist kein Wunder, dass die pädagogische Konferenz über den einzelnen Schüler oder über grundsätzliche pädagogische Fragen nur noch an wenigen Schulen stattfindet und das Zusammenspiel der Lehrer sich weitgehend auf die Zeugnisberatung beschränkt. Die Auflösung des pädagogischen Zusammenhangs ist leider zum Charakteristikum der modernen Schule geworden. […] Einer Schülergeneration gegenüber, deren Unfähigkeit zur Konzentration inzwischen allgemein bekannt ist, wird an der Ausschaltung jeder Vertiefungsmöglichkeit durch das System der alle 45 Minuten wechselnden Unterrichtsfächer

festgehalten. Die überwältigende Fülle des Wissensstoffes, die in bunter Abwechslung auf das Kind hereinstürzt, macht es unmöglich, noch den Prozess des geistigen Werdens zu vermitteln; die Zeit reicht in der Regel nur zur Vermittlung der fertigen Ergebnisse. Unterrichten im eigentlichen Sinne bedeutet Teilnehmenlassen am schöpferischen geistigen Vorgang; dazu kommt es in der Schule fast nie mehr, obwohl nur dadurch die innere Teilnahme des Kindes am Stoff belebt werden kann. So wird die Schule zur Abrichtanstalt. Die Abrichtbarkeit wird indirekt zum entscheidenden Maßstab der schulischen Beurteilung des Kindes, und ein geistiges Wachsen wird ebenso unmöglich wie die Entfaltung der geistigen Persönlichkeit. […]

Wäre es nicht an der Zeit, die Lehrpläne nicht mehr ganz so erst zu nehmen? Im Grunde sind sich alle Beteiligten über die Zufälligkeit und Fragwürdigkeit vieler dieser Lehrpläne einig. Sie werden aber mit einer eigentlich nur mehr durch Aberglauben zu erklärenden Genauigkeit durchgeführt. Wenn man früher den Juristen den Satz: *fiat justitia pereat mundi*[1] vorgehalten hat, so wäre man jetzt bereit, *justitia* durch Stundentafeln zu ersetzen. Wenn die Lehrer anfingen, die Situation des Kindes und nicht den Lehrplan zu studieren und pädagogisch zu beurteilen, dann würden sie plötzlich einen Jungen, der bisher etwas anderes gelernt hatte, als Bereicherung und nicht mehr wie bisher als Belastung einer Klasse sehen. Angesichts des sogenannten Schulchaos möchte man immer an sich schon zu zahlreichen Verordnungen durch eine weitere Verordnung ersetzen, während es in Wirklichkeit darauf ankäme, das Verordnungswesen als solches einzuschränken und den Schulbetrieb freierer Gestaltung zu überlassen. Wenn die Schule freier wird und ihr Blick auf die Entfaltung des Kindes und die Entwicklung seiner Fähigkeiten gerichtet ist, wird sie das sogenannte Schulchaos sehr viel besser überwinden können als mit vereinheitlichenden Reglementierungen. […]

Becker, Hellmut (1954). Die verwaltete Schule. In Link, J- W. (2005). *Schule in Bewegung. Eine pädagogische Zeitreise mit Texten von Rochow bis Klafki.* Bad Heilbrunn: Klinkhardt. S. 57-58. Zuerst in Merkur- Deutsche Zeitschrift für europäisches Denken 8, S. 1155-1177.

[1] „Es soll Gerechtigkeit geschehen, und gehen die Welten darüber zugrunde"

Anhang G

Offenbacher Erklärung (2009)
„Eine Schule für Alle!" Schülerinnen und Schüler auf dem Weg zur Inklusion

Die Teilnehmer(innen) fordern die Weiterentwicklung eines inklusive gestalteten Lebens und Lernens in unserem Land. Dies beinhaltet die barrierefreie Gestaltung der Gesellschaft und die Überwindung des selektiven Schulsystems. Eine inklusive Schule ist für alle Kinder zugänglich und ermöglicht ihnen umfassende Bildung: Sie ist „Eine Schule für Alle"! Deshalb fordern wir die Umsetzung der Ziele der „UN-Konvention über die Rechte von Menschen mit Behinderung".

Bisher werden Kinder nicht integriert, wenn sie den in der Schule vorhandenen Bedingungen und Anforderungen nicht entsprechen. Das muss sich ändern: Die Allgemeine Schule muss sich konsequent auf die Möglichkeiten und Bedürfnissen aller Schüler(innen) einstellen, unabhängig von deren persönlichem Profil und eventuellen Hilfebedarfen. Sie muss entsprechend personell und sächlich ausgestattet sein. Sie benötigt Lehrpersonen, die dafür ausgebildet sind, Lerngruppen aus unterschiedlichen Schülern (Heterogenität/Diversity) so zu unterrichten, dass alle Kinder und Jugendlichen erfolgreich lernen und zusammenarbeiten können. Bei Bedarf muss auch auf weitere Fachkompetenz, Beratung und Fortbildung zurückgegriffen werden können. Dazu sind schul-, sozial- und sonderpädagogische Kompetenzen zu erhalten, zusammenzuführen und weiterzuentwickeln.

Nur durch eine Umkehrung der „Anpassungsleistung" ist nach unserer Überzeugung eine nennenswerte quantitative und qualitative Weiterentwicklung Gemeinsamen Unterrichts zur inklusiven Schule auch für Schüler(innen) mit dem Förderschwerpunkt geistige Entwicklung zu erreichen.

Dem in der UN-Konvention garantierten Recht auf inklusive schulische Bildung entspricht eine Verpflichtung der Unterzeichnerstaaten zur schrittweisen Umsetzung dieser Vorgabe. Wir fordern eine umgehende Überarbeitung der Schulgesetze in allen Bundesländern und inklusive Bildungs- und Lehrpläne. Wir werden uns an dieser Entwicklung aktiv beteiligen. Wir wehren uns entschieden gegen Versuche, Inhalte und Reichweite der UN-Konvention mit „Formulierungskünsten" (bildungs-)politisch zu unterlaufen, wie dies beispielsweise bei der inkorrekten Übersetzung von „Inclusion" durch „Integration" in der deutschen Sprachfassung zu erkennen ist. Der neue Leitbegriff der Inklusion darf in Politik und Verwaltung nicht für gegenläufige Interessen oder für sozial- oder bildungspolitische Sparprogramme genutzt werden. Beim Recht auf inklusive Bildung darf niemand zurückgelassen werden. Insbesondere Menschen mit hohem Hilfebedarf müssen in den Schulen alle Bildungen und Hilfen vorfinden, die sie für ihre inklusive Beschulung und für die Teilhabe am Leben in der Gemeinschaft benötigen. Inklusion bedeutet nichts anderes als freien Zugang zu und das Recht auf dauerhaften Verbleib in allen Schulformen für alle Schülerinnen und Schüler.

Eine inklusive Schule muss eingebettet sein in eine alle Lebensbereiche umfassende Inklusion. Die Behindertenrechtskonvention der UN verpflichtet dazu, künftig allen Kindern in ihrer Vielfalt unbehinderten Zugang zu inklusiver Bildung in Kindertagesstätten und Schulen zu ermöglichen. Die Gesellschaft hat zukünftig für jeden Menschen ein Recht auf inklusive allseitige schulische und lebenslange Bildung in Kindertagesstätten, Schule und Erwachsenenbildung zu sichern. Vereine, Nachbarschaften und Gemeinwesen sowie kulturelle Veranstaltungen müssen sich immer mehr für alle Menschen öffnen, unabhängig von ihrer Persönlichkeit, eventuellen Beeinträchtigungen und ihrem Unterstützungsbedarf.

Offenbach, am 14. November 2009

Die 380 Teilnehmer(innen) der Fachtagung „Eine Schule für Alle!" Schülerinnen und Schüler auf dem Weg zur Inklusion 12.-14. November 2009, Offenbach
Veranstalter: Bundesvereinigung Lebenshilfe
Kooperationspartner: Bundesarbeitsgemeinsschaft Gemeinsam leben – Gemeinsam lernen e.v., Bundesverband Aktion Humane Schule e.v., Bundesverband evangelische Behindertenhilfe, Bundesverband für Körper- und Mehrfachbehinderte Menschen e. V., Caritas Behindertenhilfe und Psychiatrie, Gewerkschaft Erziehung und Wisssenschaft, Grundverband, Inclusion Europe, Mensch zuerst – Netzwerk People First Deutschland e.V., Verband für anthroposophische Heilpädagogik, Sozialtherapie und soziale Arbeit e.V.,Verband Sonderpädagogik e.V. (VDS)

In: A. Hinz, I. Körner & U. Niehoff (Hrsg.). (2010). *Auf dem Weg zur Schule für alle. Barrieren überwinden – inklusive Pädagogik entwickeln.* Marburg: Lebenshilfe-Verlag, S. 319f

Anhang H

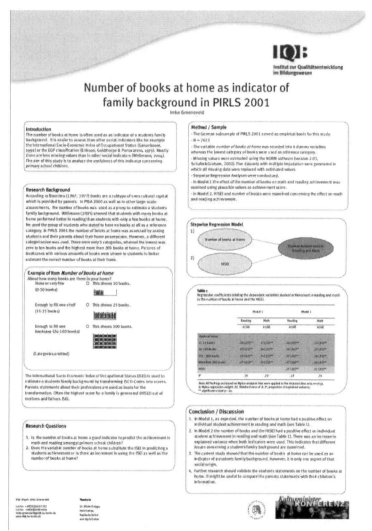

Groeneveld, I. (2008, July). Number of books at home as indicator of family background PIRLS 2001.

Abbildungsnachweise

Abbildung 01. Schule im römischen Reich: Dieses Steinrelief (um 200 n. Chr.), das an der Mosel bei Neumagen gefunden wurde, ist Teil eines Grabdenkmals, das vermutlich Eltern im Gedenken an ihr verstorbenes Kind errichten ließen. Trier, Rheinisches Landesmuseum

Abbildung 02. Unterricht durch Mönche: Die Schüler lernen Geographie aus Büchern und aus der Anschauung eines Berghanges, auf den der Lehrer zeigt. Miniatur aus dem Jahre 1372. Paris, Bibiothèque Sainte-Geneviève
Abb. 01-02 In Konrad, F.-M. (2007). *Geschichte der Schule.* **München: C.H.Beck.**

Abbildung 03. Johann Amos Comenius (1592-1670)
In Menck, P. (1993). *Geschichte der Erziehung.* **Donauwörth: Auer.**

Abbildung 04. Titelbild des Orbis sensualium pictus von Johann Amos Comenius

Abbildung 05. Einladung an den Schüler, aus dem Orbis sensualium pictus von Johann Amos Comenius
Abb. 04-05 In Comenius, J. A. (1978). *Orbis sensualium pictus.* **Drotmund: Harenberg Kommunikation.**

Abbildung 06. Frontalunterricht
In Aschersleben, K. (1999). *Frontalunterricht – klassisch und modern. Eine Einführung.* **Neuwied: Luchterhand.**

Abbildung 07. Jan Stehen: Die Schule (um 1674)
In Speck, O. (1997). Chaos und Autonomie in der Erziehung – Erziehungsschwierigkeiten unter moralischem Aspekt. München: Ernst Reinhardt.

Abbildung 08. „Schwierige Frage", Holzstich nach einem Gemälde von Wilhelm Schütz, 1889
In Richter, D. (2000). Methoden der Unterrichtsinterpretation – Qualitative Analysen einer Sachunterrichtsstunde im Vergleich. Weinheim: Juventa.

Abbildung 09. Schreiben auf Schiefertafeln
In Aschersleben, K. (1999). *Frontalunterricht – klassisch und modern. Eine Einführung.* **Neuwied: Luchterhand.**

Abbildung 10. „Schule nach der Methode der Engländer Bell und Lancaster", A manuel of the system of teaching reading..., 2. Aufl. London 1821, Tafel 2

Abbildung 11. Pestalozzi als Lehrer.
Abb.10-11 In Rückriem, G., Wiese, K. & Zeuch, I. – Arbeitsgruppe Pädagogisches Museum (1981). *Hilfe Schule: Ein Bilder-Lese-Buch über Schule und Alltag. Von der Armenschule zur Gesamtschule 1827 bis heute.* **Berlin: Elefanten Press.**

Abbildung 12. Herbart, H. F. (1806).
In *Allgemeine Pädagogik - aus dem Zweck der Erziehung abgeleitet.* **Göttingen: Röwer. S. 9.**

Abbildung 13. Stimmzettel zum Hamburger Volksentscheid am18. Juli 2010 über die Schulreform

Abbildung 14. Vergleich der Arbeitslosenquote und Wahlbeteiligung auf Bezirke in Hamburg verteilt
Abb. 13 & 14 In Kleist, H. Verfügbar unter: http://volksentscheid-hamburg.info/ [20.10.2010]

Abbildung 15. Exklusion.

Abbildungsnachweise

Abbildung 16. Segregation.

Abbildung 17. Integration.

Abbildung 18. Inklusion.

Abbildung 19. Staaten und Regionen, die an der Erhebung in der 4. Klasse teilnahmen

Abbildung 20. Leistungsdifferenzen in der **mathematischen** Kompetenz zwischen Schülerinnen und Schülern, deren Eltern beide im Ausland geboren wurden, gegenüber denjenigen ohne Migrationshintergrund im internationalen Vergleich.

Abbildung 21. Leistungsdifferenzen in der **naturwissenschaftlichen** Kompetenz zwischen Schülerinnen und Schülern, deren Eltern beide im Ausland geboren wurden, gegenüber denjenigen ohne Migrationshintergrund im internationalen Vergleich.
Abb. 19- 21 : Bos, W., Bonsen, M., Baumert, J., Prenzel, M., Selter, C. & Walther, G. (Hrsg.). (2008). TIMSS 2007 - Mathematische und naturwissenschaftliche Kompetenzen von Grundschulkindern in Deutschland im internationalen Vergleich. Münster: Waxmann.

Abbildung 22. PISA 2000 - Leistungen im Lesen im internationalen Vergleich (Testleistungen der SchülerInnen in den Teilnehmerstaaten: Gesamtskala Lesen; PISA-Schwerpunkt: Lesekompetenzen)

Abbildung 23. PISA 2000- Prozentualer Anteil von SchülerInnen unter Kompetenzstufe 1und auf Kompetenzstufe 5:Gesamtskala Lesen

Abbildung 24. PISA 2000 - Prozentualer Anteil von
SchülerInnen, die angeben, sie würden nicht zum Vergnügen
lesen

Abbildung 25. PISA 2000 – Mathematik im internationalen
Vergleich
(Testleistungen der SchülerInnen in den Teilnehmerstaaten:
Gesamtskala Mathematik)

Abbildung 26. PISA 2000 – Naturwissenschaften im
internationalen Vergleich
(Testleistungen der SchülerInnen in den Teilnehmerstaaten:
Gesamtskala Naturwissenschaft)

Abbildung 27. PISA 2000 - Unterschiede zwischen der
mittleren Lesekompetenz von 15-Jährigen aus Familien des
oberen und unteren Viertels der Sozialstruktur (höchster
Sozialstatus [HISEI] von Vater und Mutter)

Abbildung 28. PISA 2000 - Schulen nach Schulform und
mittlerer Lesekompetenz der 15-Jährigen (in %)

Abbildung 29. PISA 2000 - Schulen nach Schulform und
mittlerer Sozialschicht (in %)

Abbildung 30. PISA 2000 - 15-Jährige nach Land, Dauer der
Pflichtschulzeit und Klassenstufe
**Abb. 40-48 Verfügbar unter:
http://www.gew.de/Binaries/Binary34599/pisa_broschuere.
pdf [20.10.2010]**

Abbildung 31. PISA 2006 - Erreichte Punktwerte
(Schwerpunkt Naturwissenschaften)
**In Anlehnung an:
http://www.bildungsserver.be/DesktopDefault.aspx/tabid-
2424/4531_read-32109/usetemplate-print/ [20.10.2010]**

Abbildungsnachweise

Abbildung 32. Die Laborschule: Ein Haus des Lebens und Lernens in zwei Häusern.
In Demmer-Dieckmann, 2001, S. 41

Abbildung 33: Traditional School Sample Schedules

Abbildung 34: [Redesigned] Central Park EastSecondary School Sample Schedules

Abbildung 35: Traditional Elementary School Structures Compared

Abbildung 36: Redesigned Elementary School Structures Compared

Abb. 33-36 In Anlehnung an: Darling-Hammond, L. (1997). *The Right to Learn.* **San Francisco: Jossey-Bass, p. 183-191.**

Abbildung 37: Die Förderquote in Primar- und Sekundarstufe im Bundesländervergleich- unterteilt in Exklusions- und Inklusionsquote 2008/2009. (Die Balken geben den Anteil der Schüler mit Förderbedarf an allen Schülern an.)

Abbildung 38: Inklusionsanteile in den Bundesländern nach bildungsbiographischen Stationen (2008/2009)
Abb. 37-38 In Klemm, K. (2010). *Gemeinsam lernen. Inklusion leben. Status Quo und Herausforderungen inklusiver Bildung in Deutschland.* **Eigendruck: Bertelsmann Stiftung.**

Abbildung 39: **Groeneveld, I. (2008, July).** *Number of books at home as indicator of family backgroundin PIRLS 2001.* **Poster presented at the International Congress of Psychology, Berlin.**

Widmung

Gewidmet

all denjenigen,

die das Einzigartige und Besondere

in jedem Individuum

zu sehen vermögen

Grundlage dieses Buches stellt die Diplomarbeit mit dem gleichnamigen Titel „Von der Segregation über Integration zur Inklusion – aus psychologisch-pädagogischer Sicht" dar, welche im Dezember 2010 unter dem Geburtsnamen Johanna Kupler an der Freien Universität Berlin abgegeben wurde. Die Arbeit wurde von Priv.-Doz. Dr. Gisela Ulmann und apl. Prof. Dr. Morus Markard betreut, denen an dieser Stelle für die fachliche Unterstützung gedankt werden soll.

Die Autorin dieses Buches hat Psychologie an der Freien Universität Berlin studiert. An der Universitat de les Illes Balears legte sie eine Abschlussprüfung in educación especial (Sonderpädagogik) ab. Sie arbeitet in der Schulpsychologischen Beratungsstelle Tempelhof-Schöneberg sowie an der Freien Universität Berlin im Fachbereich Schul- und Unterrichtsforschung. Derzeit ist sie in einer Fachklinik als Psychologin tätig und lebt mit ihren zwei Kindern und ihrem Mann in der Feldberger Seenlandschaft im Norden Deutschlands.

Printed in Germany
by Amazon Distribution
GmbH, Leipzig